道路交通事故涉案者交通行为方式鉴定

赵明辉 李丽莉 冯 浩 编著

科 学 出 版 社
北 京

内 容 简 介

本书全面系统地论述了道路交通事故涉案者交通行为方式鉴定的基本内容和鉴定方法，体现了道路交通事故涉案者交通行为方式鉴定的研究内容与任务、与其他学科的关系、归类以及对鉴定人的相关要求，根据道路交通事故涉案者及参与交通工具的不同，分别对行人姿态及自行车、摩托车、轿车和其他车辆当事人姿态归纳鉴定要点，均结合大量典型案例图文并茂地进行了深入的研究和解析，并对涉案者交通行为方式鉴定特殊问题进行了分析探讨。

本书适用于从事道路交通事故鉴定的司法鉴定人员、道路交通管理人员、事故处理人员、汽车驾驶员、律师以及公安机关、检察院、法院等司法行政机关相关人员参考和阅读。同时，也可以对高等院校相关专业的师生和对交通工具痕迹鉴定领域感兴趣的各类相关人员提供一定的帮助。

图书在版编目（CIP）数据

道路交通事故涉案者交通行为方式鉴定 / 赵明辉，李丽莉，冯浩编著. —北京：科学出版社，2019.12
ISBN 978-7-03-063311-8

Ⅰ. ①道… Ⅱ. ①赵… ②李… ③冯… Ⅲ. ①公路运输－交通运输事故－司法鉴定－中国 Ⅳ. ①D922.14

中国版本图书馆CIP数据核字（2019）第252929号

责任编辑：谭宏宇 / 责任校对：郑金红
责任印制：黄晓鸣 / 封面设计：殷　靓

科学出版社 出版
北京东黄城根北街16号
邮政编码：100717
http://www.sciencep.com
南京展望文化发展有限公司排版
苏州市越洋印刷有限公司印刷
科学出版社发行　各地新华书店经销
*

2019年12月第 一 版　开本：787×1092　1/16
2019年12月第一次印刷　印张：18 1/2
字数：427 000
定价：220.00元
（如有印装质量问题，我社负责调换）

前 言/Preface

道路交通事故涉案者交通行为方式鉴定是道路交通事故司法鉴定中综合性较强且较为复杂的一种鉴定项目。此种鉴定主要解决的是道路交通事故中涉案者事发时所处的状态或者姿态，根据参与对象和交通工具的不同，一般可以分为行人和驾乘人。开展此类鉴定，需要鉴定人能掌握和运用交通工程学、车辆工程学、法医学、痕迹学、物证技术学等多门专业知识，且鉴定机构能在法医临床学司法鉴定、法医病理学司法鉴定、法医物证学司法鉴定、法医精神病学司法鉴定、微量物证司法鉴定、痕迹司法鉴定、声像资料司法鉴定等方面取得相应资格并能提供仪器设备和人员支撑，所以，能接受道路交通事故涉案者交通行为方式鉴定委托并能出具一份科学客观的鉴定意见书的机构必须具备相应的执业范围、拥有综合鉴定能力的人员和可以开展相关鉴定的仪器设备。

笔者认为，根据2005年2月28日第十届全国人民代表大会常务委员会第十四次会议通过的《全国人民代表大会常务委员会关于司法鉴定管理问题的决定》(以下简称《决定》)第二条：国家对从事下列司法鉴定业务的鉴定人和鉴定机构实行登记管理制度，即法医类鉴定；物证类鉴定；声像资料鉴定；根据诉讼需要由国务院司法行政部门商最高人民法院、最高人民检察院确定的其他应当对鉴定人和鉴定机构实行登记管理的鉴定事项。法律对前款规定事项的鉴定人和鉴定机构的管理另有规定的，从其规定。当然，目前司法鉴定已经发展为四大类，增加了环境损害司法鉴定，这类司法鉴定的建立，就是上述条款中根据诉讼需要由国务院司法行政部门商最高人民法院、最高人民检察院确定的其他应当对鉴定人和鉴定机构实行登记管理的鉴定事项。《决定》第十七条，本决定下列术语的含义是：物证类鉴定，包括文书鉴定、痕迹鉴定和微量鉴定。从道路交通事故鉴定所采取的技术手段和依据的学科理论支撑来看，应归入物证类，具体到鉴定项目，与痕迹鉴定更为接近和具有一定关系，这种接近和关系完全建立在采用痕迹鉴定常用技术手段和依据《痕迹学》理论之上的，所以从事道路交通事故涉案者交通行为方式鉴定的鉴定人根据依托鉴定材料的不同，在单一执业类别的情况下，应具有痕迹鉴定资格、法医临床学鉴定或者法医病理学鉴定资格。

随着科技的进步和发展，道路上高清摄像头的安装全覆盖已只是时间问题，与此同时，车载记录设备也在不断加强中，这些通过视频记录的方式在一定程度上解决了事发时碰撞瞬间，道路交通事故参与者所处的状态和姿态的问题。但是，在很长的一段时期内，对道路交通事故涉案者事发时交通行为方式鉴定并不会因为上述因素而消亡，主要原因：其一，记录设备故障时有发生；其二，事故参与者对记录设备存疑一直存在；其三，法庭证据要求不会发生根本变化。所以，总体上来讲，对此项鉴定进行更深入的研究很有必要，关键在于鉴定意见建立在更多事实支撑和科学分析的基础上，而这些都离不开经验的积累和鉴定方法运用后的实证性分析。

本书共分为六章，其中第一章主要阐述道路交通事故涉案者交通行为方式鉴定的研究内容与任务、与其他学科的关系、归类，以及对鉴定人的相关要求；第二章至第六章，主要根据道路交通事故涉案者及参与交通工具的不同，分别对行人姿态及自行车、摩托车、轿车和其他车辆当事人姿态进行分析归纳鉴定重点，均结合相关典型案例进行了深入的探讨，并对涉案者交通行为方式鉴定特殊问题进行了分析研究。

本书涉及《道路交通安全法》和《道路交通安全法实施条例》等法律法规及标准技术规范的内容，是笔者所能查询到的最新版本，若出现不适用的内容，请以国家发布的最新法律法规、标准技术规范为准。本书中提及的 GA41-2014《道路交通事故痕迹物证勘验》和 GA268-2009《道路交通事故尸体检验》已于2019年6月3日发布并实施最新版本 GA/T41-2019《道路交通事故现场痕迹物证勘查》和 GA/T268-2019《道路交通事故尸体检验》，因本书所有适用案例均是在2019年6月3日之前，所以仍然参照 GA41-2014《道路交通事故痕迹物证勘验》和 GA268-2009《道路交通事故尸体检验》，如有不适用标准现行条款的地方，从现行有效的行业标准，特此说明。

本书获得中央基本科研业务费项目（编号：GY2018T-2）（编号：GY2019G-1）和上海市司法鉴定专业技术服务平台（编号：19DZ2292700）的资助和支持，在此表示由衷的谢意。

在本书编写过程中，司法鉴定科学研究院道路交通事故技术鉴定研究室的同仁们，给予很多的关心和帮助，陈建国老师提出诸多宝贵的意见和建议，还得到来自上海、北京、四川、湖北、浙江、江苏、广东、云南、新疆、湖南、河北、江西、河南、重庆等多个省、自治区、直辖市管理部门、鉴定机构的支持和协助，在此一并表示衷心的感谢。

囿于能力限制，本书难免会存在纰漏和不足，编写组还望大家批评指正。

赵明辉　李丽莉　冯　浩
2019年7月

目 录 / Contents

前 言

第一章　绪论 / 001

　　第一节　道路交通事故涉案者交通行为方式鉴定的研究内容与任务 / 001

　　第二节　道路交通事故涉案者交通行为方式鉴定与法学的关系 / 003

　　第三节　道路交通事故涉案者交通行为方式鉴定与法医学司法鉴定 / 009

　　第四节　道路交通事故涉案者交通行为方式鉴定的归类 / 011

　　第五节　道路交通事故涉案者交通行为方式鉴定的鉴定人 / 016

第二章　道路交通事故中涉案行人姿态鉴定 / 020

　　第一节　直立状态 / 027

　　第二节　蹲踞状态 / 035

　　第三节　躺卧状态 / 043

第三章　道路交通事故中自行车和电动自行车当事人交通行为方式鉴定 / 052

　　第一节　骑行状态 / 056

　　第二节　推行状态 / 074

　　第三节　驾驶状态 / 094

第四章　道路交通事故中摩托车当事人交通行为方式鉴定 / 107

　　第一节　驾驶人 / 110

　　第二节　乘坐人 / 130

　　第三节　驾乘关系 / 145

第五章　道路交通事故中轿车当事人交通行为方式鉴定 / 164

第一节　驾驶人 / 165
第二节　乘坐人 / 194
第三节　驾乘关系 / 217

第六章　道路交通事故中其他车辆当事人交通行为方式鉴定 / 252

主要参考文献 / 275

附录 1　道路交通事故涉案者交通行为方式鉴定（SF/Z JD0101001-2016）/ 278
附录 2　道路交通事故机动车驾驶人识别调查取证规范（GA/T944-2011）/ 283

第一章
绪 论

第一节 道路交通事故涉案者交通行为方式鉴定的研究内容与任务

道路交通事故是指单方、双方或多方当事人利用交通工具（机动车或非机动车）在道路行驶过程中发生的人员伤亡或者财产损失的事件，也就是车辆在道路上因过错或者意外造成人身伤亡或者财产损失的事件。交通事故不仅是由特定的人员违反交通管理法规造成的，也可以是由于地震、台风、山洪、雷击等不可抗拒的自然灾害造成的，例如常见的飞石或落物砸伤汽车等"意外"，也属于交通事故。一般来讲，构成道路交通事故必须同时具备以下四个要素和三个常规条件，其中构成道路交通事故的四个要素分别是：① 事故必须是发生在道路上；② 事故必须是因违章行为造成的；③ 事故必须要有损害后果；④ 当事人在主观上必须有过失。而三个常规条件分别是：① 当事人各方中至少有一方使用车辆，如果各方都是行人而发生的事故，则不构成道路交通事故；② 至少有一方车辆是在运动中，如果行人自己撞在停止的车辆上，则不认为是交通事故；③ 必须具有交通性质，非交通性质造成的事故，如军事演习、体育竞赛等活动中发生的事故，均不属于道路交通事故。《中华人民共和国道路交通安全法》第119条中下列用语的含义："道路"，是指公路、城市道路和虽在单位管辖范围但允许社会机动车通行的地方，包括广场、公共停车场等用于公众通行的场所。"车辆"，是指机动车和非机动车。"机动车"，是指以动力装置驱动或者牵引，上道路行驶的供人员乘用或者用于运送物品以及进行工程专项作业的轮式车辆。"非机动车"，是指以人力或者畜力驱动，上道路行驶的交通工具，以及虽有动力装置驱动但设计最高时速、空车质量、外形尺寸符合有关国家标准的残疾人机动轮椅车、电动自行车等交通工具。"交通事故"，是指车辆在道路上因过错或者意外造成的人身伤亡或者财产损失的事件。

道路交通事故涉案者是指在道路交通事故发生过程中，与事故发生相关的人员，一般根据道路交通事故参与对象的不同，可以分为行人和交通工具当事人，例如在轿车与行人发生事故中，涉案者一般包括：行人、轿车驾驶人和乘坐人；在车辆与车辆之间发生事故中，涉案者一般包括：车辆驾驶人与车辆驾驶人，车辆驾驶人、乘坐人与车辆驾驶人，车辆驾驶人、乘坐人与车辆驾驶人、乘坐人等。根据道路交通事故参与对象状态的不同,可以分为正在站立、行走、奔跑、蹲踞、躺卧等姿态的行人和正在驾车、乘坐、开门、正常下车、非正常下车(如跳车、失足跌落、抛摔、投掷等)等姿态的交通工具当事人,例如在轿车与行人发生事故中,涉案者一般包括:站立、行走、奔跑、蹲踞、躺卧等姿态的行人和行驶的轿车驾驶人、乘坐人;在车辆与车辆之间发生事故中,行驶的车辆驾驶人与行驶的车辆驾驶人,行驶的车辆驾驶人与停止的车辆,行驶的车辆驾驶人与停车的车辆驾驶人,行驶的车辆驾驶人、乘坐人与行驶的车辆驾驶人、乘坐人,行驶的车辆驾驶人、乘坐人与停止的车辆驾驶人、乘坐人,行驶的车辆乘坐人与行驶的车辆驾驶人、乘坐人等。

道路交通事故涉案者交通行为方式是指道路交通事故发生时道路交通事故涉案者所处的行为状态,这些行为状态一般包括驾驶、乘坐、骑行、推行车辆或在道路上直立、蹲踞、倒卧等,其中驾驶状态是指涉及各类车辆的道路交通事故发生时,处于车辆驾驶座位位置的人员正在驾驶车辆的状态;乘坐状态是指涉及各类车辆的道路交通事故发生时,处于车辆驾驶座以外的其他位置的人员正在乘坐车辆的状态;推行状态是指道路交通事故发生时,持有自行车、机动两轮车等车辆的涉案者正在推车行进的状态;直立状态是指道路交通事故发生时,涉案者正处在道路上直立行走或者站立的状态;蹲踞状态是指道路交通事故发生时,涉案者正处在蹲或坐于地面上的非直立状态;倒卧状态是指道路交通事故发生时,涉案者正处于倒卧于地面的状态。也就是说,表述的是行人个体或者与交通工具共体的行人的状态,且强调的是事故发生时。在道路交通事故中,常见的行人是正在行走的行人,这里的行走很多时候是快速行走甚至是奔跑;常见的自行车当事人是骑行状态的;常见的摩托车当事人是骑行状态的;常见的轿车当事人是驾车状态的。但在这些常见状态中,我们要认识到,往往不常见的状态是我们要特别关注的,例如突然改变行走方向的行人,出现了转体的状态;在自行车左侧推行的当事人;正在完成骑行状态或者正在完成下车状态的自行车、摩托车等的当事人;被摔抛出车内的人员;被多次碾压肢体分解的行人等等较为复杂的情况或者状态。

道路交通事故涉案者交通行为方式鉴定是指根据案情,对与事故相关的现场、车辆、伤亡人员进行勘验后,依据勘查结果进行综合分析,并作出涉案者在事故发生时所处于行为状态书面意见的过程。那在什么情况下,需要进行此项鉴定呢?一般来讲有以下几种情形需要对涉案者事发时的交通行为方式进行鉴定委托:第一,当行人与车辆发生碰撞时,要对行人事发时所处的状态进行鉴定,同时也可能会对涉案车辆事发时谁是驾驶人进行鉴定;第二,当车辆与车辆发生碰撞时,这里要根据车辆的类型进行区分,其中涉及自行车或者其他两轮车的,会涉及对事发时该车当事人是处于骑行或者推行状态进行鉴定,或者驾驶人和乘坐人进行判断,而对于涉及三轮车、四轮车或者其他多轮车的,则一般要对驾驶人和乘坐人进行判断,而抛出车外,疑难程度会相应增加很多,这时也离不开对驾乘关系进行分析判断。进行这些委托,主要是为了事故责任认定打下事实基础和技术支撑,例如在信号灯为绿灯时,行人行走在人行横道线上被其他行驶车辆碰撞,其他行驶车辆可能要承担事故全部责任;在信号灯为红灯时,自行车当事人骑行通过被正常行驶的车辆碰撞,则自行车当事人可能要承担事故全部责任;在信号灯为绿灯时,自行车当事人骑行通过人行横道线,被其他行驶车辆碰撞,则自行车当事人可能要承担事故相应的责任;有号牌在有效期内的轻便摩托车驾驶人搭载两名乘坐人,与其他车辆或者固定物发生事故,导致乘坐人遭受损伤,则轻便摩托车驾驶人要承担相应的事故责任,如果该驾驶人还存在没有驾驶证无证驾驶的行为,也是要承担责任的;车辆之间发生碰撞,导致车辆或者人员发生损坏或者损伤,车辆驾驶员是承担责任的主体,分清驾驶人至关重要,有时还存在酒后甚至醉酒驾车的情况,那更是我国法律所不能容许和纵容的等等。综上所述,道路交通事故涉案者交通行为方式鉴定就是为了解决这些问题而对事实进行的还原或者分析判断,为道路交通事故处理提供一定的依据。

道路交通事故涉案者交通行为方式鉴定是道路交通事故司法鉴定中较为疑难复杂的鉴定类型,要求综合能力和要素多样齐备,才能做出科学判断。此种鉴定是对道路交通事故涉案者在事故发生时的状态进行分析判断的技术行为,如对车辆驾驶人或乘坐人的判断,对非机动车持有人骑行或者推行的判断,对行人直立、蹲踞或倒卧状态的判断等。道路交通事故涉案者交通行为方式鉴定的全过程应符合相关法律、法规,从事交通行为方式鉴定的人员,应具有相应鉴定资格,并能掌握和运用交通工程学、车辆工程学、法医学、痕迹学等相关专业知识。对行为方式的分析判断遵循成立原则、排除原则、对比原则、典型证据优先原则等原则,其中典型证据优先原则是指依据最有典型特征的证据作为判断支撑点,可以根据损伤典型特征推断,也可以根据碰撞后运动轨迹典型特征推断,还可以利用生物检材、植物纤维等物质交换进行个体识别。随着科技进步和发展,我们已经进入一个网络时代,所以我们也可以运用计算机仿真事故再现等技术手段进行辅助分析。

道路交通事故涉案者交通行为方式鉴定的依据一般有:第一,根据事故所涉人、车、道路及周围环境等的痕迹物证勘验,客观分析出道路交通事故形态及处于不同道路交通事故形态中涉案各方的行为状态;第二,根据痕迹勘验分析得出的碰撞形态及车的运动过程,结合有关信息,查找人与车的二次或多次碰撞形成的痕迹和相应的附着物,分析推断事故所涉人在事发时所处的位置;第三,根据人体(活体或尸体)体表痕迹及损伤形态特征,结合有关信息,分析致伤物和致伤方式,汇总分析重建道路交通事故过程,推断处于不同事故现象中所涉当事人的交通行为方式。

第二节 道路交通事故涉案者交通行为方式鉴定与法学的关系

司法鉴定是指在诉讼活动中鉴定人运用科学技术或者专门知识对诉讼涉及的专门性问题进行鉴别和判断并提供鉴定意见的活动,司法鉴定通常也称为鉴定,在诉讼活动中,司法鉴定是查明案件事实的一种重要方法和手段,随着科学技术的不断进步,其在诉讼中的作用也越来越重要。司法鉴定是在诉讼活动中进行的,是一项涉及诉讼的活动,同时它的主体是鉴定人,目的是为了解决诉讼涉及的专门性问题,方法是运用科学技术或者专门知识进行鉴别和判断,最终是由鉴定人提供一份鉴定意见。道路交通事故涉案者交通行为方式鉴定作为道路交通事故司法鉴定的重要类型之一,也是痕迹类司法鉴定中的一种,既然归属于司法鉴定,首先与法学存在着密切的关系。

法学又称法律学、法律科学,是以法律、法律现象以及其规律性为研究内容的科学,它是研究与法相关问题的专门学问,是关于法律问题的知识和理论体系。法学,是关于法律的科学。法律是强制性规范,其直接目的在于维持社会秩序,并通过秩序的构建与维护,实现社会公正。作为以法律为研究对象的法学,其核心就在对于秩序与公正的研究,是秩序与公正之学。法学是世界各国高等学校普遍开设的大类,也是中国大学的十大学科体系之一,包括法学、政治学、公安学、社会学四个主要组成部分。在中国,法学思想最早源于春秋战国时期的法家哲学思想,法学一词,在中国先秦时代被称为"刑名之学",从汉代开始有"律学"的名称。在西方,古罗马法学家乌尔比安对"法学"一词的定义是人和神的事务的概念,正义和非正义之学。法学的研究对象首先是法。这里的"法"包括通常所说各种意义的法。法学从法的形式角度说,包括宪法、法律、法规以及其他各种形式的成文法和不成文法;从法的体系角度说,包括宪法、行政法、民商法、经济法、社会法、刑法、程序法以及其他各种部门法;从时间角度说,包括古代法、近代法、现代法和当代法;从空间角度说,包括该国法、外国法、本地法、外地法;从历史类型角度说,包括奴隶制法、封建制法、资本主义法、社会主义法;从一般分类角度说,包括国内法和国际法、根本法和普通法、一般法和特别法、实体法和程序法;从表现形态角度说,包括动态法和静态法、具体法和抽象法、纸面法和生活中的法、理想法(如自然法)和现实法(如实际生效的法)等等。法学还要研究各种"法的现象",即基于法产生的各种现象,如立法、司法、守法、法律监督;法的起源、发展、移植、继承、现代化;法律秩序、利益、正义;法律观念、思想、制度、事实、规律等等。法学还要研究"与法相关的问题"。法和法的现象不是孤立的,它的存在和发展同其他事物特别是经济、政治、文化等社会现象有着密切的联系。研究这些相关问题可以更好地研究法学的主要问题。

法学体系中的四大类分支学科:① 理论法学。即从总的方面探求法学研究对象的各种基本概念、基本原理、基本原则和基本规律的法学分支学科的总称。理论法学主要不是从认识论的角度划分出来的结果,而是依据法学的研究对象和方法划分出来的。那些研究对象比较抽象、研究方法偏重于理论分析的分支学科基本都可列为理论法学,其主要代表是法理学。如果一国法学体系中不设综合法学这个大的部类,那诸如立法学、法社会学、法解释学、比较法学等也可视为理论法学。法学边缘学科中侧重于理论研究的也可列为理论法学。② 应用法学。即旨在直接服务法律实际生活、帮助解决法律实际问题的法学分支学科的总称。应用法学的研究对象主要是法律实际生活中的经验材料,其比之理论法学更具有实践性,它是理论法学的具体化,也是理论法学的资料渊源。但应用法学并非没有理论,其产生的理论不是用来起跨学科的普遍指导作用,而是为解决本应用学科的实际问题服务的。应用法学的代表性学科是各种部门法学,如宪法学、民商法学、刑法学、程序法学等,有关法律实务的分支学科,法学边缘学科中侧重于解决实践问题的分支学科也可列入应用法学。③ 历史法学。即专门研究法、法的现象以及与法相关问题中的历史问题的法学分支学科的总称。历史法学作为法学体系中的一个专门的类别,主要原因是它既包括理论内容,也包括应用内容。历史法学主要研究历史上不同国家、不同历史类型的法律制度和法律思想,研究这些法律制度和法律思想的实质、内容、形式、特点及其产生、发展、消亡的规律等。它主要包括中外法律制度史学、中外法律思想史学、法学史学。④ 综合法学。即具有相当大的跨越性的法学分支学科的总称。综合法学有两个显著特征：其一，它的研究对象跨越多种甚至各种法学分支学科；其二，理论、应用和历史不是各有侧重，而是三者兼容并包。法学总论或概论之类是典型的综合法学。同时也包括立法学、法社会学、法解释学、比较法学、国际法学等。法学可以分为很多分支学科，主要有：① 理论法学，又称基础法学。研究法的基本概念、原理和规律。中国法律院系为这个学科开设的课程称为法学基础理论，通常简称为法理学。② 法律史学。可分为法制史和法律思想史。③ 国内法学。指一国各部门法学，包括宪法学、行政法学、民法学、经济法学、劳动法学、环境法学、刑法学、诉讼程序法学以及军事法学等。宪法是一国的根本法，因此，在国内法学体系中，宪法学占有主导地位。④ 国际法学。包括国际公法学、国际私法学和国际经济法学等。⑤ 立法学。研究立法原则、规划、立法体制、立法风格、立法程序、立法技术以及法律汇编、立法评价等问题。⑥ 法律解释学。对法律条文的内容和文字进行阐释，相当于中外历史上所称的注释法学。⑦ 法社会学。通常指通过社会现实问题研究法律的社会功能、实行和效果等问题。⑧ 比较法学和外国法学。比较法学是对不同国家（或特定地区）法律（包括该国法和外国法之间，外国法之间）的比较研究。因此，比较法学和外国法学密切联系。⑨ 法学和自然科学、技术科学或其他社会科学之间的一些边缘学科。如科技法学、法医学、司法鉴定学、司法精神病学、法律统计学等。在每一独立的分科中，又可再划分为不同层次的较低的分科。而在各分科中，每个国家的法学都是以研究该国现行法为重点的。

法学和自然科学、技术科学或其他社会科学之间的一些边缘学科中就包括司法鉴定学，根据我国学科分类国家标准，司法鉴定学、刑事侦查学、犯罪侦查学、刑事证据学等都属于法学学科。

道路交通事故涉案者交通行为方式鉴定作为物证类司法鉴定下痕迹司法鉴定的项目之一，与法学存在密不可分的关系，主要体现如下几方面。

1. 开展司法鉴定活动，必须遵守相关法律规定　　例如：《中华人民共和国刑法》第305条中指出："在刑事诉讼中，证人、鉴定人、记录人、翻译人对与案件有重要关系的情节，故意作虚假证明、鉴定、记录、翻译，意图陷害他人或者隐匿罪证的，处三年以下有期徒刑或者拘役；情节严重的，处三年以上七年以下有期徒刑。"《中华人民共和国刑事诉讼法》第5章"证据"第48条中指出："可以用于证明案件事实的材料，都是证据。证据包括：（一）物证；（二）书证；（三）证人证言；（四）被害人陈述；（五）犯罪嫌疑人、被告人供述和辩解；（六）鉴定意见；（七）勘验、检查、辨认、侦查实验等笔录；（八）视听资料、电子数据。证据必须经过查证属实，才能作为定案的根据。"在第2编"立案、侦查和提起公诉"第2章"侦查"第7节"鉴定"第144条～147条中指出"为了查明案情，需要解决案件中某些专门性问题的时候，应当指派、聘请有专门知识的人进行鉴定。鉴定人进行鉴定后，应当写出鉴定意见，并签名。鉴定人故意作虚假鉴定的，应当承担法律责任。侦查机关应当将用作证据的鉴定意见告知犯罪嫌疑人、被害人。如果犯罪嫌疑人、被害人提出申请，可以补充鉴定或者重新鉴定。对犯罪嫌疑人作精神病鉴定的期间不计入办案期限。"《中华人民共和国民事诉讼法》中第6章"证据"第63条中指出:"证据包括:(一)当事人陈述;(二)书证;(三)物证;(四)视听资料;(五)电子数据;(六)证人证言;(七)鉴定意见;(八)勘验笔录。证据必须查证属实,才能作为认定事实的根据。"第73条~79条中指出:"经人民法院通知,证人应当出庭作证。有下列情形之一的,经人民法院许可,可以通过书面证言、视听传输技术或者视听资料等方式作证:(一)因健康原因不能出庭的;(二)因路途遥远,交通不便不能出庭的;(三)因自然灾害等不可抗力不能出庭的;(四)其他有正当理由不能出庭的。证人因履行出庭作证义务而支出的交通、住宿、就餐等必要费用以及误工损失,由败诉一方当事人负担。当事人申请证人作证的,由该当事人先行垫付;当事人没有申请,人民法院通知证人作证的,由人民法院先行垫付。人民法院对当事人的陈述,应当结合本案的其他证据,审查确定能否作为认定事实的根据。当事人拒绝陈述的,不影响人民法院根据证据认定案件事实。当事人可以就查明事实的专门性问题向人民法院申请鉴定。当事人申请鉴定的,由双方当事人协商确定具备资格的鉴定人;协商不成的,由人民法院指定。当事人未申请鉴定,人民法院对专门性问题认为需要鉴定的,应当委托具备资格的鉴定人进行鉴定。鉴定人有权了解进行鉴定所需要的案件材料,必要时可以询问当事人、证人。鉴定人应当提出书面鉴定意见,在鉴定书上签名或者盖章。当事人对鉴定意见有异议或者人民法院认为鉴定人有必要出庭的,鉴定人应当出庭作证。经人民法院通知,鉴定人拒不出庭作证的,鉴定意见不得作为认定事实的根据;支付鉴定费用的当事人可以要求返还鉴定费用。当事人可以申请人民法院通知有专门知识的人出庭,就鉴定人作出的鉴定意见或者专业问题提出意见。"《中华人民共和国行政诉讼法》第5章"证据"第33条中指出:"证据包括:(一)书证;(二)物证;(三)视听资料;(四)电子数据;(五)证人证言;(六)当事人的陈述;(七)鉴定意见;(八)勘验笔录、现场笔录。以上证据经法庭审查属实,才能作为认定案件事实的根据。"第7章"审理和判决"第1节"一般规定"第55条中指出:"当事人认为审判人员与本案有利害关系或者有其他关系可能影响公正审判,有权申请审判人员回避。审判人员认为自己与本案有利害关系或者有其他关系,应当申请回避。前两款规定,适用于书记员、翻译人员、鉴定人、勘验人。院长担任审判长时的回避,由审判委员会决定;审判人员的回避,由院长决定;其他人员的回避,由审判长决定。当事人对决定不服的,可以申请复议一次。"

  2. 从事司法鉴定活动,必须具备一定法学教育培训背景和知识储备 在司法鉴定过程中,一个只懂或者精通专业技术知识的鉴定人,却是一个法盲,这肯定是不符合社会和人民群众希望和期望的,也无法更好地完成司法鉴定活动,出具一份完美的司法鉴定意见书。在道路交通事故涉案者交通行为方式鉴定中,司法鉴定人除具有一定专业知识以外,必须熟悉或掌握有关《中华人民共和国道路交通安全法》相关条款,例如:第5章"交通事故处理"第70条~77条中指出:"在道路上发生交通事故,车辆驾驶人应当立即停车,保护现场;造成人身伤亡的,车辆驾驶人应当立即抢救受伤人员,并迅速报告执勤的交通警察或者公安机关交通管理部门。因抢救受伤人员变动现场的,应当标明位置。乘坐人、过往车辆驾驶人、过往行人应当予以协助。在道路上发生交通事故,未造成人身伤亡,当事人对事实及成因无争议的,可以即行撤离现场,恢复交通,自行协商处理损害赔偿事宜;不即行撤离现场的,应当迅速报告执勤的交通警察或者公安机关交通管理部门。在道路上发生交通事故,仅造成轻微财产损失,并且基本事实清楚的,当事人应当先撤离现场再进行协商处理。车辆发生交通事故后逃逸的,事故现场目击人员和其他知情人员应当向公安机关交通管理部门或者交通警察举报。举报属实的,公安机关交通管理部门应当给予奖励。公安机关交通管理部门接到交通事故报警后,应当立即派交通警察赶赴现场,先组织抢救受伤人员,并采取措施,尽快恢复交通。交通警察应当对交通事故现场进行勘验、检查,收集证据;因收集证据的需要,可以扣留事故车辆,但是应当妥善保管,以备核查。对当事人的生理、精神状况等专业性较强的检验,公安机关交通管理部门应当委托专门机构进行鉴定。鉴定结论应当由鉴定人签名。公安机关交通管理部门应当根据交通事故现场勘验、检查、调查情况和有关的检验、鉴定结论,及时制作交通事故认定书,作为处理交通事故的证据。交通事故认定书应当载明交通事故的基本事实、成因和当事人的责任,并送达当事人。对交通事故损害赔偿的争议,当事人可以请求公安机关交通管理部门调解,也可以直接向人民法院提起民事诉讼。经公安机关交通管理部门调解,当事人未达成协议或者调解书生效后不履行的,当事人可以向人民法院提起民事诉讼。医疗机构对交通事故中的受伤人员应当及时抢救,不得因抢救费用未及时支付而拖延救治。肇事车辆参加机动车第三者责任强制保险的,由保险公司在责任限额范围内支付抢救费用;抢救费用超过责任限额的,未参加机动车第三者责任强制保险或者肇事后逃逸的,由道路交通事故社会救助基金先行垫付部分或者全部抢救费用,道路交通事故社会救助基金管理机构有权向交通事故责任人追偿。机动车发生交通事故造成人身伤亡、财产损失的,由保险公司在机动车第三者责任强制保险责任限额范围内予以赔偿;不足的部分,按照下列规定承担赔偿责任:(一)机动车之间发生交通事故的,由有过错的一方承担赔偿责任;双方都有过错的,按照各自过错的比例分担责任。(二)机动车与非机动车驾驶人、行人之间发生交通事故,非机动车驾驶人、行人没有过错的,由机动车一方承担赔偿责任;有证据证明非机动车驾驶人、行人有过错的,根据过错程度适当减轻机动车一方的赔偿责任;机动车一方没有过错的,承担不超过百分之十的赔偿责任。交通事故的损失是由非机动车驾驶人、行人故意碰撞机动车造成的,机动车一方不承担赔偿责任。车辆在道路以外通行时发生的事故,公安机关交通管理部门接到报案的,参照本法有关规定办理。"《道路交通事故处理程序规定》第6章"调查"第4节"检验鉴定"第49条~58条中指出:"需要进行检验、鉴定的,公安机关交通管理部门应当按照有关规定,自事故现场调查结束之日起三日内委托具备资质的鉴定机构进行检验、鉴定。尸体检验应当在死亡之日起三日内委托。对交通肇事逃逸车辆的检验、鉴定自查获肇事嫌疑车辆之日起三日内委托。对现场调查结束之日起三日后需要检验、鉴定的,应当报经上一级公安机关交通管理部门批准。对精神疾病的鉴定,由具有精神病鉴定资质的鉴定机构进行。检验、鉴定费用由公安机关交通管理部门承担,但法律法规另有规定或者当事人自行委托伤残评定、财产损失评估的除外。公安机关交通管理部门应当与鉴定机构确定检验、鉴定完成的期限,确定的期限不得超过三十日。超过三十日的,应当报经上一级公安机关交通管理部门批准,但最长不得超过六十日。尸体检验不得在公众场合进行。为了确定死因需要解剖尸体的,应当征得死者家属同意。死者家属不同意解剖尸体的,经县级以上公安机关或者上一级公安机关交通管理部门负责人批准,可以解剖尸体,并且通知死者家属到场,由其在解剖尸体通知书上签名。死者家属无正当理由拒不到场或者拒绝签名的,交通警察应当在解剖尸体通知书上注明。对身份不明的尸体,无法通知死者家属的,应当记录在案。尸体检验报告确定后,应当书面通知死者家属在十日内办理丧葬事宜。无正当理由逾期不办理的应记录在案,并经县级以上公安机关或者上一级公安机关交通管理部门负责人批准,由公安机关或者上一级公安机关交通管理部门处理尸体,逾期存放的费用由死者家属承担。对于没有家属、家属不明或者因自然灾害等不可抗力导致无法通知或者通知后家属拒绝领回的,经县级以上公安机关或者上一级公安机关交通管理部门负责人批准,可以及时处理。对身份不明的尸体,由法医提取人身识别检材,并对尸体拍照、采集相关信息后,由公安机关交通管理部门填写身份不明尸体信息登记表,并在设区的市级以上报纸刊登认尸启事。登报后三十日仍无人认领的,经县级以上公安机关或者上一级公安机关交通管理部门负责人批准,可以及时处理。因宗教习俗等原因对尸体处理期限有特殊需要的,经县级以上公安机关或者上一级公安机关交通管理部门负责人批准,可以紧急处理。鉴定机构应当在规定的期限内完成检验、鉴定,并出具书面检验报告、鉴定意见,由鉴定人签名,鉴定意见还应当加盖机构印章。检验报告、鉴定意见应当载明以下事项:(一)委托人;(二)委托日期和事项;(三)提交的相关材料;(四)检验、鉴定的时间;(五)依据和结论性意见,通过分析得出结论性意见的,应当有分析证明过程。检验报告、鉴定意见应当附有鉴定机构、鉴定人的资质证明或者其他证明文件。公安机关交通管理部门应当对检验报告、鉴定意见进行审核,并在收到检验报告、鉴定意见之日起五日内,将检验报告、鉴定意见复印件送达当事人,但有下列情形之一的除外:(一)检验、鉴定程序违法或者违反相关专业技术要求,可能影响检验报告、鉴定意见公正、客观的;(二)鉴定机构、鉴定人不具备鉴定资质和条件的;(三)检验报告、鉴定意见明显依据不足的;(四)故意作虚假鉴定的;(五)鉴定人应当回避而没有回避的;(六)检材虚假或者检材被损坏、不具备鉴定条件的;(七)其他可能影响检验报告、鉴定意见公正、客观的情形。检验报告、鉴定意见有前款规定情形之一的,经县级以上公安机关交通管理部门负责人批准,应当在收到检验报告、鉴定意见之日起三日内重新委托检验、鉴定。当事人对检验报告、鉴定意见有异议,申请重新检验、鉴定的,应当自公安机关交通管理部门送达之日起三日内提出书面申请,经县级以上公安机关交通管理部门负责人批准,原办案单位应当重新委托检验、鉴定。检验报告、鉴定意见不具有本规定第五十五条第一款情形的,经县级以上公安机关交通管理部门负责人批准,由原办案单位做出不准予重新检验、鉴定的决定,并在做出决定之日起三日内书面通知申请人。同一交通事故的同一检验、鉴定事项,重新检验、鉴定以一次为限。重新检验、鉴定应当另行委托鉴定机构。自检验报告、鉴定意见确定之日起五日内,公安机关交通管理部门应当通知当事人领取扣留的事故车辆。因扣留车辆发生的费用由做出决定的公安机关交通管理部门承担,但公安机关交通管理部门通知当事人领取,当事人逾期未领取产生的停车费用由当事人自行承担。经通知当事人三十日后不领取的车辆,经公告三个月仍不领取的,对扣留的车辆依法处理。"特别是关于鉴定相关的事项要非常熟悉并能运用于司法鉴定活动中去。

3. 司法鉴定活动的开展,可以有效地发现问题,对相关法律法规或者适用指南中不适用、不适宜的情况提出修改建议,为以后工作的进行和完成起到了重要作用 道路交通事故涉案者交通行为方式鉴定过程中,有针对性地对现场道路、道路安全设施、标志标线、人体损伤等进行了勘验,并对采集的相关材料进行综合分析,得出综合评判。在勘验和分析过程中,往往会发现一些问题,例如:对重新鉴定次数的要求是否合理?重新鉴定的主体要求是否具体?道路标志标线是否设置合理?安全措施是否适用于行人和车辆的需要?对鉴定分类是否合理,能否满足社会发展的总体趋势和要求?对人体损伤的检验鉴定如何来分别指定何种专业的鉴定人?从管理手段和制度上是否有相配套的措施来保障鉴定人的权益?如何有效解决被投诉方与投诉方之间的关系?对鉴定投诉方面是否有合理的处理办法或者明确的规定来指导工作?对恶意缠闹、干扰鉴定人工作的情形法律该如何界定和处理?等等。在发现这些问题之后,如何完成与法律的对接也是一个值得思考的问题。而重要的是,鉴定人在鉴定过程中,对这些法学问题进行的思考和梳理,有利于法学素养的培养和提高,法学思维越来越贯穿于司法鉴定实践活动中了,也更有利于能开展此类鉴定项目的鉴定机构不断的成长和壮大,共促行业提升和进步。

第三节 道路交通事故涉案者交通行为方式鉴定与法医学司法鉴定

道路交通事故涉案者交通行为方式鉴定的目的就是判断涉案者事发时的各种可能的状态,所以涉案者的损伤情况是作出事发时交通行为方式鉴定的重要依据,对涉案者的损伤情况作出判断的学科是法医学。

法医学是应用医学及其他自然科学的理论与方法,研究并解决立法、侦查、审判实践中涉及的医学问题的一门科学。法医学要借助多个学科进行工作,这些学科包括人类学、考古学、病理学、指纹、牙科和遗传学,也包括法医DNA分析。病理医生将进行尸检,为个人身体特征及其死因和死亡环境提供线索。法医学为制定法律提供依据,为侦查、审判提供科学证据,因此法医学是联结法学与医学的一门交叉学科。法医学的诞生和发展,与社会经济的发展、法律的出现,以及医学和其他自然科学的进步有着密切的关系。法医学的历史大体可以分为三个时期,即萌芽时期、形成时期、发展和成熟时期。萌芽时期大约在公元前500年至公元10世纪期间。这时不仅法已经出现,而且医学已经得到一定程度的发展,在处理人命案件时,执法人已经知道要征求医生的意见来处理案件。形成时期约为公元11世纪至公元19世纪,这时社会经济得到进一步的发展,法制趋向健全,案件的鉴定有专业医生参与,开始有较系统的法医著作出现。这时期最有代表性的著作是中国南宋理宗淳祐七年(1247年)湖南提点刑狱宋慈编著的《洗冤集录》五卷,这是世界上最早的一部系统法医学著作。1782年,柏林创办了第一份法医学杂志,从此法医科学初步形成它自己独立的体系。1932年在上海建立法医研究所(司法鉴定科学研究院的前身)并创办《法医月刊》。20世纪以来,经济的发展和自然科学的突飞猛进促进了法医学的发展,现代分析仪器的运用和新检验技术的应用,标志着现代法医学体系的形成。中国的法医学专业尚处于发展阶段,但是已经在金融保险的核保与理赔、司法鉴定、刑事侦查、科技考古等领域得到了成功的应用。法医学的基本任务主要包括为揭露犯罪事实真相、处理民事纠纷、医疗纠纷、重大事故、传染病和中毒性职业病、有关人身伤亡赔偿等提供科学证据，对立法提供建设性意见等。

其中，法医临床学是应用临床医学和法医学的理论和技术，研究和解决与法律有关的人体伤、残及其他生理病理等医学问题的一门学科，是法医学的一门重要的学科分支。在刑事和民事案件诉讼中，凡涉及活体有关人身伤害、残疾、劳动能力、诈病（诈伤）、造作病（造作伤）虐待、性功能或性犯罪等问题，均是临床法医学所要研究的内容。此外，临床法医学也研究活体的个人识别和医疗纠纷的鉴定。法医临床学是一门囊括了整个临床医学所有分支学科的全科医学，高度的综合性是该学科最大的特点。法医临床鉴定是指法医运用临床医学的理论和技术，对涉及与法律有关的临床医学问题进行鉴定和评定。其主要内容包括：人身损伤程度鉴定、损伤与疾病关系评定、道路交通事故受伤人员伤残程度评定、职工工伤与职业病致残程度评定、劳动能力评定、活体年龄鉴定、性功能鉴定、诈病（伤）及造作病（伤）鉴定、致伤物和致伤方式推断等。活体损伤的鉴定是以活体为主要研究对象，运用临床医学的理论与技术，研究并解决涉及法律问题的人体伤、残及其他生理、病理等问题。

法医精神病学是研究与法律相关的精神疾病和精神卫生问题的一门学科。它研究精神疾病的目的是确定违法或犯罪行为是否在精神正常状态下所为，被告应否负（或负多少）法律责任确定涉及双方法律行为时，当事人有无行为能力，对原告人、证人、检举人和自首人有无指定监护人的必要；当司法机关怀疑其有精神不正常时，也需作出关于精神状态的分析意见或者结论，以确定其陈述的真实性。所以无论在刑事案件或民事案件中，只要涉及精神状态和行为问题，都需要进行法医精神病鉴定。其中精神损伤程度鉴定是以其精神障碍出现与所遭受伤害之间存在的因果联系作为鉴定的基础和前提，评定损伤程度时对有关因素进行综合考虑，而不是片面强调某一方面的发现。

法医人类学是体质人类学以及现代法医学的分支学科，它应用体质人类学及其他相关学科的理论和方法，研究、解决法律或司法实践涉及的个人特征识别、鉴定等问题，为案件侦破及审判提供证据。这门学科与医学、生物学、动物学、考古学等学科密切相关。而法医人类学鉴定是应用法医人类学的理论和方法，研究和解决在法庭科学实践中涉及种属、种族、性别、年龄和身高等个体生物学特征鉴定，以及面貌特征的重建与鉴定。

法医物证学是法医学的分支学科，是以法医物证为研究对象，以提供科学证据为目的，研究应用生命科学技术解决案件中与人体有关的生物检材鉴定的一门学科。其研究内容属于法医学中的物证检验部分，是法医学研究的主要内容之一，而基因组学、DNA数据库、DNA分型是其核心内容。法医物证学鉴定主要涉及亲缘关系鉴定、个体识别、种属鉴定等。而个体识别在交通事故案件中一般用于驾驶员的认定、受害者的同一认定，肇事车辆上不明来源血迹、残留物的鉴定，失踪人员的同一认定，重大灾难事故中遇难者的同一认定及刑事案件中对犯罪嫌疑人的同一认定等。

法医毒物学又称法医毒化分析或法医化学，是研究自杀、他杀以及意外灾害所引起的中毒的一门科学。它研究毒物的性状、来源、进入机体的途径、作用原理、中毒症状、在体内的代谢和排泄、中毒量、致死量以及中毒后的病理变化等，并研究检材中分离和鉴定毒物。法医毒物学鉴定是指运用药理学、药毒物分析等分析化学的理论和方法，结合现代仪器分析技术,对体内外未知毒(药)物、毒品及代谢物进行定性、定量分析,并通过对毒物毒性、中毒机理、代谢功能的分析,结合中毒表现、尸检所见,综合作出毒(药)物中毒的鉴定。毒物鉴定的意义在于澄清死亡案件的性质,在法医检案工作中,常遇到突然死亡、死因不明的案件,通过法医毒化分析,区分是中毒死亡还是因病猝死。法医毒物鉴定一般可分为初步定性分析、毒物鉴定和毒物的定量三个阶段。

法医病理学是研究涉及法律有关的伤、残、病、死的变化及发展规律,为暴力性案件的侦察或审判提供医学证据,并运用相关的医学专业知识解决有关暴力死和非暴力死亡的死亡征象、死亡原因、死亡方式、死亡时间、死亡地点、个人识别,以及致伤物推断的一门科学。法医病理鉴定一般包括死亡原因鉴定、判断死亡方式、推断死亡时间、推断损伤时间、推断和认定致伤物、分析损伤和疾病的关系、个人识别、医疗纠纷尸体检验、骨龄鉴定、病理学诊断等方面。

从上述法医学不同的研究方向和法医学鉴定不同的鉴定内容来看,与道路交通事故案件有着密切的联系,但从形式上似乎可以解决其中某一方面的突出问题,而道路交通事故涉案者交通行为方式鉴定作为一种独立的鉴定项目,在鉴定过程中可能涉及到法医学鉴定的一个方面甚至多个方面,笔者认为其与法医学司法鉴定主要存在以下几个方面的联系和差异性:第一,道路交通事故涉案者交通行为方式鉴定目前尚没有独立的学科体系支撑,甚至连是否界定为司法鉴定尚存疑。但是也有专家认为,此类鉴定就是法医学司法鉴定的具体项目,最终会怎么整理清楚,还需要技术专家和管理部门共同探讨这一问题。第二,鉴定方法上存在明显不同,道路交通事故涉案者交通行为方式鉴定针对个案不同,随着科技发展进步,可能只需要视频图像的真实记录和数据提取,就可以作出科学的鉴定意见,而在实际鉴定过程中,更多地采取的是痕迹鉴定的技术手段来解决,将人体损伤作为辅助手段。但是法医学司法鉴定却完全采取的是自身独有的技术标准和技术手段作出的分析评判。第三,相互交叉和辅助,主要是此类鉴定类型属于综合性鉴定项目,在鉴定过程中,需要多种学科知识支撑,相互印证,形成闭环,从而达到科学客观的目的。

所以,问题的症结不在从事技术的鉴定人上,而是管理者是否能够高屋建瓴进行总体规划,结合实际,研究切实可靠符合实际需求的解决方案,既保护了此类项目的顺利开展,又探索出综合类鉴定项目的正确发展途径,而最终是为了满足案件处理和诉讼的实际需求,满足人民群众的期待,体现公平正义。

第四节 道路交通事故涉案者交通行为方式鉴定的归类

道路交通事故涉案者交通行为方式鉴定的另一个重要基础就是事故中涉及车辆、人员及其他客体痕迹的检验,痕迹学是重要相关的学科之一。道路交通事故涉案者交通行为方式鉴定目前归为物证类下痕迹鉴定类别。

痕迹学是指运用相关自然科学的原理和方法,研究痕迹及其形成的规律特点,研究痕迹的发现、显现、提取、鉴定的理论和方法的科学。痕迹的形成是痕迹学研究的基础对象,主要研究痕迹的造痕客体、承痕客体、作用力三者的物理特性、作用方式以及痕迹的形成机理。研究痕迹的规律特点就是研究痕迹的形成过程,痕迹所反映的方式,痕迹反映的特征,痕迹反映、变化的规律等。痕迹的发现、提取、保全及档案管理的原理和方法是痕迹学研究的重要对象。痕迹学的任务是:科学分析案情;提供侦查线索、方向,缩小侦查范围,指导办案活动;为查缉犯罪嫌疑人提供依据;不断提供痕迹发现、提取、保全、管理、鉴定的新方法;为侦查破案、起诉、审判提供依据和证据。痕迹学的科学基础是指痕迹学得以创立、形成、发展、完善的一系列联系密切的科学理论基础,包括:相关自然科学基础,如物理学、化学、生物学、数学等学科;法学学科基础,如证据学、诉讼法学、刑法学等学科;同一认定理论科学基础,即:客体的特定性、客体的相对稳定性、客体特征的反映性等。痕迹形成的因素主要有造痕客体、承痕客体和作用力三方面,在平面痕迹中往往存在介质。痕迹的形成一般涉及外表结构痕迹(形象痕迹)的形成、动作习惯痕迹的形成、整体分离痕迹的形成三种。痕迹的分类按照造痕客体类型分类,一般包括手印、脚印、工具痕迹、交通工具痕迹、枪弹痕迹、牙齿痕迹、轮胎痕迹等;按照形成痕迹时作用力的方向不同分类,一般包括静态痕迹和动态痕迹;按照承痕客体表面的变化分类,一般包括平面痕迹和立体痕迹。

其中,指纹学,又称"手印学",是指研究手纹特点和应用的学科。手纹是指手掌面上由乳头状凸出的摩擦脊线形成的花纹,即手面乳突花纹。手纹包括指纹、指节纹和掌纹。指纹学的研究基础其中重要的内容是人体解剖学、人体胚胎学、人体组织学和生理学,主要包括人体皮肤组织和皮纹,指掌皮肤组织、指纹的特性、指纹的遗传和变异、人体汗液等的研究。手纹的研究对象包括:① 指纹是手指末端内侧指球的表面花纹;指节纹由手指根部向指尖部,有第一、第二指节纹之分;掌纹即手掌面花纹,分前掌区(指根区)、桡侧区(大鱼际区)、尺侧区(小鱼际区)。在指骨关节伸屈处还有屈肌纹。解剖学称为屈肌褶裂,分为指间屈肌纹和手掌屈肌纹。② 指头上的皮肤真皮上部乳头层与表皮紧密结合形成的凹凸状皮肤花纹,即乳突花纹。乳突线花纹自胚胎第三个月形成,一经形成,则其花纹图形终身不变;虽表皮剥离亦可看出乳头层的凹凸纹路。乳突线状如弓、箕、环、螺、弧、眼、桥、叉、点,均以形状命名。每条独立的乳突线按顺时针方向有起、止点;分叉或合并的线条又有分歧点、结合点。这些统称为细节特征。乳突线花纹图形和乳突线特征点排列形式具有个体独特性,因此在刑事侦查中成为个人识别的重要依据。③ 手掌的皮肤乳头比身体其他部位更为密集,其纹线形似山脊,并列成行,峰谷鲜明,脊上有汗孔,因其生长在人体与其他客体触摸最多的部位,故又称为摩擦脊纹。手印一般指犯罪现场中人手接触物环形箕形体留下的痕迹,由汗液或其他物质形成,肉眼不易发现。汗液含有各种氨基酸、尿素、非蛋白氮等有机成分和氯、钠、钾、钙等无机成分,可使汗液在短时间内保持一定的湿度,粉末可以黏附其上。手印的形成主要取决于手掌面乳突花纹组织、肌力、承受客体属性、介质和接触方式。手印一般可用硝酸银、茚三酮、茚二酮等试剂显现,还可采用高真空镀膜和荧光喷雾的方法显现。由于手指末端感觉灵敏,同物体接触的机会最多,且指球表面花纹图形整齐规律易于识别,指纹学重点研究指纹的纹理结构。指纹中间部位有一称作三角的区域,由中心花纹、外围线和根基线组成。指纹按中心花纹和三角的形状分弓、箕、斗三大类型；按中心花纹形态可分数十类。在刑事技术领域，很长一段时间里，因指纹"人各不同、终身不变"的特性，存在"指纹为王"的现象，但随着科技的进步和发展，逐渐被"DNA为王""信息技术（监控视频）为王"所代替。

足迹学是指研究根据足迹对人的自然条件进行分析和对鞋、袜、人身进行鉴别等有关问题的一门应用科学。运用人体运动解剖学、运动生物力学、土壤学以及其他学科的原理和方法，研究犯罪过程在现场遗留足迹的一般规律，不同条件下影响足迹特征形成、变化的各种因素。主要包括足迹纹线特征比对、步法特征体现，可以通过独立或者成趟足迹和鞋印，来分析嫌疑人行走习惯、个人嗜好等体现特征性的行为，为侦查破案提供依据。足迹检验的科学依据从足迹的形象检验上来讲，主要是赤足结构形态的特定性和稳定性，鞋底外表形态的特定性和稳定性，承痕客体的反应性；而从足迹的动力形态检验来讲，主要是行走动力形态的特定性，行走动力形态的稳定性。足迹学的主要研究内容是赤足结构特征、鞋袜痕迹特征、行走运动形态特征、现场足迹勘验、足迹分析、足迹鉴定以及足迹的定量检验等。利用足迹对鞋种、身高、体态、性别、步行姿态、年龄等进行分析，为侦查提供线索和方向。在足迹学的应用中，足型的整体特征和局部特征以及足乳突纹线特点是关注的重点，而标画长、宽、间距、组合结构线是重要的方法。在今天，足迹学遭受了前所未有的挑战，由于经济的高速发展，物质生活的极大丰富和信息知识大爆炸，具有最好识别力的立体足迹几乎提取不到。但是，在其他领域，以跨界发展的方式，例如结合监控视频中嫌疑人行走的姿态分析性格特征、交通事故中利用足迹学分析行人行走方向或者道路交通事故涉案者事发时交通行为方式等，有更好的发展前景和未来研究的可能性、必要性。

工具痕迹学是研究案件现场上工具痕迹的形成及其变化，工具痕迹的类型、特点、分析利用工具痕迹的方法及检验鉴定的一门刑事技术学科。主要研究解决工具痕迹的形成、工具痕迹的种类、分析利用工具痕迹以及工具痕迹检验鉴定的问题。工具痕迹学的研究对象包括关于工具痕迹的形成情况，关于工具的功能、机构、性能、成分及其特征的类型、质量等。工具痕迹学把研究工具痕迹的形成及变化规律、研究工具痕迹的现场勘验问题、研究工具痕迹的检验鉴定的方法与步骤、研究扩大工具痕迹的应用范围等作为其主要研究内容。工具痕迹学是以痕迹检验同一认定理论、方法为基础，利用材料学及力学、物理学等基础理论知识，结合工具痕迹工作时间与科研成就，进行研究与分析。工具痕迹具有多发性、多变性、立体性和附着物、遗留物多的特点。工具痕迹检验的依据主要是客体的特定性、客体的稳定性和客体的反映性。工具痕迹根据客体的不同及力的变化，可以分为撬压痕迹、打击痕迹、擦划痕迹、钳剪痕迹、刺切痕迹、割削痕迹等。工具痕迹的作用体现在提供诉讼证据、划定侦察范围、分析案件性质、提供并案依据、判定罪犯特点、确定嫌疑线索等方面。对现场工具痕迹的分析中，要根据其原始状态准确地判明与案件有关问题的勘验活动，要求在提取之前进行。工具痕迹是特定人使用特定工具在特定环境条件下对特定客体作用产生的特定形象特征。现场工具痕迹要与以下常见痕迹进行区分。

1. **动物咬痕** 常见的噬咬动物为鼠和兔，被破坏的客体主要有电线、电缆、绳索、胶管。动物咬痕的特点：多次噬咬、咬力不均、方向各异，主要通过以下特点分析：① 根据痕迹的形象特征,并结合环境条件加以判断。附近有无动物出没活动,如有无动物足迹或排泄物、脱落物。② 根据痕迹的形象特征,即被破坏部位的形态:断面不整齐,常出现凹坑或突尖;线形痕迹粗大而不平行,呈多方向;断面边沿呈锯齿状;被咬断合股线的断头长短不齐方向不一。而工具剪切痕迹的特点是断面平齐,线痕方向一致,边沿齐整,合股线断面齐整且方向一致。

2. 疲劳断痕　　疲劳断痕,是指客体承受周期性的反复外力作用后发生的断离。疲劳断离的前提是有疲劳源受到的外力超出了端面的张应力极限在多数情况下疲劳源产生在表面或内部的缺陷处。因为这些缺陷会导致应力集中。形成缺陷的因素是表面受到破坏,客体表面存在压痕、划痕、磨痕等;内部受到破坏,木材因虫蛀、腐朽、节子、裂纹等;内部结构不均匀,金属内部有空隙、异物、密度大小不同等;疲劳断裂,疲劳断裂面是受到外力的连续作用,使疲劳所产生的断离面,其侧面表现为裂纹并不断向前扩展,在先形成的端面上常有灰尘等其他介质侵入,形成陈旧痕迹。而工痕和疲劳断痕的区别主要表现为:工具的线条呈平行纵向,分布均匀;而疲劳断纹形状依材料性质及加载方式的不同而形状各异,有贝壳状弧线、同心圆状线、放射状线等。工具剪切断面较平齐,双刃工具咬合形成有峰角;而疲劳断面不整齐,呈锯齿状或阶梯状。工具形成剪切面线痕的新旧程度一致;而疲劳断纹的新旧程度不一致,而且常可发现疲劳源。

3. 腐蚀断痕　　客体受周围介质的化学作用而引起的断离,称为腐蚀断痕。如铁质客体在潮湿的空气介质中,由于氧化生锈,使其不断脱落导致截面减小最终发生断离。其主要特点表现为:腐蚀断离面上有腐蚀破坏痕迹,如腐蚀坑、腐蚀沟槽或台阶、腐蚀产物,但没有宏观的塑性变形痕迹,如颈缩现象、撕裂等。宏观特征一般比较模糊,形状不规则,无明显细节特征。

4. 自然破坏痕迹　　自然破坏痕迹主要指雷击、自燃、风力的侵袭等,常常造成客体龟裂、断痕或烧灼痕等。可以结合环境、时间、气候等加以判断。在这里尤其要提及交通工具痕迹,交通工具一般包括车辆、水运船舶和民航飞机。其研究的内容分类从交通工具种类来分是指道路车辆痕迹、铁路车辆痕迹、飞机痕迹、船舶痕迹;从承痕客体不同划分是指交通工具主体痕迹、地面痕迹、轮胎或车轮和轨道痕迹、其他痕迹,其中交通工具主体痕迹包括道路车辆的车体痕迹、铁路车辆的车体痕迹、飞机机体痕迹、船体痕迹;地面痕迹包括地面轮胎痕迹、地面损坏痕迹、机场跑道痕迹、铁路及周围地面痕迹;其他痕迹包括车辆爆炸和燃烧痕迹、路面散落物痕迹和喷溅痕迹、铁路车辆拆卸痕迹等。交通工具痕迹中车体痕迹的研究,主要研究的内容包括撞击痕迹的检验分析,即运动方向和速度的分析;刮擦痕迹的检验分析;轮胎表面痕迹分析,与道路交通事故涉案者交通行为方式鉴定涉及的交通工具主体密切相关。在车内人体脱离车体后,路面损坏和其他相关痕迹,也会影响到道路交通事故涉案者交通行为方式鉴定的进展和结果。

枪弹痕迹学,又称验枪学、司法弹道学,是专门研究刑事侦查在涉枪案件中,有关枪弹痕迹的发现、采取和检验以及枪弹痕迹及其形成的规律特点的科学。运用痕迹检验的一般原理、技术方法以及枪支、枪弹、内外弹道等科学知识,对枪支发射后留在弹头、弹壳和目标物上的痕迹、射击残留物进行分析鉴定,一方面可以判断发射枪种、枪支,从而去寻找持枪人;

另一方面可以确定射击距离,判明案件性质,从而达到揭露犯罪、证实犯罪的目的。枪弹痕迹学的研究对象包括检验作为案件物证的枪支、弹药本身状况,确定枪支的射击情况,根据枪弹痕迹对枪支进行种类认定和同一认定等。其研究任务是利用现代科学技术的最新成就来研究枪弹的发现、采取和保全,探索其新的技术手段和方法;研究枪弹痕迹形成的规律特点;研究枪弹痕迹鉴定的理论和方法;研究枪弹痕迹档案系统管理工程。枪弹痕迹形成的原理主要是枪支的射击原理。武器射击形成的全弹道过程,一般可分为内弹道、外弹道和侵入弹道三个阶段。主要利用弹头在弹膛内的运动、弹头在空气中的运动、弹头的侵彻和杀伤作用、发射时发生的膛内变化、子弹射击时发生的变化来分析判断。认定枪弹同一的科学依据是枪弹痕迹的特定性,即枪支在生产中所形成的痕迹特征、子弹在生产加工时的特征、枪支零件在使用、保管过程中所形成的特征,枪弹痕迹的稳定性,即子弹上膛时在壳体上形成的子弹上膛时形成的扣弹齿痕、推子弹进膛的闭锁机碗下部的痕迹、弹膛壁的痕迹、弹壳底座边棱上的拉壳钩的痕迹,射击过程中形成的弹头表面上的膛线痕迹、底火帽上的击针痕迹、壳底上的弹底窝表面的痕迹、指示杆的痕迹、壳体上的弹膛内壁痕迹,退壳时形成的弹壳底座边棱上的拉壳钩的痕迹、弹底边沿上的抛壳挺的痕迹、壳口和斜肩或壳体上排壳孔的痕迹。

特殊痕迹检验学是刑事科学技术领域的一个重要组成部分,主要研究的内容包括牙齿痕迹、车辆痕迹及牲畜蹄迹、纺织物痕迹、玻璃破碎痕迹、整体分离痕迹、开锁和破坏痕迹等。现在也有不少研究学者认为应为其他痕迹学,提出的主要理由是认为特殊痕迹学研究的内容与手印、足迹、工具、枪弹等痕迹具有同等痕迹地位,不存在"特殊"一说。这里笔者暂且用特殊痕迹检验学来进行阐述。特殊痕迹检验学是以同一认定原理为基础,运用解剖学、机械学、纺织结构学、材料力学、断裂力学、几何学等相关学科,研究各种痕迹的形成和原理,痕迹特征的性质及变化规律,各种痕迹的勘查与分析方法,痕迹的检验鉴定方法。其主要发挥分析案件性质、提供侦查方向、分析案犯个人特点、分析案情、提供破案证据的作用。其主要任务是为侦查人员提供技术服务和提供特殊检验痕迹的检验鉴定意见。

在实际鉴定过程中,不论是指纹学、足迹学、工具痕迹学,还是枪弹痕迹学、特殊痕迹学,都在进行道路交通事故涉案者交通行为方式鉴定过程中单独体现,或者多种体现,对分析判断涉案者事发时的交通行为方式提供学科理论支撑。当然,车体痕迹的勘验和分析是作出道路交通事故涉案者交通行为方式判断的关键依据,虽然目前没有一门学科被称为车辆痕迹学,但是在"手、足、工、枪"痕迹以外的其他痕迹中包含了车辆轮胎痕迹的检验鉴定方法的介绍,而且在工具痕迹中涉及交通工具痕迹的检验鉴定。在道路交通事故中,由于事故形态的不同,往往会对涉案者的状态还原产生关键性影响。例如:在复杂交通事故中,车辆遭受碰撞后出现了侧移翻转滑移,车内人员在车内位置发生交换,甚至抛出车外,这种情况下,车内与人员发生接触的痕迹,车身外侧体现车辆运动过程的痕迹,都在被采集的范围之内,并能成为分析车辆运动轨迹和人员运动轨迹的依据。而这些依据不可避免地要通过车体痕迹的勘验获得。

道路交通事故涉案者交通行为方式鉴定因其鉴定特点,不仅限于与上述学科之间存在关系，与化学、物理学、车辆工程学、交通工程学、交通安全学等等学科都有一定的相关性，而笔者认为，最重要的是要掌握之间的必然关系，将相关学科指导鉴定实践的作用最大化。

第五节　道路交通事故涉案者交通行为方式鉴定的鉴定人

鉴定人是受司法机关指派或聘请，运用专门知识或技能对案件的专门性问题进行鉴别和判断的人。鉴定人必须与本案无利害关系，并确实具备专门知识或技能。分为专职和兼职两种。鉴定人经司法机关传唤，有义务到案接受询问和陈述鉴定过程、结论；有权查阅案卷材料，并经司法机关许可，有权对当事人、证人等提出询问；有权拒绝回答与本案无关的问题。故意提出虚假为鉴定的应负刑事责任。英美等国一般把鉴定人称为"专家证人"，并允许当事人自行聘请，大陆法系国家和日本则规定鉴定人只能由司法机关聘请或指定，其作用是作为审判官的辅助人来弥补审判官在专门知识上的不足。鉴定人必须是具有解决案件中某些专门性问题的知识和技能的自然人，机关、团体、单位、组织等不能作为鉴定人；鉴定人应当与本案没有利害关系，否则，当事人有权申请其回避；鉴定人应由公安司法机关指派或聘请。一个案件有几个鉴定人时，共同讨论并提出鉴定意见的权利；在意见有分歧的情况下，单独提出鉴定意见的权利。

鉴定人具有以下特点：① 鉴定人必须是没有利被害关系的人。如果鉴定人与案件或者案件当事人有利害关系时应当适用回避的规定。② 鉴定人通过参加刑事诉讼的途径了解案件的真实情况。③ 鉴定人通过指派或者聘请产生，并且在诉讼过程中可以更换。④ 鉴定人必须具备鉴定某项专门性的问题的知识或技能。在不具备解决案件中的某种专门知识或在公安司法机关提供的鉴定材料不充分的情况下有权拒绝鉴定。

证人和鉴定人的区别如下：① 在资格条件上，鉴定人有严格的资格要求，必须具备相关的专门知识和技能；而证人的资格要求只是具备辨别是非的能力和正确表达的能力，即使证人有生理缺陷和精神缺陷或者年幼，均可出庭作证。② 在可否替代上，证人是就其亲身感受的案件事实向法庭作证的人。证人的基本特征就在于证人的不可替代性，这是由案件事实本身决定的，既不能由法院指派或聘任，亦不能随意替换；而鉴定人并非由案件事实所决定，其从事鉴定活动是受法院指派或聘请，因此，鉴定人是可以替换的。③ 在能否回避上，证人不得以与案件处理结果之间的利害关系而申请回避，而鉴定人如果有回避事由，必须执行回避的规定。④ 在询问规则上，对证人的询问应遵循个别和隔离的原则，证人不能了解案情；而鉴定人可以了解案情，对疑难复杂情况，可以由多个鉴定人相互商量形成最终的鉴定结论。⑤ 在发表的意见上，证人只能就其所知悉的案件事实陈述意见，而不能发表自己根据这些事实得出的结论和意见。但是鉴定人作为专家不受此项意见规则的限制。⑥ 在出庭义务上，证人出庭作证是一项普遍性的诉讼义务，一般不能拒绝，而鉴定人有正当的理由，可以拒绝接受法庭的指派或聘请，可以不出庭接受质证而只提供书面鉴定意见。民事诉讼中，人民法院在当事人和其他诉讼参与人的参与下，以审理、裁判、执行等方式解决民事纠纷的活动，以及由此产生的各种诉讼关系。诉讼参与人包括原告、被告、第三人、证人、鉴定人、勘验人等。

鉴定人与专家辅助人的区别：鉴定人是指对诉讼中争议的专门性问题作出鉴定结论的机构或自然人。专家辅助人（也称诉讼辅佐人），是指由当事人聘请，帮助当事人向审判人员说明案件事实中的专门性问题，协助当事人对案件中的专门性问题进行质证的人。鉴定人与专家辅助人都是利用专门知识对诉讼中的专门性问题进行说明或确定，但二者有明显区别：① 产生的方式不同。鉴定人主要是由双方当事人协商确定或法院指定的，一方当事人单方面委托的比较少见；而专家辅助人则不同，虽然是否需要使用专家辅助人要由法院决定，但法院同意后，由双方当事人各自聘请，因而可以分为原告方的专家辅助人和被告方的专家辅助人。② 所起的作用不同。鉴定人的作用是运用专业知识或专门技能对鉴定对象进行鉴定后得出结论性意见，其所做的鉴定结论是一种证据；而专家辅助人只是帮助当事人对一些专门性问题做出解释、说明，其陈述不是一种证据。③ 费用的承担不同。鉴定的费用作为诉讼费用原则上应当由败诉一方当事人承担；而专家辅助人的费用由提出该辅助人的当事人承担。

道路交通事故涉案者交通行为方式鉴定的鉴定人有其特殊要求和相应的条件。过去，2001年以前的一段时期内，此项鉴定工作由法医类鉴定人完成，主要是法医病理学和法医临床学鉴定人来作出鉴定结论，法医鉴定人的依据主要根据损伤特点和致伤方式的判断，例如安全带伤、骑跨伤、挥鞭伤、碾压伤等特征性损伤。2001年以后，当道路交通事故鉴定的兴起和发展，此项鉴定工作由法医类鉴定人和痕迹类鉴定人共同完成，或者各自单独完成，这只是形式上的一些调整和完善，在判断依据上并没有出现矛盾和冲突，一般，痕迹鉴定人会在痕迹检验的基础上结合法医检验的损伤情况和做出的致伤方式的判断来综合案件分析，从而得出事发时涉案者交通行为方式；而法医鉴定人依据检验的人体损伤特征，并关注致伤物的特性和特征，做出相应的分析判断。在鉴定过程中，法医鉴定人和痕迹鉴定人紧密配合相关重要，因为司法鉴定是一种公共法律服务形式，并不能明确地在此项目上分清彼此，必须相互合作，才能得出科学公正的判断，维护社会公平正义和社会稳定。

但在实际鉴定过程中，还是会遇到一些制度和操作层面的问题，主要是表现在执业分类上，道路交通事故涉案者交通行为方式鉴定应归属于法医类司法鉴定还是归属于物证类司法鉴定，是由开展痕迹司法鉴定的鉴定机构来受理，还是由开展法医类司法鉴定的鉴定机构来受理，或者是由同时开展法医类司法鉴定和痕迹司法鉴定的鉴定机构来受理；是由执业类别是法医病理司法鉴定、法医临床司法鉴定还是痕迹司法鉴定的鉴定人来作为第一鉴定人，或者由痕迹司法鉴定人两名再加法医类司法鉴定人两名同时在司法鉴定意见书上署名。经调研其他鉴定机构的实际工作模式和多年从事鉴定工作的经验积累，作为司法鉴定人，在承接此类鉴定时，应注意以下问题：第一，对委托方提供材料的审查，要求提供材料具有真实性、完备性和可溯源性。主要表现在，委托方对提供材料的真实可靠性负全责，特别是对道路交通事故情况进行记录的道路交通事故现场图、现场勘查笔录、现场照片，而其中最为关键的是对碰撞点、停止位置、人员在车内位置和车外位置等的描述和反映；委托方提供的材料要充分齐备，常常会因材料提供不全而造成无法做出明确鉴定意见的情况和做出模棱两可的鉴定意见从而作为证据弱化的情况；委托方提供的材料要可以溯源，与其他材料之间要存在一定的印证关系，出处合法合理、有理有据。这些都是对提供材料的要求，所以鉴定人在接受委托，签订合同之前，一定要注意审查这些材料是否初步满足鉴定的需要。第二，鉴定的实施适时相互帮助和督促。对于此类综合鉴定项目来讲，都有一个共同的特点，涉及的专业门类不是单一的，而是多专业共同协作完成的一个过程，痕迹鉴定人负责对车辆、现场、人体痕迹进行勘验；法医临床或者病理鉴定人负责对人体损伤进行勘验和分析；法医毒化鉴定人负责对人体中毒反应进行分析；法医物证鉴定人负责对生物检材进行比对分析；微量物证鉴定人负责对漆片、纤维等相关物证进行成分比对分析；法医精神病鉴定人负责对人体精神状态进行评估等等，根据不同案件的需要，不同的鉴定人参与到鉴定过程中，相互支撑产生合力，同时也对分析判断产生合力作用影响，需要鉴定人之间的配合和督促。第三，鉴定意见的出具，需要一个主鉴定类牵头方。对于此类鉴定来讲，从上位法和文件的角度，并没有明确规定，只有什么类的执业机构可以承接此类鉴定，所以在实际操作过程中，就有可能产生不同类的鉴定人来出具鉴定意见，但这里要强调的是，不管是什么执业类别，都要有一个核心的鉴定类别作为鉴定主角，来综合和平衡运用其他专业门类得出的部分鉴定意见，笔者认为痕迹鉴定司法鉴定人作为主角在实际鉴定过程中出现的情况最多，也最有利于得出科学可靠的鉴定意见，当然，这并不是排除其他专业门类鉴定人进行相应鉴定工作的科学性和可能性，关键还是根据案件的实际情况来确定。

　　道路交通事故涉案者交通行为方式鉴定的鉴定人不仅限于痕迹司法鉴定人、法医病理司法鉴定人、法医临床司法鉴定人，那从鉴定人的专业背景、知识体系、培训要求、资格取得等方面，就存在自身的特点，或者说有一定的交叉。那是不是一定强调一个明确的概念呢？从规范性管理的要求来讲，必须有一个明确的界定，从目前司法鉴定四大类分类来看，基本是按照专业性质不同来进行分类的，那道路交通事故涉案者交通行为方式鉴定，涉及的专业门类可不是如尸体检验明确应该是法医病理司法鉴定人主持鉴定的，从名称上来说，就可以分解为"道路""交通事故""涉案者""交通行为方式"，专业门类也不仅限于司法鉴定类，也涉及道路工程、道路安全、事故处理等方面，之所以要讨论这个问题，还是因为在道路交通事故发生后，道路交通事故处理过程中和诉讼过程中，要涉及对涉案者事发时交通行为方式的认定，可以说这个事实的认定是后续处理的前置条件。所以，对从事道路交通事故涉案者交通行为方式鉴定的鉴定人提出更高的要求，这同时也给管理部门提出一定的挑战，在准入条件、期间考核、教育培训、监督淘汰等方面都有不同的门槛和要求。总结一下，主要有几个方面：第一，鉴定人的教育背景，从严的角度来讲，必须具备本科以上学历，专业不限于痕迹物证、法学、道路工程、道路安全、车辆工程、法医学、医学等相关专业知识储备，且从事鉴定相关工作5年以上；对于从事道路交通事故处理5年以上人员可以通过一定考核进行转化，建议都通过准入考试，获得鉴定资格，这是否可以探索分项目管理的模式呢？是否存在过于细化难以管理和操作性差的弊端呢？这些都需要根据各省实际情况不断探索修订完善。第二，期间考核一般为一个审证周期，考核的题目应分为理论和实务两个部分，理论部分的知识要涵盖痕迹和法医多项专业知识，实务部分的考核要兼顾多专业多技术合作，考察综合运用技术能力和水平,处理疑难复杂案件的应变能力等。当然也不仅限于这两种结合的形式。第三,教育培训的目标设置相对比较复杂,跨专业的培训内容设计和教材编写难度都比较大,建议分层次分等级进行,对于科研鉴定助理的培训,应注重基础知识教育和一般案件的处理程序及相应的鉴定依据,这里的基础知识教育着重于痕迹学和法医学,鉴定依据着重于痕迹鉴定和法医学鉴定的依据;对于中级鉴定人的培训,应注重巩固专业知识和较为疑难复杂案件的处理过程及不同鉴定方法的运用;对于高级鉴定人的培训,应注重实践中如何总结提炼理论知识的方法传授、对疑难复杂案件得心应手的处理、多专业融合和多种鉴定方法的灵活运用等。第四,监督淘汰机制是相对于准入条件和管理要求的一种延续和尝试,具有重要的意义,主要是运用管理条例、相关制度的杠杆作用,对鉴定过程中、执业过程中出现的不符合规定甚至违反法律和法规纪律等的行为,严格执行"双严十二条",坚决予以处理,并按照规定注销一部分不合格的鉴定人,保持鉴定队伍的纯粹性和专业性。

第二章
道路交通事故中涉案行人姿态鉴定

道路交通事故大多为车辆之间发生碰撞，这方面研究的也较为广泛而深入。同车辆与车辆相互发生碰撞的交通事故相比，人们对行人被车辆碰撞的交通事故的认识还较为肤浅，这是由于车辆与行人的碰撞是硬质的车辆与软性的人体之间不可逆的相互作用，而人体结构和构成成分的复杂性，也是动物、人的尸体及其他模拟物无法替代的。涉及行人的道路交通事故的研究同车辆之间碰撞事故分析一样，都要基于现场勘查来记录、提取、固定痕迹物证，包括车辆、行人、道路以及周围环境和天气情况等。而同研究车辆之间碰撞不同的是要对行人予以更多的关注，但往往在涉及行人的交通事故中，因伤者自行位置变动、需要紧急救治，并要尽快恢复交通等情况，交通警察很难将行人的原始位置、姿态准确记录固定下来。因此，在很多情况下，车辆碰撞行人的交通事故变得颇为错综复杂，更需要从事道路交通事故技术鉴定的人员进行探索和研究。

儿童和老年人遭遇事故的频率较高，其中老年人的事故死亡率较高。随着中国老龄化进程的加剧，交通事故死亡人数中，行人死亡人数所占比例有逐年上升的趋势。行人在交通事故中直接受到汽车车身撞击，受伤部位与其和车辆的相对位置有关。表2-1和表2-2给出了不同年龄行人的受伤部位（受伤程度AIS2以上）和行人与车辆接触部位。表格内容以行人的整体损伤数量为对象，对于单个行人受到多处损伤的情况，计算多处损伤的数量。

可以看出，在AIS2以上的损伤中，头部和下肢占的比例较大。前风窗玻璃是最常导致16岁以上行人头部损伤的部位，前风窗玻璃框架/A柱、发动机舱盖对成人造成损伤的情况也较常见。在下肢伤害中，则是由于小腿部与保险杠接触造成的损伤所占比例较大。儿童（15岁以下）多因与发动机舱盖顶部和风窗玻璃接触造成头部损伤，因与保险杠接触造成大腿部和小腿部损伤也较多。此外，大多数的损伤是由于行人与车身直接接触导致，而与路面接触造成损伤的情况相对较少。

行人与车辆的碰撞速度和行人受损伤程度有较大的相关性。虽然事故数据的总体以及发生年份不同，死亡率也有所不同，但碰撞速度在40 km/h ～ 60 km/h的范围内，行人的死亡率急剧上升。大约75%的行人事故包含在碰撞速度40 km/h以下的范围内，这个速度是行人保护法规和车辆评估的临界速度。

表 2-1 行人交通事故的受伤部位与车辆接触部位

接触位置 \ 人体部位	头部	脸部	颈部	胸部	腹部	腰部	上肢	下肢 整体	下肢 大腿部	下肢 膝部	下肢 小腿部	下肢 脚部	不明	合计
车辆 保险杠	20	2	—	2	3	3	3	16	29	69	429	29	—	605
车辆 发动机罩/挡泥板上表面	140	9	1	122	39	35	73	21	3	1	1	2	1	448
车辆 发动机罩/挡泥板前沿	7	2	1	36	65	80	28	46	33	5	24	1	—	328
车辆 风窗玻璃	303	52	11	28	3	10	22	1	—	—	1	1	—	432
车辆 风窗玻璃框架/A柱	159	28	5	34	7	14	29	5	1	—	—	—	2	284
车辆 前面面板	—	1	—	8	13	6	5	9	9	10	32	3	—	96
车辆 其他	33	7	—	29	9	12	11	6	4	5	26	13	—	155
车辆 合计	662	101	18	259	139	160	171	104	79	90	513	49	3	2 348
间接损伤	12	—	16	1	—	7	—	—	3	—	1	2	—	42
与路面接触	125	18	2	21	2	8	32	6	4	3	5	14	1	241
不明	19	6	3	18	9	16	20	1	4	9	28	3	6	142
合计(比例)	818 (29%)	125 (5%)	39 (1%)	299 (11%)	150 (5%)	191 (7%)	223 (8%)	111 (4%)	90 (3%)	102 (4%)	547 (20%)	68 (2%)	10 (1%)	2 773 (100%)

注：基于16岁以上，AIS2～6，澳大利亚、日本、德国、美国的事故数据。

表2-2　行人交通事故的受伤部位与车辆接触部位

接触位置（车辆） \ 人体部位	头部	脸部	颈部	胸部	腹部	腰部	上肢	下肢 整体	下肢 大腿部	下肢 膝部	下肢 小腿部	下肢 脚部	不明	合计
保险杠	4	—	—	1	2	—	3	3	30	7	47	2	1	100
发动机罩/挡泥板上表面	83	6	1	17	5	8	17	2	—	—	—	—	—	135
发动机罩/挡泥板前沿	8	—	3	7	13	5	7	4	7	1	6	—	—	61
风窗玻璃	41	4	1	2	2	2	1	1	—	—	—	—	1	55
风窗玻璃框架/A柱	9	—	—	1	—	—	2	—	—	—	—	—	—	12
前面板	5	—	—	1	—	1	1	—	5	1	3	—	—	17
其他	12	—	1	9	3	1	4	9	5	—	13	5	—	62
合计	162	10	6	38	25	17	31	19	47	9	69	7	2	442
间接损伤	1	—	1	—	1	—	1	—	—	—	—	—	—	4
与路面接触	46	4	—	1	1	1	10	—	—	—	—	1	—	63
不明	8	—	—	1	—	—	5	—	3	—	4	—	1	23
合计（比例）	217(41%)	14(3%)	7(1%)	40(8%)	27(5%)	18(3%)	47(9%)	19(3%)	50(9%)	9(2%)	73(14%)	8(1%)	3(1%)	532(100%)

注：基于15岁以下，AIS2～6，澳大利亚，日本，德国，美国的事故数据。

一、道路交通事故中涉案行人姿态鉴定意义和鉴定事项

涉及行人的交通事故鉴定从鉴定事项和鉴定目的来讲,主要研究行人在事故发生时的姿态,包括直立状态(行走状态、站立状态)、蹲踞状态、躺卧状态及其他状态等,分析碰撞形态重现事故过程,鉴定意见有助于判断事故成因进而明确交通事故参与者的事故责任。《中华人民共和国道路交通事故安全法》第三十六条 根据道路条件和通行需要,道路划分为机动车道、非机动车道和人行道的,机动车、非机动车、行人实施分道通行。没有划分机动车道、非机动车道和人行道的,机动车在道路中间通行,非机动车和行人在道路两侧通行。第四十四条 机动车通过交叉路口,应当按照交通信号灯、交通标志、交通标线或者交通警察的指挥通过;通过没有交通信号灯、交通标志、交通标线或者交通警察指挥的交叉路口时,应当减速慢行,并让行人和优先通行的车辆先行。第四十七条 机动车行经人行横道时,应当减速行驶;遇行人正在通过人行横道,应当停车让行。第六十一条 行人应当在人行道内行走,没有人行道的靠路边行走。第六十二条 行人通过路口或者横过道路,应当走人行横道或者过街设施;通过有交通信号灯的人行横道,应当按照交通信号灯指示通行;通过没有交通信号灯、人行横道的路口,或者在没有过街设施的路段横过道路,应当在确认安全后通过。第六十三条 行人不得跨越、倚坐道路隔离设施,不得扒车、强行拦车或者实施妨碍道路交通安全的其他行为。第六十四条 学龄前儿童以及不能辨认或者不能控制自己行为的精神疾病患者、智力障碍者在道路上通行,应当由其监护人、监护人委托的人或者对其负有管理、保护职责的人带领。《中华人民共和国道路交通事故安全法实施条例》第七十四条 行人不得有下列行为:(一)在道路上使用滑板、旱冰鞋等滑行工具;(二)在车行道内坐卧、停留、嬉闹;(三)追车、抛物击车等妨碍道路交通安全的行为。第七十五条 行人横过机动车道,应当从行人过街设施通过;没有行人过街设施的,应当从人行横道通过;没有人行横道的,应当观察来往车辆的情况,确认安全后直行通过,不得在车辆临近时突然加速横穿或者中途倒退、折返。上述法律条文中涉及行人的通行规定,这就要求鉴定人对道路交通事故参与者行人的行为方式进行判断,给出客观的鉴定意见,用以判断事故成因、明确交通事故参与者的事故责任及完成诉讼。

交通事故鉴定属于事后鉴定,因此,对于道路交通事故中涉案行人姿态鉴定就要从人体结构的改变、机体功能变化再结合车辆的痕迹检验、物证提取利用等来反推证实事发时行人的姿态。这就要求鉴定人员除了要具备车辆检验、痕迹勘验等能力外,还要掌握必要的医学、法医学及人体生物力学等方面的知识和鉴定实务能力。临床医学是一门经验医学,而法医学则是一门循证医学,在现代医学正在发生的一场以经验医学转向于循证医学的范式转移中,可以看出以遵循科学证据为导向的法医学在其鉴定结论的科学性上要优于以遵循临床实践经验的临床医学。所以在很多领域的鉴定活动中,包括医疗纠纷的鉴定,法医学的鉴定结论要比临床医学的结论更加客观、科学、公正,因为法医学遵循的不是经验而是科学证据。

二、人体的结构组成与生物力学特点

结构决定功能。有什么样的结构才会具备什么样的功能,有时表面的结构只是一种装

饰或伪装，真正的功能必然要通过相应的结构来完成。当然，结构遭到破坏，功能也随之丧失。人体也是一样，根据组织器官结构的不同，可以将人体分为诸如呼吸系统、循环系统、运动系统、神经系统等若干系统，这些系统具备相应功能。人体的结构可分为物理的和化学的，交通事故中行人姿态就属于人体物理结构的一种形式。

简而言之，人体由骨骼、肌肉、内脏和神经系统组成，人体是按"细胞－组织－器官－系统－人体"模式构成。细胞是人体形态和机能的基本单位。组织是指结构和机能相似的细胞和细胞间质所组成的基本结构。器官指有几种不同组织结合在一起，形成具有一定形态，执行一定功能的结构。系统指许多在结构和功能上有密切联系的器官，按一定顺序结合在一起，共同执行某种特定功能。人体由消化系统、神经系统、运动系统、内分泌系统、泌尿系统、生殖系统、循环系统、呼吸系统、免疫系统九大系统构成。

人体的化学组成，水占了人体重量的65%。一个体重70 kg的成年人，脱水后只剩25 kg，其中碳水化合物3 kg，脂肪7 kg，蛋白质12 kg，矿盐3 kg。血液，人体总血量约为体重的8%。若一次失血超过人体内血量的20%，生命活动便受阻。健康的人，一次失血不超过10%时，一般可以迅速恢复。肌肉是人体最大的组织，人体全身的肌肉共约639块，成对出现在人体左右两侧，最强力的运动由不到80对肌肉完成。约由60亿条肌纤维组成，其中最长的肌纤维达60 cm，最短的仅有1 mm左右；大块肌肉有2 000 g重，小块的肌肉仅有几克。一般人的肌肉占体重的35%～40%。肌肉内毛细血管的总长度可达10万公里，可绕地球两圈半。肌肉系统由三类肌肉构成：心肌，构成心脏；平滑肌（非横纹肌或非随意肌），是空腔脏器壁的组成部分；骨骼肌（横纹肌或随意肌），其通过肌腱与骨骼附着。肌肉通过分散应力吸收震荡而保护骨骼和提供动力。肌肉使骨骼以关节为轴运动对抗外力维持身体姿势。肌肉的这种能力通常反映肌群的表现，而不是其中某一单块肌肉。肌肉的工作分为动态和静态。动态的工作是身体部分空间的位移和定位。静态的工作包括保持姿势和位置。骨骼是人或动物体内或体表坚硬的组织。分两种，人和高等动物的骨骼在体内，由许多块骨头组成，叫内骨骼；节肢动物、软体动物体外的硬壳以及某些脊椎动物（如鱼、龟等）体表的鳞、甲等叫外骨骼。通常说的骨骼指内骨骼。骨骼是组成脊椎动物内骨骼的坚硬器官，功能是运动、支持和保护身体；制造红细胞和白细胞；储藏矿物质。骨骼由各种不同的形状组成，有复杂的内在和外在结构，使骨骼在减轻重量的同时能够保持坚硬。骨骼的成分之一是矿物质化的骨骼组织，其内部是坚硬的蜂巢状立体结构；其他组织还包括了骨髓、骨膜、神经、血管和软骨。人体的骨骼起着支撑身体的作用，是人体运动系统的一部分。成人有206块骨，骨与骨之间一般用关节和韧带连接起来。人类骨骼的作用是保护内脏器官、提供运动系统的刚性支架和链接以及肌肉的附着点，并参与肌肉活动和身体运动。骨的独特结构和力学性能是实现这些目标的基础。除了牙本质和牙釉质，骨是体内最硬的结构。它是体内最具动力和代谢活力的组织之一，并在整个生命过程中保持活跃性。骨具有丰富的血供和良好的自我修复能力，它的性能和结构能随着力学环境的改变而改变。骨具有各向异性，从长轴方向看，压缩的强度最大，接下来依次是剪切和抗拉强度。骨由于负荷的不同，显示不同的骨折线大脑，大脑由约140亿个细胞构成，重约1 400 g，大脑皮层厚度约为2～3 mm，总面积约为2 200 cm^2，据估计脑细胞每天要死亡1 000至10万个（越不用脑，脑细胞死亡越多）。

一个人的脑储存信息的容量相当于一万个藏书为1 000万册的图书馆,最善于用脑的人,一生中也仅使用掉脑能力的10%。人脑中的主要成分是水,占80%。它虽只占人体体重的2%,但耗氧量达全身耗氧量的25%,血流量占心脏输出血量的15%,一天内流经大脑的血液为2 000 L。大脑消耗的能量若用电功率表示大约相当于25 W。

三、道路交通事故中行人损伤的特点

道路交通事故损伤属于外伤,但与其他外伤又有所不同,交通事故损伤的外伤程度与汽车的类型、速度以及受伤的部位、方式有很大关系。机动车致人体损伤的过程非常复杂,损伤的过程迅速而短暂,并可有多个环节参与,如碰撞、摔跌、碾压和拖擦等可同时发生在一个事故中。在汽车交通事故中最易受到伤害的是头部、胸部、脊椎、内脏及下肢,尤其当头部、胸部脊椎和内脏受到严重伤害时会危及生命。汽车交通事故所致人体的损伤按先后顺序可分为直接撞伤和二次损伤。直接撞伤是指由汽车直接撞击人体形成的损伤,这类损伤往往比较严重,有时体表损伤不明显而深部组织有大面积挫伤甚至导致血气胸、内脏破裂出血、脑组织挫伤等,尤其是颈部的骨折、脱位;二次损伤也称间接外力损伤,是指人体被汽车直接撞击后,身体被抛摔到地面或被汽车钩挂拖擦以及被汽车碾压所形成的损伤。有的学者依此将交通事故损伤分为撞击伤、摔跌伤、拖擦伤和碾压伤四种基本类型。

行人的损伤特征可分为两类,第一类称为原发性损伤或第一次损伤,是车辆第一次碰撞或碾压人体造成的损伤,如直撞伤,碰撞三联伤(首次碰撞伤或直撞伤-抛举性碰撞伤-滑动性碰撞伤),碾压伤等。第二类称继发性损伤或二次损伤,是人体被撞击后摔跌,身体与地面或其他物体碰撞、擦划形成的损伤如摔跌伤、拖擦伤等。

1. **撞击伤** 撞击伤是指车辆在行驶过程中与行人或骑车人碰撞,或者乘车人员与车内物体碰撞所导致的损伤。直接撞击伤占交通事故损伤的62%,是最常见的损伤类型。撞击损伤的形态学特征可表现为表皮剥脱、皮下出血、软组织挫裂、内脏破裂、骨折等形式。车体正面如前保险杠、前照灯、进气格栅、发动机舱盖、前风窗玻璃以及车体侧面如后视镜等较凸出部位易形成撞击损伤。撞击伤的检验应包括形态检验,尤其要注意特征性损伤的检查。撞击伤形态有时能反映撞击物的形态特征,如进气格栅可形成人体软组织栏栅状挫伤、前照灯可形成皮肤局部椭圆形挫伤、前车标可在皮肤上形成车标图案的皮肤印痕等。车辆不同部位撞击人体可造成不同特点的损伤。对部位的描述应使用人体解剖学方位和术语,在需要时应测量损伤到参照点的距离,如行人保险杠损伤应测量撞击伤到足跟的高度、应检查擦伤皮瓣的翻转方向;骨折反映的受力方向,如楔形骨折指示的方向、骨折形成机制反映的方向等。应注意疑似撞击部位衣着纤维起毛、压平和损坏的检验,以及附着物的提取。

(1) 下肢损伤:当车辆正面撞击行人时,首先接触的突出而低下的车前部,如前保险杠、上下进气格栅、发动机舱盖等部件,这些部件通常位置较低,所以易引起行人下肢骨折。由于前保险杠位于最前端的凸出部位且通常在距地高50 cm左右,所以下肢骨折中又以胫腓骨的骨折最为典型,可以称为"保险杠损伤"。一般认为当车速大于30 km/h时,人体承重小腿将发生严重的撞击伤,表现为胫腓骨的楔形骨折,楔形底面为力的作用点,而楔顶指示力的撞击方向。下肢楔形骨折在指示撞击方向的同时,也提示人体的直立位置状态,是鉴定人

在鉴别交通事故发生时人体体位的重要依据。

（2）伸展创：也称纹状浅表撕裂，指皮肤组织受到牵拉，当牵拉力超过皮肤的抗拉极限时，皮肤沿皮纹Langers线裂开形成浅小的撕裂创。常发生在人体四肢与躯干相连接部位如腹股沟、腋前、颈部，以及腹部、腘窝等身体屈侧部位。伸展创的产生见于两种情况，一种是车辆自人体背后撞击人的重心区，身体向后过度伸展形成腹股沟或下腹部的伸展创，同时可伴有颈椎的脱位和骨折；另一种情况是人体在受到碾压时，车轮旋转作用和轮胎胎面的抓着力使受压部位前方皮肤受到极大的牵拉形成伸展创。

2. 摔跌伤　摔跌伤是人体在惯性力作用下跌落至地面所致，道路交通事故中主要是指人体被行驶的车辆撞击时被铲起或抛出后在跌落至车辆或地面上造成的损伤。占道路交通事故损伤死亡的37%～70%，其损伤的形态和程度取决于车辆传递给人体的能量大小，路面情况，人体着地时的姿势与部位以及人体着装情况等。由于除了自身的重量外，车辆还赋予人体强大的冲击力，因此引起的摔跌伤一般比人体在静止状态下的摔跌伤更为严重。摔跌造成的损伤以颅脑损伤为主并多见，其特征表现为减速性、外轻内重，有部分学者称之为"减速伤"。颅骨整体变形以及脑组织的对冲性损伤，以此可与车辆直接撞击头部所致的颅脑损伤相区别。由于撞击后摔跌的惯性，可以在体表多部位附加擦挫伤。摔跌伤常见于身体凸出部位，多成片状，具有与平面钝性物体接触特征，受力较重部位可伴有星芒状或不规则挫裂创。与粗糙地面接触时可见梳状擦痕，其挫擦伤、挫伤突出，深部组织损伤明显。应注意衣着破损部位的附着物和擦痕检验。

3. 拖擦伤　拖擦伤是指人体被车辆撞击或摔跌后未彻底与车分离，而被车体上某一部位钩挂住，随车辆的运行身体与地面摩擦所形成的损伤。拖擦伤可伴有撞击、碾轧伤。这种损伤既可因人体与路面接触所引起，也可因人体与车体某一部位反复接触所致。形态学上表现为面积大、具有一定方向性、起始端重、尾端轻且分叉的特点。位于从人体一侧突出与地面接触部位，并与人体长轴平行。轻则表皮剥脱，重则皮肤缺损甚至骨质碎裂。拖擦伤在道路交通事故中不是很常见，其损伤程度与车速、拖拉距离、地面状态及人体防御性保护及有无衣物保护有关。应注意衣着破损情况和衣着上尘土、油污等附着物的检验，尤其应注意衣物和车辆突出部件挂带部位的检验。

4. 碾压伤　碾压伤是指车辆从人体上驶过所引起的损伤。碾压伤可以由车底形成，也可由轮胎形成。由于车辆重量一般以吨计，故其压迫人体常易引起人体内脏破裂和骨折。人体上的轮胎印痕本质上为表皮剥脱和皮下出血。碾压伤的损伤机理一是车体重量的压迫挤压人体，导致人体内脏、骨骼的损伤；二是车轮在碾过人体时，轮胎上凸凹不平的花纹与人体皮肤组织接触所留下的轮胎印痕。车轮碾压人体造成的损伤类型与碾压时是否刹车有关，同时也是判断驾驶人责任的依据之一。

（1）不刹车碾压：受害人皮肤上一般留有轮胎凹面花纹印痕，有时可形成中空性皮下出血性轮胎花纹印痕。在人体被碾压的另一侧对应部位既与地面接触的一侧，骨骼凸起在皮下作为衬垫的区域，如肩胛区、脊柱区、骶尾骨区等，可出现轻度的皮肤挫伤和皮下出血，有学者将此伤称为碾压衬垫伤。事故现场特征是在被碾压伤亡的中心区域无车辆或车辆距离受害者较远，在受害者附近无刹车制动痕迹。

（2）刹车碾压：受害者皮肤常常形成与轮胎凸面花纹一致的表皮剥脱和皮下出血印痕。与此对应的人体另一侧既与地面接触的一侧，因受推压力的作用，局部向前移动而与地面发生摩擦，形成片状和条状皮肤擦伤，又称为对称性擦伤。此擦伤方向与人体推压方向相反，并多在人体一侧的突出部位，由中轴向外并内重外轻。事故现场特征是车辆紧急制动后滑行，在到达人体倒卧碾压中心位置前的地面上有明确的刹车制动拖痕，人体倒卧在拖痕的终止处，车辆距离受害者较近。

轮胎花纹印痕是认定碾压的重要特征。应注意磨损陈旧的轮胎不易形成轮胎印痕。车辆碾压过人体时，在不同的部位可形成反映轮胎凸面或凹面特征的不同印痕。当轮胎碾压在人体侧面既轮胎与人体成切线或斜交时，受车轮轮胎凸面花纹的摩擦作用，形成与轮胎凸面花纹形态一致的轮胎印痕。在受害者衣服上留下的印痕，均是由轮胎的凸面花纹所致。

（3）人体不同部位受碾压的损伤特点：① 头部碾压伤，受轮胎和地面的共同作用下，使类球体的头部发生整体变形，随后在受力较小或无外力作用的部位发生头皮和颅骨崩裂，脑组织外溢。表现为大片状的头皮下出血、巨大挫裂创和撕裂创。颅骨多呈严重粉碎性骨折、颅腔崩溃、颅骨碎片不能复原，脑组织搓碎，大多或全部溅出。耳部撕裂创的分布特点与车辆行驶方向有关，即当车轮从枕部向面部碾压过，其撕裂创分布在耳廓的后面，反之则撕裂创分布在耳廓前沿。② 胸腹碾压伤，除皮肤留下轮胎印痕外，还会造成胸骨、肋骨或骨盆骨折，胸腹腔脏器破裂、出血，甚至腹腔脏器疝入胸腔、内脏器官脱出体外。肋骨骨折以多发、间接外向型骨折常见。当车轮碾压人体肩、胸、腹、髋等部位时，可在颈、腋、腹股沟部位出现伸展创。多次碾压可造成被碾压部位器官严重损坏或器官挫碎毁灭。③ 四肢碾压伤，可以形成皮肤组织与肌肉深筋膜之间撕脱分离，轻者形成囊腔样改变或重者皮肤撕脱伤或剥皮创。皮肤撕脱可分为闭合性与开放性两种。开放性皮肤撕脱创可表现为四种类型：环状撕脱创，多见于小腿被碾压时，缺失的皮肤宽度与轮胎宽度一致；半环状撕脱创；"S"形撕脱创，见于轮胎碾压时，肢体在转动所致；不规则撕脱创，多发生在肢体末端或上肢前臂被碾压时。车重并速度快碾压肢体时，可造成肢体离断。

第一节　直　立　状　态

实际鉴定过程中，委托方很少会将交通事故涉案行人在事发时是否处于直立状态作为委托事项单独提出，通常会委托鉴定人对交通事故涉案行人在事发时的行走方向做出鉴定意见或将对交通事故涉案行人姿态鉴定包含在车辆与行人是否发生碰撞、车辆与行人的碰撞形态以及多次碾压事故过程分析鉴定要求之中。

直立状态是指道路交通事故发生时，涉案者正处在道路上直立行走或者站立的状态。当事人事发时处于直立状态的判定，一般参考以下技术指标：第一，当事人体表损伤（包括外衣、裤）的部位、分布、距地高度是否与车体痕迹的位置、距地高度相对应；肢体两侧或前后均有损伤或体表痕迹，其中一侧为直接撞击伤、另一侧通常为在摔跌过程中与路面接触形成的擦、挫伤。第二，当事人肢体直接撞击形成的损伤位置偏低，与造成其损伤车辆部位距地高度有偏差，要考虑事发时致伤车辆"制动点头"的因素影响。第三，当事人事发时足穿鞋底的痕迹多位于鞋跟部位，鞋底挫划痕迹的方向、程度以及是一只还是两只常反映出车辆作用力方向、大小及当事人事发时的承重腿。第四，当事人肢体损伤中常伴有躲避车辆碰撞的"防御性损伤"。第五，直立状态下，人体重心处于较高位置，如发生抛摔，人体落地位置相对较远。

案例分析（一）

基本案情： 20××年××月××日××时××分许，行人查××在××县××北路××中学门口非机动车道内摔倒，经抢救无效死亡，经查由北向南在此经过的正民牌天龙11型电动三轮车（以下称被鉴定车辆）涉嫌与其发生过接触。

委托事项： 根据事故调查需要，对被鉴定车辆是否与行人查××发生过接触及事发时查××姿态进行鉴定。

鉴定材料： 1. 被鉴定车辆；2. 查××尸体及其事发时所穿衣服和鞋子；3. 本起道路交通事故档案图文材料（复制件）；4. 事故现场附近拍摄的监控视频（复制件）。

资料摘要： 1. 查××的××县人民医院出院记录－住院号：××××852。出院诊断：（1）特重型颅脑外伤并发脑疝晚期：a. 原发性脑干损伤 b. 左侧额叶脑血肿 c. 左侧额颞顶部急性硬膜下血肿 d. 蛛网膜下腔出血 e. 右侧枕骨骨折 f. 头皮裂伤并血肿；（2）吸入性肺炎；（3）双侧肋骨骨折。

2. 查××CT检查报告单－CT号：××××9152。左侧额叶脑内血肿，左侧额颞顶部硬膜下血肿，蛛网膜下腔出血；右侧枕骨骨折，头皮血肿；气管及右主支气管、右肺上叶支气管吸入性异物可能，右肺上叶吸入性炎性病变可能，请结合临床；右侧第十一及左侧第八、九、十、十一后肋骨折；左肾囊肿。余腹部无明显异常，请结合临床及复查。

参照GA41-2014《道路交通事故痕迹物证勘验》、GA/T1087-2013《道路交通事故痕迹鉴定》、GA/T149-1996《法医学尸表检验》、SF/Z JD0101001-2016《道路交通事故涉案者交通行为方式鉴定》的有关条款及检验方法，对被鉴定车辆及查××尸体进行检验，并结合委托方提供的其他材料对被鉴定车辆是否与查××发生过接触及事发时查××姿态进行鉴定。

检验所见： 1. 事故现场及现场照片。事故现场路段位于××北路的南向北非机动车道内，车道宽400 cm，距机非隔离花坛北端3 900 cm的花坛东侧边沿的地面见向东南流向的血迹，面积约110 cm×20 cm。2. 被鉴定车辆。整车被防雨布遮住，出厂编号：ZM160××× 563。方向把略见歪斜；右手把上的（前轮）制动手柄连同右后视镜（镜片陈旧性缺失）于根部离断，被用布条缠扎，断面已磨损；左右仪表盘完好，其中右侧仪表盘在通电时其红色指示灯工作，该指示灯位于车辆中轴线右侧4 cm～9 cm；前照灯略向左下方歪斜，远、近光工作正常；右前转向灯于根部离断，呈悬吊状，灯罩陈旧性缺失，灯光工作正常；驾驶座右护手陈旧性断裂，其上部护手板缺失；驾驶座前方挡风板右部前外侧距地高

39 cm～80 cm、距右端0 cm～8 cm见条片状由左向右泥灰擦拭痕迹；货厢宽114 cm,其前栏板框架材料为方形铁管,呈"Π"型,左右上部边框为梯形布置,斜边长约为22 cm,斜边下端距地高约为111 cm,右侧框架下沿距地高43 cm,在这两处框架前侧及外边沿未检见附着与查××衣服相似的织物纤维,但其表面的泥灰及车身蓝色涂层局部呈减层,提取周边残留的泥灰作为检材和车身蓝色涂层作为样本备检。3. 查××尸表损伤及其事发时所穿衣服和鞋子检验。冰冻尸体,未解冻,尸长168 cm。鼻腔见血性液体流出；右枕部结节后内下约3 cm见长3 cm近纵行的挫裂创,已被黑色丝线缝合,创周伴有表皮剥脱,血迹浸染；左胸部乳头下方5 cm见6.5 cm×9 cm皮下青紫；左肘部鹰嘴周围皮肤呈紫红色改变,面积6 cm×5 cm；右肘部鹰嘴周围皮肤呈紫红色改变,面积8.5 cm×5 cm；左腘窝及下方距足底37 cm～48 cm范围内见11 cm×8 cm皮下出血,其中下方区域见4 cm×2.5 cm表皮剥脱,已结痂,其下沿平直、呈水平状、距足底39.5 cm,受力方向由右向左、右端呈锐角；肛周见脱便。查××事发时所穿衣服与鞋子：上衣为军绿色(已剪破),在其衣领右部见血迹附着。在其后衣襟右侧衣领下6 cm处见一处12 cm×2 cm横行的泥土附着；后衣襟左上部见一条左上右下长约22 cm的细条状印痕,上端距衣领下约16 cm、左袖缝右约9 cm,下端距衣领下约36 cm、左衣缝右约13 cm,局部黏附疑似蓝色物质,提取该痕迹的载体(衣服的布料)作为检材备检；右衣袖背外侧及右衣缝处黏附泥土。外裤为黑灰色,其左裤腿背侧的左部距裤脚下沿38 cm～44 cm处见泥灰附着；灰色秋裤左裤腿背侧距其下沿22 cm～26 cm处见由内向外渗出的血迹。鞋子为青色休闲皮鞋,其中右脚鞋鞋底的鞋跟右后部在4.5 cm×2.5 cm范围内见左上向右下的挫痕。4. 事故现场附近拍摄的监控视频及事故现场重建。事故现场附近拍摄的监控视频,文件名为:361128001200000104-00010001-20181027050045-20181027054045-361128-01.nsf,图像中显示:"20××-××-××××上×鄱×、××外治南、40043××北路××学校门口"等字样。将05：25：43第15帧图像截图,该图像的右下角自下向上出现一个红点。在05：25：43第15帧图像至05：25：45的图像中,可见由下向上行驶车辆的前照灯照射角度明显偏左下方,其行驶轨迹也显示先向左,再向右的特征。由××安防公司协助,在现场将即时的监控视频的拍摄画面与2018-10-27 05：25：43第15帧图像截图进行调整重叠。再将被鉴定车辆仪表盘右侧的位置按20××-××-××05：25：43第15帧图像截图中右下角的红点进行重叠。此时测得被鉴定车辆货箱右侧距机非隔离花坛匝石约107 cm,货箱左侧距东侧路沿179 cm。

微量物证鉴定： 将现场提取备检的样本和检材送鉴,生成鉴定意见书摘录如下：经在EZ4D体视显微镜下检验：检材附着物量较少,为蓝色物质,其中分布有闪光颗粒。样本蓝色漆质软,其中分布有闪光颗粒。经比较检验,检材蓝色附着物与样本蓝色漆的外观特征一致。经Nicolet iN10显微红外光谱仪检验：检材蓝色附着物与样本蓝色漆的红外光谱一致。经Quanta 650-Apollo X扫描电镜/X射线能谱仪检验：检材蓝色附着物与样本蓝色漆中均检出碳、氧和铝等主要元素。根据上述检验结果,经综合分析认为：检材蓝色附着物与样本蓝色漆的外观特征一致,红外光谱一致,检出的主要元素成分一致,二者是同种类油漆。

分析说明： 1. 根据对查××的尸表检验,结合就诊病历和其事发时所穿衣服和鞋子的痕迹分析,查××的损伤自行摔跌不能形成,符合其处于直立状态时背部左侧被行驶中的交通工具碰撞、刮擦，导致倒地形成。2. 根据对被鉴定车辆的检验，其仪表盘右侧指示灯、前照灯的照射角度等特征与事故现场附近拍摄的监控视频中的特征一致。结合委托方提供的其他材料及现场重建显示综合分析，被鉴定车辆由北向南行驶，并存在异常的行驶轨迹。3. 被鉴定车辆所检见的痕迹部位，与查××体表损伤、其事发时所穿衣服的痕迹及部位，在位置、受力方向、造承痕形态特征、痕迹关联性及碰撞机理等方面均能够互相印证，结合微量物证的鉴定意见，可以认定被鉴定车辆货箱右前部与处于直立状态（行走）的查××背部左侧发生过碰撞成立。

鉴定意见：正民牌天龙11型电动三轮车与处于直立状态（行走）的查××背部左侧发生过碰撞成立。

附图：

图2-1　被鉴定车辆前观照

图2-2　被鉴定车辆仪表灯（重建现场主要对标点）

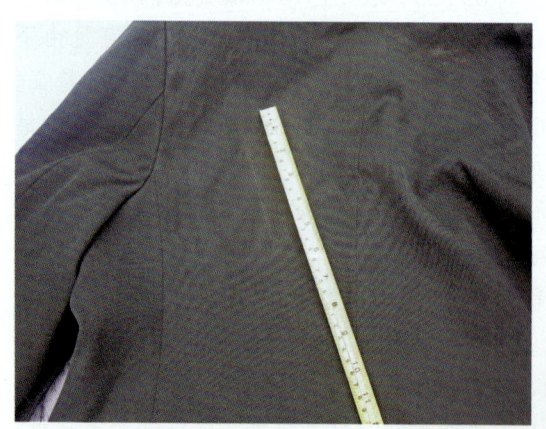

图2-3　查××外衣背部痕迹照

图2-4　前栏板右侧框架照（与外衣对应）

图2-5　前栏板右侧框架下端照（与查××左小腿损伤对应）

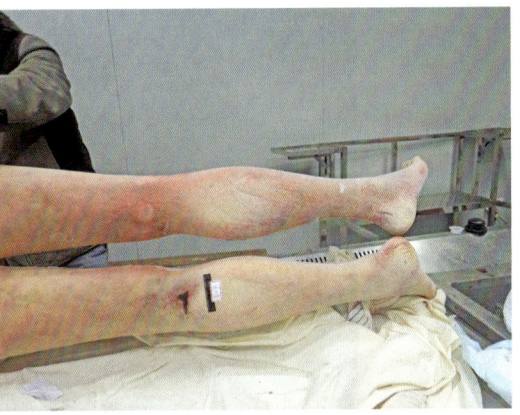

图2-6　查××左小腿后侧损伤

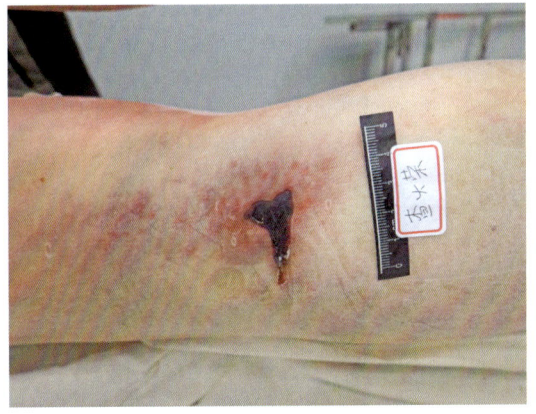

图2-7　查××左小腿后侧损伤

图2-8　查××事发时所穿右脚鞋底照

图2-9　查××事发时所穿右脚鞋底擦痕

图2-10　监控视频05：25：43第15帧图像

图2-11　现场重建确定被鉴定车辆位置

案例解析：本例鉴定中，鉴定人首先对整个事故体系进行了完整的界定，利用事发现场监控视频和现场复勘对事故过程进行了重建，通过视频画面透明化处理与事发时监控画面重叠比对，明确事发时人车相对位置，为进一步分析是否发生碰撞及碰撞位置提供了时空条件。进而通过车辆检验、行人着装检验以及损伤的检验，从两者的部位、高度、受力方向以及损伤的形态特征分析了造痕体与承痕体的对应关系，最后佐以微量物证结果，最终认定了嫌疑车辆以及事故过程，使一起交通事故逃逸案得以破获和顺利诉讼。

案例分析（二）

简要案情：20××年××月××日××时许，沪C-×××××东风牌小型面包车（以下称被鉴定车辆）在××区西横路西侧3公里约600 m处与行人陈××发生道路交通事故。

委托事项：根据事故调查需要，对被鉴定车辆与行人陈××的碰撞形态进行鉴定并对陈××事发时的行走方向进行分析判断。

鉴定材料：1. 被鉴定车辆；2. 陈××尸表检验鉴定意见书及尸检照片（复制件）；3. 道路交通事故现场复勘图及现场照片等案卷材料（复制件）。

资料摘要：陈××尸表检验鉴定意见书——×××［20××］病交鉴字第×××号：尸长153 cm。口腔积血，鼻腔见血渍，双侧外耳道未见异常分泌物。左侧颞部见7 cm×7 cm头皮青紫伴3 cm×3 cm头皮擦挫伤。左上胸部见小片状皮肤青紫，腹部右侧近髂前上棘处见4 cm×2.5 cm皮肤暗红色变，右臀部外后侧见大片状皮肤青紫（距足底80 cm～90 cm），左臀部外侧见8 cm×5 cm皮肤青紫。左肘部外侧及伸侧见6 cm×5 cm皮肤青紫，左腕部偏尺侧肿胀伴皮肤青紫，左手背偏尺侧见片状皮肤青紫；左小腿中段内侧见6 cm×3 cm皮肤青紫。

鉴定方法：参照GA41-2014《道路交通事故痕迹物证勘验》、GA/T1087-2013《道路交通事故痕迹鉴定》、SF/Z JD0101001-2016《道路交通事故涉案者交通行为方式鉴定》的有关条款及检验方法，对被鉴定车辆的痕迹进行检验，结合陈××尸表检验鉴定意见书、尸检照片及案卷材料等，对委托事项作出鉴定意见。

检验所见：1. 被鉴定车辆。车辆识别代号为×××××××××××××××××。前围及左侧进气饰罩距地高67 cm～93.5 cm、距车左端42 cm～71 cm见碰撞痕迹，其中左侧进气饰罩向内脱落，其外部银色饰框碎落缺失，左侧进气饰罩框下沿见两处刮擦痕迹，表面泥灰呈减层，方向由左上向右下；左侧进气饰罩右上方前围板距地高88 cm～93.5 cm、距车左端51 cm～68 cm见碰撞痕迹伴凹陷变形（距车右端80 cm～97 cm）；前保险杠距地高67 cm～67.5 cm、距车左端42 cm见局部破裂。其他部位未见明显异常痕迹。2. 道路交通事故现场图。现场道路呈南北走向双向两车道，路总宽7.00 m，路面性质为干水泥，以道路西侧边沿为基准线，以位于道路西侧边沿一处里程碑（3.6 km）为基准点。现场路面上留有一段刹车印痕，呈由北向南斜形长3.50 m，起始端距基准线0.88 m，终止端距基准线0.50 m；该刹车印终止端东南方向3.00 m见一处0.25 m×0.20 m血迹，血迹距基准线1.22 m、距基准点18.50 m。

分析说明：根据被鉴定车辆前侧左部前保险杠、前围及左侧进气饰罩所检见的局部破裂、局部凹陷变形及左侧进气饰罩向内碎落等，从痕迹所处部位、类型及痕迹形成机理等方面分析，符合被鉴定车辆该部位与软性客体（如人体）发生碰撞所形成的特征；陈××尸表检验鉴定意见书对其损伤的描述，其身体右侧损伤集中分布于右臀部外后侧，表现为皮肤青紫，结合被鉴定车辆痕迹检验，被鉴定车辆前侧左部与陈××身体碰撞时可以形成，而左侧颞部擦挫伤、左肘部外侧及伸侧、左腕部及左手背偏尺侧皮肤青紫等损伤符合倒地摔跌形成；结合道路交通事故现场图中刹车印痕的走行方向与血迹相对位置关系等综合分析，被鉴定车辆前侧左部与行人陈××身体右外后侧发生过碰撞可以成立；事发时，陈××行走方向为由东向西可能性较大。

鉴定意见：被鉴定的沪C-×××××东风牌小型面包车前侧左部与行人陈××身体右外后侧发生过碰撞可以成立；事发时，陈××行走方向为由东向西可能性较大。

附图：

图2-12 被鉴定车辆前侧左部痕迹照

图2-13 被鉴定车辆前侧左部痕迹照

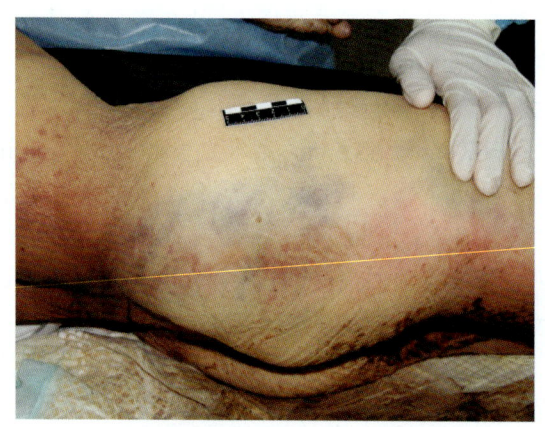
图2-14 陈××右臀部外后侧损伤

案例解析： 在车辆与行人发生交通事故过程中，在车辆即将碰撞行人的瞬间，行人往往会做出应激的保护性、防御性反应，采取倒退、折返、转身、跳起以及手撑、抬腿等应激动作，从而影响对行人行走方向的判断，比如行人原本由南向北行走，在与对向来车即将发生碰撞的瞬间突然转身（左转或右转），单纯从行人肢体损伤的部位（左右或前后）、形态特征（直碰伤或摔跌伤）等来判断行走方向，就会产生行人由东向西或由西向东行走的误判。行人损伤的部位、形态等只能反映车辆与人体碰撞时瞬间人体的姿态（是一个点），而行人行走方向是一段轨迹的指向描述（是一条线），以"点"论"线"是不客观的。鉴定过程中鉴定人要根据现场图及现场照片中所示死（伤）者、血迹、散落物及车辆、制动印等的位置关系，结合事故发生的时空条件、案件调查情况以及笔录等慎重做出分析判断。

小结： 道路交通事故本质上是道路交通系统中人、车、路、环境等因素不协调运动导致系统安全水平下降的一种外在表象。每一起道路交通事故就是一个独特的事故体系，包括人、车、路、环境以及时空条件，它是造痕体与承痕体相对运动、相互作用所形成的因果关系，涉及物理与化学、量变到质变的一系列变化,是一个有机的、相对闭合的整体。因此,道路交通事故检验鉴定不能是孤立的、片面的,不能只注意车辆痕迹、人体损伤或者生物检材及纤维和油漆等某一方面物证,要把人、车、路、环境以及时空要素有机地结合在一起,这也是我们一直以来主张道路交通事故要进行综合鉴定的沿由。因此,在对交通事故参与者行为方式进行鉴定时,也要在整个事故动态的演变中把握人与车、人与路以及人与整个事故现场的动态关系来进行综合判断。

第二节 蹲踞状态

蹲踞状态,是指交通事故发生时,涉案人员正处在蹲踞或坐于地面上的非行走状态。蹲,即两膝如坐,臀部不着地;踞,有蹲或坐之义,本义蹲坐。交通事故中常见于当事人处于道路施工、窨井排污及在道路上维修交通工具等情况。

当事人事发时处于蹲踞状态的判定,一般参考以下技术指标:第一,车体痕迹通常距离地面位置较低,符合与软性客体发生碰撞的特征。发动机舱盖、前挡风玻璃少见凹陷变形及破损。第二,损伤距足跟高度明显高于车辆痕迹的高度,若当事人处于直立状态与车体痕迹的高度不符。损伤多分布在头部、躯干及双上肢,通常见于人体背侧及肢体两侧,多见能反映车体局部凸出部位形成的特征性损伤。第三,当事人衣着痕迹与直撞伤部位相对应,蹲踞状态时由于人体重心较低,被车辆撞击后多伴滚动挫划痕迹。第四,当事人肢体损伤中少见躲避车辆碰撞的"防御性损伤"。当事人被车辆撞击后移动的距离较近;事发时足穿鞋底挫划痕迹面积较大且多见于两只鞋底。

案例分析(一)

简要案情: 20××年×月××日××时××分许,沪G-×××××大众汽车牌小型轿车(以下简称被鉴定车辆)在××机场与黄××发生道路交通事故。

委托事项: 根据事故调查需要,对被鉴定车辆与黄××的碰撞形态及当事人黄××事发时的交通行为方式进行鉴定。

鉴定材料: 1. 被鉴定车辆;2. 黄××尸表检验鉴定意见书(复制件);3. 现场照片及现场图(复制件)。

资料摘要: 黄××尸表检验鉴定意见书——×××[20××]病交鉴字第×××号:衣着检查:下身着蓝色平脚短裤;脚穿白色棉袜。尸长168 cm,发育正常,营养一般。顶部发长4 cm,发色黑,右侧眼睑皮肤青紫,口、鼻腔积血,双侧外耳道未见异常分泌物。左侧额颞部见广泛性条状、片状头皮挫伤及条状割划伤,左耳廓见广泛性皮肤擦挫伤伴局部挫裂。右肩峰外侧见1 cm×0.2 cm皮肤擦伤,左肩部在8 cm×5 cm范围内见散在小片状皮肤青紫及条状、小片状皮肤擦伤,剑突左侧见4 cm×0.2 cm条形皮肤擦伤,左上腹部见5 cm×

0.2 cm弧形皮肤擦伤，腰背部正中在6.5 cm×6 cm范围内见散在条状皮肤擦伤，右侧腰背部近右臀部上沿在10 cm×7.5 cm范围内见"L"形皮肤擦挫伤，靠近右臀部上沿的皮肤损伤，由外向内平行于右臀部上沿走形，呈规则条带状，其上、下两沿挫伤重，表现为规则条状（间距约1 cm），其外侧沿损伤较内侧重，伴片状皮肤青紫，靠近右腰背部外侧的皮肤损伤上下走形，表现为略呈弧形的条状皮肤擦伤及右侧在20 cm×9 cm范围内见广泛性条状皮肤擦挫伤；左侧胸腔穿刺出暗红色血性液体。右手腕伸侧见4 cm×1 cm皮肤擦伤，右手背及右手指背侧见散在片状皮肤青紫；右股骨中段扪及骨折，右膝部外下方见6 cm×1 cm皮肤擦伤，右小腿前、内、外侧见广泛性皮肤青紫，右小腿中段胫前见1.5 cm×1 cm浅表创，右内踝见1.5 cm×1 cm皮肤擦伤，右内踝及其周围见散在小片状皮肤青紫。左肘部外侧及伸侧在6 cm×4 cm范围内见散在小片状皮肤青紫、点状皮肤擦伤，左前臂下段桡侧见4 cm×1.5 cm皮肤青紫，左手腕尺伸侧见2 cm×2 cm皮肤青紫，左手腕桡侧见一条状皮肤挫伤；左大腿中上段前内侧在19 cm×10 cm范围内见散在条状、片状皮肤擦挫伤，左小腿中上段前内侧见18 cm×3 cm皮肤擦挫伤伴周围皮肤青紫。阴囊见散在片状皮肤擦挫伤。

参照GA41-2014《道路交通事故痕迹物证勘验》、GA/T1087-2013《道路交通事故痕迹鉴定》、SF/Z JD0101001-2016《道路交通事故涉案者交通行为方式鉴定》的有关条款及检验方法，对被鉴定车辆痕迹进行检验，结合黄××尸表检验鉴定意见书及案卷材料作出鉴定意见。

检验所见： 1. 被鉴定车辆。车辆识别代号为××××××××××××××××××。前保险杠及上、下进气格栅距地高15 cm～70 cm、距车右端0 cm～124 cm范围内见碰撞痕迹伴局部破损，表面红色、银色涂层呈减层，局部黏附黑色及其他红色物质；前保险杠右端与右前翼子板前端卡扣脱开；下进气饰罩右侧端部及右侧雾灯饰罩边框碎落；前号牌弯折变形，局部表面泥灰呈减层；车辆前车标表面见布纹样擦印。右前轮钢圈局部见碰撞痕迹伴弯折变形、碎裂并夹附铁丝，对应轮胎局部见近横向破裂口，前轮轮胎失压瘪气。2. 现场照片及现场图。现场见一施工人员（经与委托人核实该人为黄××）右侧倒卧于施工作业面旁，头部下方见流淌血迹，其外裤后侧裆部见钩挂样撕裂破口，其身体侧后方地面见多个三角路椎（红白套）倒伏、破损，并见一隔离护栏（黄黑色）变形、倒伏；一只左脚鞋、小型车辆的进气饰罩及灯光饰罩边框碎片等散落；排水沟新旧雨水篦子间裸露，其中旧雨水篦子焊接支架端部外露。被鉴定车辆头南尾北停在黄××南侧。

分析说明： 根据被鉴定车辆右前轮轮胎破裂及钢圈弯折变形、前保险杠右侧等处痕迹，表面红色、银色涂层呈减层，局部黏附黑色及其他红色物质，结合现场照片所见，符合上述部位与现场排水沟雨水篦子焊接支架、三角路椎等物体发生碰撞所形成的特征；被鉴定车辆下进气饰罩、雾灯饰罩碎落及前部车标上布纹样擦印等所检见的痕迹，从痕迹所处部位、类型及痕迹形成机理等方面分析，符合被鉴定车辆该部位与软性客体（如人体）发生碰撞所形成的特征，结合黄××尸表检验鉴定意见书对其损伤部位、形态、程度等的描述及现场照片及现场图中被鉴定车辆与黄××、血迹相对位置关系等综合分析，被鉴定车辆正面右部与黄××身体右后侧且身体处于非直立状态下（如蹲踞姿态）发生碰撞可以成立。

鉴定意见： 沪G-×××××大众汽车牌小型轿车正面右部与处于非直立状态下（如蹲踞姿态）的黄××身体右后侧发生过碰撞可以成立。

附图：

图2-15　被鉴定车辆右前部痕迹照

图2-16　被鉴定车辆右前轮痕迹照

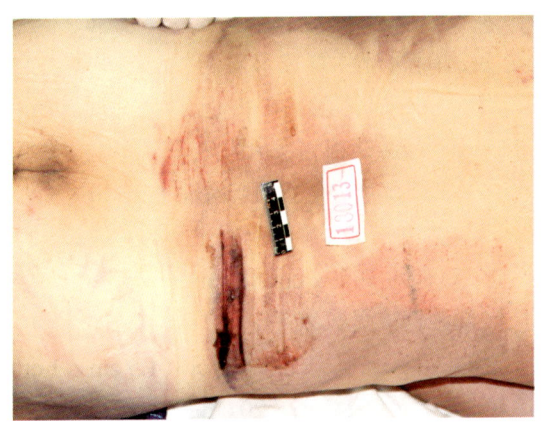

图2-17　黄××右侧腰背部损伤照

图2-18　事故现场照片

案例解析：交通事故参与者行为方式鉴定实践中，鉴定人往往仅就肇事车辆进行检验，再结合行人伤后的诊治病历、验伤报告或法医学死亡原因鉴定意见书中对行人体表损伤来进行分析判断，仅依靠这些材料就得出鉴定意见远远不够且会经常误判。医疗单位的诊治病历记载的伤者入院时情况以、体格检查或专科检查只专注于诊断损伤的程度和如何救治，往往对损伤的形态、大小、血迹分布、部位（距足跟高度更不会测量）、作用力方向、附着物和嵌顿物等描述甚少，行人事发时着装情况更不会留意，紧急情况下几剪刀就剪除随后扔掉，但这些材料对我们鉴定工作恰恰是至关重要的判断依据。比如人体上一处表皮剥脱和皮下出血，医生关心的时如何使皮肤尽快愈合以及避免感染；而鉴定人则在观察损伤形态特征的基础上来分析形成的时间、形成的方式（撞击还是摔跌亦或是拖擦）、车辆的什么部位可以形成等，因此，实际鉴定过程中鉴定人应该穷尽搜集鉴定原始材料，涉及人体交通行为方式的鉴定尽量做到"活要见人，死要见尸"。另外，一定要交管部门提供现场照片。由于道路交通事故发生在道路上，有时更发生在重要交通枢纽上，车辆事故、道路抢修以及恶劣天气等因素经常会使交通条件恶化,一旦发生交通事故后,交管部门会迅速出现场、施救、拍照、测量、画图等工作有序完成后并迅速撤离并尽快恢复交通,复勘现场早已物是人非,交通事故现场有别于刑事案件现场,大量的现场信息都包含在现场照片中。本例案件中,现场照片充分反映了现场道路施工状况,对理解和判断车辆痕迹的形成和交通事故参与者的行为方式起到了有力的支撑。

案例分析（二）

简要案情：20××年×月××日×时××分许,甲车:沪F-×××××桑塔纳牌小型轿车与乙车:沪C-×××××五菱牌小型面包车在××新区××高速南侧29.6公里处发生道路交通事故。

委托事项：根据事故调查需要,对甲乙两车碰撞形态及乙车当事人夏××事发时的交通行为方式进行鉴定。

鉴定材料：1. 被鉴定的甲、乙两车；2. 夏××尸表检验鉴定意见书(复制件)。

资料摘要：夏××尸表检验鉴定意见书——××××[20××]病交鉴字第×××号。尸长173 cm。头顶发长5 cm,发色黑；左侧眼睑青紫,鼻腔积血,口腔及双侧外耳道未见异常分泌物。左侧颞顶部见6 cm×4 cm头皮擦挫伤伴头皮肿胀,其内见2.5 cm×0.5 cm、2 cm×0.5 cm挫裂创,额部左侧至左眼眶外侧在12 cm×5 cm范围内见片状皮肤擦挫伤,左眼外眦见长4 cm挫裂创,鼻背部至右面颊见9 cm×5 cm皮肤擦挫伤,右颧部外侧见7 cm×3 cm皮肤擦挫伤,上唇左侧见长3 cm已缝合创口,上牙列⊥1,2牙齿根部折断。上胸部、左侧季肋部见广泛性皮肤擦挫伤,左上胸见长3 cm引流切口,脐部右侧见4 cm×3 cm皮肤擦伤,左腰背部见6 cm×6 cm皮肤擦伤。左侧胸腔穿刺见暗红色血性液体。双手背见广泛性点、片状皮肤擦挫伤。左上臂下段外侧见7 cm×4 cm皮肤青紫,左肘外侧见1 cm×0.5 cm、1.5 cm×1 cm皮肤擦伤；左大腿中段前侧见8 cm×5 cm皮肤青紫,左膝周围21 cm×20 cm范围内见广泛性皮肤擦挫伤,左膝部前侧见长12 cm挫裂创,左小腿中上段前内侧见10 cm×5 cm皮肤擦挫伤,伴长6 cm挫裂创,左胫、腓骨中段扪及骨折,左外踝见1.5 cm×0.5 cm皮肤擦伤。右大腿中段内侧在10 cm×4 cm范围内见散在条形皮肤擦伤,右膝内侧15 cm×10 cm范围内见多处条形皮肤擦挫伤,右小腿中段内侧见9 cm×2 cm皮肤青紫伴多处点状皮肤擦伤,右内踝见6 cm×6 cm皮肤青紫,4 cm×1 cm皮肤擦伤,右足拇趾背侧见0.5 cm×0.3 cm皮肤擦伤。

参照GA41-2014《道路交通事故痕迹物证勘验》及GA/T1087-2013《道路交通事故痕迹鉴定》、SF/Z JD0101001-2016《道路交通事故涉案者交通行为方式鉴定》的有关条款及检验方法,对甲乙两车的痕迹进行检验,并结合委托方提供的其他材料,对委托事项作出鉴定意见。

检验所见：1. 甲车。车辆识别代号为×××××××××××××××××。车辆正面左部距地高72 cm以下、距车左端0 cm～120 cm范围内见碰撞刮擦痕迹,表层绿色涂层呈减层,局部黏附银色物质,其中前保险杠左部局部破损,其内胆向后弯折变形,进气饰罩及中网碎裂,左前照灯局部碎裂。发动机舱盖距其前沿0 cm～25 cm、距其右沿0 cm～120 cm向后拱起弯折变形,形成褶皱,边沿平滑。左前翼子板由前向后挤压变形伴局部破损及刮擦痕迹,表层绿色涂层呈减层,银色漆片附着。左后视镜碎落,左前门距地高28 cm～90 cm见由前向后刮擦痕迹，表层绿色涂层呈减层，局部黏附银色物质。2. 乙车：车辆识别代号为××××××××××××××××。车辆后保险杠连同车辆右后部尾板距地高20 cm～100 cm、距车后端 0 cm～85 cm 范围内见碰撞刮擦痕迹伴局部凹陷、破损，表层银色涂层呈减层，局部黏附绿色物质，方向由后向前，其中右后组合灯碎落，残端呈悬吊状。右后轮脱落，右后车门后端见由后向前挤压变形伴局部破损。

分析说明： 1. 根据甲乙两车所检见的痕迹，在部位、附着物及受力方向等方面均可以互相印证，符合甲车正面左部与乙车右后部发生碰撞所形成的特征。2. 根据甲车正面左部（如发动机舱盖）局部痕迹特征分析，符合其与软性客体（如人体）发生碰撞所形成的特征，结合夏××尸表检验鉴定意见书中所描述的损伤部位主要集中在其肢体左侧以及损伤分布特点等综合分析，事发时，甲车正面左部与呈蹲踞姿态的夏××肢体左侧发生过碰撞可以成立。

鉴定意见： 沪F-×××××桑塔纳牌小型轿车正面左部与沪C-×××××五菱牌小型面包车右后部及呈蹲踞姿态的夏××肢体左侧发生过碰撞可以成立。

附图：

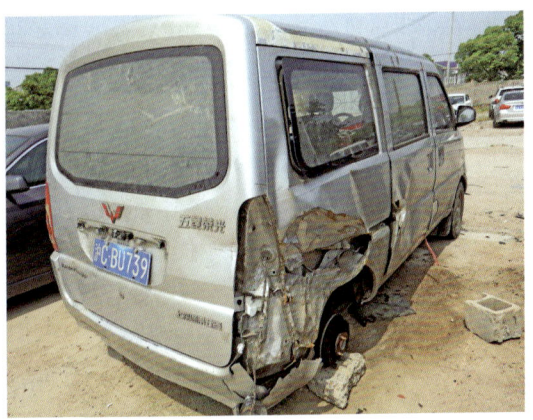

图2-19 甲车左前部痕迹照　　　　　图2-20 乙车右后部痕迹照

案例分析（三）

简要案情： 20××年××月×日凌晨，徐××驾驶自行车沿222省道由北向南行驶至××市××镇××建设控股集团门前地段时发生交通事故，造成徐××死亡。经调查，事发时段一辆未见悬挂号牌的电动三轮车涉嫌与徐××及其自行车发生接触。

委托事项： 根据事故调查需要，对甲车：未见悬挂号牌常骏牌电驱动三轮车与乙车：未见悬挂号牌的凤凰牌28英寸自行车及其当事人徐××是否发生过接触及事发时徐××的行为方式进行鉴定。

鉴定材料： 1. 被鉴定甲乙两车；2. 徐××尸体；3. 徐××尸体检验意见书——×公物鉴（法验）字［20××］×××号（复制件）；4. 徐××事发时所穿的衣服和长裤；5. 道路交通事故现场图及照片等事故卷宗图文材料（复制件）。

根据GA/T1087-2013《道路交通事故痕迹鉴定》，并参照GA41-2014《道路交通事故痕迹物证勘验》、SF/Z JD0101001-2016《道路交通事故涉案者交通行为方式鉴定》有关条款及检验方法，对被鉴定的甲乙两车有关痕迹、徐××事发时所穿的衣服和长裤进行检验，并结合对徐××尸体检验情况、案情及事故卷宗图文材料，作出鉴定意见。

资料摘要： 徐××尸体检验意见书——×公物鉴（法验）字［20××］×××号：顶枕部见4.5 cm×4.0 cm头皮挫擦伤伴5.0 cm×5.0 cm头皮下血肿。右侧胸、腹、肩及背部见散在皮肤擦伤。右侧第4～10肋骨于锁骨中线处扪及骨折，穿刺抽出暗红色不凝血。右下肢见散在性皮肤擦伤，四肢未扪及骨折及关节脱位。论证及检验意见：根据死者徐××因交通事故致顶枕部见头皮挫擦伤伴头皮下血肿，结合死者右侧多发性肋骨骨折，穿刺抽出暗红色不凝血，睑球结膜及口唇苍白等分析，说明被检验人系严重颅脑损伤合并大失血死亡。徐××系严重颅脑损伤合并大失血死亡。

检验所见： 1. 甲车。未检见电机号。货箱右前下转角呈"L"形，其距地高44.3 cm～47.3 cm范围内变形且伴有漆片脱落，变形处长度为1.4 cm～2.9 cm，受力方向从前向后，其中转角处黏附纤维。货箱右前锁扣（凸出部位）距地高82 cm，距其下方转角处37 cm。2. 乙车。链条于链轮处脱位呈悬吊状，链条布满黑色油污。未检见倒地挫痕及其他新鲜异常痕迹。随车见一蓝白相间铁框编织筐，未检见新近形成的异常痕迹。3. 徐××事发时所穿的衣服和长裤。格纹反穿罩衣，右侧距其下沿37.5 cm～39.3 cm见一处破口，纤维断端较整齐，方向由前向后。右肩部距下沿69 cm～78 cm见斜向刮擦痕迹。从上向下第二根系带撕脱。T恤，衣领处见"JINDA"字样。前衣襟右部距下沿16.5 cm～21.5 cm、距右衣缝11.5 cm～16 cm范围内见撕裂口，受力方向由左下向右上。后衣襟右肩部距其下沿54.8 cm～55.3 cm、距肩缝3.0 cm～4.2 cm范围内见破损。蓝色牛仔裤，未检见新近形成的异常痕迹。4. 徐××尸体检验。尸长161 cm。右侧枕结节周围肿胀隆起，大小8.5 cm×8.0 cm×1.5 cm，其下方见一处条形浅表创口及小片状挫擦伤，浅表创口长2.7 cm，小片状挫擦伤大小为4.2 cm×2.2 cm。右侧肋弓外下4.5 cm在10.5 cm×3.2 cm范围内见多处间断连续挫擦伤，呈左下右上斜行方向走向，其顶端宽2.8 cm，末端一段近平行走向，间距1.2 cm，损伤周边因干燥、冷冻略回缩，其中间部分表皮缺失，伤底颜色暗红。右乳头向外8.0 cm在8.0 cm×6.0 cm范围内见多处小片状挫擦伤，表皮缺失，伤底颜色浅红。右侧肩胛部靠外侧近腋窝在8.5 cm×2.7 cm范围内见多处条片状表皮擦伤，其中两处近平行走向，间距1.8 cm，此两处损伤外下侧1.5 cm处见三处近三角形排列点状表皮擦伤伴一定凹陷，间距分别为0.4 cm、0.3 cm、0.9 cm。右侧肩胛冈上方见一处片状挫擦伤，大小2.4 cm×1.4 cm。左侧鹰嘴向下1.5 cm在6.5 cm×2.0 cm范围内有多处小片状皮肤挫擦伤。左手拇指、食指、中指端部及指腹黏附黑色油污样物质，右手拇指、食指端部及指腹黏附黑色油污样物质。右外踝上下在15 cm×4.7 cm范围内见多处点片状皮肤擦伤，散在分布，周围皮下伴有淤青。余损伤详见徐××尸体检验意见书——×公物鉴（法验）字［20××］×××号。经测量，足跟至腘窝长度为47 cm，足跟至腰部长度为91 cm。右侧肩胛冈上方损伤至足底长度为136 cm，右侧肩胛部损伤至足底长度为121 cm，右侧肋弓外下处损伤至足底长度为99 cm～107 cm。5. 事故现场图、事故现场照片所示。现场位于222省道××建设控股集团门前地段，呈南北走向。乙车头南偏西尾北偏东停于现场，车把及前轮向右侧偏转，撑脚立起，链条于链轮处脱位呈悬吊状，链条布满黑色油污，前轮位于分道线上，后轮位于分道线东侧距分道线60 cm。一蓝白相间铁框编织筐位于分道线西侧，其一角压于分道线上。乙车南侧330 cm见徐××头南偏西脚北偏东仰卧于分道线上，头略向右偏，口鼻腔见血液流出至地面上，双手部分指端黏附黑色油污样物质。

分析说明： 1. 根据对被鉴定甲乙两车有关痕迹检验，乙车及其蓝白相间铁框编织筐未检见新近形成的异常痕迹，甲乙两车之间不能构成造痕体与承痕体作用关系，可以排除甲车与乙车及其蓝白相间铁框编织筐发生过碰撞的可能性。2. 根据乙车及其蓝白相间铁框编织筐未检见新鲜异常痕迹、乙车两侧未检见倒地挫痕，结合事故现场图及事故现场照片所示乙车与编织筐的位置关系、链条（布满黑色油污）脱位、徐××双手部分指端黏附黑色油污（尸检时依然存在）等情况分析，符合因乙车链条脱位，徐××将乙车所携带的编织筐从乙车右侧后部摘下并将乙车撑脚立起，然后再给乙车上链条的行为过程。3. 甲车货箱右前下转角呈"L"形，该部位受力变形且伴有漆片脱落，符合甲车该部位与较低位的软性客体（如蹲踞状态的人体）发生碰撞所形成的后果，与硬性客体物发生碰撞难以形成。4. 将徐××右侧肋弓下损伤、右侧肩胛冈上方损伤及右侧肩胛部损伤与甲车货箱右前下转角、货箱右前锁扣（凸出部位）等处，从部位、距地高度、相邻距离、形态及形成机理等方面进行比较分析，结合徐××事发时所穿衣物纤维破口形态特点、2中分析的事发时徐××的行为过程以及徐××现场倒卧的位置等，两者可以形成承痕客体与造痕客体之间的关系，符合甲车货箱右前下转角、货箱右前锁扣（凸出部位）等处与呈蹲踞姿态的徐××身体上述部位发生过接触所形成痕迹及损伤特征。5. 徐××法医学尸体检验意见书所述其头部、右侧肋骨损伤形态及程度，符合其身体遭受较大外力（如车辆碰撞）作用并摔跌所形成的后果，其自主摔跌难以形成，结合4中分析以及本案时空因素综合分析，符合甲车货箱右前下转角、货箱右前锁扣（凸出部位）等处与徐××肢体右侧发生接触，致其头部摔跌于地面所形成的后果。

鉴定意见： 未见悬挂号牌常骏牌电驱动三轮车与未见悬挂号牌的凤凰牌28英寸自行车自行车未发生过接触。未见悬挂号牌常骏牌电驱动三轮车货箱右前下转角、货箱右前锁扣等处与呈蹲踞状态的徐××肢体右侧发生接触可以形成该车痕迹及徐××身体损伤后果。

附图：

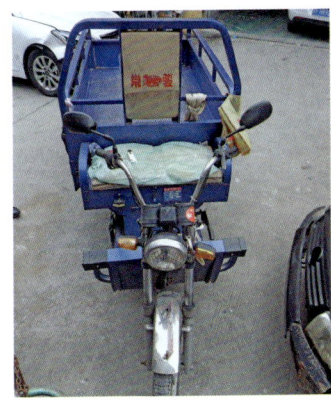

图2-21 甲车前观照

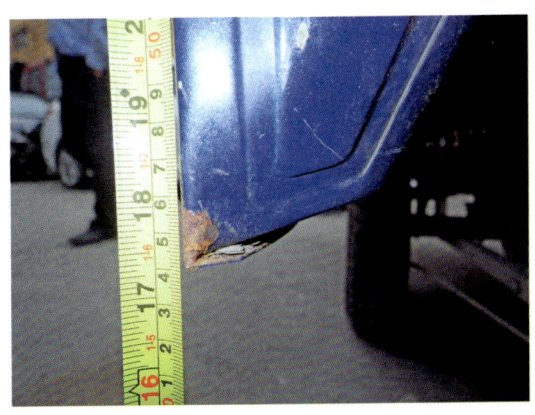

图2-22 甲车货箱右前下角痕迹照

图2-23　徐××事发时格纹反穿罩衣

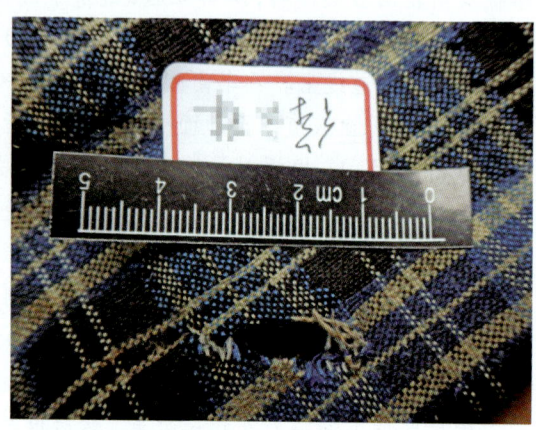

图2-24　徐××事发时格纹反穿罩衣右侧破口

图2-25　徐××事发时所穿T恤右侧破口

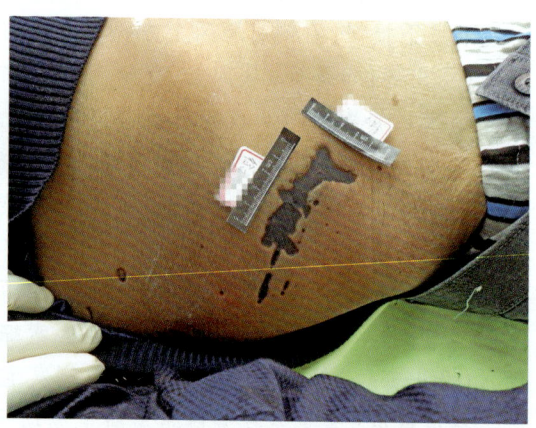

图2-26　徐××右季肋部损伤

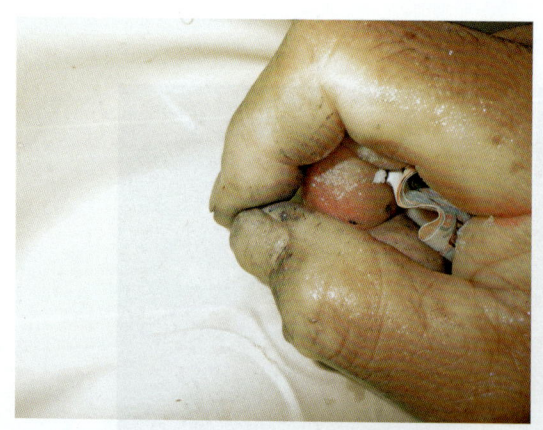

图2-27　徐××指端黏附黑色油污

图2-28　事故现场照片

第三节 躺 卧 状 态

躺卧状态，是指交通事故发生时，涉案人员正处在躺卧于地面的状态。常见于醉酒后倒卧地面、突发疾病或与第一辆车发生事故后造成的倒卧。身体损伤多为碾压伤、拖擦伤，注意区分刹车碾压伤还是非刹车碾压。

当事人事发时处于倒卧状态的判定，一般参考以下技术指标：第一，车体痕迹通常距离地面位置显著偏低，碰撞痕迹常位于车辆前保险杠及其下方，车辆底盘尤其是前部多见由前向后方向的刮擦痕迹，并且经常伴有当事人衣着纤维钩挂，符合与软性客体发生刮擦、挤压的特征；车底多见溅落血迹及细小人体组织黏附。第二，当事人损伤一般具有从肢体一侧向另一侧分布的方向性特征，碾压伤特征明显，肢体另一侧常伴有地面衬垫伤。多见头颅崩裂、胸廓塌陷、肠管外露及肢体离断等较严重损伤。要注意区分生前伤和死后伤、一次碾压还是多次碾压。第三，当事人衣着及身体上常见肇事车辆轮胎印痕、与车辆底部钩挂痕迹，要注意钩挂纤维的及时提取。第四，当事人被车辆碾压后移动的距离近，几乎就停留在原始倒卧位置或被翻转几个身位；如发生钩挂则移动距离较远，并可检见拖擦伤及地面上刮擦痕迹；事发时足穿鞋底无挫划痕迹。

案例分析（一）

简要案情：20××年×月××日×时××分许，被鉴定车辆苏F-×××××马自达牌小型轿车在××××进××路东约200 m处与李×发生交通事故。

委托事项：根据事故调查需要，对被鉴定车辆与行人李×的碰撞形态及李×事发时的交通行为方式进行鉴定。

鉴定材料：1. 被鉴定车辆；2. 李×尸表检验鉴定意见书——××××［20××］病交鉴字第×××号（复制件）。

资料摘要：李×尸表检验鉴定意见书——××××［20××］病交鉴字第×××号。衣着检查：上身穿蓝色短袖T恤（前片左侧见多处破口）；下身着黑色外裤（左裤管上部外后侧见片状灰黄色挫擦痕迹，左裤管于膝部下方前内侧见1处破口伴周围灰白色挫擦痕迹，左裤管中下部后侧见分布凌乱、欠规则的条、片状灰黄色印痕，右裤管外侧见多处破口伴周围灰白色挫擦痕迹），黑色平脚短裤（前片见1处破口）；脚穿黑色皮鞋，黑色袜子（表面见多处破口）。尸长约167 cm。头顶发长5 cm，发色黑；双侧眼睑轻度皮肤青紫，左侧外耳道见血迹，口、鼻腔及右侧外耳道未见异常分泌物。左颞部见8 cm×5 cm头皮擦挫伤，左颧部外上方5.5 cm×3 cm皮肤擦挫伤，左下颌沿见6 cm×4 cm皮肤擦挫伤，右颞部见4 cm×3 cm头皮擦挫伤。左肩部后侧见4 cm×4 cm皮肤擦伤，左锁骨上方偏外侧4 cm×2 cm皮肤擦伤，胸骨柄处见5 cm×4 cm皮肤青紫，左胸部在13 cm×8 cm范围内见散在多处小片状皮肤擦挫伤，左腹部至左季肋区外侧见31 cm×7 cm皮肤擦挫伤，左髂部在10 cm×5 cm范围内见多处小片状皮肤擦伤，右胸部见7 cm×4 cm皮肤擦伤，右腰部见5 cm×1 cm皮肤擦伤，腰背部正中及右腰背部见散在多处条、片状皮肤擦挫伤。双侧肋骨扪及多发性骨折，双侧胸腔穿刺见暗红色血性液体。左上肢内、外侧见散在多处条、片状皮肤擦挫伤；左大腿根部内后侧见7 cm×2 cm皮肤青紫伴3 cm×0.2 cm、1.5 cm×0.7 cm皮肤擦伤，左大腿上段后侧见8 cm×0.5 cm、4 cm×0.5 cm皮肤擦伤，左大腿中段畸形，该处扪及股骨骨折，左膝部见6.5 cm×5 cm皮肤擦挫伤，左外踝处见1 cm×1 cm皮肤擦伤，左足拇趾根部背侧见3 cm×2 cm皮肤擦挫伤。右肘内侧在4 cm×3.5 cm范围内见散在多处小片状皮肤擦伤，右手腕伸侧及右手背见散在多处小片状皮肤擦伤；右大腿中上段前内侧见1 cm×0.5 cm皮肤擦伤，右大腿中上段外后侧见13 cm×6 cm皮肤擦伤，右大腿中下段畸形，该处扪及股骨骨折，右膝部在14 cm×12 cm范围内见多处点、片状皮肤擦挫伤，右内踝处见1.5 cm×1 cm皮肤擦伤，右足趾背侧见多处小片状皮肤擦伤。

参照GA/T1087-2013《道路交通事故痕迹鉴定》及SF/Z JD0101001-2016《道路交通事故涉案者交通行为方式鉴定》，并参照GA41-2014《道路交通事故痕迹物证勘验》有关条款及检验方法，对被鉴定车辆的痕迹进行检验，并结合委托人提供的相关材料，作出鉴定意见。

检验所见：1. 被鉴定车辆。车辆识别代号为××××××××××××××××。前保险杠距地高30 cm以下、距车右20 cm～65 cm见擦痕伴凹陷变形，局部表面泥灰呈减层；前保险杠车右前下部饰窗缺失；前饰窗右下部距地高27 cm～30 cm破损；发动机下侧饰板下侧面见新鲜片状擦痕，受力方向从前向后，表面泥灰呈减层；车底下侧中后部多处见新鲜擦痕，受力方向从前向后，表面泥灰呈减层。2. 道路交通事故现场图及现场照片：现场道路东西走向，被鉴定车辆头西尾东停于事故现场，李×仰卧于事故现场，其邻近部位地面见散落的皮鞋等散落物，被鉴定车辆右后轮距李×840 cm。

分析说明：被鉴定车辆前侧右下部所检见痕迹，从部位、类型、附着物及痕迹形成机理等方面进行分析，符合该车该部位与较低位的软性客体物（如倒卧状态的人体）发生碰撞所形成的特征，结合被鉴定车辆车底痕迹、李×尸表检验鉴定意见书所述其损伤情况及衣着破损情况以及道路交通事故现场照片所示情况分析，符合呈倒卧状态的李×从被鉴定车辆前侧进入该车车底，并遭受该车车底挤压所形成的特征。

鉴定意见：呈倒卧状态的李×从苏F-×××××马自达牌小型轿车前侧进入该车车底，并遭受该车车底挤压可以成立。

附图：

图2-29 被鉴定车辆前观照

第二章 道路交通事故中涉案行人姿态鉴定

图2-30 被鉴定车辆前侧右下部痕迹照

图2-31 被鉴定车辆车底局部擦痕

案例分析（二）

简要案情：20××年×月××日，被鉴定车辆：沪C-×××××梅赛德斯-奔驰牌小型越野客车涉嫌与龚××发生道路交通事故。

委托事项：根据事故调查需要，对被鉴定车辆是否与龚××发生接触及事发时龚××的行为方式进行鉴定。

鉴定材料：1. 被鉴定车辆；2. 龚××急诊就医记录册及放射诊断报告（复制件）；3. 龚××体表损伤检验及损伤后照片（复制件）；4. 现场附近监控视频及其他案卷材料。

资料摘要：1. 龚××门急诊就医记录册——××大学附属儿科医院，门诊号：007265××××，就诊日期：20××-××-××11：00，就诊科室：急诊外科，年龄：2岁11月，体重：16.5 kg，体温：37.2℃经皮血氧（spo2）：97，心率（次/分）：167，意识：清晰。主诉：疑似车祸外伤半小时。现病史/既往史：患儿哭闹厉害，无呕吐。体格检查：神清，查体不合作，可见躯干多处皮肤擦伤、皮下瘀斑。四肢查体同骨科。初步诊断：车辆事故中人员损伤（？）处理意见：建议查头部、颈椎、胸部、全腹CT。就诊日期：20××-××-××11：06，就诊科室：急诊骨科，年龄：2岁11月，体重：16.5 kg，体温：37.2℃，经皮血氧（spo2）：97，心率（次/分）：167，意识：清晰。主诉：车祸伤。现病史/既往史：不详。体格检查：神清，反应可，骨质无明显压痛，四肢及躯干皮肤挫伤，无渗血。初步诊断：车辆事故中人员损伤（？）处理意见：拍片示右侧舟骨病变。双膝外翻，双侧股骨远端皮质缺损症。避免剧烈活动2～3周。胸外科进一步检查。20××-××-××14：45，胸外科会诊，查体：呼吸平稳，神清，胸廓无畸形，无压痛。诊断：肺挫伤，肋骨骨折。2. 龚××放射诊断报告。20××-××-××13：06：18双足正斜位+四肢全长正位+骨盆正位放射学诊断：右足足舟骨囊状透亮影，请随访；X形腿；双侧股骨远端皮质缺损可能，随访。左侧髋臼角增大，余骨盆诸骨骨质结构未见明显异常。20××-××-××13：06：59，头颅CT平扫，放射学诊断：头颅CT平扫未见明显外伤性改变，左枕叶小钙化，必要时随访。20××-××-××13：23：53，胸部CT平扫，放射学诊断：两肺挫伤，左侧少量液气胸，左侧多发肋骨骨折。20××-××-××13：26：50，上腹部CT平扫，放射学诊断：中上腹部CT平扫实质性脏器未见明显异常，

045

必要时随访B超。20××-××-×× 13：27：58，下腹部CT平扫，放射学诊断：下腹部及盆腔CT平扫未见明显外伤性改变，必要时随访B超。20××-××-×× 13：28：51，颈椎CT平扫，放射学诊断：颈部CT平扫未见明显外伤性改变，必要时进一步检查。

参照GA41-2014《道路交通事故痕迹物证勘验》、GA/T1087-2013《道路交通事故痕迹鉴定》、SF/Z JD0103003-2011《法医临床检验规范》、SF/Z JD0101001-2016《道路交通事故涉案者交通行为方式鉴定》的有关条款及检验方法，对被鉴定车辆的有关痕迹、龚××体表损伤进行检验，结合委托方提供的道路交通事故案卷的其他材料，对委托事项作出鉴定意见。

检验所见： 1. 被鉴定车辆。车辆识别代号为××××××××××××××××。车体四周未见明显新近形成的异常痕迹。前后轴四只轮胎品牌均为Continental（马牌），规格为255/50 R 19 W。提取四只轮胎滚压印，轮胎胎冠花纹为纵向花纹，各有五条花纹条，其中四条花纹沟中最外侧花纹沟较另三条花纹沟窄，由外向内花纹沟宽度为0.6 cm、1.5 cm、1.5 cm及1.2 cm。其中右前轮最外侧花纹块由横折状凹槽规则分隔排列组成，横折状凹槽"横"的部分长约4 cm，宽约0.3 cm，"折"的部分长约1.5 cm，宽约0.3 cm；中间三条花纹块由斜行凹槽规则分隔排列组成，由外向内宽度分别为0.2 cm～0.3 cm、0.2 cm、0.1 cm～0.3 cm，间距约为1.6 cm、7.0 cm、2.4 cm；最内侧花纹块也由横折状凹槽规则分隔排列组成，横折状凹槽"横"的部分长约3.5 cm，宽约0.5 cm，"折"的部分长约1.5 cm，宽约0.2 cm，花纹块中间见横折状花纹细缝，花纹细缝宽0.2 cm。右后轮及左侧前、后轮花纹一致，最外侧花纹块由横行凹槽（横行凹槽内侧端见短小折角凹槽，长0.3 cm，宽0.2 cm）规则分隔排列组成，长3.5 cm，宽0.4 cm，间距为2.4 cm～2.7 cm，最外侧花纹条内侧边沿见斜行短小凹槽，长0.3 cm，宽0.2 cm，间距1.6 cm；中间三条花纹块由斜行凹槽规则分隔排列组成，由外向内宽度分别为0.2 cm～0.3 cm、0.2 cm、0.1 cm～0.3 cm，间距约为1.6 cm、7.0 cm、2.4 cm；前述最外侧花纹块间横行凹槽内侧端见短小折角凹槽与最外侧花纹条内侧边沿所见斜行短小凹槽处在同一条延长线上，两者倾斜度与由外向内第二条花纹条花纹块间的斜行凹槽倾斜度一致，上述凹槽与花纹沟的夹角均为45°。最内侧花纹块也由横折状凹槽规则分隔排列组成，横折状凹槽"横"的部分长约3.5 cm，宽约0.5 cm，"折"的部分长约1.5 cm，宽约0.2 cm，花纹块中间见横折状花纹细缝，花纹细缝宽0.2 cm。2. 龚××体表损伤检验。伤者神清语明，哭闹。左胸壁至左肩臂部见斜行横条状规则排列细条状皮下出血，长约3.5 cm～3.7 cm，间距2.1 cm～2.4 cm，宽约0.2 cm，其外侧端部见短小折角状皮下出血，长0.3 cm，宽0.2 cm；其右上方边沿见一长条状连续皮下出血。左上臂至肘窝见横条状及斜条状皮下出血，两者之间夹角为45°，横条状皮下出血上方毗邻小短斜条状皮下出血，长0.3 cm，宽0.2 cm，间距1.6 cm，横条状皮下出血下方的斜条状皮下出血间距为1.5 cm，宽约0.2 cm。前述短小折角状皮下出血与小短斜条状皮下出血处在一条延长线上，两者倾斜度与横条状皮下出血下方的斜条状皮下出血的倾斜度一致。斜条状皮下出血下方见一条横行中空性皮下出血，中间苍白，两侧边沿整齐，宽约1.5 cm；再下方条状皮下出血较为模糊紊乱。左侧肋弓处见圆形心电帖印痕。余处损伤同委托人提供的伤后照片，呈不同恢复愈后状态。3. 委托人提供龚××体表损伤照片。右上腹壁至左胸壁斜行横格状规则排列细条状皮下出血，其右上方边沿见一长条状连续皮下出血，特征同上述同部位体表检验。左侧侧胸壁、左上臂见斜行及横行条状皮下出血，较模糊。右前臂曲侧见两条中空样条状皮下出血,近肘关节处见两处细条状皮下出血。左侧肋弓、左侧上胸壁粘贴有心电帖。左侧肩背部见挫擦伤,其间隐约见有棱边样皮下出血。

分析说明: 根据对被鉴定车辆前后轴四只轮胎胎冠花纹的检验,其右前轮胎冠花纹与另三只轮胎胎冠花纹不尽相同。通过对提取的轮胎胎冠花纹滚印(花纹沟,花纹块,沟槽形状、毗邻关系、角度、方向)的测量、特征描述并与龚××体表损伤(左胸壁、左肩臂及左上臂部的条状皮下出血的形态、毗邻关系、角度)的特征进行比对,结合龚××放射诊断报告,其损伤符合碾压伤的特点,在考虑到碾压过程中龚××皮肤弹性变化、身体变形、扭曲等因素下,被鉴定车辆的轮胎(排除右前轮)与龚××身体能够构成造痕体与承痕体的对应关系,并且事发时龚××应处于仰卧位(被鉴定车辆与龚××发生碰撞后致其倒地),左上肢处于上举外展位;再结合事发时现场环境、地面情况等综合分析,龚××事发时遭受被鉴定车辆轮胎(排除右前轮)碾压过可以成立。

鉴定意见: 沪C-×××××梅赛德斯-奔驰牌小型越野客车轮胎(排除右前轮)碾压过龚××可以成立。

附图:

图2-32 被鉴定车辆前观照

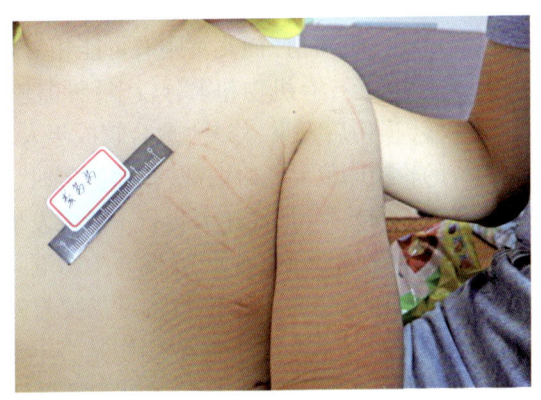

图2-33 龚××体表损伤(轮胎印迹)照

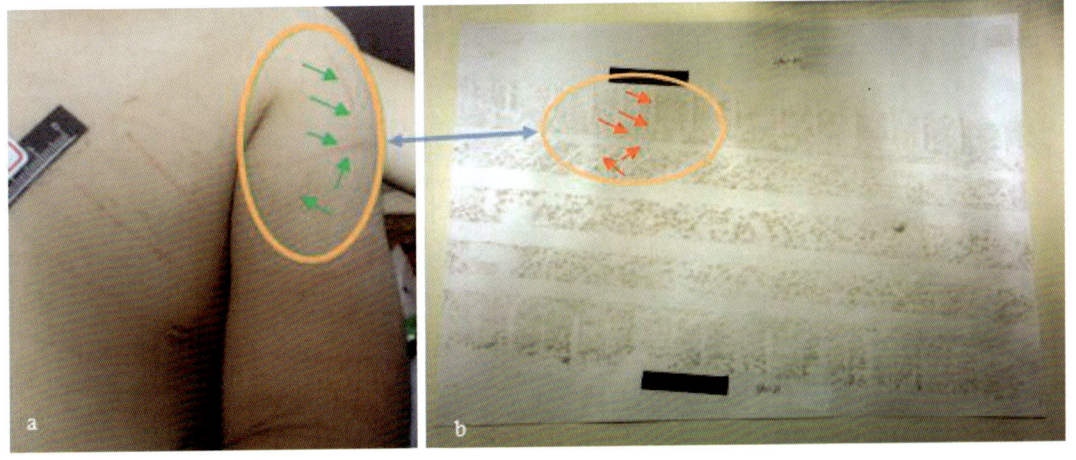

图2-34 龚××体表损伤与被鉴定车辆轮胎(除右前轮)胎冠花纹特征比较

案例解析：本案中主要通过伤者龚××体表损伤印痕与被鉴定车辆轮胎花纹滚压印进行比对来判断是否为该车轮胎可以形成体表痕迹。检验过程中见右前轮胎冠花纹与另三只轮胎胎冠花纹不尽相同，将龚××体表损伤（左胸壁、左肩臂及左上臂部较为规则的条状皮下出血的形态、毗邻关系、角度）的特征与被鉴定车辆四只轮胎胎冠花纹滚压印（花纹沟，花纹块，沟槽形状、毗邻关系、角度、方向）进行比对，认定被鉴定车辆该品牌、型号的轮胎胎冠花纹（排除右前轮）与龚××体表损伤印记能够构成造痕体与承痕体的对应关系。

小结：在实际测量、比对过程中，被鉴定车辆轮胎花纹与伤者体表印痕之间存在细微的形态、数据差异，要考虑到碾压过程中龚××年龄小，皮肤弹性变化、身体变形、扭曲等因素所致；同时，要考虑到事发时龚××应处于仰卧位并且左上肢处于上举外展位、车辆有无制动等因素，才能有效进行比对。根据龚××体表印痕损伤、肋骨多发性骨折等，其损伤具有碾压伤的特点，符合车辆轮胎碾压所致。再结合上述比对结果及现场周围环境、地面情况等时空条件综合分析，认定事发时龚××遭受被鉴定车辆轮胎（排除右前轮）碾压过可以成立。

车辆碾压损伤的严重程度取决于车辆当时有无刹车、被碾压的部位及车体的重量。本例中儿童身体上的轮胎印痕属于未刹车造成的轮胎碾压印痕，即车速相对较快的碾压人体所形成，考虑到肇事车辆的重量相对重型货车较轻，并且这种压力迅速通过人体，在成年人有可能造成严重损伤，而儿童则有可能相对较轻。儿童骨骼、肌肉尚处于生长发育阶段，组织内含矿物质少，有机物和水分较多，骨骼较柔软、韧性较好、软组织弹性大，同时儿童新陈代谢旺盛，损伤后吸收、修复、愈合较成年人迅速，因此对儿童体表损伤，尤其如本例中皮肤上留有的轮胎印痕要及时取证，拍照固定时，一定要加比例尺。另外儿童碾压伤与成人碾压伤存在一定的差别，如成年人骨折一般多发生在长骨等刚性部位，儿童则由于骨骼柔软则多发生于肋软骨与肋骨交界处、骨骺与干骺端间的骺板等处。

车辆碾压人体时进行轮胎胎冠花纹与人体上轮胎印痕的比对要考虑：① 人体部位的质地特性。如有无骨质衬垫、软组织是否丰富、肢体体位的变化、人体年龄（皮肤水分、弹性）等因素影响；② 轮胎花纹的稳定性和变异性。稳定性指轮胎花纹的基本特征，变异性指轮胎的磨耗、破损、沟槽夹带物等；③ 比对时要尽量多找特征点。有如指纹鉴定、笔迹鉴定，特征点越多越好；④ 辅以其他痕迹物证检验鉴定。包括衣物上的轮胎印痕检验、轮胎上生物检材DNA检验鉴定、微量物证鉴定等。

案例分析（三）

简要案情：20××年×月×日晚上，被鉴定车辆：苏F-×××××长安微型普通客车涉嫌在××市××路××镇××庄园南侧地段与行人戴××发生交通事故。

委托事项：根据事故调查需要，对被鉴定车辆与行人戴××是否发生过碰撞及事发时戴××的交通行为方式进行鉴定。

鉴定材料：1. 被鉴定车辆；2. 道路交通事故卷宗相关材料（复制件）。

资料摘录：1. 戴××法医病理学鉴定意见书——××××[20××]病鉴字第×××号。尸体检验及组织病理学检查发现：死者左颞部头皮擦伤，枕部右侧挫裂创伴囊状撕脱，面部多处皮肤擦伤,左口角外侧浅表挫裂创,唇黏膜挫伤,口、鼻腔及双侧外耳道积血,枕顶部头皮帽状腱膜内、下大量出血及左侧颞肌轻度出血,右侧顶枕骨骨折,局部蛛网膜下腔出血,右枕叶浅表脑挫伤,躯干部多处皮肤暗红色变,右侧腹股沟区伸展创,右侧胸壁肌肉小片状出血,左下腹壁皮下软组织出血,胸骨及双侧肋骨多发性骨折,心包破裂,左心前壁破裂,心包腔积血,右肺叶间挫伤、出血,肝右叶前下方广泛性挫碎、出血,双侧胸腔及腹腔积血,四肢多处皮肤暗红色变、擦伤及浅表创,右侧胫骨中段骨折。上述死者全身多发伤程度重,分布广泛,结合案情,交通事故过程中可以形成;损伤具有碾压伤的特征,结合现场情况分析,遭车辆碾压过程中一次作用可以形成。尸体检验及组织病理学检查死者尸斑浅淡,多器官呈贫血状,符合失血性休克的一般尸体征象。组织病理学检查发现死者存在肝硬化、脾肿大,左肾囊肿等,上述为慢性疾病,尚不足以致死。本例未检见致命性机械性窒息的尸体征象;经毒物检验,死者血液和胃内容物中均未检出常见毒(药)物成分。故无因上述因素(包括中毒)导致死亡的依据。综上所述,戴××的死亡原因符合道路交通事故致全身多发伤,引起创伤合并失血性休克;其损伤遭车辆一次碾压作用可以形成。2. ××市公安局物证鉴定所鉴定书——×公物鉴(法物)字[20××]84×××号。(1)检材和样本。地面血迹,剪取适量标记为1号检材;苏F×××××号微型普通客车右前车门下侧擦拭物,剪取适量标记为2号检材;戴××血样,剪取适量标记为3号检材。(2)鉴定意见:A. 送检的1号检材检出人血成分。B. 送检的1号、2号检材与3号检材常染色体STR分型相同,似然比率为6.37×10^{20}。

参照GA41-2014《道路交通事故痕迹物证勘验》、GA/T1087-2013《道路交通事故痕迹鉴定》、SF/Z JD0101001-2016《道路交通事故涉案者交通行为方式鉴定》的有关条款及检验方法,对被鉴定车辆的痕迹进行检验,并结合委托方提供的相关材料,对委托事项作出鉴定意见。

检验所见:1. 被鉴定车辆。铭牌摘录车辆识别代号为××××××××××××××××。车身前侧、左侧及后侧均未检见异常痕迹。右前轮轮胎为"TRIANGLE 165/70R13 79T"型轮胎,胎冠宽约为17 cm,其外侧局部见擦痕。右前轮轮胎胎冠花纹为由三条纵行沟槽分隔组合型花纹,其中靠近胎冠中心沟槽的两组花纹形态一致,这两组花纹均由边沿呈锯齿状块型花纹组成,块型花纹之间均由弧形沟槽横向分隔,弧形沟槽外宽内窄,且内端不贯通,块型花纹中心由一条纵行细沟槽贯通分隔;靠近左、右两边另两条纵行沟槽的花纹一致,由块型花纹组成,每枚块型花纹宽约为0.8 cm～2.3 cm,由弧形沟槽横向贯通分隔,两枚块型花纹之间均由弧形沟槽横向贯通分隔,弧形沟槽宽约为0.3 cm～0.4 cm。车身右侧下裙边距地高30 cm、距车前端90 cm～143 cm范围内见擦痕;距地高37 cm～44 cm、距车前端126 cm～136 cm范围内见擦痕;右后门外侧距地高41 cm～49 cm、距车前端163 cm～183 cm范围内见擦痕。右后轮轮胎为"LINGLONG 165/70R13C 88/86S"型轮胎,胎冠宽约为17 cm,其外侧局部见擦痕。右后轮轮胎胎冠花纹为两条纵行沟槽分隔组合型花纹,其中位于中心的一组花纹为带状花纹,位于两边的为棋格样花纹。右后轮钢板弹簧前部固定处外侧见片状泥灰擦拭痕迹。2. 委托方提供道路交通事故现场图及事故现场照片。戴××头北脚南呈仰卧状,头部下侧地面见大面积血迹,呈流淌状,血迹上未检见异常痕迹;右足底见游离皮瓣,其下方地面见两处滴落状血迹,血迹周围未检见异常痕迹。戴××右前臂伸侧见轮胎花纹样印痕,位于上方的花纹由边沿呈锯齿状块型花纹组成,块型花纹之间均由弧形沟槽横向分隔，弧形沟槽外宽内窄，且内端不贯通，块型花纹中心由一条纵行细沟槽贯通分隔；下方的花纹由纵行沟槽分隔的块型花纹组成。上方的花纹与下方的花纹由一条纵行沟槽分隔。3. 比对检验。经试验，被鉴定车辆右前轮在白纸上遗留的轮胎印痕能完全反映其轮胎胎冠花纹特征，经与戴××右前臂伸侧轮胎花纹印痕进行比对，在花纹形态、分布及组合特征上均能相互印证。

附图：

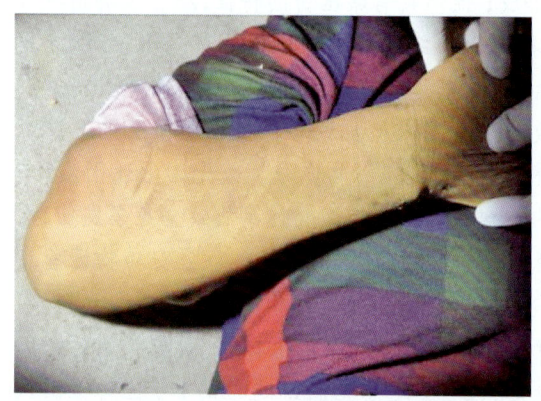
图2-35　戴××右前臂伸侧轮胎花纹

图2-36　被鉴定车辆右前轮轮胎胎冠滚印

分析说明： 根据被鉴定车辆所检见的痕迹，结合被鉴定车辆轮胎印痕与戴××右前臂伸侧轮胎印痕比对检验的结果、物证鉴定意见、戴××法医病理学鉴定意见及道路交通事故现场图和现场照片所示情况综合分析，符合呈仰卧状的戴××遭受被鉴定车辆右侧车轮一次碾压所形成的特征。

鉴定意见： 呈仰卧状的行人戴××遭受过苏F-×××××长安微型普通客车右侧车轮一次碾压可以成立。

附图：

图2-37　被鉴定车辆右前观照

图2-38　被鉴定车辆右前轮轮胎胎冠　　图2-39　被鉴定车辆右后轮轮胎胎冠

第三章
道路交通事故中自行车和电动自行车当事人交通行为方式鉴定

　　自行车是指仅借骑行者的人力,主要以脚蹬驱动,至少有两个车轮的车辆,一般包括:两轮车(两个车轮的自行车);送货车(主要设计用于运送货物的自行车);串列自行车(装有双人或者多人鞍座,前后依次排列的自行车)等。对于鞍座的高度要求从地平面到鞍座面的高度,在测量时,自行车应垂直于地面,然后从鞍座面的中心垂直测量到地面的距离。

　　自行车的车架、轮胎、脚踏、刹车、链条等25个部件中,其基本部件缺一不可。其中,车架是自行车的骨架,它所承受的人和货物的重量最大。按照各部件的工作特点,大致可将其分为导向系统、驱动系统、制动系统。其中:① 导向系统:由车把、前叉、前轴、前轮等部件组成。乘骑者可以通过操纵车把来改变行驶方向并保持车身平衡。② 驱动(传动或行走)系统:由脚蹬、中轴、牙盘、曲柄、链条、飞轮、后轴、后轮等部件组成。人的脚的蹬力是靠脚蹬通过曲柄、链轮、链条、飞轮、后轴等部件传动的,从而使自行车不断前进。③ 制动系统:它由车闸部件组成,乘骑者可以随时操纵车闸,使行驶的自行车减速、停驶,确保行车安全。此外,为了安全和美观,以及从实用出发,还装配了车灯、支架、车铃等部件。其主要构造:① 车体部分包括车架、前叉、车把、鞍座和前叉合件等,是自行车的主体。② 传动部分包括脚蹬、曲柄、链轮、链条、中轴和飞轮等,由人力踩动脚蹬,通过以上传动件带动车轮旋转,驱车前行。③ 行动部分即前后车轮,包括前后轴部件、辐条、轮辋(车圈)、轮胎等。④ 安全装置包括制动器(车闸)、车灯、车铃、反射装置等。根据需要,还可增加一些附件,如支架、衣架、保险叉、挡泥板、气筒等。另外,装有变速机构的运动车、竞赛车、山地车等还装有变速控制器和前后拨链器等。⑤ 手脚双动力自行车的组成。在传统自行车的车架上增加了一个合金制成的盒子,盒子内包含着各种传动零件,通过力的相互作用,从而实现了手脚双动力,简单的推拉车把动作,从而实现用车把就能让车子前进,不仅省力,还能健身。

　　自行车主要部件的功能和结构:① 车架部件是构成自行车的基本结构体,也是自行车的骨架和主体,其他部件也都是直接或间接安装在车架上的。车架部件的结构形式有很多,但总体可以分为两大类,即男式车架和女式车架。② 外胎分软边胎和硬边胎两种。软边胎断面较宽,能全部裹住内胎,着地面积比较大,能适宜多种道路行驶。硬边胎自重轻,着地面积小适宜在平坦的道路上行驶,具有阻力小,行驶轻快等优点。外胎上的花纹是为了增加与地面的摩擦力。③ 脚蹬部件。脚蹬部件装配在中轴部件的左右曲柄上，是一个将平动力转化为转动力的装置，自行车骑行时，脚踏力首先传递给脚蹬部件，然后由脚蹬轴转动曲柄、牙盘、中轴、链条飞轮，使后轮转动，从而使自行车前进。脚踏可分为整体式脚踏和组合式脚踏。脚踏都必须有脚踏面，具有一定的防滑性能，可以选用橡胶、塑料或金属材料制造。脚踏必须转动灵活。④ 前叉部件。前叉部件在自行车结构中处于前方部位，它的上端与车把部件相连，车架部件与前管配合，下端与前轴部件配合，组成自行车的导向系统。转动车把和前叉，可以使前轮改变方向，起到了自行车的导向作用。此外，还可以起到控制自行车行驶的作用。前叉部件的受力情况属悬臂梁性质，故前叉部件必须具有足够的强度等性质。⑤ 链条。链条又称车链、滚子链，安装在连轮和飞轮上。其作用是将脚踏力由曲柄、链轮传递到飞轮和后轮上，带动自行车前进。链轮用高强度钢材制成，保证其达到需要的拉力。⑥ 飞轮。飞轮以内螺纹旋拧固定在后轴的右端，与链轮保持同一平面，并通过链条与链轮相连接，构成自行车的驱动系统。从结构上可分为单级飞轮和多级飞轮两大类。单级飞轮又称为单链轮片飞轮，主要由外套、平挡和芯子、千斤、千斤簧、垫圈、丝挡几钢球等零件组成。多级飞轮是自行车变速装置中的一个重要部件。多级飞轮是在单级飞轮的基础上，增加几片飞轮片，与中轴上的链轮结合，组成各种不同的传递比，从而改变了自行车的速度。

　　国内市场上可以购置的自行车一般包括：① 普通单车。骑行姿势为弯腿站立式，优点是舒适度较高，长时间骑行不易疲乏。缺点是弯腿姿势不易加速，且普通自行车零件多采用非常普通的零件，也难以达到很高的速度。② 公路单车。用来在平滑公路路面上使用的车种，由于平滑路面阻力较小，公路自行车的设计更大考量高速，往往使用可减低风阻的下弯把手，较窄的高气压低阻力外胎，挡位较高，且轮径比一般的登山越野车都大，由于车架和配件不需像山地车一样需要加强，所以往往重量较轻，在公路上骑行时效率很高。③ 健身单车。最主要的特点就是手脚双动力，时速可达 40 km/h；做功方式多、健身效果好。④ 场地单车。用于在室内极其平滑的椭圆形赛道上使用的自行车，这种自行车没有车闸（刹车用的），没有变速器，且没有可逆转的飞轮。⑤ 山地单车。设计为骑乘于山区的车种，通常具有变速器可变换省力或快速的档位，有些会在车架安装避震器，部分的轮胎胎皮是巧克力胎纹以便于在无铺自行车面的路面骑乘。⑥ 速降单车。速降自行车，也称落山自行车。前叉减震的行程比山地自行车及 XC 自行车要长。轮胎宽度一般超过 2 英寸。⑦ 儿童单车。儿童单车又称儿童自行车、儿童脚踏车，是童车之中的一大门类，童车包括儿童单车、儿童推车、婴儿学步车、儿童三轮车等几大大类。⑧ 旅行单车。由公路自行车发展而来，适合超远程自给自足的旅行，有较舒适放松的车架几何设计，能够负重，有很低的最低档位，使用较宽的车胎，配件选择方面追求可靠耐用而不太侧重减轻重量，往往是用山地车脚踏板。⑨ 死飞单车。死飞车起源于场地自行车，飞轮是固定的，向前踩车子向前，向后踩则车子向后。⑩ 多人单车。又称为协力车，由两人以上协同出力，由第一位控制方向。⑪ 折叠单车。是为了便于携带与装进车内而设计的车种。⑫ 小轮车。又称 BMX，分平花、街式、土坡等很多种类，每种玩法也不尽相同。⑬ 技术车。技术车一种专门用于极限运动的自行车，这类车为了更适合特技表演而作出了不少改造，比如更轻量化但坚固异常的车身，没有变速器，没有置放架，甚至移去了刹车机制。

　　电动自行车是指以蓄电池作为辅助能源，具有两个车轮，能实现人力骑行、电动或电助动功能的特种自行车。电动自行车的主要构造和基本功能：① 充电器。充电器是给电池补充电能的装置，一般分二阶段充电模式与三阶段模式两种。② 电池。电池是提供电动车能量的随车能源，电动车主要采用铅酸电池组合。另外镍氢电池与锂离子电池也已在一些轻便折叠电动车上开始使用了。③ 控制器。控制器是控制电机转速的部件，也是电动车电气系统的核心，具有欠压、限流或过流保护功能。④ 转把、闸把。转把、闸把等是控制器的信号输入部件。转把信号是电动车电机旋转的驱动信号。闸把信号是当电动车刹车时，闸把内部电子电路输出给控制器的一个电信号；控制器接收到这个信号后，就会切断对电机的供电，从而实现刹车断电功能。⑤ 助力传感器。助力传感器是当电动车处于助力状态是检测骑行脚蹬力回脚蹬速度信号的装置。⑥ 电机。电动自行车最重要的配件是电机，一辆电动自行车的电机基本决定了这辆车的性能和档次。在电动车上使用的电机，其机械结构、转速范围与通电形式上有许多种。常见的有：有刷有齿轮毂电机、有刷无齿轮毂电机、无刷无齿轮毂电机、无刷有齿轮毂电机、高磁盘电机、侧挂电机等。⑦ 灯具、仪表。灯具、仪表部分是提供照明并显示电动车状态的部件组合。仪表一般提供电池电压显示、整车速度显示、骑行状态显示、灯具状态显示等。智能型仪表还能显示整车各电气部件的故障情况。

多数电动自行车是采用轮毂式电机直接驱动前轮或后轮旋转的。这些轮毂式电机根据输出速度的不同，分别与不同轮径的车轮配合，用以驱动整车行驶，速度可达25 km/h。虽然这些电动车的造型与电池的安装位置不尽相同，但是其驱动与控制原理存在共性。少量电动车采用非轮毂式电机驱动。这些电动车采用侧挂式或者柱状电机、中置式电机、摩擦轮胎电机。一般采用这种电机驱动的电动车，其整车重量会有所降低，电机效率比轮毂式效率更低。在同样电池能量的情况下，使用这些电机的整车一般会比轮毂式整车续行里程缩短5%～10%。

《道路交通安全法》第一章"总则"第二条中规定"中华人民共和国境内的车辆驾驶人、行人、乘坐人以及与道路交通活动有关的单位和个人，都应当遵守本法。"第二章"车辆和驾驶人"第十八条中规定"依法应当登记的非机动车的种类，由省、自治区、直辖市人民政府根据当地实际情况规定。非机动车的外形尺寸、质量、制动器、车铃和夜间反光装置，应当符合非机动车安全技术标准。"第四章"道路通行规定"第一节"一般规定"第三十五条中规定"机动车、非机动车实行右侧通行。"第三十六条中规定"根据道路条件和通行需要，道路划分为机动车道、非机动车道和人行道的，机动车、非机动车、行人实行分道通行。没有划分机动车道、非机动车道和人行道的，机动车在道路中间通行，非机动车和行人在道路两侧通行。"第三节"非机动车通行规定"第五十七条至第六十条中规定"驾驶非机动车在道路上行驶应当遵守有关交通安全的规定。非机动车应当在非机动车道内行驶；在没有非机动车道的道路上，应当靠车行道的右侧行驶。非机动车应当在规定地点停放。未设停放地点的，非机动车停放不得妨碍其他车辆和行人通行。残疾人机动轮椅车、电动自行车在非机动车道内行驶时，最高时速不得超过十五公里。驾驭畜力车，应当使用驯服的牲畜；驾驭畜力车横过道路时，驾驭人应当下车牵引牲畜；驾驭人离开车辆时，应当拴系牲畜。"第四节"行人和乘坐人通行规定"第六十六条中规定"乘坐人不得携带易燃易爆等危险物品，不得向车外抛洒物品，不得有影响驾驶人安全驾驶的行为。"第五节"高速公路的特别规定"第六十七条中规定"行人、非机动车、拖拉机、轮式专用机械车、铰接式客车、全挂拖斗车以及其他设计最高时速低于七十公里的机动车,不得进入高速公路。高速公路限速标志标明的最高时速不得超过一百二十公里。"《道路交通安全法实施条例》第四章"道路通行规定"第三节"非机动车通行规定"中第六十八至第七十三条中规定"非机动车通过有交通信号灯控制的交叉路口,应当按照下列规定通行:(一)转弯的非机动车让直行的车辆、行人优先通行;(二)遇有前方路口交通阻塞时,不得进入路口;(三)向左转弯时,靠路口中心点的右侧转弯;(四)遇有停止信号时,应当依次停在路口停止线以外。没有停止线的,停在路口以外;(五)向右转弯遇有同方向前车正在等候放行信号时,在本车道内能够转弯的,可以通行;不能转弯的,依次等候。非机动车通过没有交通信号灯控制也没有交通警察指挥的交叉路口,除应当遵守第六十八条第(一)项、第(二)项和第(三)项的规定外,还应当遵守下列规定:(一)有交通标志、标线控制的,让优先通行的一方先行;(二)没有交通标志、标线控制的,在路口外慢行或者停车瞭望,让右方道路的来车先行;(三)相对方向行驶的右转弯的非机动车让左转弯的车辆先行。驾驶自行车、电动自行车、三轮车在路段上横过机动车道,应当下车推行,有人行横道或者行人过街设施的,应当从人行横道或者行人过街设施通过;没有人行横道、没有行人过街设施或者不便使用行人过街设施的,在确认安全后直行通过。因非机动车道被占用无法在本车道内行驶的非机动车,可以在受阻的路段借用相邻的机动车道行驶,并在驶过被占用路段后迅速驶回非机动车道。机动车遇此情况应当减速让行。非机动车载物,应当遵守下列规定:(一)自行车、电动自行车、残疾人机动轮椅车载物,高度从地面起不得超过1.5 m,宽度左右各不得超出车把0.15 m,长度前端不得超出车轮,后端不得超出车身0.3 m;(二)三轮车、人力车载物,高度从地面起不得超过2 m,宽度左右各不得超出车身0.2 m,长度不得超出车身1 m;(三)畜力车载物,高度从地面起不得超过2.5 m,宽度左右各不得超出车身0.2 m,长度前端不得超出车辕,后端不得超出车身1 m。自行车载人的规定,由省、自治区、直辖市人民政府根据当地实际情况制定。在道路上驾驶自行车、三轮车、电动自行车、残疾人机动轮椅车应当遵守下列规定:(一)驾驶自行车、三轮车必须年满12周岁;(二)驾驶电动自行车和残疾人机动轮椅车必须年满16周岁;(三)不得醉酒驾驶;(四)转弯前应当减速慢行,伸手示意,不得突然猛拐,超越前车时不得妨碍被超越的车辆行驶;(五)不得牵引、攀扶车辆或者被其他车辆牵引,不得双手离把或者手中持物;(六)不得扶身并行、互相追逐或者曲折竞驶;(七)不得在道路上骑独轮自行车或者2人以上骑行的自行车;(八)非下肢残疾的人不得驾驶残疾人机动轮椅车;(九)自行车、三轮车不得加装动力装置;(十)不得在道路上学习驾驶非机动车。在道路上驾驭畜力车应当年满16周岁,并遵守下列规定:(一)不得醉酒驾驭;(二)不得并行,驾驭人不得离开车辆;(三)行经繁华路段、交叉路口、铁路道口、人行横道、急弯路、宽度不足4 m的窄路或者窄桥、陡坡、隧道或者容易发生危险的路段,不得超车。驾驭两轮畜力车应当下车牵引牲畜;(四)不得使用未经驯服的牲畜驾车,随车幼畜须拴系;(五)停放车辆应当拉紧车闸,拴系牲畜。"

我国是自行车大国,自行车是道路上行驶的重要车辆类型之一,同时也成为道路交通事故中重要参与车辆类型。非机动车事故是指自行车、人力车、三轮车和畜力车等按非机动车管理的车辆负主要责任以上的事故。在非机动车与行人发生的事故中,如果非机动车一方负同等责任,由于非机动车相对为交通强者,而行人则属于交通弱者,应视为非机动车事故。

道路交通事故涉案者交通行为方式鉴定中对自行车和电动自行车涉案者事发时交通行为方式状态的分析判断主要有：骑行状态、推行状态、骑跨状态、驾驶状态、乘坐状态等状态，当然也存在其他特殊状态的情形。

第一节 骑行状态

骑行状态是驾驶状态的一种。驾驶状态是指涉及各类车辆的道路交通事故发生时，处于车辆驾驶座位置的人员正在驾驶车辆的状态。这里的骑行状态，特指单人驾驶自行车的状态和情形。

自行车当事人事发时处于骑行状态的判定，一般参考以下技术指标：第一，当事人是否具有骑跨伤特征：双下肢内外侧均有损伤或体表痕迹，其中外侧呈现一侧为直接撞击伤、另一侧为摔跌伤，而内侧通常为在摔跌中与自行车部件接触形成的擦、挫伤。第二，自行车同侧前后部均有碰擦痕迹，则说明当事人呈骑跨状态的可能性比较大。第三，当事人下肢直接撞击形成的损伤位置偏低，与造成其损伤汽车保险杠据地高度有偏差，可以考虑碰撞时其脚位于自行车踏板上的可能性。

案例分析（一）

简要案情：20××年××月××日××时××分许，甲车：皖K-×××××长安牌小型普通客车、乙车：未见悬挂号牌不知厂牌26英寸自行车在××路进××路东约300 m处发生事故。

委托事项：根据事故调查需要，对甲乙两车的碰撞形态及乙车当事人钱××事发时的交通行为方式进行鉴定。

鉴定材料：1. 甲乙两车；2. 道路交通事故现场图（复制件）；3. 钱××尸表检验鉴定意见书——××××[20××]病交鉴字第××号（复制件）。

资料摘要：××××[20××]病交鉴字第××号：尸长165 cm。左侧眼睑皮肤青紫。右颞部见8 cm×3 cm头皮擦挫伤，左眉弓见2.5 cm×1 cm皮肤擦伤，左颧部外上方见2.5 cm×1.5 cm皮肤擦伤，鼻尖部见2.5 cm×2 cm皮肤擦伤，上唇部见6 cm×1 cm皮肤擦伤，颏部正中见3 cm×3 cm皮肤擦伤。左胸部见2.5 cm×1.5 cm表皮剥脱，肩背部及左上臂上段外侧见多处大片状皮肤擦挫伤，左腰背部见大片状皮肤擦挫伤，右胸部见7 cm×6.5 cm皮肤擦伤，右季肋区在14 cm×9 cm范围内见散在多处点、条状皮肤擦挫伤。左肘伸侧在7 cm×6 cm范围内见散在小片状皮肤擦挫伤；左大腿内侧及左膝部内下方在30 cm×13 cm范围内见多处大片状皮肤青紫，左膝部见5 cm×3 cm皮肤擦伤，左膝部外侧见3.5 cm×3 cm皮肤擦伤，左内踝处见3.5 cm×3.5 cm皮肤青紫。右上肢外侧见广泛性皮肤擦挫伤；右大腿上段外侧见4.5 cm×1 cm皮肤擦伤，右大腿中下段外侧见8.5 cm×0.3 cm皮肤擦伤，右膝部在12 cm×4 cm范围内见散在多处小片状皮肤擦挫伤，右小腿上段后侧见3 cm×1 cm皮肤擦伤，右小腿中段前内侧见2 cm×1 cm皮肤擦伤,右内踝处及右足背见9 cm×4 cm皮肤擦挫伤。

参照GA41-2014《道路交通事故痕迹物证勘验》、GA/T1087-2013《道路交通事故痕迹鉴定》、SF/Z JD0101001-2016《道路交通事故涉案者交通行为方式鉴定》有关条款及检验方法,对甲乙两车的痕迹进行检验,并结合提供材料,对甲乙两车的碰撞形态及乙车当事人钱××事发时的交通行为方式进行鉴定。

检验所见: 1. 甲车。车辆识别代号为××××××××××××××××。前挡风玻璃以距其下边沿15 cm、距其左边沿12 cm处为中心呈放射状碎裂,局部黏附血迹。发动机舱盖左部凹陷变形。左前照灯破损。前保险杠左部破损、脱位。前牌照弯折变形、脱落,其左部多处伴刮擦痕迹,表层蓝色物质呈减层。左前雾灯脱落呈悬吊状。车辆正面距地高113 cm以下、距车左端0 cm～76 cm范围内见刮擦痕迹,表层银色涂层呈减层,局部黏附黑色物质。2. 乙车。未检见车架钢印号。车把顺时针偏转约30度。车把右部及制动把右端外侧距地高109 cm～112 cm范围见刮擦痕迹,表层黑色物质呈减层。前轮扭曲变形。前叉右部距地高34 cm～42 cm范围见刮擦痕迹,表层黑色涂层呈减层,局部黏附蓝色物质。车架扭曲变形。前网篮扭曲变形,右部破裂,右侧距地高65 cm～94 cm范围见刮擦痕迹,表层黑色涂层呈减层。鞍座顺时针偏转约10度。车辆左侧检见倒地挫划痕迹。3. 道路交通事故现场图。事故现场路段为东西走向,干燥水泥路面。甲车头西尾东位于现场,其东南侧路面见留有制动痕迹。乙车头东偏北尾西偏南右倒于甲车东南侧,其后轮距甲车左后轮120 cm。乙车当事人头南脚北倒卧于乙车西南侧。

分析说明: 1. 甲乙两车所检见的痕迹,在部位、附着物及受力方向等方面均可以互相印证,符合甲车正面左部与乙车右侧前部相碰撞形成的特征。2. 根据乙车车把、鞍座歪斜情况,结合乙车当事人钱××尸表检验鉴定意见书中对其损伤情况的描述及道路交通事故现场图所示情况综合分析,符合钱××事发时呈骑跨乙车姿态与甲车相碰撞所形成的事故特征。

鉴定意见: 皖K-×××××长安牌小型普通客车正面左部与未见悬挂号牌不知厂牌26英寸自行车右侧前部发生过碰撞,事发时,钱××呈骑跨该自行车姿态可以成立。

附图:

图3-1 甲车正面左部痕迹照

图3-2 乙车右侧前部痕迹部位照

案例解析：本案例中小型普通客车与自行车的碰撞形态是正面与侧面碰撞，确切地说第一碰撞点是正面一半部位与侧面一半的接触碰撞，被鉴定的自行车是双斜杠式26英寸自行车，此种类型的自行车骑跨姿态下斜杠所产生的人体相应形成的损伤一般不明显，所以更需要关注自行车车把、鞍座的痕迹变化情况，而自行车当事人的左大腿内侧、左右踝部的损伤情况较为明显，符合骑跨姿态下形成的损伤特征，这成为判断的重要依据。

案例分析（二）

简要案情：20××年××月××日××时××分许，甲车：苏J-×××××斯柯达牌小型轿车、乙车：未见悬挂号牌百家信牌人力三轮车在××公路西向东7公里处的十字路口处发生道路交通事故。

委托事项：根据事故调查需要，对甲乙两车的碰撞形态及乙车当事人高××事发时的交通行为方式进行鉴定。

鉴定材料：1.被鉴定的甲乙两车；2.道路交通事故现场图（复制件）；3.高××诊断证明（复制件）。

资料摘录：高××诊断证明——××大学附属××医院神经外科，住院情况：昏迷状态，双侧瞳孔直径0.35 cm，光反应迟钝，不睁眼也不发声，刺痛能屈曲，GCS6分，右侧外耳道活动性出血，右侧上肢包扎固定，余肢自主活动少，肌力无法详查，双下肢巴氏征阴性。入院诊断：重型颅脑损伤，左侧颞部脑内血肿，左侧额颞顶部硬膜下血肿，右侧颞顶部硬膜下血肿，右侧颞部脑挫伤，创伤性蛛网膜下腔出血，右侧颞骨、乳突骨折，前颅底骨折，右侧中颅底骨折，颅腔积气，脑肿胀，弥漫性轴索损伤，右侧3～7肋骨骨折，肺大疱，肺挫伤，吸入性肺炎，双侧胸腔积液。

参照GA41-2014《道路交通事故痕迹物证勘验》、GA/T1087-2013《道路交通事故痕迹鉴定》、SF/Z JD0101001-2016《道路交通事故涉案者交通行为方式鉴定》有关条款及检验方法，对提供材料进行检验、并作出鉴定意见。

检验所见：1.甲车。车辆识别代号为××××××××××××××××××。前保险杠及中网距地高26 cm～73 cm见撞击刮擦痕迹伴局部破损，表层金色涂层局部剥脱，局部黏附铁锈样物质，前保险杠右侧近端部见擦痕，表面黏附绿色物质；前号牌距地高40 cm～44 cm向后挤压弯折变形，其表面蓝色、白色涂层呈减层。发动机舱盖右前角距其前沿6 cm～50 cm、距其右沿2 cm～40 cm凹陷变形，其中伴有一条状斜行擦痕，表层金色涂层呈减层，局部黏附黑色物质。右A柱距其下端10 cm～16 cm凹陷变形。右侧外后视镜脱落呈悬吊状。2.乙车。未检见车架钢印号。车身主体颜色为绿色，转向柱及前叉向左弯折变形，左前叉根部断裂，右前叉上端黏附蓝色物质。前轮挡泥板弯曲变形，车把扭转变形，右侧车把套端部碎裂，表面黑色物质呈减层。鞍座向右扭转变形，表面蒙皮撕脱。链条脱位，车架及车厢挤压变形伴局部表面绿色涂层呈减层，车厢右侧后端局部见金色物质黏附，左右两后轮扭曲变形。右后轮钢圈变形，部分辐条弯折变形，表面黏附蓝色物质，轮胎失压。车身左侧凸出部位见倒地挫痕。3.道路交通事故现场图。甲车头东尾西位于南侧行车道内,其右前轮距基准线5.20 m,右后轮距位于其右后方的乙车前轮轴心3.80 m,乙车前轮轴心距基准线1.80 m,乙车头东尾西向左倒地,其后轮距基准线2.10 m,距基准点(7 km公路里程桩)5.30 m,乙车南侧地面上见血迹。

分析说明: 1. 甲乙两车所检见的痕迹,在部位、附着物等方面均可以互相印证,符合甲车正面与乙车(含其当事人高××)右侧发生碰撞所形成的特征。2. 根据甲乙两车的碰撞形态、乙车车把及转向立柱向左弯折、鞍座向右扭转变形,表面蒙皮撕脱等痕迹,结合乙车当事人高××诊断证明中对其头部损伤的描述,具有对冲性减速运动损伤特点,符合碰撞后摔跌所致;右上肢损伤包扎固定、双下肢外侧未见明显损伤,右侧肋骨多根骨折等损伤的描述,再结合道路交通事故现场图对甲乙两车相对位置的描述综合分析,符合高××事发时呈骑跨乙车姿态与甲车发生碰撞被摔抛所形成的特征。

鉴定意见: 苏J-×××××斯柯达牌小型轿车正面与未见悬挂号牌百家信牌人力三轮车(含其当事人高××)右侧发生过碰撞可以成立;事发时,高××呈骑跨该人力三轮车姿态也可以成立。

附图:

图3-3 甲车前号牌处痕迹照

图3-4 乙车右前叉上端痕迹照

案例解析: 本案例中甲车正面与乙车侧面发生碰撞接触,并在乙车侧面留下较为明显的痕迹特征,乙车的车辆类型为人力三轮车(送货车),其从车辆构造上与自行车存在差异,必然在碰撞时,人力三轮车(送货车)当事人的损伤特征具有一定独特性,同时人力三轮车的受力变形也反映为车把与车身不同方向的扭曲变形、鞍座产生相应方向的偏转等。这是一起较为典型的利用车体、人体及现场血迹位置综合判断的案例。

案例分析(三)

简要案情: 20××年××月××日××时××分许,甲车:沪A-×××××科帕奇小型越野客车、乙车:未见悬挂号牌凤凰26英寸自行车在××路、××路路口处发生事故。

委托事项：根据事故调查需要，对甲乙两车的碰撞形态及乙车当事人胡××的交通行为方式进行鉴定。

鉴定材料：1. 甲乙两车；2. 道路交通事故现场图（复制件）；3. 胡××出院小结（复制件）；4. 事发时现场附近监控视频一段（复制件）。

资料摘要：胡××的××市第×人民医院××中医药大学附属第×人民医院出院小结（住院号：419873）：入院诊断：脑挫裂伤，创伤性蛛网膜下腔出血，左侧颧弓骨折，左侧眶内、外壁骨折，左侧上颌窦前后侧壁多发骨折，左侧筛窦积液，左侧颜面部软组织肿胀，左侧胫腓骨中下段及左腓骨上端骨折，肝脏可疑密度不均，高血压病1级，高脂血症。出院诊断：脑挫裂伤，创伤性蛛网膜下腔出血，左侧颧弓骨折，左侧眶内、外壁骨折，左侧上颌窦前后侧壁多发骨折，左侧筛窦积液，左侧颜面部软组织肿胀，左侧胫腓骨中下段多发骨折、左腓骨上端骨折，鼻骨左支骨折，肋骨可疑骨折，肝脏可疑密度不均，高血压病1级，高脂血症，脂肪肝。胡××的××市第×人民医院出院小结（住院号：7023840）：入院诊断：左下肢多发性骨折、左胫腓骨干骨折、左闭合性胫骨平台骨折、左肱骨上端骨折、脑挫伤、蛛网膜下腔出血、左眶骨骨折、高血压、特指高脂血症、左肋骨骨折、左侧锁骨骨折、颧弓骨折。出院诊断：左下肢多发性骨折、左胫腓骨干骨折、左闭合性胫骨平台骨折、左肱骨上端骨折、脑挫伤、蛛网膜下腔出血、左眶骨骨折、高血压、特指高脂血症、左肋骨骨折、左侧锁骨骨折、颧弓骨折。

参照GA41-2014《道路交通事故痕迹物证勘验》、GA/T1087-2013《道路交通事故痕迹鉴定》、SF/Z JD0101001-2016《道路交通事故涉案者交通行为方式鉴定》的有关条款及检验方法，对甲乙两车的痕迹进行检验，并结合提供材料，对甲乙两车的碰撞形态及乙车当事人胡××的交通行为方式进行鉴定。

检验所见：1. 甲车。车架钢印号为××××××××××××××××。左后视镜镜片脱落，壳体破损，其距地高度为106 cm～120 cm。左后视镜对应处车门凹陷变形。左前车门距地高57 cm～62 cm、距其前边沿17 cm～35 cm范围见刮擦痕迹，局部黏附黑色物质。发动机舱盖距其前端30 cm～106 cm、距其左边沿0 cm～3 cm范围见由前向后碰擦痕迹，表面泥灰呈减层，局部黏附红色物质。左前翼子板前端接缝嵌有一块红色雨披类织物。左前翼子板距地高90 cm～100 cm、距其前端13 cm～85 cm范围见由前向后下方刮擦痕迹，伴凹陷变形，表层银色涂层呈减层，局部黏附黑色物质。前保险杠距地高46 cm～49 cm、距车左端25 cm～33 cm范围见碰擦痕迹。2. 乙车。未检见车架钢印号。前叉、前轮均扭曲变形。前轮左端与前叉左部脱开。前轮卡滞。前轮制动闸脱开。3. 道路交通事故现场图。事故现场为基隆路、富特西一路路口东5 m处。乙车头西偏南尾东偏北右倒于现场，其后轮距路口东北角指路牌柱9.1 m，其前轮距基隆路北侧路沿8.3 m。4. 事发时现场附近监控视频。监控视频显示："20××-××-××"及"××路19号HG"等字样。视频画面连续，按时间顺序，画面依次显示以下内容：在15：06：22时，乙车及其当事人（身穿红色雨披呈骑行状态）出现在视频画面左上部位置。在15：06：24时，甲车出现在视频画面右侧上部位置。在15：06：22～15：06：27时段，乙车沿视频画面由左向右上方行驶。在15：06：24～15：06：27时段，甲车沿视频画面由右向左行驶。在15：06：27时，乙车前部与甲车左前部发生碰撞。

分析说明：1. 根据甲乙两车所检见的痕迹，分析，符合甲车左前部与乙车前部相碰撞形成的特征。2. 根据甲乙两车的碰撞形态，结合道路交通事故现场图、事发时现场附近监控视频所示情况及乙车当事人胡××的损伤情况综合分析，符合胡××事发时呈骑跨乙车姿态与甲车相碰撞所形成的事故特征。

鉴定意见：沪A-×××××科帕奇小型越野客车左前部与未见悬挂号牌凤凰26英寸自行车前部发生过碰撞，事发时胡××呈骑跨该自行车姿态可以成立。

附图：

图3-5　甲车左前部痕迹照

图3-6　乙车前观照

图3-7　乙车前部痕迹照

案例解析：本案例中比较有意思的一点是体现在乙车当事人事发时所穿雨披的突出颜色，且在与甲车发生碰撞接触时，产生了物质交换。而从乙车当事人的损伤情况来看，基本能反映的是其左下肢和头面部的损伤特征，但这对于判断乙车当事人事发时的交通行为不能体现强烈的支撑作用，幸运的是这个案子有一段视频资料作为支撑，否则综合判断上尚会存在一定的不足。

案例分析（四）

简要案情： 20××年××月××日晚，甲车：沪A-×××××江淮牌轻型厢式货车与乙车：未悬挂号牌雅杰牌电驱动两轮车在××公路发生交通事故。

委托事项： 根据事故调查需要，对甲乙两车的碰撞形态及乙车当事人糜××事发时的交通行为方式进行鉴定。

鉴定材料： 1. 被鉴定的甲乙两车；2. 糜××出院小结——住院号：1121366（复制件）；3. 道路交通事故现场图及现场照片（复制件）。

资料摘要： 糜××出院小结——住院号：1121366，入院诊断：创伤性颅内出血、左颞、右额脑挫伤伴血肿、创伤性蛛网膜下腔出血、多发性颅骨骨折、胸部损伤、L5腰椎骨折。

参照GA41-2014《道路交通事故痕迹物证勘验》、GA/T1087-2013《道路交通事故痕迹鉴定》及SF/Z JD0101001-2016《道路交通事故涉案者交通行为方式鉴定》的有关条款及检验方法，对甲乙两车的痕迹进行检验，并结合委托人提供的相关材料，作出鉴定意见。

检验所见： 1. 甲车。铭牌示车辆识别代号为××××××××××××××××。前保险杠及前侧饰板脱落，复位后，前保险杠左侧距地高41 cm～64 cm缺损，残余部分局部见刮擦痕迹，受力方向从左向右，表面白色物质呈减层，局部黏附黑色物质；左前组合灯左侧距地高64 cm～98 cm破损；左前门距地高56 cm～71 cm、距其前端0 cm～1 cm见刮擦痕迹，表层白色涂层呈减层。2. 乙车。电机号为××。前轮挡泥板前段缺损；前轮减震器前侧距地高32 cm～44 cm见刮擦痕迹，表层黑色涂层呈减层，局部黏附白色物质；前网篮前侧及下侧向后压缩变形，局部黏附白色物质；车把顺时针偏转约30度，呈左高右低状，转向轴向后弯折变形，仪表台后下部饰罩局部缺损；车辆前部车架向后弯折变形。3. 道路交通事故现场图及现场照片。甲车头西北尾东南停于事故现场，乙车头西北尾东南右倒于甲车西南部，甲车左后轮与乙车后轮相距3.2 m，甲车左前部地面见散落大量散落物碎片，甲车前保险杠左侧脱开、缺损，甲乙两车前照灯均处于开启状态。

分析说明： 1. 甲车左侧前部与乙车正面所检见痕迹，从部位、类型、附着物及痕迹形成机理等方面比对，两者上述局部部位可以形成互为承痕客体与造痕客体之间的关系，结合道路交通事故现场图及现场照片所示情况分析，符合甲车左侧前部与乙车正面相碰撞所形成的特征。2. 根据上述检验与分析，甲乙两车的损毁，主要是由于乙车正面撞击甲车左侧前部所形成，根据两车的损毁程度，当糜××呈推行乙车姿态时撞击甲车难以形成其现有损毁后果，当其具有一定速度骑行乙车姿态时与甲车发生碰撞易于形成。3. 乙车仪表台后下部饰罩局部缺损，从部位、类型、范围及痕迹形成机理等方面分析，符合该车该部位与软性客体（如人体）发生碰撞所形成的特征，当乙车正面与其他客体物（如甲车）发生碰撞时，其呈骑跨乙车姿态的驾驶人身体胸腹部与该车仪表台后下部饰罩发生碰撞可以形成，结合糜××出院小结中所述其胸部损伤等情况分析，事发时乙车当事人糜××呈骑跨乙车姿态可以成立。

鉴定意见：沪A-×××××江淮牌轻型厢式货车左侧前部与未悬挂号牌雅杰牌电驱动两轮车正面发生过碰撞，事发时，该电驱动两轮车当事人糜××呈骑跨该车姿态可以成立。

附图：

图3-8　甲车左前部痕迹照

图3-9　甲车前保险杠痕迹细目照

图3-10　乙车前部痕迹照

案例解析：本案例中甲车是一辆体型较为庞大的货车，而乙车是具有一定运行速度的电动自行车，所以在分析判断过程中，借助了电动自行车自身的速度特性，同时，利用了电动自行车前部仪表台部件的损坏与乙车当事人胸腹部损伤对应情况分析，当然，这需要建立在甲车与乙车碰撞接触的状态，即受力方向对乙车及其当事人产生的运动轨迹的影响。

案例分析（五）

简要案情：20××年××月××日××时××分许，甲车：皖K-W××××东风牌轻型普通货车与乙车：悬挂上海×××××两轮电动自行车号牌斯米特牌电驱动两轮车在××区××路出××路东约10 m处发生事故。

委托事项：根据事故调查需要，对甲乙两车的碰撞形态及乙车当事人张××事发时的交通行为方式进行鉴定。

鉴定材料：1. 被鉴定的甲乙两车；2. 张××尸表检验鉴定意见书——××［20××］病交鉴字第××号（复制件）；3. 道路交通事故现场图（复制件）。

资料摘要：张××尸表检验鉴定意见书——××［20××］病交鉴字第××号：尸长160 cm。右侧眼睑皮肤青紫，鼻腔积血。左侧颞顶枕部见长4.5 cm已缝合挫裂创，左眼外侧至左颧部外下方在7.5 cm×1 cm范围内见散在点状、条状皮肤擦伤伴周围皮肤青紫，右眼外下方在6.5 cm×3 cm范围内见散在条状、片状皮肤擦挫伤，鼻根部右侧见长1 cm已缝合创，鼻部右侧及人中右侧见条形皮肤擦挫伤，鼻背部见散在点状、小片状皮肤擦挫伤，上唇右侧见0.5 cm×0.5 cm黏膜挫伤，下唇右侧见1.5 cm×1 cm黏膜挫伤。左腰部外后侧、左髋部外后侧及左大腿中上段外后侧见广泛性皮肤青紫，腹部触及波动感，腹腔穿刺出暗红色血性液体。右前臂下段尺伸侧见2.5 cm×0.5 cm皮肤擦伤伴周围皮肤青紫，右手背及手指见片状皮肤青紫伴肿胀。左肘部伸侧及左前臂中上段伸侧见11 cm×7 cm皮肤青紫伴2 cm×1 cm、1.5 cm×1 cm皮肤擦伤伴肿胀；左下肢短缩畸形，左大腿上段前内侧见片状皮肤青紫，左大腿中段前内侧至左膝部前内侧见24 cm×23 cm剥皮创，皮瓣自内向外剥离，创腔内见肌肉、肌腱等软组织外露，左大腿中下段内后侧见大片状皮肤青紫，左膝部下方经左膝部内侧至左腘窝内侧见16 cm×2 cm挫裂创，创腔内见脂肪组织及骨折断端外露，左腘窝见片状皮肤青紫，左小腿及左足背见广泛性皮肤挫伤，左小腿上段胫前至左小腿中上段内侧见17 cm×5.5 cm挫裂创，创腔内见脂肪组织、肌肉及骨折断端外露，左小腿下段内侧经左内踝至左足背见22 cm×21 cm挫裂创，创腔内脂肪组织、肌肉、肌腱及骨质外露，左踝关节畸形、脱位。

参照GA/T1087-2013《道路交通事故痕迹鉴定》、SF/Z JD0101001-2016《道路交通事故涉案者交通行为方式鉴定》，并参照GA41-2014《道路交通事故痕迹物证勘验》的有关条款及检验方法，对甲乙两车的痕迹进行检验，并结合提供材料，对甲乙两车的碰撞形态及乙车当事人张××的交通行为方式进行鉴定。

检验所见：1. 甲车。车架钢印号为××××××××××××××××××。中网右部下侧边沿破裂。前保险杠中部偏右凹陷变形。前牌照右部弯折变形。前保险杠（含前牌照）距地高47 cm～69 cm、距其左端10 cm～113 cm范围见刮擦痕迹，局部伴布纹样擦拭痕迹，表层浅蓝色涂层、深蓝色物质（前牌照表层物质）呈减层，局部黏附红色、黑色物质及疑似血迹。前桥右部前下侧局部见刮擦痕迹，表层泥污呈减层。前桥右侧钢板弹簧前下侧见刮擦痕迹，表层油污呈减层。2. 乙车。电机号为×××××××××××。未检见左、右后视镜。蓄电池散落。车架后部扭曲变形，鞍座呈略向右倾斜状，其上侧包布右部撕裂，局部黏附油污。后书包架扭曲变形，其后侧靠背饰罩破损。后书包架右后部局部黏附油污。左、右两侧后部饰罩破损。左侧中后部车架局部见黏附疑似脂肪组织物质。

后书包架右侧距地高55 cm～56 cm范围见刮擦痕迹，表层黑色涂层呈减层，局部黏附蓝色物质。3. 道路交通事故现场图。事故现场为一处路口，干燥沥青路面。甲车头东偏南尾西偏北位于事故现场，乙车头南尾北左倒于甲车东南侧相邻处，乙车当事人头南脚北倒于乙车北侧相邻处。

分析说明：1. 甲乙两车所检见的痕迹，在部位、附着物及受力方向等方面均可以互相印证，符合甲车正面与乙车（含其当事人）右侧相碰撞形成的特征。2. 根据乙车鞍座歪斜情况及其后部变形损坏情况，结合乙车当事人张××尸表检验鉴定意见书中对其损伤情况的描述及道路交通事故现场图所示甲乙两车及张××在现场的相对位置关系情况综合分析，符合张××事发时呈骑跨乙车姿态与甲车相碰撞所形成的事故特征。

鉴定意见：皖K-W××××东风牌轻型普通货车正面与悬挂上海×××××两轮电动自行车号牌斯米特牌电驱动两轮车右侧发生过碰撞，事发时张××呈骑跨该电驱动两轮车姿态可以成立。

附图：

图3-11　甲车正面右部痕迹照

图3-12　甲车前保险杠右侧痕迹照

图3-13　甲车车底右部痕迹照

图3-14　乙车右侧后部痕迹部位照

图3-15 乙车后部痕迹照

案例解析：本案例中乙车倒地后进入甲车车体底部并遭受了挤压碰撞，这对于乙车与甲车第一次发生碰撞接触的痕迹产生一定的叠加和影响，此种类型的电动自行车，具有踏板，一般很难判断事发时是采用电驱动还是人力骑行，当然有视频记录过程的除外，由于季节的因素，前部有挡风罩，对于人手部的损伤产生一定的影响。乙车当事人左下肢的损伤较为严重，是直接碰撞时形成的？还是推挤过程中形成的？对于此类交通行为方式的判断，要特别注意，鞍座的偏转损坏是在第一次碰撞过程中形成，可以作为判断乙车当事人事发时交通行为方式的依据，但要充分考虑到推挤的过程造成的痕迹特征的变化。

案例分析（六）

简要案情：20××年××月××日××时××分许，甲车：沪A-Y××××福田牌轻型厢式货车与乙车：悬挂上海×××××电动自行车号牌上达电驱动两轮车在××区××公路××中心路路口处发生事故。

委托事项：根据事故调查需要，对甲乙两车的碰撞形态及乙车当事人唐××事发时的交通行为方式进行鉴定。

鉴定材料：1. 被鉴定的甲乙两车；2. 唐××尸表检验鉴定意见书——××[20××]尸鉴字第××号（复制件）；3. 道路交通事故现场图（复制件）；4. 事发时现场附近监控视频一段（复制件）。

资料摘要：唐××尸表检验鉴定意见书——××[20××]尸鉴字第××号：尸长162 cm。口、鼻腔及左侧外耳道见血迹。左前额擦伤，范围5 cm×4 cm；下颌擦伤，范围8 cm×6 cm。

参照GA41-2014《道路交通事故痕迹物证勘验》、GA/T1087-2013《道路交通事故痕迹鉴定》、SF/Z JD0101001-2016《道路交通事故涉案者交通行为方式鉴定》的有关条款及检验方法，对甲乙两车的痕迹进行检验，并结合提供材料，对甲乙两车的碰撞形态及乙车当事人唐××的交通行为方式进行鉴定。

检验所见：1. 甲车。车架钢印号为××××××××××××××××××××。前挡风玻璃下边沿以距其左端84 cm处为中心呈放射状碎裂。前挡风玻璃左侧刮水器变形，局部黏附黑色毛发。车辆正面距地高35 cm～103 cm、距车辆左端0 cm～193 cm范围见刮擦痕迹，表层白色涂层呈减层，局部黏附黑色物质。前围以距地高113 cm、距其左端85 cm处为中心见55 cm×35 cm凹陷变形。前围饰罩破损。左前照灯脱位、灯壳破损。2. 乙车。车架钢印号为×××××。未检见左、右后视镜。仪表脱位。右侧前部饰罩脱位、破损，其距地高18 cm～54 cm范围见刮擦痕迹，表层黑色物质呈减层，局部黏附白色物质。前轮定位异常。车辆右侧护栏向左弯折变形，其距地高34 cm～79 cm范围见刮擦痕迹，局部黏附白色物质。后工具箱破损。车辆左侧检见倒地挫划痕迹。3. 道路交通事故现场图。事故现场为干沥青路面。甲车头西尾东位于事故现场，乙车头东北尾西南左倒于甲车西侧相邻处。甲车东侧路面见制动痕迹及挫划印痕。4. 事发时现场附近监控视频。监控视频显示："××-××-20××星期四"及"×枫/×心"等字样。视频画面连续，按时间顺序，画面依次显示以下内容：在06：28：47时，乙车及其当事人（骑行状态）出现在视频画面左上部位置。在06：28：47～06：29：01时段，乙车当事人处于骑行乙车状态。在06：29：01时，乙车及其当事人（骑行状态）向右下部驶出视频画面。在06：29：02时，甲车由视频画面右下角驶过画面（之后，与乙车及其当事人发生碰撞）。

分析说明：甲乙两车所检见的痕迹，在部位、附着物及受力方向等方面均可以互相印证，符合甲车正面与乙车右侧相碰撞形成的特征。根据甲乙两车的碰撞形态，结合乙车当事人唐××尸表检验鉴定意见书中对其损伤情况的描述、道路交通事故现场图所示及事发时现场附近监控视频所示情况综合分析，符合唐××事发时呈骑跨乙车姿态与甲车相碰撞所形成的事故特征。

鉴定意见：沪A-Y××××福田牌轻型厢式货车正面与悬挂上海××××××两轮电动自行车号牌上达电驱动两轮车右侧发生过碰撞，事发时唐××呈骑跨该电驱动两轮车姿态可以成立。

附图：

图3-16 甲车正面痕迹照

图3-17 乙车右侧痕迹部位照

图 3-18　乙车痕迹照

案例解析：本案例中的乙车按照 GB17761-2018《电动自行车安全技术规范》的相关条款，由于不掌握其相关技术参数，只能说乙车的构造不是典型的电动自行车的类型。乙车鞍座与踏板的构造具有一定的特殊性，踏板较长，给予驾驶人充分的下肢活动空间，鞍座较为宽大，给予驾驶人较为舒适的驾驶体验，但这种结构对于事发时当事人的交通行为方式判断产生了一定的障碍，对于骑跨姿态下形成的损伤特征不会显而易见，甚至没有。本案例中就没有体现乙车当事人事发时的下肢损伤情况，当然也不排除其他因素的影响。所以，关键证据来自视频资料的记录和体现。

案例分析（七）

简要案情：20××年××月××日××时××分许，甲车：苏 D-J××××大众汽车牌小型轿车与乙车：悬挂上海×××××两轮电动自行车号牌 WUYANG 牌电驱动两轮车在××路、××路口处发生事故。

委托事项：根据事故调查需要，对甲乙两车的碰撞形态及乙车当事人许××事发时的交通行为方式进行鉴定。

鉴定材料：1. 被鉴定的甲乙两车；2. 许××尸表检验鉴定意见书——××[20××]病交鉴字第××号（复制件）。

资料摘要：许××尸表检验鉴定意见书——××[20××]病交鉴字第××号：一般情况：尸长 165 cm，发育正常，营养一般。头（面）部：头顶发长 7 cm，发色黑、夹杂白发，双侧眼睑皮肤未见异常，口、鼻腔及双侧外耳道未见异常。右额部在 5.5 cm×5 cm 范围内见散在多处点、条状皮肤擦伤，右眼外侧见 1.5 cm×1 cm 浅表裂创，右鼻翼见 1.7 cm×0.2 cm 浅表裂创，右颧部见 6 cm×2.5 cm 皮肤擦伤。躯干部：右侧肋骨扣及多发骨折，右髂部见 19 cm×6 cm 皮肤擦伤伴周围皮肤青紫。四肢：左肘窝见 3 cm×1.5 cm 皮肤擦伤，左手背见2 cm×1 cm浅表裂创；左膝内侧见4.5 cm×1.5 cm皮肤青紫，左小腿上段内侧见2.5 cm×1.5 cm皮肤青紫，左小腿中段内侧分别见2.5 cm×1 cm、5 cm×3 cm裂创，左小腿下段内侧经左内踝至左足弓内侧在15 cm×8 cm范围内见散在多处小片状皮肤青紫，左外踝见多处点状表皮剥脱。右肘伸侧见2.5 cm×1 cm皮肤擦伤，右肘内侧见2 cm×1 cm皮肤擦伤，右手背见多处浅表裂创；右大腿上段前外侧在12 cm×8 cm范围内见散在多处小片状皮肤青紫，右股骨下段扪及骨折，右小腿上段完全断离，断端见胫腓骨骨折伴软组织挫碎，右小腿内侧至胫前见散在多处小片状皮肤青紫，右内踝见1.5 cm×1 cm皮肤青紫。分析说明：右侧颜面部散在多处皮肤擦伤、浅表裂创；右侧肋骨多发骨折，右髂部皮肤擦伤、青紫；四肢散在多处皮肤青紫、擦伤及裂创，右股骨下段骨折，右小腿上段完全断离伴胫腓骨骨折及软组织挫碎。上述损伤中，双下肢内侧损伤具有骑跨伤的特征，在骑行过程中可以形成，具体致伤方式需结合具体案情综合判断。

参照GA/T1087-2013《道路交通事故痕迹鉴定》、SF/Z JD0101001-2016《道路交通事故涉案者交通行为方式鉴定》，并参照GA41-2014《道路交通事故痕迹物证勘验》的有关条款及检验方法，对甲乙两车的痕迹进行检验，并结合提供材料，对甲乙两车的碰撞形态及乙车当事人许××的交通行为方式进行鉴定。

检验所见：1. 甲车。车辆识别代号为×××××××××××××××××。前保险杠距地高23 cm～60 cm、距车右20 cm～150 cm见刮擦痕迹并见破损，表层黑色涂层呈减层，破损部位局部呈纵向；左右前雾灯均脱位；前号牌下侧饰窗破损；前号牌弯折变形，局部黏附血迹；发动机舱盖距其前沿0 cm～104 cm、距其右沿43 cm～130 cm见擦痕伴大面积凹陷变形，受力方向从前向后；前风窗玻璃碎裂，见两处碎裂中心；前号牌上方进气栅左段破损，并见黏附血迹。2. 乙车。车架钢印号为×××××。前轮轴右端固定螺栓距地高20 cm见刮擦痕迹，局部黏附黑色物质；右前减震器见刮擦痕迹伴弯折变形，局部黏附黑色物质；右侧金属护栏多处见刮擦痕迹伴弯折变形，局部黏附黑色物质；车把断裂；右侧后部饰罩破损；鞍座缺失。

分析说明：1. 甲车正面与乙车右侧所检见的痕迹，从部位、类型、形态、附着物、受力方向及痕迹形成机理等方面比对、分析，两者上述局部部位可以形成互为承痕客体与造痕客体之间的关系，如甲车前保险杠与乙车右前减震器及前轮轴右端固定螺栓等，符合甲车正面与乙车右侧相碰撞所形成的特征。2. 根据许××尸表检验鉴定意见书所述其身体损伤情况，如右股骨下段骨折，右小腿上段完全断离伴胫腓骨骨折及软组织挫碎等，结合上述两车碰撞形态分析，符合乙车及其当事人右侧突然受到撞击时，其呈骑跨乙车姿态的当事人右下肢遭受巨大钝性外力所形成的后果，其遭受内外双侧作用力易于形成，呈推行乙车姿态时遭受撞击难以形成。

综上所述，事发时，乙车当事人许××呈骑跨乙车姿态可以成立。

鉴定意见：苏D-J××××大众汽车牌小型轿车正面与悬挂上海×××××两轮电动自行车号牌WUYANG牌电驱动两轮车右侧发生过碰撞可以成立，事发时，该电驱动两轮车当事人许××呈骑跨该车姿态可以成立。

附图：

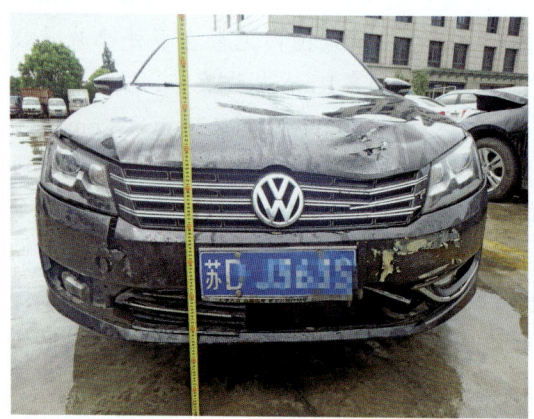

图3-19　甲车正面痕迹部位照

图3-20　甲车前保险杠痕迹照

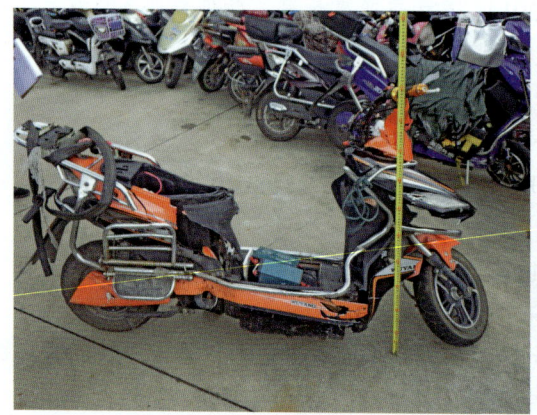

图3-21　乙车右侧痕迹部位照

图3-22　乙车右侧前叉痕迹照

案例解析： 本案例中甲乙两车的碰撞较为严重，产生较为明显的对应痕迹，而乙车当事人的损伤集中在右侧，采取了假设的推断方法，一般来讲，推行姿态乙车当事人应位于乙车的左侧，其右下肢的损伤情况与骑行姿态时与甲车发生碰撞产生的损伤理应有一定的区别，而这些区别恰恰是我们进行此类案例判断的重要依据，充分考虑力的直接作用和传导作用对人体损伤程度产生的重要影响。

小结： 通过以上案例分析，首先要分清骑行状态与骑跨状态的区别，骑行状态表述的是正在运动的状态，但事实情况是在两车发生碰撞的瞬间，对于自行车当事人是否处于运动状态难以分清，往往是一个静止的姿态，就是骑跨的状态，也可能是一个正在变化的过程，所以在司法鉴定实践中，我们往往只能将事发时当事人的姿态表述为骑跨的姿态或者状态，而只有非常可靠的证据支持时，例如视频资料记录下这个完整的过程，才能表述为骑行状态，其他很多时候都应表述为呈骑跨姿态或骑跨状态。

其次要对以下方面进行分析：（一）车体勘验分析关注点基于道路交通事故参与车辆

的车身结构来分析，主要体现在：1. 自行车。自行车中包括送货车，送货车是三轮车，通常称之为人力三轮车，所以要考虑到两种车型的一般结构特征。① 两轮自行车，区别主要在于分为折叠式和普通式；三角架分为斜杠式和横杠式；一般型号分为22寸及以下小型自行车及24英寸、26英寸、28英寸三种常见类型，28英寸自行车通常采取横杠式三角架，26英寸和24英寸及以下通常采用斜杠式三角架。A. 斜杠式自行车。根据遭受外力方向的不同：a. 当正面遭受外力时，按照从前向后、从下向上、从左向右的顺序，关注的重点是因车轮前部部件后移与人体发生接触产生的特征性痕迹，如转向立柱后侧、转向把、车铃等部件，注意这些部件的变形走向是从前向后的，而产生的位于后侧的痕迹方向总体趋势是从后向前的，大多数是印压痕迹，对应人体产生相应的衣物痕迹和损伤特征，尤其关注胸腹部损伤特征；斜杠两侧的痕迹；踏脚杆及踏脚痕迹；鞍座两侧及上部痕迹，如形成的对称性布纹样痕迹。b. 当侧面遭受外力作用时，按照从受力侧向非受力侧、从前向后、从下向上的顺序，关注的重点是因车身侧面部件向两侧方向变形及与人体接触所产生的对应性痕迹、损伤，如转向握把、制动把与人手部腕部等遭受外力产生的痕迹、变形、擦挫伤、骨折等，踏脚及踏杆及位于踏脚上的脚遭受外力产生的变形、擦挫伤、骨折等；鞍座一侧受力较重与一侧痕迹有一定区别，且鞍座立柱变形会与受力方向产生对应性。c. 当后侧遭受外力作用时，按照从后向前、从下向上、从左向右的顺序，关注的重点是因车身后侧部件从后向前变形趋势及产生的痕迹特征，如书包架上捆绑搭载物品，则鞍座弹簧及固定部件后侧的痕迹、人体长裤和腰带后侧与搭载物品之间接触产生的痕迹，这里要甄别一下，此处的痕迹不是在平时骑行过程中产生的，而是因为后侧遭受外力，导致物品前移产生的痕迹同时可能产生的物质交换；车身后侧部件前侧可以与人体接触的部位所产生的对应痕迹和损伤特征；前轮挡泥板后侧形成的各种刮擦痕迹，如鞋印、布纹印、其他和人体接触产生的特征性痕迹；转向柱及转向把后侧产生的与人体接触形成的从后向前的变形、刮擦痕迹等。d. 当上侧受力时，按照从前向后、从上向下、从左向右的顺序，关注的重点是车身部件上侧及人体因遭受从上向下的外力作用时所产生的痕迹、损伤，这种形态很罕见。e. 多种方向受力时，按照第一次受力的面的顺序进行，一般发生在与多车发生碰撞的事故中，关键的是分辨发生的过程和顺序。B. 横杠式自行车。与上述斜杠式自行车的最大不同就在于横杠的变形和两侧产生的痕迹，在不同方向遭受外力和综合受力的过程中所产生的痕迹有所不同。② 人力三轮车。一般为斜杠式。根据遭受外力方向的不同：a. 当正面遭受外力时，按照从前向后、从下向上、从左向右的顺序，关注的重点是因车轮前部部件后移与人体发生接触产生的特征性痕迹，如转向立柱后侧、转向把、车铃等部件，注意这些部件的变形走向是从前向后的，而产生的位于后侧的痕迹方向总体趋势是从后向前的，大多数是印压痕迹，对应人体产生相应的衣物痕迹和损伤特征，尤其关注胸腹部损伤特征；斜杠两侧的痕迹，此时要关注制动杆的痕迹；踏脚杆及踏脚痕迹；鞍座两侧及上部痕迹，如形成的对称性布纹样痕迹。b. 当侧面遭受外力作用时，按照从受力侧向非受力侧、从前向后、从下向上的顺序，关注的重点是因车身侧面部件向两侧方向变形及与人体接触所产生的对应性痕迹、损伤，如转向握把、制动把与人手部腕部等遭受外力产生的痕迹、变形、擦挫伤、骨折等，踏脚及踏杆及位于踏脚上的脚遭受外力产生的变形、擦挫伤、骨折等；后轮制动操作杆侧面的痕迹；鞍座一侧受力较重与一侧痕迹有一定区别,且鞍座立柱变形会与受力方向产生对应性。c. 当后侧遭受外力作用时,按照从后向前、从下向上、从左向右的顺序,关注的重点是因车身后侧部件从后向前变形趋势及产生的痕迹特征,车身后侧部件前侧可以与人体接触的部位所产生的对应痕迹和损伤特征,货厢是关注的重点部件;鞍座两侧及后侧产生的痕迹;前轮挡泥板后侧形成的各种刮擦痕迹,如鞋印、布纹印、其他和人体接触产生的特征性痕迹;转向柱及转向把后侧产生的与人体接触形成的从后向前的变形、刮擦痕迹等。d. 当上侧受力时,按照从前向后、从上向下、从左向右的顺序,关注的重点是车身部件上侧及人体因遭受从上向下的外力作用时所产生的痕迹、损伤,这种形态很罕见。e. 多种方向受力时,按照第一次受力的面的顺序进行,一般发生在与多车发生碰撞的事故中,关键的是分辨发生的过程和顺序。2. 电动自行车。随着GB17761-1999《电动自行车通用技术条件》的修订,GB17761-2018《电动自行车安全技术规范》2019年4月15日正式实施,电动自行车的生产和管理越来越规范,本文涉及的电动自行车是指符合电动自行车定义的有脚踏骑行功能的电驱动两轮车,但结构还是存在一定的不同,主要是蓄电池所处于的位置。根据遭受外力方向的不同:a. 当正面遭受外力时,按照从前向后、从下向上、从左向右的顺序,关注的重点是因车轮前部部件后移与人体发生接触产生的特征性痕迹,如转向立柱后侧、转向把、蓄电池及罩壳等部件,注意这些部件的变形走向是从前向后的,而产生的位于后侧的痕迹方向总体趋势是从后向前的,大多数是印压痕迹,对应人体产生相应的衣物痕迹和损伤特征,尤其关注胸腹部损伤特征;斜架两侧的痕迹;踏脚杆及踏脚痕迹;鞍座两侧及上部痕迹,如形成的对称性布纹样痕迹。b. 当侧面遭受外力作用时,按照从受力侧向非受力侧、从前向后、从下向上的顺序,关注的重点是因车身侧面部件向两侧方向变形及与人体接触所产生的对应性痕迹、损伤,如转向握把、制动把与人手部腕部等遭受外力产生的痕迹、变形、擦挫伤、骨折等,这里要关注一下在天气寒冷时间防护套使用所产生的影响;踏脚及踏杆及位于踏脚上的脚遭受外力产生的变形、擦挫伤、骨折等,这里要关注一下在当事人事发时采取的不是骑行而是电驱动运行时所产生的区别,脚放置在踏板上,而不是在踏脚上,产生的痕迹和损伤存在巨大差异;鞍座一侧受力较重与一侧痕迹有一定区别,且鞍座垫固定螺栓结合部发生变形、撕裂等情况,会与受力方向产生对应性。c. 当后侧遭受外力作用时,按照从后向前、从下向上、从左向右的顺序,关注的重点是因车身后侧部件从后向前变形趋势及产生的痕迹特征,车身后侧部件前侧可以与人体接触的部位所产生的对应痕迹和损伤特征;前部部件后侧形成的各种刮擦痕迹,如鞋印、布纹印、其他和人体接触产生的特征性痕迹。d. 当上侧受力时,按照从前向后、从上向下、从左向右的顺序,关注的重点是车身部件上侧及人体因遭受从上向下的外力作用时所产生的痕迹、损伤,这种形态很罕见。e. 多种方向受力时,按照第一次受力的面的顺序进行,一般发生在与多车发生碰撞的事故中,关键的是分辨发生的过程和顺序。

(二)人体检验分析关注点基于车身结构与受力方向或者总体来讲是碰撞形态的不同来进行分析的。而对于人体自身而言,和人体结构特征是形成损伤的客观依据,而所穿着的衣物、鞋袜、帽子等,佩戴的首饰物品,携带的物品等则是形成痕迹的客观依据,两者的结合是对应车体痕迹的造痕客体,同时受反作用力影响,也同时是承痕客体。在骑行状态下,或者说在骑跨姿态下,人体主要关注的特征性损伤集中在头面部、手腕部、胸腹部、大腿内侧的骑跨损伤、膝盖内侧、脚踝部等部位,对于头面部损伤常常体现为因骑跨姿态高位被摔抛而形成的特征性损伤;手腕部因抓握手把在遭受侧面受力时产生的特征性损伤;胸腹部因遭受前、后受力的情况下产生的特征性损伤;大腿内侧因骑跨在鞍座上与鞍座发生接触形成的损伤,这一损伤被认为是最为关键的判断依据;膝盖内侧有时也会形成一定的损伤;脚踝内外侧均因碰撞形态的不同而形成不同程度、类型的损伤。在人体损伤分析中,对于自行车和电动自行车在车体结构构件上的影响常常比较小,因为道路交通事故痕迹的特点在于形成于近乎完全动态的过程中,在勘验车体的过程中,应仔细寻找造痕客体特征,尤其是血迹等生物检材、衣物等织物纤维、油漆和油渍等有机物及无机物检材产生的相互作用和物质交换。致伤物的判断尤其重要,所以道路交通事故涉案者交通行为方式的鉴定,在某种程度上与致伤方式鉴定密不可分,这与临床医学还是存在很大差异的。

(三)碰撞形态关注点基于事故形态的不同进行分析。道路交通事故从碰撞形态的角度进行分析,一般来讲可以分为正面碰撞、侧面碰撞、追尾碰撞等,多车碰撞和多次碰撞的情况较为复杂,而形态的分析又是基于车身构件发生的变化,即产生的痕迹来综合分析得出的结果,所以上述(一)(二)既是开展这一研究讨论的基础,又是形态重建的延伸。因为单一考虑(一)(二)是不全面的,因为在道路交通事故中,还有其他参与对象,这种对象可以是行人,可以是自行车和电动自行车、轿车与货车等不同类型的车辆,也可以是路面、灯杆、交通设施等固定物或可移动式客体,而这些参与对象可以是静态的、也可以是动态的,他们的活动将影响对碰撞形态的最终判断,而没有碰撞形态的确定,等于道路交通事故涉案者交通行为方式鉴定的基础的缺失,单纯地依靠人体损伤或者车体痕迹进行的分析判断,都存在片面的甚至错误的风险。分析的重点体现在:① 碰撞的具体部位,这是反映造痕客体和承痕客体特征的直观反映,如轿车前保险杠与自行车右踏杆发生碰撞,反映在轿车前保险杠上的特征会体现右踏杆端部的形态特征,同时会存在物质交换的可能,而位于骑跨姿态时,右脚会形成相应的损伤,裤脚或者袜子会有一定的痕迹反映等;自行车前轮前侧与轿车前保险杠发生接触,前轮向后移位、变形失圆,反映了正面碰撞的形态等。② 车辆相对运动过程,这是反映第一次碰撞后车辆发生偏转、移位,甚至再次、多次发生碰撞的过程,这时最重要的是找到第一次碰撞接触点,随后要通过痕迹来分出多次碰撞的过程,这个过程分析比较复杂,要结合人体、车体、地面、相关物体的痕迹综合分析,在痕迹没有相互关联和覆盖的情况下,比较难以分辨,但这时往往可以从不同痕迹之间的相互关系寻找突破口,例如地面血迹与自行车倒地起点、轿车制动拖印起点之间的相对位置关系。③ 特殊情形,例如自行车当事人处于骑行姿态时自行倒地或者受其他车辆或者干扰因素影响,实际情况是没有与其他客体发生过接触,自行车痕迹仅限于倒地时与地面形成的痕迹,人体仅限于于摔倒形成的损伤,当然这里也存在很大可能是当事人突发疾病,这时对于当事人事发时的交通行为方式鉴定难度非常高,这种情况正说明,碰撞形态在此类鉴定项目中的重要作用,当然如果有其他可靠证据也是可以解决此类问题的,比如可靠的证人证言、视频记录工具,这些记录工具包括经过车辆的行车记录仪、路人的视频录像、路口的监控、路边银行或者其他单位安装的视频记录设备等,能客观反映事实的都可以作为判断的依据之一。而这种情况下,一般对于道路交通事故涉案者事发时的交通行为方式的事实查明不是最重要的，但作为事实认定来讲，也是不可缺少的。

（四）综合评判重点主要基于（一）～（三）的检验结果和碰撞形态判断，要求体现在证据链能形成闭环，在这个分析判断的过程中，没有特别要求要具备几个以上的要素才能做出科学的判断，关键还是要看证据的效力和公信力，如客观的视频记录，但没有这个的时候，建议至少要结合两个以上的要素进行分析，且这两个要素要能相互印证最终指向同一个结论，就是涉案者事发时处于骑跨姿态。这两个要素可以是车体的、可以是人体的、可以是环境的、可以是碰撞形态的等。

（五）特别关注事项。往往由于法医损伤检验和痕迹检验是分开进行的，所以法医损伤检验的结果和检验的重点，并一定与道路交通事故涉案者交通行为方式鉴定相一致或者能起到很大的支撑作用和帮助，这需要做到至少两个方面的举措：第一，借助委托方，与法医事先进行一个沟通和交流，交换检验建议；第二，在达不到前一条件的情况下，寻找其他证据，或者运用痕迹学原理对人体及相关物体进行再勘验，也可以请法医进行协助。有时，在鉴定过程中，委托方提供的鉴定材料可能只是鉴定过程中需要的部分材料，这时，就需要鉴定人在合同评审过程中有一个预判的过程，是否可以得出一个明确的鉴定意见，特别是在道路交通事故现场图不能发挥作用的情况下，要充分考量其他鉴定材料所能起到作用的比重。

第二节 推行状态

推行状态是指道路交通事故发生时，持有自行车、机动两轮车等车辆的涉案者正在推车行进的状态。这里的推行状态，特指单人推行自行车的状态和情形。

自行车当事人事发时处于推行状态的判定，一般参考以下技术指标：第一，当事人是否没有具有骑跨伤特征；双下肢内外侧均没有损伤或体表痕迹。第二，可根据绝大多数自行车当事人的推车习惯位于自行车左侧的情况（特殊情况除外）及与其他车辆的碰撞形态，分析两车间是否存在直立的当事人。第三，当事人下肢直接撞击形成的损伤位置偏低，与造成其损伤汽车保险杠据地高度有偏差，可以考虑碰撞时其脚是否位于自行车踏板上的可能性。第四，当事人处于推行状态时可与推行的车辆相碰撞产生相应的损伤、痕迹。

案例分析（一）

简要案情：20××年××月××日××时××分许，甲车：沪C-×××××大众汽车牌小型轿车与乙车：未见悬挂号牌不知厂牌人力三轮车在××公路、××路路口处发生交通事故。

委托事项：根据事故调查需要，对甲乙两车的碰撞形态及乙车当事人金××事发时的交通行为方式进行鉴定。

鉴定材料：1. 被鉴定的甲乙两车；2. 道路交通事故现场图及现场照片（复制件）；3. 金××尸表检验鉴定意见书——××医［20××］尸鉴字第××号（复制件）。

资料摘要：金××尸表检验鉴定意见书——××医［20××］尸鉴字第××号，尸长156 cm。鼻腔及右侧外耳道见血迹。右额擦伤，范围1.2 cm×1 cm；右眼外侧擦伤，范围1.8 cm×1.5 cm。左侧肋骨多发性骨折；左背部擦伤，范围1.2 cm×0.7 cm；左食指内侧裂创两处，范围分别为0.6 cm×0.8 cm、0.8 cm×0.2 cm；左大腿上段内侧挫伤，范围8 cm×1.5 cm；左膝外侧擦伤，范围0.8 cm×0.2 cm；右膝外侧擦伤，范围6 cm×2 cm，中心距足底43 cm；右小腿下段前方擦伤，范围1 cm×0.3 cm。

参照GA41-2014《道路交通事故痕迹物证勘验》、GA/T1087-2013《道路交通事故痕迹鉴定》及SF/Z JD0101001-2016《道路交通事故涉案者交通行为方式鉴定》的有关条款及检验方法，对甲乙两车的痕迹进行检验，并结合委托人提供的相关材料，作出鉴定意见。

检验所见：1. 甲车。车辆识别代号为××××××××××××××××。前保险杠右前转角及右前组合灯距地高24 cm～73 cm见大面积横向刮擦痕迹，受力方向从左前向右后，局部黏附白色、红色及蓝色物质；右前牵引钩饰盖脱位；前保险杠右侧距地高38 cm～66.5 cm见横向刮擦痕迹及擦拭痕迹，受力从前向后，局部黏附蓝色及红色物质；右前翼子板及右前车门距地高67 cm～90 cm、距右前翼子板前端18 cm～107 cm见擦痕伴凹陷变形，局部黏附蓝色物质；右后视镜支架局部脱位，右后视镜前侧饰罩见擦痕，局部黏附红色物质。2. 乙车。未见车架钢印号。前轮脱落；左前叉见刮擦痕迹，表层白色、蓝色及红色涂层呈减层，受力方向从后向前；前轮左减震杆见刮擦痕迹伴弯折变形，表层白色、红色涂层呈减层；中部车架弯折变形，其左侧见擦痕，表面泥灰呈减层；鞍座未见偏转等异常。3. 道路交通事故现场图及现场照片。现场道路南北走向，乙车头北尾南倒置于路口处，其南方见一滩新鲜血迹，血迹中心距乙车左后轮210 cm，乙车前轮脱落，甲车头南尾北位于乙车南方，两车相距5 130 cm。

分析说明：1. 根据甲车右前部与乙车左侧前部所检见的痕迹，从痕迹所处部位、形态、类型、附着物、受力方向及痕迹形成机理等方面比对、分析，两者上述局部部位可以形成互为承痕客体与造痕客体之间的关系，如甲车前保险杠右部与乙车左前叉等，符合甲车右前部与乙车左侧前部相碰撞所形成的特征。2. 根据上述两车碰撞形态，若乙车当事人金××事发时处于骑跨乙车姿态时与甲车发生碰撞，其鞍座应存在偏转等情况，此与上述乙车所检见鞍座情况不符；现场血迹位置即为金××最终倒卧位置，乙车与现场血迹的距离，不符合金××处于骑跨乙车姿态时与甲车发生碰撞并被抛摔的后果；甲车前保险杠右侧与软性客体（如人体）发生碰擦所形成痕迹位置较低，符合金××事发时其下肢较低位置（如足部着地）与甲车碰擦所形成。再结合金××尸表检验鉴定意见书对其损伤情况及道路交通事故现场图、现场照片所示情况分析，支持金××事发时呈推行乙车的姿态与甲车相碰撞的形态特征。

鉴定意见：沪C-×××××大众汽车牌小型轿车右前部与未见悬挂号牌不知厂牌人力三轮车左侧前部发生过碰撞，事发时未见悬挂号牌不知厂牌人力三轮车当事人金××呈推行该车姿态可以成立。

附图：

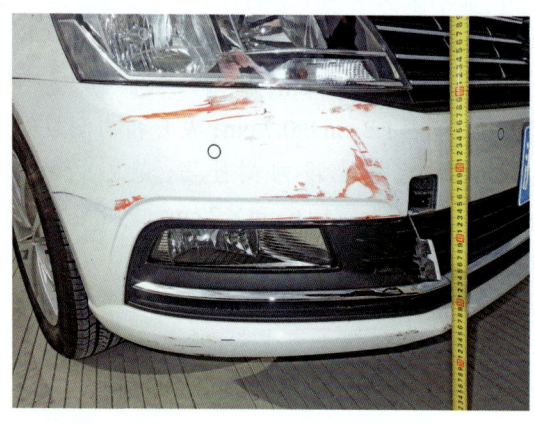

图 3-23　甲车右前部痕迹照　　　　　图 3-24　乙车左侧前部痕迹部位照

案例解析： 本案例在实际鉴定过程中较为罕见，乙车是一辆人力三轮车（送货车），在现实生活中，人力三轮车由于体型较大，推行比较吃力，所以很少有当事人进行推行。通过上述分析可以发现，鉴定人发现了一个支持推行姿态特别关键的要素，就是甲车前保险杠较低位置的软性擦痕，而甲车与乙车的碰撞形态是甲车的右前部与乙车的左侧前部，前面，我们提到，一般推行车辆，位于车辆的左侧推行，事发时，如果呈骑跨姿态，那么左脚位于踏板上，具有一定的高度才能支撑车辆前行，所以这是判断骑行姿态一个重要的关注点。

案例分析（二）

简要案情： 20××年××月××日××时左右，甲车：苏F-×××××东风牌小型普通客车、乙车：未见号牌越达牌人力三轮车在××省××市××区××镇××村11组地段发生道路交通事故。

委托事项： 根据事故调查需要，对甲乙两车的碰撞形态及乙车当事人屈××事发时的交通行为方式进行鉴定。

鉴定材料： 1. 被鉴定的甲乙两车；2. 屈××尸体检验鉴定意见书及尸检照片等案卷材料（复制件）。

资料摘要： 屈××尸体检验鉴定意见书——××公物鉴（法验）字[20××]××号，男性，19××.12.19出生，体长169 cm。衣着描述：死者上身外穿黑色外套，下身穿灰色长裤，脚穿灰白色鞋子。体表特征：发育正常，营养中等，尸斑、尸僵未形成。头颈部：头面部见血迹附着，左下颌部有3.1 cm×1.0 cm的皮肤裂创，枕部有3.0 cm×1.4 cm的头皮挫伤，余未见明显异常。躯干部（包括外阴）：左侧胸廓塌陷，扪及双侧肋骨多发性骨折，左腰部有2.4 cm×1.8 cm的皮肤擦伤，左髂前上棘下方有2.0 cm×0.9 cm的皮肤破损，余未见明显异常。四肢：左中指末节有1.5 cm×1.1 cm的皮肤破损，左小腿胫前部有9.0 cm×4.0 cm的皮肤撕裂创，左小腿后外侧有5.3 cm×4.7 cm的皮肤撕脱，扪及双侧胫腓骨上段骨折。

第三章 道路交通事故中自行车和电动自行车当事人交通行为方式鉴定

参照 GA41-2014《道路交通事故痕迹物证勘验》、GA/T1087-2013《道路交通事故痕迹鉴定》、SF/Z JD0101001-2016《道路交通事故涉案者交通行为方式鉴定》有关条款及检验方法,对甲乙两车痕迹进行检验,并结合屈××尸体检验鉴定意见书、道路交通事故现场图等案卷材料作出鉴定意见。

检验所见: 1. 甲车。车辆识别代号为××××××××××××××××××。前保险杠右侧距地高 24 cm～74 cm、距车右端 0 cm～90 cm 范围内见撞击刮擦痕迹,局部凹陷变形伴局部破损,局部见布纹样擦印,表面泥灰呈减层,局部黏附蓝色物质及铁锈样物质。前保险杠右侧下沿距地高 28 cm～32 cm、距车右端 55 cm 见开裂,局部表面泥灰呈减层。前围上方进气饰罩距地高 73 cm～88 cm、距车右端 43 cm～60 cm 范围内见局部破损,局部黏附铁锈样物质。右前照灯灯罩碎裂。发动机舱盖距其前沿 0 cm～28 cm、距其右沿 0 cm～47 cm 范围内见凹陷,伴有条状擦痕,局部表面白色涂层呈减层。右前翼子板卷曲变形伴破损凹陷,表面泥灰呈减层。前风窗右下角碎裂,右A柱下段凹陷变形。右侧后视镜碎落。右前车门及右后车门前部见擦痕伴有轮胎样印痕,局部见破损,局部表面黏附黑色、蓝色物质。2. 乙车。未检见车架钢印号。左侧制动把端部见擦痕。前轮脱落且弯折变形,前轮挡泥板碎落。右侧前叉弯折变形,表面局部蓝色物质及铁锈样物质呈减层。车架中部左侧见碰撞痕迹并向右侧弯折,表面局部蓝色物质及铁锈样物质呈减层,局部黏附白色物质。左、右两侧踏脚无变形。鞍座用破旧布包缠,其前端及左后角见碰擦痕迹,局部破损。车厢左侧向右弯折变形,表面蓝色涂层呈减层,左后轮轮胎外侧见擦痕,表面黑色物质呈减层。左、右后车轮弯折变形,链条脱落,车架与后轴左端连接杆脱位,左侧厢板后部见碰撞痕迹,表面局部蓝色物质及铁锈样物质呈减层,局部黏附白色物质,后厢板脱落。

分析说明: 1. 甲乙两车所检见的痕迹,在部位、方向及附着物等方面均可以互相印证,结合乙车当事人屈××损伤情况,符合甲车前侧右部及右侧前部与乙车(含其当事人屈××)左侧发生碰撞所形成的特征。2. 根据甲乙两车碰撞形态及所检见的痕迹,甲车前保险杠、前围、右前翼子板及前挡风玻璃等处痕迹和乙车车架弯折变形、鞍座前端及左后角碰擦等痕迹,结合乙车当事人屈××尸体检验报告——××公物鉴(法验)字[20××]××号中对其损伤的描述,屈××左腰部皮肤擦伤、左髂上棘下方皮肤破损,左小腿胫前部皮肤撕裂创,左小腿后外侧皮肤撕脱,扣及双侧胫腓骨上段骨折等损伤,其中双下肢内侧均未检见损伤,双侧胫腓骨上段近同一水平发生骨折,且骨折平面与甲车前保险杠右侧下沿开裂相对应,符合事发时屈××在推行乙车的姿态下双下肢与甲车发生碰撞所形成损伤特征。3. 碰撞后,屈××及乙车向甲车的右前方推移、扭转,与甲车右侧前部的右前翼子板、右侧后视镜、右A柱和前挡风玻璃右下角以及右侧车门再发生连续刮擦碰撞,并未检见屈××遭受甲车前侧碰撞后被抛摔到甲车发动机舱盖上等部位的痕迹,也符合事发时屈××处于推行乙车的姿态。综上所述,甲车前侧右部及右侧前部与乙车(含其当事人屈××)左侧发生过碰撞;事发时,乙车当事人屈××呈推行乙车姿态可以成立。

鉴定意见: 苏F-×××××东风牌小型普通客车前侧右部及右侧前部与未见号牌越达牌人力三轮车(含其当事人屈××)左侧发生过碰撞;事发时,当事人屈××呈推行未见号牌越达牌人力三轮车姿态可以成立。

附图：

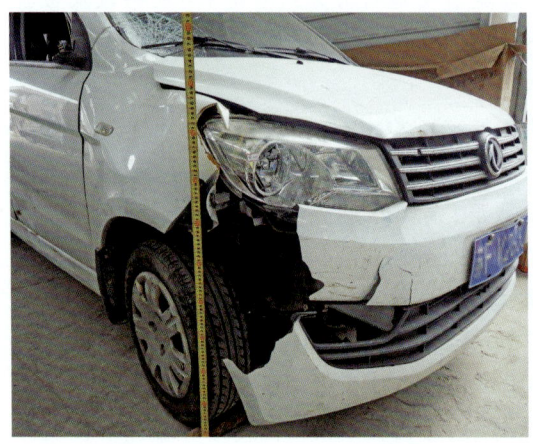

图3-25　甲车右前部痕迹部位照

图3-26　甲车前保险杠痕迹照

图3-27　乙车左侧痕迹部位照

图3-28　乙车斜梁左侧痕迹照

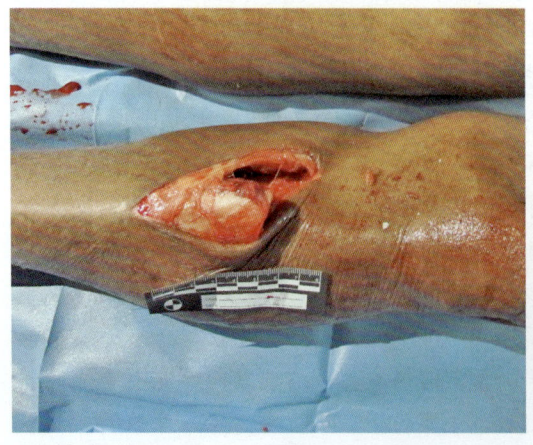

图3-29　屈××左小腿损伤照

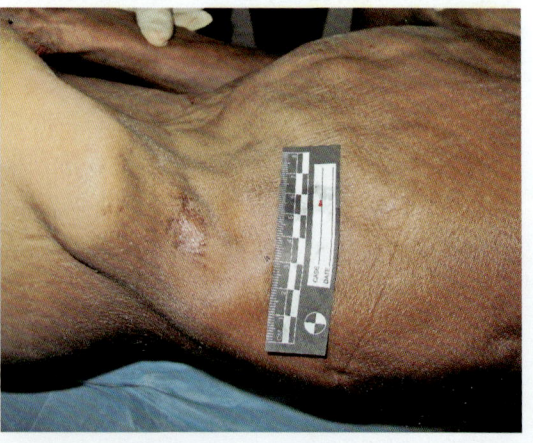

图3-30　屈××左腰部损伤照

第三章　道路交通事故中自行车和电动自行车当事人交通行为方式鉴定

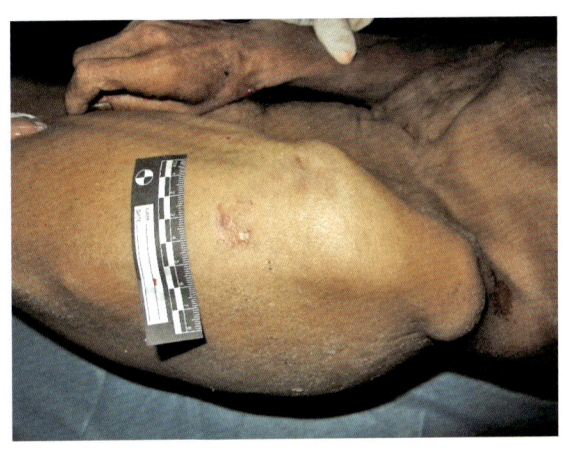

图 3-31　屈××左髂前上棘下方皮肤擦伤

案例解析：本案例中特别体现了法医学的重要作用，其中对乙车当事人"其中双下肢内侧均未检见损伤，双侧胫腓骨上段近同一水平发生骨折，且骨折平面与甲车前保险杠右侧下沿开裂相对应"的分析和论证，也正是要求道路交通事故痕迹物证鉴定的鉴定人需要法医学的教育背景支撑的重要实证说明，同一水平发生骨折的专业分析，非专业人员是难以想象的；当然，痕迹的检验和分析中"并未检见屈××遭受甲车前侧碰撞后被抛摔到甲车发动机舱盖上等部位的痕迹"也发挥了重要作用，从多方面综合判断可以认为乙车当事人事发时是处于推行状态。

案例分析（三）

简要案情：20××年××月××日××时××分许，甲车：未悬挂号牌不知厂牌两轮摩托车与乙车：未悬挂号牌圣宝妮牌电驱动两轮车在××街、××路口东 1 200 m 处发生道路交通事故。

委托事项：根据事故调查需要，对乙车当事人田××事发时的交通行为方式进行鉴定。

鉴定材料：1. 甲乙两车；2. 田××事发时所穿衣物；3. 田××及其住院病案——病案号：00012151（复制件）；4. 道路交通事故现场图及现场照片等图文材料（复制件）。

资料摘要：田××住院病案——病案号：00012151。体格检查：患者老年男性，神志清楚，精神差，发育正常，营养中等，自主体位，查体合作，全身皮肤黏膜无黄染，浅表淋巴结未触及肿大。头颅详见专科情况。颈软，气管位置居中，甲状腺无肿大。胸部详见专科检查，腹软，无压痛及反跳痛，肝脾肋下未触及，肠鸣音正常，脊柱生理弯曲存在，局部压痛。四肢未见明显异常。腹壁及膝腱反射存在，巴宾斯基征、脑膜刺激征阴性。外科情况：头颅大小形态正常，未触及颅骨凹陷，双瞳孔等大等圆，对光反射灵敏，鼻腔及外耳道无异常分泌物。胸廓对称，胸部疼痛，胸廓挤压试验（—），双肺呼吸音清，未闻及干湿性罗音，心率90次/分，各瓣膜听诊区未闻及病理性杂音。辅助检查：颅脑CT示：腔隙性脑梗死。心电图示：ST-T

改变、心电轴左偏。

参照GA41-2014《道路交通事故痕迹物证勘验》、GA/T1087-2013《道路交通事故痕迹鉴定》、SF/Z JD0101001-2016《道路交通事故涉案者交通行为方式鉴定》有关条款及检验方法,对甲乙两车及田××事发时所穿衣物痕迹进行检验,并结合田××体表检查及其住院病案、道路交通事故现场图等案卷材料作出鉴定意见。

检验所见:1. 甲车。发动机钢印号为××××××××××××××××××。车体两侧见"彩云追月"字样。前网篮向后挤压变形,其前侧左部距地高66 cm～79 cm见碰撞刮擦痕迹并向后移位,受力方向从后向前,表面黑色涂层呈减层,局部表面黏附白色物质。前轮挡泥板左侧根部开裂,仪表盘饰罩前部碎落,前轮左侧减震器套管及前轮轴左部前侧距地高22 cm～27 cm见碰撞痕迹,局部破碎,局部黏附黄色物质,受力方向从前向后。车体左侧中前部饰罩局部破裂碎落。后工具箱右侧局部见凹陷变形,车体右侧凸出部位见倒地挫痕。2. 乙车。电机号为××。前网篮向前移位,其后侧上部固定螺丝脱开,周围呈撕裂状,受力方向从后向前,前网篮后侧右部距地高66 cm～75 cm见碰撞痕迹,表面白色物质呈减层,局部表面黏附黑色物质。右侧车把套端部见挫痕。车架右前部外侧距地高24.5 cm～28 cm见碰撞、刮擦痕迹伴凹陷变形,受力方向从后向前,表面黄色涂层呈减层。右侧脚蹬向内弯折变形,鞍座向右(顺时针)偏转移位约20°。3. 乙车当事人田××体表检验,身高167 cm,神清语利,问答尚能切题。头颈(项)部、躯干及四肢皮肤未见新近形成的损伤,未触及压痛,四肢长骨、肋骨及双手未扪及骨折,各大关节活动自如。4. 田××事发时所穿衣物。上衣外套:未见品牌,型号为180/100B,整衣完整,未见擦挫、钩挂痕迹及撕破口等异常痕迹。长裤:SIZE为38,男式西裤,整衣完整,未见擦挫、钩挂痕迹及撕破口等异常痕迹。5. 道路交通事故现场图及现场照片,现场道路东西走向,事故现场位于道路南半幅,甲车头东尾西右倒于事故现场,该车西部地面见长约1160 cm挫划印及滴溅状深色液迹,甲车周围地面见数件散落物,乙车站立于路边匝石处,该车当事人田××裤腿及上衣右袖部见黏附泥灰。

分析说明:1. 甲乙两车所检见的痕迹,在部位、方向、附着物及痕迹形成机理等方面均可以互相印证,如甲车前轮左侧减震器套管及前轮轴左部前侧与乙车车架右前部外侧、甲车前网篮前侧左部与乙车前网篮后侧右部等,符合甲车左侧中前部从后向前撞击乙车右侧中前部所形成的特征。2. 根据甲乙两车碰撞形态,结合田××住院病案及对田××体表的检查所见综合分析,甲乙两车呈一定角度发生碰撞,造成甲车前轮左侧减震器套管局部破损、乙车车架右前部局部凹陷变形及右侧脚蹬向内弯折变形等痕迹,若乙车当事人田××事发时处于骑行乙车状态,则易造成其摔跌,从而致其产生较为严重的损伤后果,而田××住院病案中体格检查、辅助检查情况及对田××体表检查均未见明显新近形成的损伤,田××事发时所穿衣物亦未检见可疑痕迹。通过上述检验与分析,结合道路交通事故现场图及现场照片所示情况综合评判认为,事发时田××更符合推行乙车姿态所形成的后果。

鉴定意见:事发时,未悬挂号牌圣宝妮牌电驱动两轮车当事人田××符合推行该电驱动两轮车姿态。

附图：

图3-32　甲车左侧中前部痕迹部位照

图3-33　甲车前轮轴左部前侧痕迹细目照

图3-34　乙车右侧中前部痕迹部位照

图3-35　乙车车架右前部局部痕迹细目照

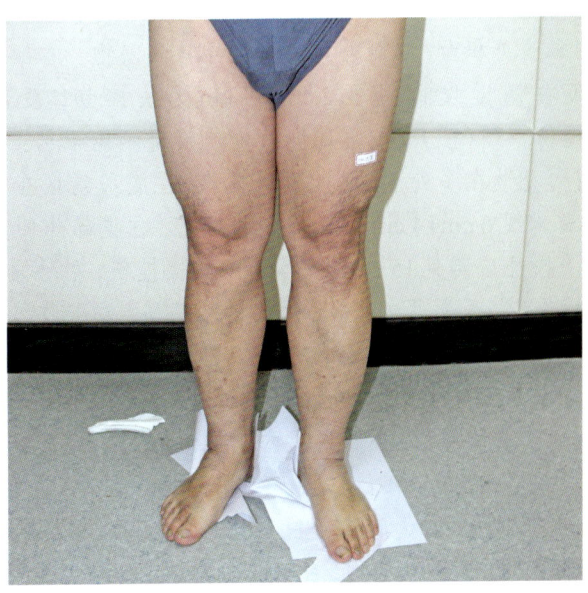

图3-36　田××体表检验照

案例解析：本案例中的分析说明有突出分析和借鉴意义的是"甲乙两车呈一定角度发生碰撞,造成甲车前轮左侧减震器套管局部破损、乙车车架右前部局部凹陷变形及右侧脚蹬向内弯折变形等痕迹,若乙车当事人田××事发时处于骑行乙车状态,则易造成其摔跌,从而致其产生较为严重的损伤后果,而田××住院病案中体格检查、辅助检查情况及对田××体表检查均未见明显新近形成的损伤,田××事发时所穿衣物亦未检见可疑痕迹。"这个案件鉴定的难度还在于甲车是一辆摩托车类型,在与乙车发生碰撞接触的过程中,对乙车产生的直接碰撞接触的损坏范围不会特别大和特征特别明显,所以在鉴定过程中要尤为注意和关注,可以综合评定的依据。

案例分析（四）

简要案情：20××年××月××日××时××分许,甲车：晋B-×××××吉利牌小型轿车与乙车：未悬挂号牌菲尼仕牌26英寸自行车在S1（北侧）29.6 km后约20 m处发生道路交通事故。

委托事项：根据事故调查需要,对甲乙两车的碰撞形态及乙车当事人宋××事发时的交通行为方式进行鉴定。

鉴定材料：1. 被鉴定的甲乙两车；2. 宋××尸表检验鉴定意见书——××[20××]病交鉴字第××号（复制件）。

资料摘要：宋××尸表检验鉴定意见书——××[20××]病交鉴字第××号。衣着检查：上身穿粉紫色底碎花短袖T恤（左胸部外上方见一破口）；下身着白色底黑色图案长裤（右小腿中下段前侧见一小破口），红色三角短裤；左脚穿紫色休闲鞋,双脚穿肉色丝袜。一般情况：尸长155 cm,发育正常,营养一般。尸体现象：尸斑呈暗红色,分布于体表背侧未受压处,指压不褪色。冰冻尸体。头（面）部：头顶发长7 cm,发色黑、夹杂多量白发；双侧眼睑皮肤略青紫,口、鼻腔见积血,双侧外耳道未见异常分泌物。右颞枕部见6 cm×5 cm头皮青紫、肿胀,额部右侧近发际处见2 cm×1 cm皮肤擦伤,额部左侧至左颧部见15 cm×8 cm皮肤擦挫伤。颈（项）部：未见皮肤损伤痕迹。躯干部：左腹部及左腹股沟区在22 cm×13 cm范围内见散在多处点、条状皮肤擦伤,左腹股沟区在7 cm×6 cm范围内见多处浅表伸展创,左臀部见6 cm+4 cm"L"形皮肤擦伤,右腹部外侧见7 cm×3 cm皮肤擦伤。四肢：左上臂中上段外后侧见15 cm×2.5 cm皮肤擦挫伤,左肘伸侧及左前臂上段伸侧见14 cm×7 cm皮肤擦伤,左手背见多处点、片状皮肤擦伤；左下肢前外侧见散在多处片状皮肤青紫,左大腿中段外侧见4 cm×2 cm皮肤擦伤,左大腿中下段内侧见5 cm×1 cm、7 cm×4 cm皮肤青紫,左膝部外下方见5 cm×0.3 cm、2 cm×0.3 cm皮肤擦伤,左小腿上段内后侧见5 cm×5 cm皮肤擦挫伤,左小腿下段内侧见5 cm×4 cm皮肤青紫。右上臂中下段外侧至右前臂中上段伸侧见15 cm×5 cm皮肤擦挫伤；右大腿中下段内侧及右小腿中上段内侧见29 cm×12 cm皮肤青紫,右大腿中下段后侧、右腘窝及右小腿后侧见多处片状皮肤青紫,右膝部外侧见4 cm×2 cm皮肤擦伤,右膝部内侧见4 cm×1 cm皮肤擦伤,右小腿中下段胫前见8 cm×7 cm皮肤青紫伴散在点、片状皮肤擦伤,右胫腓骨中段扪及骨折。

参照GA41-2014《道路交通事故痕迹物证勘验》、GA/T1087-2013《道路交通事故痕迹鉴定》、SF/Z JD0101001-2016《道路交通事故涉案者交通行为方式鉴定》有关条款及检验方法,对甲乙两车痕迹进行检验,并结合宋××尸表检验鉴定意见书中所述的损伤情况作出鉴定意见。

检验所见: 1. 甲车。车辆识别代号为××××××××××××××××××。前保险杠及前围距地高35 cm～79 cm、距车右端10 cm～95 cm范围内见碰撞痕迹,局部凹陷变形伴破损,局部见布纹样擦印;右侧雾灯碎落呈悬吊状,右前照灯灯罩碎裂;前号牌弯折变形,其距地高42 cm～43 cm局部表面蓝色涂层呈减层;前部车标及发动机舱盖距其前沿0 cm～32 cm见梳状刮擦痕迹;发动机舱盖距其前沿0 cm～70 cm、距其右沿10 cm～50 cm范围内见凹陷变形,伴有条片状擦印;前挡风玻璃以距其下沿22 cm、距其右沿23 cm为中心呈放射状碎裂,中心部位夹附毛发。2. 乙车。未检见车架钢印号。车把逆时针扭转约35°,前网篮左侧距地高70 cm～89 cm见碰撞刮擦痕迹,局部破损;左前叉距地高42 cm～43 cm处见碰撞痕迹,局部黏附蓝色物质;右前叉下端与前轮轴分离;车架中部向右弯折变形,左侧踏脚及曲柄向右弯折变形并与后轮前端发生卡滞,左侧踏脚外侧端部局部碎裂破损;撑脚(左侧)缺失,后轮弯折变形。

分析说明: 1. 甲乙两车所检见的痕迹,在部位、方向及附着物等方面均可以互相印证,结合乙车当事人宋××损伤情况,符合甲车正面右部与乙车(含其当事人宋××)左侧发生碰撞所形成的特征。2. 根据甲乙两车碰撞形态及所检见的痕迹,甲车正面右部痕迹与乙车车架中部痕迹相对应,甲乙两车均见凹陷、弯折变形及局部破损,但未见甲乙两车硬性碰撞及刮擦痕迹,且在甲车检见布纹样擦印,说明上述部位碰撞时,甲乙两车之间有软性客体阻隔衬垫,结合乙车当事人宋××尸表检验鉴定意见书中对其损伤的描述,左下肢外侧损伤及右小腿胫腓骨骨折等,符合事发时宋××在推行乙车的姿态下与甲车发生碰撞所形成损伤特征。甲车前部车标及发动机舱盖前沿正中部位见梳状刮擦痕迹、前号牌弯折变形等痕迹,符合与乙车前网篮左侧、乙车左侧前叉等部位直接接触碰撞所形成。综上所述,甲车正面右部与乙车(含其当事人宋××)左侧发生过碰撞;事发时,乙车当事人宋××呈推行乙车姿态可以成立。

鉴定意见: 晋B-×××××吉利牌小型轿车正面右部与未悬挂号牌菲尼仕牌26英寸自行车(含其当事人宋××)左侧发生过碰撞;事发时,宋××呈推行自行车姿态可以成立。

附图:

图3-37 甲车正面右部痕迹部位照

图3-38 乙车左侧痕迹部位照

图3-39　乙车左侧中部痕迹照

图3-40　乙车右前叉下端与前轮轴分离

案例解析：本案例中在甲乙两车碰撞形态的表述过程中使用了"符合甲车正面右部与乙车（含其当事人宋××）左侧发生碰撞所形成的特征。"有没有关注到为什么要在乙车后面加一个括号说明含其当事人宋××呢？这是为了对乙车当事人宋××交通行为方式分析判断打下基础，宋××位于甲乙两车中间位置，在处于推行姿态时会产生相应的损伤，体现在根据甲乙两车碰撞形态及所检见的痕迹，甲车正面右部痕迹与乙车车架中部痕迹相对应，甲乙两车均见凹陷、弯折变形及局部破损，但未见甲乙两车硬性碰撞及刮擦痕迹，且在甲车检见布纹样擦印，说明上述部位碰撞时，甲乙两车之间有软性客体阻隔衬垫，结合乙车当事人宋××尸表检验鉴定意见书中对其损伤的描述，左下肢外侧损伤及右小腿胫腓骨骨折等，符合事发时宋××在推行乙车的姿态下与甲车发生碰撞所形成损伤特征。

案例分析（五）

简要案情：20××年××月××日××时××分许，甲车：沪A-F××××凯迪拉克牌小型轿车与乙车：未悬挂号牌捷安特牌26英寸自行车在××路、××路路口北侧约10 m处发生事故。

委托事项：根据事故调查需要，对甲乙两车的碰撞形态及乙车当事人高××事发时的交通行为方式进行鉴定。

鉴定材料：1. 被鉴定的甲乙两车；2. 高××尸表检验鉴定意见书——××［20××］病交鉴字第××号（复制件）。

资料摘要：高××尸表检验鉴定意见书——××［20××］病交鉴字第××号。一般情况：尸长166 cm，发育正常，营养一般。尸体现象：尸斑呈暗红色，位于体表背侧未受压处，指压不褪色，冰冻尸体。头（面）部：顶部发长1 cm，发色花白，双侧眼睑皮肤未见异常，口、鼻腔及双侧外耳道未见异常分泌物。左耳廓下方见一小片状皮肤擦伤。颈（项）部：未见皮肤损伤痕迹。躯干部：左锁骨中段处见0.4 cm×0.1 cm皮肤擦伤，左肩部见2 cm×1 cm骨折断端刺创，左侧肱骨头扪及骨折，左腋下、左侧季肋区、左胸部外侧及左腰部外侧见

25 cm×23 cm皮肤擦挫伤,左臀部外上方在10 cm×6 cm范围内见散在小片状皮肤青紫;双侧肋骨扣及多发骨折,双侧胸腔穿刺出暗红色血性液体。四肢:右手腕尺侧见3 cm×2 cm皮肤擦伤;右大腿上段前外侧见9 cm×5 cm皮肤青紫,右膝部内侧、右小腿内侧及右内踝见散在条状、片状皮肤青紫,右小腿上段外后侧见2 cm×0.5 cm皮肤擦伤,右小腿上段后侧在4 cm×3 cm范围内见散在点状、条状皮肤擦伤及片状皮肤青紫,右小腿中下段前内侧及右内踝见散在条状、片状皮肤擦挫伤。左肘部伸侧见6 cm×4 cm皮肤擦挫伤,左手腕屈侧经左手背桡侧至左手拇指掌指关节背侧见9 cm×3 cm皮肤擦伤;左大腿上段外侧见3 cm×2 cm皮肤青紫,左大腿下段外侧见小片状皮肤青紫,左膝部内上方见7 cm×5 cm皮肤青紫伴1 cm×0.5 cm皮肤擦伤,左膝部外下方及左小腿上段外侧见散在点状、片状皮肤擦伤及片状皮肤青紫,左外踝见3 cm×1.5 cm皮肤擦挫伤,左足背见散在条状皮肤擦伤及条状、片状皮肤青紫,左内踝见2 cm×2 cm皮肤青紫伴2 cm×0.5 cm皮肤擦伤,左内侧足弓后侧见3 cm×1 cm皮肤青紫。

参照GA41-2014《道路交通事故痕迹物证勘验》、GA/T1087-2013《道路交通事故痕迹鉴定》、SF/Z JD0101001-2016《道路交通事故涉案者交通行为方式鉴定》有关条款及检验方法,对甲乙两车痕迹进行检验,并结合高××尸表检验鉴定意见书中所述的损伤情况作出鉴定意见。

检验所见: 1. 甲车。车辆识别代号为××××××××××××××××××。前保险杠前侧及上侧距地高33 cm～74 cm、距车右32 cm～65 cm见撞击、刮擦痕迹,局部呈斜向,表层黑色涂层呈减层,局部黏附白色物质、黑色物质及黄褐色物质;前侧标志牌脱位;进气栅右段见刮擦痕迹局部破损;发动机舱盖距其前沿0 cm～75 cm、距其右沿55 cm～116 cm见擦痕伴弯折变形,受力方向从前向后,局部黏附黄褐色物质。2. 乙车。未检见车架钢印号。车把顺时针偏转约90度;中部车架弯折,受力方向从左向右;左后叉外侧见刮擦痕迹,表层黑色涂层呈减层;车锁左侧距地高52 cm～54 cm见刮擦痕迹,表层白色物质呈减层;后轮挡泥板中段弯折变形;鞍座左后部距地高76 cm～78 cm见刮擦痕迹,表层白色物质及黄褐色物质呈减层,鞍座未见偏转。

分析说明: 1. 将甲车正面与乙车左侧所检见痕迹,从部位、类型、形貌、附着物、受力方向及痕迹形成机理等方面比对、分析,发现两者上述部位痕迹多处吻合,其对应部位可以形成互为承痕客体与造痕客体之间的关系,如甲车前保险杠与乙车左后叉外侧及车锁左侧、甲车前保险杠上侧及发动机舱盖前沿与乙车鞍座左后部等,符合甲车正面与乙车左侧相碰撞所形成的特征。2. 乙车中部车架弯折,其弯折区域未见明显撞击、刮擦痕迹,结合高××尸表检验鉴定意见书所述其身体损伤(如右大腿上段前外侧见皮肤青紫,右膝部内侧、右小腿内侧及右内踝见散在条状、片状皮肤青紫等)情况分析,符合甲乙两车发生碰撞时,由高××肢体在两车间衬垫所形成的后果,当高××呈推行乙车姿态时,其身体位于乙车左侧,易于形成上述后果。3. 高××尸表检验鉴定意见书所述其身体损伤,其碰撞力度较大,甲车发动机机舱盖前段见弯折变形,假设高××呈骑跨乙车姿态,当两车发生碰撞时,呈骑跨乙车姿态的高××遭受撞击后易于形成甲车前风窗玻碎裂等痕迹,而甲车发动机舱盖后段未见异常痕迹、前风窗玻璃未见碎裂等,故当甲乙两车发生碰撞时不支持高××呈骑跨乙车姿态。根据上述检验与分析，结合乙车车把顺时针偏转、鞍座未见偏转等情况综合判断，甲乙两车发生碰撞时乙车当事人高××呈推行乙车姿态可以成立。

鉴定意见： 沪A-F××××凯迪拉克牌小型轿车正面与未悬挂号牌捷安特牌26英寸自行车左侧发生过碰撞可以成立，事发时，该自行车当事人高××呈推行该车姿态可以成立。

附图：

图3-41　甲车正面痕迹部位照

图3-42　乙车变形情况

图3-43　乙车左侧痕迹照

图3-44　乙车鞍座痕迹照

案例解析： 本案例中"乙车中部车架弯折，其弯折区域未见明显撞击、刮擦痕迹，结合高××尸表检验鉴定意见书所述其身体损伤（如右大腿上段前外侧见皮肤青紫，右膝部内侧、右小腿内侧及右内踝见散在条状、片状皮肤青紫等）情况分析，符合甲乙两车发生碰撞时，由高××肢体在两车间衬垫所形成的后果，当高××呈推行乙车姿态时，其身体位于乙车左侧，易于形成上述后果。"的分析是关键点，而"假设高××呈骑跨乙车姿态，当两车发生碰撞时，呈骑跨乙车姿态的高××遭受撞击后易于形成甲车前风窗玻碎裂等痕迹，而甲车发动机舱盖后段未见异常痕迹、前风窗玻璃未见碎裂等，故当甲乙两车发生碰撞时不支持高××呈骑跨乙车姿态。"，通过反证法，进一步说明上面的关键点，从而得出乙车当事人事发时推行状态的意见。

第三章 道路交通事故中自行车和电动自行车当事人交通行为方式鉴定

案例分析（六）

简要案情：20××年××月××日××时××分许，甲车：沪C-8××××大众汽车牌小型普通客车与乙车：悬挂×××××号牌永久牌22英寸自行车在××路、××路南约11 m处发生事故。

委托事项：根据事故调查需要，对甲乙两车的碰撞形态及乙车当事人王××事发时的交通行为方式进行鉴定。

鉴定材料：1. 被鉴定的甲乙两车；2. 事发时现场附近监控视频一段（复制件）。

参照GA41-2014《道路交通事故痕迹物证勘验》、GA/T1087-2013《道路交通事故痕迹鉴定》、SF/Z JD0101001-2016《道路交通事故涉案者交通行为方式鉴定》的有关条款及检验方法，对甲乙两车的痕迹进行检验，并结合提供材料，对甲乙两车的碰撞形态及乙车当事人王××的交通行为方式进行鉴定。

检验所见：1. 甲车。车辆识别代号为××××××××××××××××。前挡风玻璃左边沿以距其下端37 cm处为中心呈放射状碎裂。左A柱以距地高125 cm处为中心，见9 cm×5 cm凹陷变形。左后视镜壳距地高103 cm～109 cm范围见碰擦痕迹，表面泥灰呈减层。发动机舱盖距其前端0 cm～10 cm、距其左边沿38 cm～61 cm范围见凹陷变形，伴纵向刮擦痕迹，表层灰褐色涂层呈减层，局部黏附铁锈类物质。发动机舱盖距其前端50 cm～87 cm、距其左边沿10 cm～24 cm范围见由前向后刮擦痕迹，局部黏附白色物质。左前翼子板前部凹陷变形，其距地高68 cm～84 cm、距其前端10 cm～50 cm范围见由前向后刮擦痕迹，局部黏附灰蓝色与白色相间的痕迹带。前保险杠左部脱位、局部破损，其距地高29 cm～62 cm、距其左端0 cm～57 cm范围见刮擦痕迹，表层灰褐色漆片呈减层，局部黏附紫色物质、黑色物质及铁锈类物质。左前轮外侧局部见碰擦痕迹，表层黑色物质呈减层。左前车门距地高33 cm～73 cm、距其前端5 cm～44 cm范围见刮擦痕迹，表面泥灰及表层灰褐色涂层呈减层，局部黏附铁锈类物质。2. 乙车。车架钢印号为×××××××。右侧车把端部距地高93 cm～95 cm范围见刮擦痕迹，表层白色涂层呈减层。车把逆时针偏转约15度。前网篮右部向左变形，其距地高64 cm～80 cm范围局部见刮擦痕迹，表层铁锈呈减层。前叉右部距地高30 cm～53 cm范围见刮擦痕迹，表层紫色涂层及铁锈呈减层。鞍座顺时针偏转约10度，其座套右侧距地高70 cm～76 cm范围见刮擦痕迹，表层灰蓝色织物呈减层。右脚蹬缺失，右曲柄外侧见刮擦痕迹，局部黏附黑色物质。后书包架右部向左变形，其距地高28 cm～63 cm范围见刮擦痕迹，表层铁锈呈减层。3. 事发时现场附近监控视频。监控视频显示："20××年××月××日星期六""××/××"等字样。视频画面连续，按时间顺序，画面依次显示以下内容：在19∶24∶09时，乙车当事人王××推着乙车出现在视频画面右侧中部位置。在19∶24∶14～19∶24∶26时段，王××推着乙车向右下方行走。在19∶24∶26时，乙车及其当事人王××与由左向右行驶的甲车发生碰撞。

分析说明：1. 甲乙两车所检见的痕迹，在部位、附着物及受力方向等方面均可以互相印证，符合甲车左前部与乙车右侧相碰撞形成的特征。2. 根据事发时现场附近监控视频中所示情况，事发时王××呈推扶乙车姿态与甲车相碰撞所形成的事故特征。

鉴定意见：沪C-8××××大众汽车牌小型普通客车左前部与悬挂×××××号牌永久牌22英寸自行车右侧发生过碰撞，事发时王××呈推扶该自行车姿态可以成立。

附图：

图3-45 甲车左前部痕迹部位照

图3-46 甲车左前部痕迹照

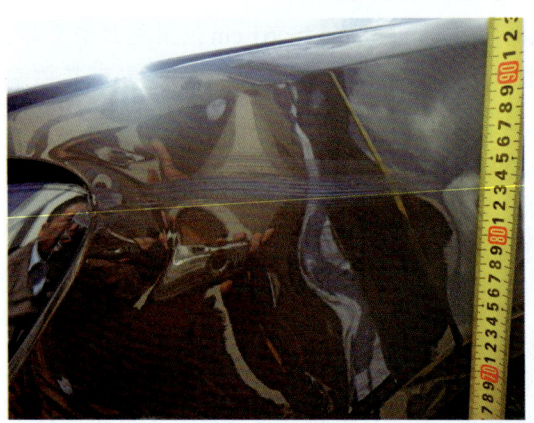

图3-47 甲车左前翼子板刮擦痕迹带

图3-48 乙车后观照

图3-49 乙车鞍座痕迹照

案例解析：本案例的主要依据是视频资料的记录和支持，而在鉴定意见中表述为"事发时王××呈推扶乙车姿态与甲车相碰撞所形成的事故特征。"不用"推行"而用"推扶"来表述，是不是有特别的用意？仔细分析可以看出，鉴定人乙车当事人事发时状态的精准把控能力，视频中所反映的状态是乙车当事人王××推行乙车的状态，但碰撞的瞬间，乙车当事人的状态用"推扶"表述比"推行"更为准确，因为乙车当事人王××与甲车发生接触的瞬间存在人动车不动或者静止的姿态，但不论动与不动，乙车当事人王××都是处于"推和扶"的姿态。

案例分析（七）

简要案情：20××年××月××日××时××分许，甲车：沪D-×××××江淮牌重型特殊结构货车与乙车：未见悬挂号牌五星牌人力三轮车在××公路、××公路路口处发生交通事故。

委托事项：根据事故调查需要，对甲乙两车的碰撞形态及乙车当事人张××事发时的交通行为方式进行鉴定。

鉴定材料：1. 被鉴定的甲乙两车；2. 事发时现场附近监控视频一段（复制件）。

参照GA/T1087-2013《道路交通事故痕迹鉴定》、SF/Z JD0101001-2016《道路交通事故涉案者交通行为方式鉴定》及GA41-2014《道路交通事故痕迹物证勘验》的有关条款及检验方法，对甲乙两车的痕迹进行检验，并结合提供材料，对甲乙两车的碰撞形态及乙车当事人张××的交通行为方式进行鉴定。

检验所见：1. 甲车。车架钢印号为××××××××××××××××。右前转角距地高63 cm～71 cm范围内见刮擦痕迹，局部伴凹陷变形，表层白色涂层呈减层，局部黏附蓝色物质。2. 乙车。未检见车架钢印号。货箱左侧扶手上外侧距地高61 cm～64 cm、距其前端3 cm～55 cm范围内见刮擦痕迹，表层蓝色涂层呈减层，局部黏附白色物质。货箱前扶手左部后外侧距地高66 cm～71 cm范围内见刮擦痕迹，表层蓝色涂层呈减层，局部黏附白色物质。3. 事故现场附近监控视频。视频文件名为15.216.89.201_6_20150104132400；格式为MP4；哈希值（MD5）为2E0A151EDD8B3673A7AA060F0ED10425。监控视频画面上显示"20××年××月××日星期×"及"×杭/×漕"等字样。视频画面连续，按时间顺序，视频画面依次显示以下内容：16：25：55许起，甲车在画面右部停车等待通行，此时张××推着乙车在画面中部从上向右下方行进；16：26：07～16：26：08，张××推行乙车至甲车右前部，此时乙车左侧后部紧挨着甲车右前部，甲车发动起步，甲乙两车均从画面右部驶出画面。

分析说明：1. 甲乙两车所检见的痕迹，在部位及附着物等方面可以相互印证，符合甲车右前部与乙车左侧后部碰撞所形成的特征。2. 根据视频显示内容，张××推行乙车至甲车右前部的同时，甲车开始起步，结合甲乙两车碰撞形态分析，碰撞时，张××仍呈推行乙车姿态。

鉴定意见：沪D-×××××江淮牌重型特殊结构货车右前部与未见悬挂号牌五星

牌人力三轮车左侧后部发生过碰撞事发时，该三轮车当事人张××呈推行该车姿态可以成立。

附图：

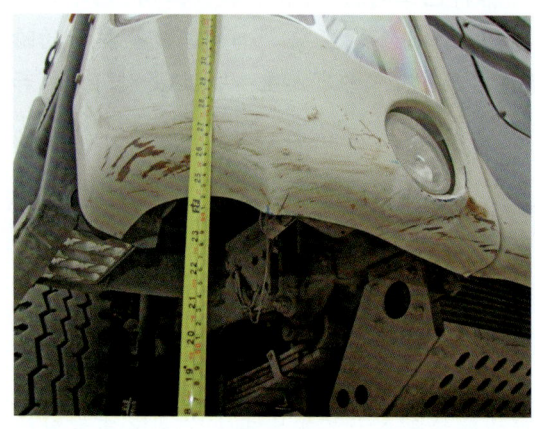

图3-50　甲车右前部痕迹照

图3-51　乙车左前观照

图3-52　视频截图1

图3-53　视频截图2

案例解析：本案例是利用现场视频资料作为乙车，即一辆人力三轮车的当事人事发时的交通行为方式，处于推行姿态。那前一个案例笔者提到用"推扶"姿态或者状态来表述更精准，那本案例却仍然采用了"推行"姿态，这与视频图像所记录的事实有很大的关系，因为鉴定是以事实为依据的，视频能清晰反映乙车当事人的姿态，且处于行进姿态，那就可以在鉴定意见中准确表述为"推行"。对于道路交通事故处理来讲，用推行更符合法律相关规定。

小结：通过以上案例分析，主要关注以下方面：

（一）车体勘验分析关注点基于道路交通事故参与车辆的车身结构来分析，这里需要明确在道路交通事故中，推行自行车时，当事人一般会站立在自行车的左侧进行推行，当然也会有例外，但我们这里主要是左侧推行状态的检验分析，主要体现在：

1. 自行车　　自行车的类型及结构特征在第二节中已经进行了详细的论述,此处不再赘述。① 两轮自行车。A. 斜杠式自行车。根据遭受外力方向的不同:a. 当正面遭受外力时,按照从前向后、从下向上、从左向右的顺序,关注的重点是因车辆前部部件后移与人体发生接触产生的特征性痕迹,主要是前部下部的部件,如前轮左后部、前轮挡泥板左后部等,注意这些部件的变形走向是从前向后的,而产生的位于后侧的痕迹方向总体趋势是从后向前的,大多数是印压痕迹,对应人体产生相应的衣物痕迹和损伤特征,尤其关注双手虎口的损伤特征;斜杠左侧的痕迹;左侧踏脚杆及踏脚痕迹;鞍座的变形方向及左侧痕迹,如形成的顺时针偏转位移。b. 当侧面遭受外力作用时,按照从受力侧向非受力侧、从前向后、从下向上的顺序,关注的重点是因车身侧面部件向两侧方向变形及与人体接触所产生的对应性痕迹、损伤,如转向握把、制动把与人手部腕部等遭受外力产生的痕迹、变形、擦挫伤、骨折等,踏脚及踏杆遭受外力产生的变形与人体相邻部位发生接触产生的相应损伤等;鞍座一侧受力较重与一侧痕迹有一定区别,且鞍座立柱变形会与受力方向产生对应性。在推行姿态时,尤其要关注车身左侧遭受外力作用时所产生的特征性痕迹,人体位于左侧推行,介于两车之间,与车辆之间发生接触所产生的痕迹,具有显著的特征,主要体现在人体形成的痕迹总数要明显高于自行车形成的痕迹总数,这里特指自行车位于直立状态时产生的痕迹总数,而不包括二次以上碰撞及遭受挤压、碾压等产生的其他痕迹总数;同时,人体所产生的痕迹位于痕迹分布的中前部,具有间断性特征分布。例如:中大型车辆前风窗玻璃下沿(含雨刮器等附件)与人体头面部形成对应碎裂、破裂、皮肤纹,附着血迹、组织或者嵌有毛发等痕迹;车辆前围与人体上肢形成大面积的凹陷变形,车辆前保险杠与人体下肢接触产生的片状泥灰擦拭痕迹甚至布纹样擦痕、表面油漆龟裂、部件断裂缺损等痕迹。轿车发动机舱盖前部形成与站立行走的人体接触形成的凹陷变形;发动机舱盖前沿形成布纹样擦痕,黏附纤维;进气罩破裂、灯罩破裂,其上伴有布纹样擦痕,黏附纤维或其他物质;前保险杠与人体下肢接触产生的片状泥灰擦拭痕迹甚至布纹样擦痕、表面油漆龟裂、部件断裂缺损等痕迹。c. 当后侧遭受外力作用时,按照从后向前、从下向上、从左向右的顺序,关注的重点是车身后侧部件前侧可以与人体接触的部位所产生的对应痕迹和损伤特征,这种痕迹的产生具有一定的条件性,例如装载一定宽度的货物时。d. 当上侧受力时,按照从前向后、从上向下、从左向右的顺序,关注的重点是车身部件上侧及人体因遭受从上向下的外力作用时所产生的痕迹、损伤,这种形态很罕见,且痕迹体现的特征是车体的损坏痕迹与人体的损伤具有相对独立性。e. 多种方向受力时,按照第一次受力的面的顺序进行,一般发生在与多车发生碰撞的事故中,关键的是分辨发生的过程和顺序。B. 横杠式自行车。与上述斜杠式自行车的最大不同就在于横杠的变形对位于车体左侧推行的人体腰胯部右侧产生的特征性损伤和相对应的痕迹。在不同方向遭受外力和综合受力的过程中所产生的痕迹有所不同。② 人力三轮车。一般为斜杠式。根据遭受外力方向的不同:a. 当正面遭受外力时,按照从前向后、从下向上、从左向右的顺序,关注的重点与上述自行车相同,不再赘述。b. 当侧面遭受外力作用时,按照从受力侧向非受力侧、从前向后、从下向上的顺序,关注的重点与上述自行车相同,不再赘述。提示一下,在此处要关注一下后轮制动操作杆。c. 当后侧遭受外力作用时,按照从后向前、从下向上、从左向右的顺序,关注的重点是因车身后侧部件从后向前变形趋势及产生的痕迹特征,车身后侧部件前侧可以与人体接触的部位所产生的对应痕迹和损伤特征,货厢及货厢内装载的货物是关注的重点,因货厢宽度的自然设计,其前侧易于与人体下肢后侧发生接触而产生相应的痕迹。d. 当上侧受力时,按照从前向后、从上向下、从左向右的顺序,关注的重点是车身部件上侧及人体因遭受从上向下的外力作用时所产生的痕迹、损伤,这种形态很罕见,且痕迹体现的特征是车体的损坏痕迹与人体的损伤具有相对独立性。e. 多种方向受力时,按照第一次受力的面的顺序进行,一般发生在与多车发生碰撞的事故中,关键的是分辨发生的过程和顺序。

2. 电动自行车　　电动自行车的结构特征已经在上一节中详细描述,此处不再赘述。根据遭受外力方向的不同：① 当正面遭受外力时,按照从前向后、从下向上、从左向右的顺序,关注的重点是因车辆前部部件后移与人体发生接触产生的特征性痕迹,特别是车轮及相邻下部部件,注意这些部件的变形走向是从前向后的,而产生的位于后侧的痕迹方向总体趋势是从后向前的,大多数是印压痕迹,对应人体产生相应的衣物痕迹和损伤特征,尤其关注人体右下肢损伤特征和双手虎口的损伤特征；斜架左侧的痕迹；踏板左侧的痕迹；左侧踏脚杆及踏脚痕迹；鞍座变形及左侧痕迹等。② 当侧面遭受外力作用时,按照从受力侧向非受力侧、从前向后、从下向上的顺序,关注的重点是因车身侧面部件向两侧方向变形及与人体接触所产生的对应性痕迹、损伤,如转向握把、制动把与人手部腕部等遭受外力产生的痕迹、变形、擦挫伤、骨折等,这里要关注一下在天气寒冷时间防护套、手套等使用所产生的影响；踏脚或踏杆、踏脚曲柄位置因突出于车体,且人位于推行姿态时,在遭受外力作用应相互接触产生相应的损伤等,这里要关注一下在当事人事发时采取的左侧推行,脚部位置偏低所产生的痕迹和损伤；鞍座一侧受力较重与一侧痕迹有一定区别,且鞍座垫固定螺栓结合部发生变形、撕裂等情况,会与受力方向产生对应性。③ 当后侧遭受外力作用时,按照从后向前、从下向上、从左向右的顺序,关注的重点是因车身后侧部件从后向前变形趋势及产生的痕迹特征,车身后侧部件左侧可以与人体接触的部位所产生的对应痕迹和损伤特征。④ 当上侧受力时,按照从前向后、从上向下、从左向右的顺序,关注的重点是车身部件上侧及人体因遭受从上向下的外力作用时所产生的痕迹、损伤,这种形态很罕见。⑤ 多种方向受力时,按照第一次受力的面的顺序进行,一般发生在与多车发生碰撞的事故中,关键的是分辨发生的过程和顺序。

（二）人体检验分析关注点基于车身结构与受力方向或者总体来讲是碰撞形态的不同来进行分析的。而对于人体自身而言,和人体结构特征是形成损伤的客观依据,而所穿着的衣物、鞋袜、帽子等,佩戴的首饰物品,携带的物品等则是形成痕迹的客观依据,两者的结合是对应车体痕迹的造痕客体,同时受反作用力影响,也同时是承痕客体。在推行状态下,或者说在推行姿态下,人体同样需要主要关注的特征性损伤集中在头面部、手腕部、胸腹部、胯部、腰腹部、大腿内侧等非骑跨性损伤、膝盖内侧、脚踝部等部位,这里非骑跨性损伤的意思,是指没有产生相应的骑跨损伤。对于头面部损伤常常体现为不同于因骑跨姿态高位被摔抛而形成的特征性损伤；手腕部因抓握手把在遭受侧面受力时产生的特征性损伤；胸腹部因遭受前、后受力的情况下产生的不同于骑跨时产生的面积集中在右部的特征性损伤；大腿内侧因推行姿态而未与鞍座发生接触未形成相应的损伤；膝盖内侧有时也会形成一定的损伤；脚踝外侧均因碰撞形态的不同而形成不同程度、类型的损伤，这一损伤通常会作为推行姿态关键性损伤。在人体损伤分析中，对于自行车和电动自行车在车体结构构件上的影响常常比较小，因为道路交通事故痕迹的特点在于形成于近乎完全动态的过程中，在勘验车体的过程中，应仔细寻找造痕客体特征，尤其是血迹等生物检材、衣物等织物纤维、油漆和油渍等有机物及无机物检材产生的相互作用和物质交换。致伤物的判断尤其重要，所以道路交通事故涉案者交通行为方式的鉴定，在某种程度上与致伤方式鉴定密不可分，这与临床医学还是存在很大差异的。

（三）碰撞形态关注点基于事故形态的不同进行分析。道路交通事故从碰撞形态的角度进行分析，一般来讲可以分为正面碰撞、侧面碰撞、追尾碰撞等，多车碰撞和多次碰撞的情况较为复杂，而形态的分析又是基于车身构件发生的变化，即产生的痕迹来综合分析得出的结果，所以上述（一）（二）既是开展这一研究讨论的基础，又是形态重建的延伸。因为单一考虑（一）（二）是不全面的，因为在道路交通事故中，还有其他参与对象，这种对象可以是行人，可以是自行车和电动自行车、摩托车、轿车及货车等不同类型的车辆，也可以是路面、灯杆、交通设施等固定物或可移动式客体，而这些参与对象可以是静态的、也可以是动态的，他们的活动将影响对碰撞形态的最终判断，而没有碰撞形态的确定，等于道路交通事故涉案者交通行为方式鉴定的基础的缺失，单纯地依靠人体损伤或者车体痕迹进行的分析判断，都存在片面的甚至错误的风险。分析的重点体现在：① 碰撞的具体部位，这是反映造痕客体和承痕客体特征的直观反映，如轿车前保险杠与自行车右踏杆发生碰撞，反映在轿车前保险杠上的特征会体现右踏杆端部的形态特征，同时会存在物质交换的可能，而位于推行姿态时，不仅限于右脚部外侧会形成相应的损伤，裤脚或者袜子会有一定的痕迹反映等，这时要考虑的重点反而是推行姿态当事人处于步行姿态时脚部与自行车或者轿车发生接触形成的特征性痕迹，一般表现为软性客体擦拭痕迹，当然，大多数情况下表现为这种类型的痕迹，但也不限于这种痕迹，因为鞋子有存在金属配件等硬物的可能性；自行车前轮前侧与轿车前保险杠发生接触，前轮向后移位、变形失圆，反映了正面碰撞的形态等。② 车辆相对运动过程，这是反映第一次碰撞后车辆发生偏转、移位，甚至再次、多次发生碰撞的过程，这时最重要的是找到第一次碰撞接触点，随后要通过痕迹来分出多次碰撞的过程，这个过程分析比较复杂，要结合人体、车体、地面、相关物体的痕迹综合分析，在痕迹没有相互关联和覆盖的情况下，比较难以分辨，但这时往往可以从不同痕迹之间的相互关系寻找突破口，例如地面血迹与自行车倒地起点、轿车制动拖印起点之间的相对位置关系。③ 特殊情形，例如自行车当事人处于推行姿态时自行倒地或者受其他车辆或者干扰因素影响，实际情况是没有与其他客体发生过接触，自行车痕迹仅限于倒地时与地面形成的痕迹，人体仅限于于摔倒形成的损伤，当然这里也存在很大可能是当事人突发疾病，这时对于当事人事发时的交通行为方式鉴定难度非常高，这种情况正说明，碰撞形态在此类鉴定项目中的重要作用，当然如果有其他可靠证据也是可以解决此类问题的，比如可靠的证人证言、视频记录工具，这些记录工具包括经过车辆的行车记录仪、路人的视频录像、路口的监控、路边银行或者其他单位安装的视频记录设备等，能客观反映事实的都可以作为判断的依据之一。而这种情况下，一般对于道路交通事故涉案者事发时的交通行为方式的事实查明不是最重要的，但作为事实认定来讲，也是不可缺少的。

（四）综合评判重点与上一节自行车或者电动自行车当事人处于骑行姿态相同。

（五）特别关注事项。推行姿态在鉴定实践过程中属于不太常见的鉴定意见，但随着视频监控布点的增多、视频鉴定设备的不断更新、车载视频记录仪的不断增多等客观条件的改善，还有中国公民法治观念和维权意识的不断增强、交通管理部门管理水平不断提高、媒体宣传的不断进步等主观作为和原因，相信未来自行车或电动自行车当事人都会严格遵守交通法规，推行通过人行横道线。鉴于目前的尚处于发展阶段，所以要特别注意鉴定过程中对客观证据的采集和论证过程的科学性，维护双方当事人的合法权益，还原客观事实，对于鉴定过程中人证、书证、视听资料等证据要全面地进行分析，特别关注提及当事人推行姿态时所产生的疑点和相关争议。

第三节　驾　驶　状　态

驾驶状态是指涉及各类车辆的道路交通事故发生时，处于车辆驾驶座位置的人员正在驾驶车辆的状态。这里的驾驶状态，特指自行车上有两人以上的状态和情形。

自行车当事人事发时处于驾驶状态的判定，一般参考以下技术指标：第一，根据自行车正面碰撞事故的碰撞对象及碰撞形态，分析碰撞时的减速度或者加速度，会造成自行车上人员不同的运动轨迹；依据被碰撞车、物上的痕迹和各人不同的着地位置，结合人体体表痕迹及损伤判断其事发时在车上所处的位置，这里突出的是驾驶位置。第二，自行车正面碰撞事故中，应根据其前后座人员的不同损伤进行分析。前座人员的损伤特征以正面直接撞击伤，特别是头面部及四肢前侧为主。第三，对于自行车侧面被其他车辆碰撞的事故，应在确认两车具体碰撞部位的基础上，区分自行车车上人员是否应受到直接碰撞和可能形成的不同受伤情况。对于自行车前后座踏脚高度不同的情况，可根据受伤人员下肢损伤位置距地高来判断。第四，应注意自行车车驾驶人在事故碰撞、倒地中，其上肢和手容易受到的特征性损伤（如大鱼际擦挫伤、腕关节脱位或尺、桡骨下段骨折等）。

案例分析（一）

简要案情： 20××年××月××日晚上，甲车：沪D-×××××解放牌重型半挂牵引车及其拖挂的沪A-×××× 挂解放牌重型平板半挂车与乙车：未悬挂号牌小刀牌电动自行车在××路、××路路口处发生事故。

委托事项： 根据事故调查需要，对甲乙两车的碰撞形态及张××、吴××两人中谁是乙车事发时的驾驶人进行鉴定。

鉴定材料： 1. 甲乙两车；2. 张××尸表检验鉴定意见书（复制件）；3. 吴××尸表检验鉴定意见书（复制件）；4. 事发时监控视频（复制件）。

资料摘要： 1. 张××尸表检验鉴定意见书——××[20××]病交鉴字第××号。上身穿藏青色外套，黑色夹克衫背心，灰黑色羊毛衫，黑、白色横条纹棉毛衫，灰色棉毛衫，右手戴白色手套。尸长174 cm，发育正常，营养一般。额面部见散在多处片状皮肤擦挫伤，左眉弓见3.5 cm×1 cm浅表挫裂创伴脑组织附着，左耳前侧见5 cm×1.8 cm皮肤青紫，颅骨扪及多发性骨折。左侧胸廓塌陷，左侧肋骨扪及多发性骨折。右上臂下段外后侧在5 cm×3 cm范围内见多处条形皮肤挫伤，右肘外侧见9 cm×4 cm片状皮肤擦伤，右前臂中下段伸侧见2 cm×2 cm皮肤青紫，右手腕伸侧见1.5 cm×0.5 cm皮肤擦伤，右手背见散在多处点状表皮剥脱。左手腕尺侧见1 cm×0.5 cm皮肤擦伤；左小腿中段胫前见1.5 cm×1 cm表皮剥脱。2. 吴××尸表检验鉴定意见书——××[20××]病交鉴字第××号。头戴红色帽子；上身穿红色棉外套（右侧腰腹部见灰色擦拭痕），朱红色保暖衣，花色棉毛衫，双手戴白色手套。尸长158 cm，发育正常，营养一般。头顶发长10.5 cm，发色黑，发根白；右侧眼睑皮肤青紫，口、鼻腔及左侧外耳道积血。额骨扪及线性骨折，右眉弓上方见2 cm×0.6 cm挫裂创，鼻部塌陷，鼻背部偏右侧见3 cm×2.5 cm皮肤青紫，下唇黏膜正中见0.8 cm×0.2 cm挫伤。双侧肋骨扪及多发性骨折，右锁骨中段扪及骨折，左乳头外上方在5.5 cm×4 cm范围内见多处片状皮肤青紫，右上胸部在9 cm×5 cm范围内见多处条、片状皮肤青紫，右臀部偏下方见0.8 cm×0.3 cm皮肤擦伤。右上臂中下段外侧在7 cm×1.5 cm范围内见花纹状皮肤挫伤（印宽0.4 cm、间距1.1 cm），右上臂下段外后侧见3.6 cm×2.2 cm皮肤青紫，右前臂中段尺伸侧见1.5 cm×1 cm皮肤青紫；右膝部内下方见8 cm×5 cm皮肤青紫。左上臂上段外侧见3.5 cm×3 cm皮肤青紫，左手背见散在多处点状表皮剥脱。

参照GA41-2014《道路交通事故痕迹物证勘验》、GA/T1087-2013《道路交通事故痕迹鉴定》及SF/Z JD0101001-2016《道路交通事故涉案者交通行为方式鉴定》有关条款及检验方法，对甲乙两车的痕迹进行检验，并结合委托方提供的鉴定材料，对乙车当事人张××、吴××两人中谁是乙车事发时的驾驶人进行鉴定。

检验所见： 1. 甲车。牵引车车辆识别的代号为×××××××××××××××××，半挂车车架钢印号为×××××××××××××××××。前保险杠正面距地高43 cm～104 cm范围内见刮擦痕迹，表层红色涂层呈减层，黏附黑色物质，局部见布纹样擦拭痕迹。前号牌右端弯折变形，其正面距地高56 cm～69 cm范围内见刮擦痕迹，表层黄色及黑色涂层呈减层，黏附粉色及其他黑色物质。第一轴横梁前下侧见刮印。2. 乙车。电机号为×××××××。前网篮挤压变形。方向把顺时针偏转并卡住。转向轴弯折变形。车身左侧前部护栏外侧距地高39 cm～54 cm范围内见刮擦痕迹，表层黑色涂层呈减层，黏附黄色及其他黑色物质。车身左侧饰罩距地高56 cm以下范围内见刮擦痕迹，表层粉色物质呈减层。后座左脚踏板外侧距地高27 cm处见刮擦痕迹，表层黑色涂层呈减层，黏附红色物质。后座椅背向后偏转移位，局部破损。后座椅背支杆左后侧距地高57 cm～66 cm范围内见刮擦痕迹，表层黑色涂层呈减层，黏附红色物质。车身右侧检见与地面接触形成的挫印。3. 事发时监控视频。监控视频画面显示"20××年××月××日星期×""同×/港×""Camera 01"等字样。按时间顺序，视频画面依次显示以下内容：21∶01∶53许，乙车先出现在画面右下方，其驾驶人上身穿藏青色外套。随后甲车进入画面右下方与乙车发生碰撞。

分析说明：1. 甲乙两车所检见的痕迹，在部位、附着物等方面均可以互相印证，符合甲车正面与乙车左侧碰撞形成的特征。2. 比较分析张××、吴××两人的尸表检验鉴定意见书中的损伤情况，吴××右膝部内下方的皮肤青紫在其位于乙车前座（驾驶人位置）时不易形成，而在其位于乙车后座（乘坐人位置）时较易形成。3. 张××尸表检验鉴定意见书中显示其上身穿藏青色外套，吴××尸表检验鉴定意见书中显示其上身穿红色棉外套，结合事发时监控视频显示的乙车驾驶人衣着特征分析，可以认定张××事发时位于乙车前座（驾驶人位置）。

鉴定意见：沪D-×××××解放牌重型半挂牵引车及其拖挂的沪A-××××挂解放牌重型平板半挂车正面与未悬挂号牌小刀牌电动自行车左侧发生过碰撞；张××为该电动自行车事发时的驾驶人可以成立。

附图：

图3-54 甲车前号牌痕迹照

图3-55 甲车前侧布纹样擦印

图3-56 乙车左侧痕迹部位照

图3-57 乙车左侧痕迹照

案例解析：本案例中乙车前部遭受过挤压，从乙车网篮的变形情况可以分析出，判断驾乘关系的主要依据还是基于事故的形态，这个案例中"比较分析张××、吴××两人的尸表检验鉴定意见书中的损伤情况,吴××右膝部内下方的皮肤青紫在其位于乙车前座(驾驶人位置)时不易形成,而在其位于乙车后座(乘坐人位置)时较易形成。"发挥一定的直接印证的作用,但是相对较弱,因为有视频图像显而易见的衣服的支撑,才更好地做出了评判。

案例分析(二)

简要案情:20××年××月××日××时××分许,甲车:沪C-×××××大众汽车牌小型轿车与乙车:悬挂上海×××××两轮电动自行车号牌建设牌电驱动两轮车在××区××公路、××公路东约300 m处发生道路交通事故。

委托事项:根据事故调查需要,对甲乙两车的碰撞形态及乙车当事人陈××、王××谁是该车的驾驶人进行鉴定。

鉴定材料:1.被鉴定的甲乙两车;2.陈××血样;3.王××血样;4.事故卷宗部分图文材料(复制件)。

资料摘要:1.陈××尸表检验鉴定意见书——××[20××]尸鉴字第××号。尸长约160 cm。头顶发长6 cm。面部散在擦伤;右额颞部裂创,范围6 cm×4 cm,可见颅骨。左侧肋骨多发性骨折;右胸侧壁擦伤,范围3.5 cm×0.4 cm;右胸腔穿刺抽出不凝血性液体;左腹部擦挫伤,范围30 cm×19 cm;右背部擦挫伤,范围50 cm×30 cm;右臀外侧擦伤,范围7 cm×7 cm。左大鱼际肌青紫,范围5 cm×3 cm;左小鱼际肌青紫,范围1.5 cm×1 cm;双手背散在擦挫伤;双上肢外侧散在擦伤;左大腿内侧散在挫伤;左大腿中段外侧裂创,范围4 cm×1.5 cm;左小腿上段骨折,伴裂创,范围30 cm×6 cm;左腘窝裂创,范围7 cm×2 cm;左内踝至左足背骨折,伴裂创,范围11 cm×2.5 cm;右膝前方擦伤,范围14 cm×8 cm;双小腿散在擦挫伤。2.王××尸表检验鉴定意见书——××[20××]尸鉴字第××号。尸长约160 cm。头顶发长10 cm。双侧眼睑青紫肿胀;口、鼻腔及双侧外耳道见血迹。左额至左眉弓裂创,范围5 cm×3 cm;左嘴角至左下颌多处小裂创;头颅粉碎性骨折,头颅变形,下颌骨骨折。左肩峰擦伤,范围4 cm×0.5 cm;右肩峰擦伤,范围6 cm×1.5 cm;左胸肋下沿擦挫伤,范围5 cm×5 cm;双侧肋骨多发性骨折,胸部塌陷;左髂挫伤,范围4 cm×2 cm;右腰部擦伤,范围25 cm×10 cm。左肱骨上段骨折;右前臂上段内侧至下段内侧挫伤,范围17 cm×6 cm;右腕部外侧挫伤,范围3.5 cm×3 cm;双手背散在擦挫伤;左大腿中后段散在擦挫伤;左股骨中段骨折,伴裂创,范围7 cm×2 cm;左膝前方挫伤,范围8 cm×4 cm;左小腿中段后方裂创,范围10 cm×10 cm;左小腿下段后方裂创,范围6 cm×3 cm;左小腿上段及下段骨折;右小腿上段骨折;双足背散在擦挫伤。

参照GA 41-2014《道路交通事故痕迹物证勘验》、GA/T 1087-2013《道路交通事故痕迹鉴定》、SF/Z JD0101001-2016《道路交通事故涉案者交通行为方式鉴定》及GA/T944-2011《道路交通事故机动车驾驶人识别调查取证规范》有关条款及检验方法,对甲乙两车的痕迹进行检验,并结合其他相关材料,作出鉴定意见。

检验所见：1. 甲车。铭牌示车辆识别代号为××××××××××××××××。前保险杠右侧断落；前保险杠前侧及饰窗距地高20 cm～60 cm、距车右端0 cm～136 cm见撞击、刮擦痕迹，局部破损，表层红色涂层呈减层，其右段局部黏附生物脂肪类物质；前号牌距地高39 cm～52 cm、距其右端0 cm～35 cm见刮擦痕迹伴弯折变形，表层蓝色、白色涂层呈减层；右前照灯破损；发动机舱盖距其前沿0 cm～100 cm、距其右沿0 cm～100 cm见擦痕伴凹陷变形，方向从前向后，表层红色涂层呈减层，局部黏附黑色物质；右前翼子板距其前端0 cm～67 cm见弯折变形，受力方向从前向后，局部黏附生物脂肪类物质；前风窗玻璃见大面积碎裂，其碎裂中心可分为两处，其中一处位于前风窗玻璃中右部，以距其下沿37 cm、距其右沿25 cm为中心，其周边黏附数根长约5 cm毛发及皮屑类物质（提取部分皮屑类物质作为检材1备检），另一处位于前风窗玻璃右上部，以距其上沿8 cm、距其右沿3 cm为中心，其周边黏附数根长约10 cm毛发及生物组织类物质（提取部分物质作为检材2备检）；车顶及天窗部见擦痕，方向从前向后，表面泥灰呈减层。2. 乙车。车架钢印号为×××××。前轮瘪气，其轮辋左侧局部弯折变形；前轮左减震器外侧见刮擦痕迹伴弯折变形，受力方向从左向右，局部黏附蓝色物质；左前部金属护栏见刮擦痕迹伴弯折变形，局部黏附蓝色及红色物质；转向轴弯折变形；前照灯破损；方向把中部断离；左侧中部饰罩缺失；左侧中部金属护栏见刮擦痕迹伴弯折变形，局部脱位，受力方向从左向右；后座左脚蹬见刮擦痕迹，局部黏附红色物质；左后部撑脚见刮擦痕迹，局部黏附红色物质；后轮左侧饰罩缺损；左侧后部饰罩缺损；鞍座缺失；车辆右侧凸出部位多处见倒地挫痕。

法医物证鉴定：DNA检验鉴定意见书——××［20××］物鉴字第××号。将提取的检材1、检材2、陈××血样及王××血样送××中心法医物证研究室进行DNA检验，检验结果摘录如下：经检验，陈××血样和"沪C-×××××"轿车前风窗玻璃中右部提取物（检材1）的DNA分型结果一致。经计算，似然率为$8.74×10^{26}$。王××血样和"沪C-×××××"轿车前风窗玻璃右上部提取物（检材2）的DNA分型结果一致。经计算，似然率为$2.68×10^{25}$。

分析说明：1. 甲车正面右部及乙车左侧所检见痕迹，从部位、形态、类型、附着物、受力方向及痕迹形成机理等方面比对、分析，两者上述局部部位可以形成互为承痕客体与造痕客体之间的关系，符合甲车正面右部与乙车左侧相碰撞所形成的特征。2. 王××、陈××尸表检验鉴定意见书所述其身体损伤情况，如两者左下肢均存在严重的损伤，且其内外侧均较显著，乙车左侧中后部部件存在明显与软性客体（如人体）发生碰撞所形成的痕迹，结合甲乙两车的碰撞形态等情况分析，符合事发时乙车当事人王××、陈××均呈骑跨乙车姿态与甲车发生碰撞所形成的后果。3. 根据陈××尸表检验鉴定意见书所述其身体损伤情况，如左大鱼际肌青紫，左小鱼际肌青紫等，结合甲乙两车所检见痕迹，当握有车把的左手遭受碰撞时易于形成。4. 甲车前风窗玻璃见两处碎裂中心，呈左右关系分布，结合两车碰撞形态分析，该两处碎裂中心应为乙车两当事人分别形成，其左部的应为乙车前座当事人（即为该车驾驶人）所形成，右部应为后座当事人形成，根据DNA检验意见及碎裂中心黏附的毛发等情况分析，其左部碎裂中心为陈××所形成，即陈××为事发时乙车的驾驶人可以成立。

综上所述，事发时乙车当事人王××、陈××均呈骑跨乙车姿态，且陈××为乙车的驾驶人可以成立。

鉴定意见：沪C-×××××大众汽车牌小型轿车正面右部与悬挂上海×××××两轮电动自行车号牌建设牌电驱动两轮车左侧发生过碰撞，碰撞时该两轮车当事人王××、陈××均呈骑跨该车姿态，且陈××为该车的驾驶人可以成立。

附图：

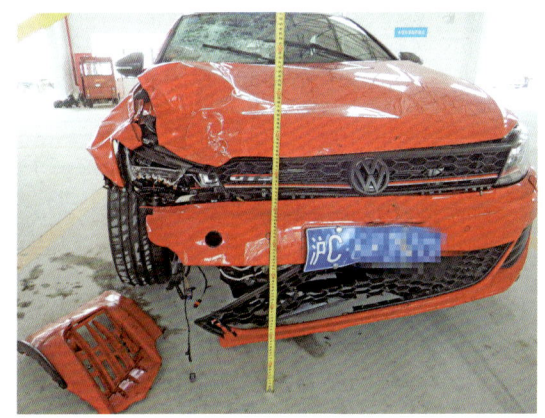

图3-58　甲车正面右部痕迹部位照

图3-59　甲车前挡风玻璃痕迹照

图3-60　乙车左侧痕迹照

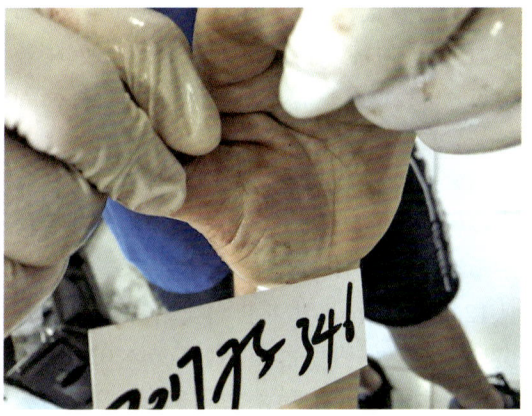

图3-61　陈××左手大、小鱼际肌皮下出血

案例解析：本案例中对"王××、陈××尸表检验鉴定意见书所述其身体损伤情况，如两者左下肢均存在严重的损伤，且其内外侧均较显著，乙车左侧中后部部件存在明显与软性客体（如人体）发生碰撞所形成的痕迹，结合甲乙两车的碰撞形态等情况分析，符合事发时乙车当事人王××、陈××均呈骑跨乙车姿态与甲车发生碰撞所形成的后果。"的分析特别到位，为后续的分析判断打好了基础，再结合陈××的手部特征性损伤以及甲车前风窗玻璃的损坏情况综合分析得出陈××为乙车事发时的驾驶人可以成立。所以，此类案件鉴定过程中一定要充分挖掘车辆碰撞形态的特别之处。

案例分析（三）

简要案情： 20××年××月××日××时××分许，甲车：沪C-×××××大众汽车牌小型轿车与乙车：悬挂上海×××××两轮电动自行车号牌建设牌电驱动两轮车在××公路61.5 km处发生道路交通事故。

委托事项： 根据事故调查需要，对甲乙两车的碰撞形态及乙车当事人李××、万××两人中谁是该车的驾驶人进行鉴定。

鉴定材料： 1. 被鉴定的甲乙两车；2. 李××尸表检验鉴定意见书——××［20××］病交鉴字第××号；3. 万××尸表检验鉴定意见书——××［20××］病交鉴字第××号；4. 道路交通事故档案图文材料（复制件）。

资料摘要： 1. 李××尸表检验鉴定意见书——××［20××］病交鉴字第××号。尸长约165 cm。头顶发长1 cm，发色黑。全颅崩裂，额面部及顶部见巨大开放性挫裂创，创腔内见皮肤、肌肉及软组织毁损，脑组织缺如。胸骨扪及骨折，双侧肋骨扪及多发性骨折。胸腔穿刺：双侧胸腔抽出暗红色血性液体。右膝部内侧见2 cm×0.5 cm、2 cm×1 cm皮肤擦伤，右胫、腓骨上段扪及骨折，右足弓前侧见2 cm×1.5 cm皮肤擦伤。左足趾背侧见多处点状皮肤擦伤。2. 万××尸表检验鉴定意见书——××［20××］病交鉴字第××号。尸长153 cm头顶发长34 cm，发色黑，发梢黄。双侧眼睑皮肤略青紫；鼻腔及双侧外耳道未见异常分泌物，翻动尸体时口腔内见淡红色血性液体溢出。左侧顶枕部在7 cm×6 cm范围内见散在多处点、条状头皮擦挫伤，右侧颞顶部在5 cm×3 cm范围内见散在多处点、条状头皮擦挫伤。右肩峰处见1 cm×1 cm皮肤擦伤，右髂前上棘见5 cm×3 cm皮肤青紫伴1 cm×0.2 cm皮肤擦伤，左肩峰内侧见3 cm×3 cm皮肤青紫，左肩胛区见11 cm×3 cm皮肤擦伤，腰背部及双侧臀部见散在片状皮肤青紫伴多处条、片状皮肤擦挫伤，左臀部外侧见7 cm×5 cm皮肤青紫。胸腔穿刺：双侧胸腔抽出血性液体。左肘伸侧见9 cm×5 cm皮肤青紫；左大腿上段后侧见4 cm×3 cm皮肤青紫，左膝部下方见2 cm×1 cm皮肤青紫，左腘窝至左小腿上段见10 cm×5 cm皮肤青紫，左小腿上段前外侧1.5 cm×1 cm，左小腿下段后侧见12 cm×7 cm皮肤青紫，其中伴1.5 cm×0.2 cm皮肤擦伤，左内踝及左足弓见12 cm×6 cm皮肤青紫，左足弓内侧见1.5 cm×0.3 cm、1 cm×0.3 cm皮肤擦伤，左外踝周围见10 cm×5 cm皮肤青紫。右肘外侧见3 cm×3 cm皮肤青紫，右手背见散在小片状皮肤青紫；右膝部外侧见4 cm×3 cm皮肤青紫，右小腿上段内后侧见4 cm×2 cm皮肤青紫，右小腿下段内侧见1 cm×0.5 cm皮肤青紫，右外踝见0.5 cm×0.2 cm皮肤擦伤。

参照GA/T1087-2013《道路交通事故痕迹鉴定》、GA41-2014《道路交通事故痕迹物证勘验》、SF/Z JD0101001-2016《道路交通事故涉案者交通行为方式鉴定》的有关条款及检验方法，对甲乙两车的痕迹进行检验，并结合委托人提供的其他相关材料，作出鉴定意见。

检验所见： 1. 甲车。车辆识别代号为×××××××××××××××××。前风窗玻璃左上部呈蛛网状碎裂，受力方向从内向外；右A柱以距其下沿62 cm为中心见7 cm×10 cm凹陷变形；右A柱以距其下沿0 cm～55 cm见大面积擦痕，局部黏附浅色纤维物质，受力方向从前向后；右后视镜脱位，呈悬吊状；右前翼子板脱落，局部弯折变形，其支架向后弯折变形，受力方向从前向后；右前组合灯缺失；发动机舱盖距其前端 0 cm～90 cm、距其右侧边沿 0 cm～52 cm 见片状擦痕伴凹陷变形，受力方向从前向后；发动机舱盖纵向中部见柱状撞击痕迹，局部黏附白色粉末状物质；前保险杠右前部缺损，其正面左部见纵向撞击痕迹，局部黏附白色粉末状物质；右前轮异常定位，其轮胎外侧胎侧见一条长 26 cm 破口，其轮辋外侧见刮擦痕迹，局部黏附红色物质。2. 乙车。电机号为××××× 。方向把脱落；转向轴弯折变形，其前侧见撞击痕迹，局部黏附树皮类物质；前轮轮辋破损；中部车架弯折变形；车体饰罩大部缺失；鞍座脱落，其上侧见大面积片状擦痕，方向从前向后，其起点位于驾驶座位置；后货架向下翻起，左侧后部金属护栏后侧见刮擦痕迹伴弯折变形，受力方向从后向前，局部黏附黑色物质；后轮轮辋破损；后轮左叉弯折变形，受力方向从后向前；撑脚左部前方弯折变形，受力方向从后向前；车身右侧多处见倒地挫痕，局部黏附泥土。3. 道路交通事故现场图及现场照片。现场道路东西走向，事故现场位于道路南辐，甲车头北偏西尾南偏东停于事故现场，乙车倒于甲车西南侧路外，甲车西侧路面见一条长 2240 cm 拖擦印及大量散落物碎片，现场道路南侧一棵行道树西侧面下段及临近部位地面见人体组织，该树东侧数棵行道树见树皮剥脱。

分析说明：1. 根据甲车正面右部与乙车后侧所检见的痕迹，在部位、附着物、受力方向及痕迹形成机理等方面均可以互相印证，两者上述部位可以形成互为承痕体与造痕体之间的关系，符合甲车正面右部与乙车后侧相碰撞所形成的特征。2. 根据甲车右 A 柱、发动机舱盖右部所检见的痕迹，从痕迹部位、附着物、受力方向及痕迹形成机理等方面分析，符合该车上述部位与软性客体（如人体）发生碰擦所形成的特征，结合李××、万×× 尸表检验鉴定意见书所述其身体损伤情况判断，万×× 身体损伤符合与甲车上述部位发生碰擦所形成的后果。3. 根据甲乙两车上述碰撞形态分析，位于乙车后座乘员应与甲车右 A 柱、发动机舱盖右部等部位发生碰撞，乙车前座人员（驾驶人）由于受到后座乘员的阻挡而难于与甲车发生碰撞。结合上述分析判断，李×× 为事发时乙车的驾驶人可以成立。

鉴定意见：沪 C-××××× 长安牌轿车正面右部与悬挂上海××××× 两轮电动自行车号牌三斯牌电驱动两轮车后侧发生过碰撞可以成立；事发时，李×× 是悬挂上海××××× 两轮电动自行车号牌三斯牌电驱动两轮车的驾驶人可以成立。

附图：

图 3-62　甲车前部痕迹照

图 3-63　甲车右 A 柱痕迹照

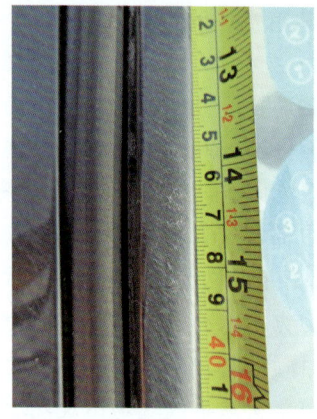 

图3-64 甲车右A柱黏附纤维　　图3-65 甲车发动机舱盖右侧痕迹照

图3-66 乙车后部痕迹部位照　　图3-67 乙车后部痕迹照

图3-68 乙车鞍座擦印

案例解析：本案例中"根据甲车右A柱、发动机舱盖右部所检见的痕迹,从痕迹部位、附着物、受力方向及痕迹形成机理等方面分析,符合该车上述部位与软性客体(如人体)发生碰擦所形成的特征,结合李××、万××尸表检验鉴定意见书所述其身体损伤情况判断,万××身体损伤符合与甲车上述部位发生碰擦所形成的后果。"和"根据甲乙两车上述碰撞形态分析,位于乙车后座乘员应与甲车右A柱、发动机舱盖右部等部位发生碰撞,乙车前座人员(驾驶人)由于受到后座乘员的阻挡而难于与甲车发生碰撞。"是相互联系,紧密配合的两个分析部分,此类案件鉴定主要是找到车辆当事人处于碰撞时位置产生的不同。

案例分析（四）

简要案情：20××年××月××日××时××分许,甲车:闽J-×××××朗逸牌小型轿车与乙车:苏E-×××××长城牌小型普通客车涉嫌在××公路、××公路北侧路段处与丙车:悬挂×××××上海两轮电动自行车号牌上海旭申电驱动二轮车及其当事人赵××发生事故。

委托事项：根据事故调查需要,对甲、乙、丙三车的碰撞形态及丙车当事人赵××事发时是否为丙车的驾驶人进行鉴定。

鉴定材料：1. 被鉴定的甲、乙、丙三车；2. 赵××尸体检验鉴定意见书——××[20××]病交鉴字第××号(复制件)；3. 道路交通事故现场图及现场照片(复制件)。

资料摘要：赵××尸体检验鉴定意见书——××[20××]病交鉴字第××号。尸长165 cm。头顶发长7 cm,发色黑；左侧眼睑皮肤青紫,角膜高度混浊；鼻腔积血。左颧部见7 cm×3 cm皮肤擦挫伤。胸廓塌陷变形,胸骨扪及骨折,胸部扪及皮下气肿,剑突处见5 cm×44 cm皮肤青紫；右侧腰骶部见20 cm×5 cm横向条片状损伤皮肤擦伤,左臀部见条片状皮肤擦伤挫伤。双侧胸腹积血胸腔穿刺见暗红色不凝血液。双手背见散在小片状皮肤擦伤；左大腿中上段后侧见15 cm×8 cm范围花纹状皮肤擦挫伤(左下至右上方向)。注：由赵××尸体检验鉴定意见书所附尸检照片所示,其左大腿中上段后侧见15 cm×8 cm范围花纹状皮肤擦挫伤,花纹形状为块状斜向排列的胎肩部位花纹。右手背靠近无名指掌指关节处见约4.5 cm×1 cm范围纵向楞条状皮肤擦挫伤。

参照GA/T1087-2013《道路交通事故痕迹鉴定》及SF/Z JD0101001-2016《道路交通事故涉案者交通行为方式鉴定》、GA41-2014《道路交通事故痕迹物证勘验》有关条款及检验方法,对甲、乙、丙三车的痕迹进行检验,并结合提供材料,对甲、乙、丙三车的碰撞形态及丙车当事人赵××的交通行为方式进行鉴定。

检验所见：1. 甲车。车辆识别代号为×××××××××××××××××。车辆右后门后沿局部见擦拭痕迹。车辆其他各部均未检见新近与其他车辆发生碰撞所形成的痕迹。2. 乙车。车辆识别代号为×××××××××××××××××。左前轮外侧胎侧局部见碰擦痕迹。车辆其他各部均未检见新近与其他车辆发生碰撞所形成的痕迹。3. 丙车。电机号为×××××。右后视镜偏转移位。前轮左侧胎肩部位局部见碰擦痕迹。后工具箱盖缺失，后工具箱托架向下弯折。4. 道路交通事故现场图。事发路段为南北走向。甲车头南尾北停于道路西侧路边，乙车头北尾南停于甲车东北侧、道路东侧路边，甲乙两车相距31.9 m。丙车头东尾西左倒于甲车东南侧，其北侧留有倒地挫划痕迹。甲车东侧路面见一滩血迹。

分析说明： 1. 根据对甲丙两车的痕迹检验情况，结合赵××尸体检验鉴定意见书及照片所示其右手背的纵向棱条状皮肤损伤分析，可以排除甲车与丙车发生过直接碰撞的可能性，但不排除甲车左后门后沿与赵××右手发生过接触的可能性。2. 根据丙车当事人赵××尸体检验鉴定意见书中对其胸部损伤情况及其左大腿中上段后侧花纹状印痕的描述分析，符合赵××倒地后遭轮胎碾压所形成的特征。赵××左大腿中上段后侧花纹状印痕形状为块状斜向规则排列的胎肩、胎冠结合部位花纹，对比乙车轮胎花纹情况分析，赵××左大腿中上段后侧花纹状印痕形状与乙车左后轮轮胎胎肩部位花纹形状、排列一致。另根据乙丙两车的痕迹检验情况分析，不排除乙车（左前轮）与呈倾倒状态的丙车后部发生过碰撞的可能性。3. 根据丙车及其挫划痕迹、血迹在事故现场的相对位置情况分析，符合事发时丙车在具有一定速度情况下先行倒地并沿其挫划痕迹滑移至最终位置所形成的特征，而丙车在推行状态下不能形成现场痕迹，因此，事发时赵××应呈驾驶丙车状态。

鉴定意见： 不排除闽J-×××××朗逸牌小型轿车左后门后沿与掌控悬挂×××××上海两轮电动自行车号牌上海旭申电驱动二轮车的赵××右手发生过碰撞的可能性。不排除苏E-×××××长城牌小型普通客车与呈倾倒状的悬挂×××××上海两轮电动自行车号牌上海旭申电驱动二轮车后部发生过碰撞的可能性。赵××倒地后遭苏E-×××××长城牌小型普通客车左后轮碾压过可以成立。事发时赵××是悬挂×××××上海两轮电动自行车号牌上海旭申电驱动二轮车的驾驶人可以成立。

附图：

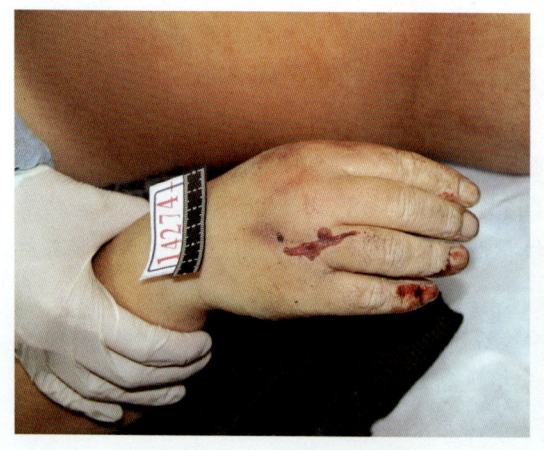

图3-69　赵××右手背损伤

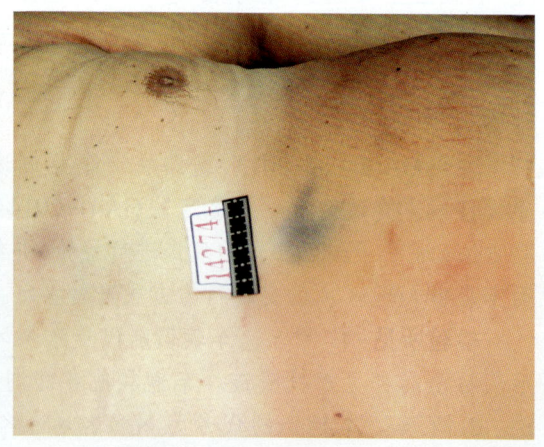

图3-70　赵××胸部损伤

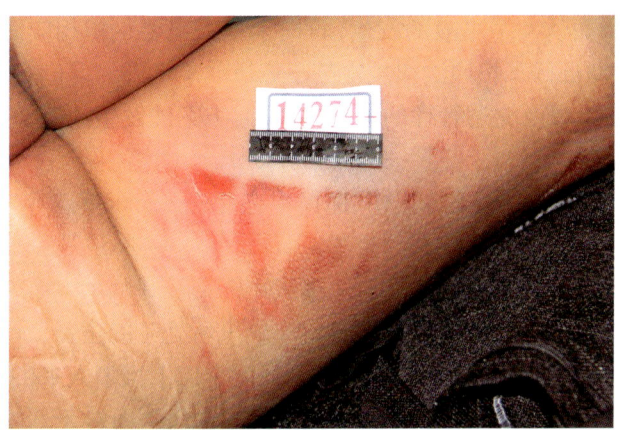

图3-71 赵××左大腿后侧中上段损伤

案例解析：本案例是甲、乙、丙三车发生碰撞，情况较为复杂，且第一次发生接触表述为"不排除闽J-×××××朗逸牌小型轿车左后门后沿与掌控悬挂×××××上海两轮电动自行车号牌上海旭申电驱动二轮车的赵××右手发生过碰撞的可能性。"，可见第一次碰撞接触的痕迹不明显，且对乙车当事人所造成的损伤也不会太明显，又加上第二次碰撞接触表述为"悬挂×××××上海两轮电动自行车号牌上海旭申电驱动二轮车的当事人赵××遭受苏E-×××××长城牌小型普通客车左后轮碾压过"，分析判断的难度相当高，鉴定人运用了"根据丙车及其挫划痕迹、血迹在事故现场的相对位置情况分析，符合事发时丙车在具有一定速度情况下先行倒地并沿其挫划痕迹滑移至最终位置所形成的特征，而丙车在推行状态下不能形成现场痕迹，因此，事发时赵××应呈驾驶丙车状态。"这种现场空间位置关系的分析，是这次鉴定的亮点。

小结：通过以上案例分析，首先要分清驾驶状态与乘坐状态的区别，驾驶状态是驾车运动的状态，是掌握方向把的操作人，是一种主动的行为状态，驾驶人对车辆的运行、停止、转弯等具有绝对的掌控能力，而乘坐状态是一个被动的状态，这里的乘坐状态特指乘坐人，一般在两轮车的乘坐人，分为侧坐或正坐，侧坐是指面朝向一侧的坐姿，而正坐是面朝向前方后者后方的双腿叉开的坐姿，当然也有一些特殊的乘坐姿态，如小朋友的儿童座椅一般只反映为向前方的坐姿，儿童座椅可以是安置在后书包架上也是可以安置在横杠上；也有儿童不借助儿童座椅或成人侧坐在横杠上，站立在踏板上，和驾驶人一起坐在鞍座上，一般位于驾驶人前部；站立在书包架上，或者鞍座位置较宽的情况下，正坐在驾驶人后方等。一般在人力三轮车（送货车）有乘坐人时，乘坐人大多数以各种姿态位于货厢内，但也不仅限于此种情形。此种鉴定类型，一般常见于被鉴定的自行车或者电动自行车有至少两个当事人的情况，当然也不排除事故现场只有一个人，而有证人发现有两个以上人员甚至更多人员时，按照事故调查需要，委托要求对被鉴定的自行车或者电动自行车的现场当事人是否为事发时的驾驶人进行鉴定的情况，因为从事故处理和责任认定的角度，驾驶人承担着事故的关键责任；乘坐人一般为受侵害方，除特殊情况外，基本属于无责方，这里的特殊情况是指有证据证明驾驶人正常行驶的情况下，乘坐人的过错行为，如主动打闹、超出车身距离、主动碰撞接触其他车辆等行为而诱发了事故的发生,这时乘坐人也要承担相应的责任。在现实案例中,由于自行车和电动自行车按照法律规定是不能搭载乘坐人的,随着法律意识的不断提高和法律知识的不断普及以及交通管理的不断规范,此类案件发生的概率较小,所以需要进行鉴定的案例不多。

鉴定过程中涉及车体痕迹、人体损伤、碰撞形态及综合分析重点等方面参照第一节自行车或电动自行车当事人处于骑行姿态的论述。

驾驶人鉴定在非机动车发生的道路交通事故中需要委托的事项中属于不常见的鉴定类型,在此类鉴定中,要特别关注乘坐人在被鉴定车辆上所处于的位置,一般来讲,乘坐人在此类交通事故中属于无责方,所以对于被鉴定车辆的两个以上当事人来讲,谁是驾驶人谁就要承担相应的责任,这个责任包括刑事责任和民事赔偿责任。而对于驾驶非机动车的当事人来讲,属于现实中的弱势方,在赔付能力等方面存在一定的问题,且法律也未明确规定购置保险等可以减少赔付付出的路径。当然,这里所说的是一般情况,绿色健康出行的经济条件优渥的人士除外。所以,鉴定人在此类鉴定中,要承担巨大的责任,或许会影响到一个人甚至一个家庭的未来生活,但是,不论怎样,在此类鉴定过程中,一定要特别关注驾驶人的驾驶行为与事故发生之间的必然联系,与事故发生之后产生的必然后果。

第四章
道路交通事故中摩托车当事人交通行为方式鉴定

GB7258-2017《机动车安全运行技术条件》第3.6条中规定摩托车是由动力装置驱动的,具有两个或三个车轮的道路车辆,但不包括：a)整车整备质量超过400公斤、不带驾驶室、用于载运货物的三轮车辆；b)整车整备质量超过600公斤、不带驾驶室、不具有载运货物结构或功能且设计和制造上最多乘坐2人(包括驾驶人)的三轮车辆；c)整车整备质量超过600公斤的待驾驶室的三轮车辆；d)最大设计车速、整车整备质量、外廓尺寸等指标符合相关国家标准和规定的,专供残疾人驾驶的机动轮椅车；e)符合电动自行车国家标准规定的车辆。一般分为普通摩托车和轻便摩托车。其中普通摩托车是指无论采用何种驱动方式,其最大设计车速大于50公里/小时,或如使用内燃机,其排量大于50 ml,或如使用电驱动,其电机额定功率综合大于4 kW的摩托车,包括两轮普通摩托车(车辆纵向中心平面上装有两个车轮的普通摩托车)、边三轮摩托车(在两轮普通摩托车的右侧装有边车的摩托车)、正三轮摩托车(装有三个车轮,其中一个车轮在纵向中心平面上,另外两个车轮与纵向中心平面对称布置的普通摩托车,包括：a)装有与前轮对称分布的两个后轮的摩托车,且如设计和制造上允许载运货物或超过2名乘员(含驾驶人),其最大设计车速小于70公里/小时；b)装有与后轮对称分布的两个前轮、设计和制造上不具有载运货物结构且最多乘坐2人(包括驾驶人)的摩托车。轻便摩托车是指无论采用何种驱动方式,其最大设计车速不大于50公里/小时的摩托车,且：如使用内燃机,其排量不大于50 ml；如使用电驱动,其电机额定功率综合不大于4 kW。轻便摩托车一般分为两类轻便摩托车(车辆纵向中心平面上装有两个车轮的轻便摩托车)和正三轮轻便摩托车(装有与前轮对称分布的两个后轮的轻便摩托车)。根据《道路交通安全法》,摩托车为机动车类型,纳入机动车管理,驾驶人要取得相应类型的机动车驾驶证照方能上路行驶。摩托车广义上是指由汽油机驱动,靠手把操纵前轮转向的两轮或三轮车,轻便灵活,行驶迅速,广泛用于巡逻、客货运输等,也用作体育运动器械。从大的方向上来说,摩托车分为街车、公路赛摩托车、越野摩托车、巡航车、旅行车等。

摩托车由发动机、传动系统、行走系统、转向、制动系统和电气仪表设备五部分组成。摩托车的总体结构及各部件名称。

(一) 发动机

(1) 发动机为二冲程或四冲程汽油机。

(2) 采用风冷冷却,有自然风冷与强制风冷两种。一般机型采用依靠行驶中空气吹过气缸盖、气缸套上散热片带走热量的自然风冷冷却方式。大功率摩托车发动机为了保证车速较低与未起步行驶前发动机的冷却,采用装风扇和导风罩、利用强制导入的空气吹冷散热片的强制风冷冷却方式。

(3) 发动机的转速高,一般在5 000转/分以上。升功率(每升发动机排量所发出的有效功率)大,一般在60千瓦/升左右。这说明摩托车发动机的强化程度高,发动机外形尺寸小。

(4) 发动机曲轴箱与离合器、变速箱设计一体,结构紧凑。

1. 机体　　机体由气缸盖、气缸体和曲轴箱三部分组成,缸盖由铝合金铸造有散热片,新型的四冲程摩托车发动机均采用顶置气门、链条传动、顶置凸轮轴结构方式。气缸体材料以双金属(耐磨铸铁缸套外浇铸铝散热片)为多,以得到较好的散热效果。

2. 曲柄连杆　　摩托车发动机的曲轴采用组合式,由左半曲轴、右半曲轴和曲柄销压合而成。左右两半轴的主轴颈上装有滚珠轴承,用以将曲轴支承在曲轴箱上。曲轴的两端分别装有飞轮、磁电机及离合器主动齿轮。连杆为整体式结构,大头为圆环状,内装有滚针轴承与曲柄销组合成曲柄连杆组。

3. 化油器　　化油器是摩托车燃料供给系统中的一个重要部件,位于空气滤清器与发动机进气口之间。

4. 润滑系统　　四冲程发动机采用飞溅润滑与压力滑润相结合的滑润方式。二冲程发动机一般多采用在汽油内混入一定比例的QB级汽油机机油的混合润滑方式。

5. 起动　　摩托车的起动以脚蹬起动方式为主。脚蹬起动变速杆带动扇形齿轮、起动棘轮、离合器总成链轮、前链条、曲轴链轮驱动曲轴旋转,起动发动机。

(二) 传动系统

摩托车的传动系统包括初级减速、离合器、变速箱、次级减速等几部分组成。

1. 初级减速　　初级减速主要由装在曲轴端的主动链轮(主动齿轮)、套筒滚子链条和离合器上的从动链轮(从动齿轮)组成,作为一次减速并将发动机动力传到离合器。

2. 离合器　　摩托车离合器有以下三种结构型式:① 湿式多片摩擦式离合器离合器总成浸在机油中工作,分主动、从动和分离三部分。② 自动离心式离合器这种结构用在雅马哈CY80、铃木FR50等轻便摩托车上,根据发动机转速的高低来自动控制离合器的分离与接合。离合器由主动、从动和分离接合机构组成。主动部分由离合器外罩、止推片、离合器片等组成。从动部分由摩擦片、中心套等组成。③ 蹄块式自动离合器。这种结构在一些微型摩托车中使用,主动部分为由曲轴带动的固定座,座上有三个蹄块总成,并用销轴连接在固定座上,弹簧将蹄块拉向曲轴中心,使蹄块总成的蹄片与从动部分的离合器盘之间保持一定的间隙。

3. 次级减速及传动　　随着摩托车机型的不同,有皮带传动、链传动和万向节轴传动三种传动方式。

(三) 行走系统

行走系统的作用是支承全车及装载的重量,保证操纵的稳定和乘坐的舒适。行走系统主要包括车架、前叉、前减震器、后减震器、车轮等。① 车架。它是整个摩托车的骨架,由钢管、钢板焊接而成。它将发动机、变速箱、前叉、后悬挂等互相连接起来并有较高的强度与刚度。② 前叉。它是摩托车的导向机构,把车架与前轮有机地连接起来,前叉由前减震器、上下联板、方向柱等组成。③ 前后减震器。前减震器用以衰减由于前轮冲击载荷引起的震动,保持摩托车行驶平稳。后减震器与车架的后摇臂组成摩托车的后悬挂装置。后悬挂装置是车架与后轮之间的弹性连接装置,承担摩托车的负载、缓减、吸收因路面不平而传给后转的冲击和震动。④ 车轮。摩托车的前轮为导向轮,后轮为驱动轮,均为辐条式车轮。车轮由轮胎(内、外胎)、轮辋、辐条、轮毂、刹车制动钢圈、轴承、前后轴组合而成。轮辋(钢圈)由钢板滚轧焊接而成,轮毂由铝合金压铸,并将制动钢圈镶嵌压铸成一体,两端部有凸沿用以安装辐条。辐条外形与自行车车条相似,用以连接轮辋和轮毂。轮毂内装有制动器,前轮还装有速度表的蜗轮、蜗杆,后轮装有驱动机构。

(四) 转向及制动系统

1. 转向　前轮与车把配合控制着摩托车的行驶方向。车把安装于上联板上,当车把绕方向柱转动时,上下联板随之转动,并通过前减震器带动前轮左右转动。车把右端装有控制化油器节气阀开度大小的油门把柄和控制前轮制动器的闸把;左端装有控制离合器的握把和手柄。在车把左右两端还装有后视镜和各种电器开关。手把、闸把通过钢索控制前轮制动器、离合器及化油器。

2. 制动　一般前轮制动由手捏闸把来控制,后轮制动由脚踩制动踏板来完成。摩托车的制动装置有机械鼓式制动器和液压盘式制动器两种。鼓式制动器结构与汽车、拖拉机相似,制动蹄块由铝合金压铸成型,上面粘有摩擦制动片,通过制动臂转动制动凸轮并推开制动蹄块起到制动的目的。制动器由油箱、柱塞阀油泵(均在车把上)、液压油管、制动钳、制动盘等组成。制动错开与前叉导向近固定在一起,是制动装置的固定部分。制动盘与车轮固定在一起,随车轮旋转。制动时,握紧闸把,柱塞阀移动,推动液压油沿液压油管进入制动钳的两个油缸。在压力油的作用下,油缸推动摩擦片从两边紧夹住制动盘,产生很大的摩擦阻力,迫使车轮停止转动。放松闸把时,液压油路中的压力迅速回降,油缸带动摩擦片恢复原位,解除制动。

关于摩托车相关法律规定,根据《道路交通安全法》和《道路交通安全法实施条例》的相关条款和规定,如《道路交通安全法实施条例》中第十六条规定机动车应当从注册登记之日起,按照下列期限进行安全技术检验:(四) 摩托车4年以内每2年检验1次;超过4年的,每年检验1次。第二节机动车通行规定第四十四条:在道路同方向划有2条以上机动车道的,左侧为快速车道,右侧为慢速车道。在快速车道行驶的机动车应当按照快速车道规定的速度行驶,未达到快速车道规定的行驶速度的,应当在慢速车道行驶。摩托车应当在最右侧车道行驶。第五十四条规定机动车载物不得超过机动车行驶证上核定的载质量，装载长度、宽度不得超出车厢，并应当遵守下列规定：（三）摩托车载物，高度从地面起不得超过1.5 m，长度不得超出车身0.2 m。两轮摩托车载物宽度左右各不得超出车把0.15 m；三轮摩托车载物宽度不得超过车身。第五十五条规定机动车载人应当遵守下列规定：（三）摩托车后座不得乘坐未满12周岁的未成年人，轻便摩托车不得载人。第六十一条规定牵引故障机动车应当遵守下列规定：摩托车不得牵引车辆或者被其他车辆牵引。第六十二条规定驾驶机动车不得有下列行为：（六）驾驶摩托车手离车把或者在车把上悬挂物品。第七十七条规定乘坐机动车应当遵守下列规定：（五）乘坐两轮摩托车应当正向骑坐。

随着社会经济的不断发展和进步，环境保护意识不断增强，安全意识的不断提升，我国不少大中型城市相继出台"控摩""限摩"等规定，在城市交通道路上，摩托车的参与量在不断降低，但在城乡结合部和不发达地区，摩托车仍然是常见的交通工具之一。同时，在彰显个性的时代，不少人对大型机车的热爱与日俱增，很多爱好俱乐部、摩托车团体等组织应运而生。所以，在我国摩托车也是道路上行驶的重要车辆类型之一，同时也是道路交通事故中重要参与车辆类型。这里要特别关注一下，按照GB17761-2018《电动自行车安全技术规范》技术参数规定排除在电动自行车以外的，而按照GB/T24158-2018《电动摩托车和电动轻便摩托车通用技术条件》技术参数规定符合电动摩托车和电动轻便摩托车的运用电驱动的摩托车和按照GB12995-2006《机动轮椅车》技术参数符合机动轮椅车的摩托车的情况。机动车事故是指摩托车、汽车等按机动车管理的车辆负主要责任以上的事故，包括摩托车与其他机动车、非机动车、行人发生的事故。道路交通事故涉案者交通行为方式鉴定中对摩托车涉案者事发时交通行为方式状态的分析判断主要有：驾驶人、乘坐人、驾乘关系等，当然也存在其他特殊状态的情形，例如在鉴定实践中，也有委托方要求鉴定摩托车当事人事发时是否处于推行状态的情形等。道路交通事故涉案者交通行为方式鉴定是服务于事故调查需要，为诉讼提供科学依据支撑，为还原事故真相而进行勘验、分析、评判的过程。摩托车因为其车辆类型属于机动车，且自身结构的特殊性，所以有不同于非机动车和其他机动车的特殊性。

第一节 驾 驶 人

驾驶状态是指涉及各类车辆的道路交通事故发生时，处于车辆驾驶座位置的人员正在驾驶车辆的状态，正在驾驶的人员被称为驾驶人。这里的驾驶状态，特指摩托车上有两人以上的状态和情形。

摩托车当事人事发时处于驾驶状态的判定，一般参考以下技术指标：第一，根据摩托车正面碰撞事故的碰撞对象即碰撞形态，分析碰撞时的减速度或加速度，会造成摩托车车上人员不同的运动轨迹；依据被碰撞车、物上的痕迹和各人不同的着地位置，结合人体体表痕迹及损伤判断其事发时在车上所处的位置。第二，摩托车正面碰撞事故中，应根据碰撞对其前后座人员所形成的不同损伤进行分析。前座人员除头面部（或头盔）直接在碰撞中形成损伤外，其胸腹部和顶枕部、腰背部往往又会与所驾车辆的驾驶操纵部件以及和后座人员身体碰撞形成特征性损伤；此时后座人员的损伤程度则一般较轻。第三，对于摩托车侧面被其他车辆碰撞的事故，应在确认两车具体碰撞部位的基础上，区分摩托车车上人员是否应受到直接碰撞和可能形成的不同受伤情况。对于摩托车前后座踏脚高度不同的情况，可根据受伤人员下肢损伤位置距地高来判断。第四，对于踏板式摩托车，可根据前后座人员下肢、会阴区所处的位置及其接触物的不同，分析不同的损伤机理。其前座驾驶人两腿间无异物，且处于相对隐蔽位置；后座骑跨式座位的乘坐人的腿部则比较暴露，碰撞或倒地时下肢和会阴部的内外侧往往都会形成骑跨式损伤痕迹。第五，应注意摩托车驾驶人在事故碰撞、倒地中，其上肢和手容易受到的特征性损伤（如大鱼际擦挫伤、腕关节脱位或尺、桡骨下段骨折等）。第六，应注意摩托车车上人员衣裤的损坏和车辆表面附着物特征来区分事发时摩托车上人员所处的位置。

案例分析（一）

简要案情：20××年××月××日××时××分许，未悬挂号牌跃进牌YJ150-B两轮普通摩托车沿××大道由北向南行驶至××大道交叉口北150 m处与行人胡××发生道路交通事故，致胡××死亡、刘×和高××受伤。

委托事项：未悬挂号牌跃进牌YJ150-B两轮普通摩托车发生事故时其当事人刘×是否为驾驶人进行鉴定。

鉴定材料：1. 被鉴定车辆；2. 胡××法医学尸体检验意见书——（×）（刑）鉴（法）字［20××］××××号（复制件）；3. 法医物证检验鉴定意见书——（×）公（刑）鉴（物）字［20××］××××号（复制件）；4. 刘×在××店肿瘤医院24小时住院记录——住院号：00034618（复制件）；5. 道路交通事故档案图文材料（复制件）。

资料摘要：1. 胡××法医学尸体检验意见书——（×）公（刑）鉴（法）字［20××］××××号。尸长160 cm。头顶部有一裂创，血迹附着。口鼻腔及面部血迹附着。右额部有一长6 cm创口。右腰部有一开放性创口，腹腔内脏器外露，后背部广泛性擦挫伤。右膝部外侧片状擦挫伤。2. 法医物证检验鉴定意见书——（×）公（刑）鉴（物）字［20××］××××号。摩托车油箱顶部血迹检出DNA为胡××所留的概率大于99.999%。摩托车左手把开关处血迹检出的DNA为刘×所留的概率大于99.999%。摩托车油箱左侧下部血迹检出的混合DNA不排除为刘×、胡××共同所留。3. 刘×在×××肿瘤医院24小时住院记录（住院号：00034618）。入院时间：20××-××-×× ××：××。入院情况：患者以"车祸伤致意识障碍1小时"入院，患者1小时前因车祸伤致意思（识）障碍（具体持续时间不详），清醒后即感头疼、头晕，并口腔内伤口疼痛、出血，有恶心、无呕吐，不能回忆起当时受伤经过；无心慌、胸闷，无肢体关节活动受限，无发热及抽搐；当时未做特殊处理，由家人同时拨打110、120并接入我院；急诊查头颅、颌面、胸部、全颅CT示：小脑幕密度增高，余颅内未见明显外伤性改变，骨窗观察未见明显异常。下颌骨见骨皮质不连续，余未见明显异常，胸部、全腹平扫未见明显异常。门诊以"(1) 颌面部外伤；(2) 全身多处软组织伤"收入我科，入科来，神志清，精神差，二便未排。出院诊断：创伤性轻度颅脑损伤；（1）下颌骨、牙骨骨折；（2）下唇、牙龈毁损伤；（3）上颌双侧中切牙、右侧第一侧切牙及左侧第一、二侧牙缺如；（4）颌面部多发皮肤擦伤。4. 委托方提供的情况说明。20××年××月××日××时××分，刘×、高××驾驶两轮摩托车沿×××市××区××大道由北向南行驶至××大道北时与行人胡××发生碰撞的交通事故。发生事故后民警到达现场后见到死者胡××头朝西在地面上躺着，摩托车在胡××南侧路上左侧倒地。后经过调查询问事故时在场人员王×、王×和高××得知摔倒后刘×和胡××距离有一步左右，高××在胡××和刘×的北边摔倒着。三人和摩托车事故后大致位置情形就是高××在事故现场最北边倒着，刘×和胡××在事故现场中间附近倒着，摩托车在事故现场最南边摔倒着。

参照GA41-2014《道路交通事故痕迹物证勘验》GA/T1087-2013《道路交通事故痕迹鉴定》，并根据GA/T944-2011《道路交通事故机动车驾驶人识别调查取证规范》、SF/Z JD0101001-2016《道路交通事故涉案者交通行为方式鉴定》有关条款及检验方法，对本起事故档案图文材料进行检验并作出鉴定意见。

检验所见：1. 事故现场图及现场照片。事发路段为南北向道路，中心划有黄色双实线，现场位于道路的西幅，同向有四条机动车道，现场图以黄色双实线的西侧边沿为基准线。肇事车前轮挡泥板为红色，其左部豁裂、缺损；燃油箱为白色、其左侧前部见溅溅状血迹，燃油箱上罩有绿色网兜；车辆前上部损坏，前导流罩缺损，灯具呈悬吊状；肇事车头西尾东向左侧倒地，前、后轮分别距基准线3.6 m、2.3 m；肇事车北侧25.9 m躺着胡××，其头、脚分别距基准线4.2 m、3.0 m；肇事车车身下地面见一条向北延伸的错划印，长54.6 m，其北端距基准线6.1 m条机动车。2. 车辆早期检验时的照片。车辆识别代号为××××××××××××××××（摘录于车辆一致性证书）。前导流罩缺损，仅剩右部小部分，裸露方形金属管件；前灯具呈悬吊状，左前转向灯缺失；左后视镜缺失、支杆弯折；前轮挡泥板左部豁裂、缺损；前叉弯折，前轮向后移位；车身左侧饰板缺损；离合器握把定位异常；转向把左端部见挫痕（高约91 cm～94 cm）。3. 刘×体表损伤照片。仰卧于病床上。左眼睑肿胀，上眼睑见小片状擦伤，眉部见纱布敷料附着，敷料上见渗出物，左颧部及左面颊间片状擦伤，右面颊见擦伤，鼻尖及鼻背左部见擦伤，上、下唇见肿胀，下唇右部见缝合创，口腔内可见牙齿缺如；胸腹部左侧见大面积擦伤；左手中指掌指关节背侧、无名指掌指关节背侧、小指掌指关节背侧见擦伤；双膝部见擦伤。4. 高××体表损伤照片。头面部除左上眼睑略见肿胀伴擦伤外，余未见异常；右手被绑带包扎，露出的手指未见异常；左膝部见敷料附着、敷料上见渗出物，敷料下局部皮肤见擦伤。

分析说明：1. 根据被鉴定车辆早期检验时照片中所见痕迹的部位、方向、附着物及形成机理，结合胡××法医学尸体检验意见书中对其损伤部位、分布及形态特征的描述、刘×在×××肿瘤医院24小时住院记录及刘×体表损伤照片所见，被鉴定车辆左前部、刘×头面部等部位与胡××身体右侧发生过碰撞可以成立。2. 根据×××市××刑事科学技术研究所出具的法医物证检验鉴定意见，被鉴定车辆油箱顶部血迹为胡××血迹、摩托车油箱左侧下部血迹为刘×、胡××混合血迹、被鉴定车辆左手把开关处血迹为刘×血迹，且被鉴定车辆油箱左侧前部及左侧车把上血迹为溅溅状血迹，结合上述碰撞形态及刘×、高

××体表损伤部位、形态及程度分析,事发时被鉴定车辆及处于驾驶位置的刘×与胡××身体发生碰撞可以形成上述损伤对应关系及血迹分布特征。3. 刘×左手中指掌指关节背侧、无名指掌指关节背侧及小指掌指关节背侧检见擦伤处于同一平面凸出部位,形态一致,系左手处于手掌屈曲状态下与较大平面(如地面)钝性物体一次性挫擦形成,结合上述碰撞形态,符合刘×事发时左手握持被鉴定车辆左侧车把向左倒地时与地面挫擦所形成的损伤形态特征。4. 根据事故现场图及现场照片所示,参考委托方提供的情况说明等分析,事发时,刘×距离被鉴定车辆及胡××较近,而高××距离被鉴定车辆及胡××较远,也符合事发时刘×处于驾驶位置,身体与胡××发生碰撞且尽力操控被鉴定车辆,致其倒地位置距离被鉴定车辆及胡××较近,而高××则因被鉴定车辆突发碰撞受阻,受惯性作用先被摔落到地面上且距离被鉴定车辆较远位置。综上分析,事发时,符合刘×为被鉴定车辆的驾驶人。

鉴定意见:无号牌跃进牌YJ150-B两轮摩托车发生事故时,符合刘×为驾驶人。

附图:

图4-1 被鉴定车辆左观照

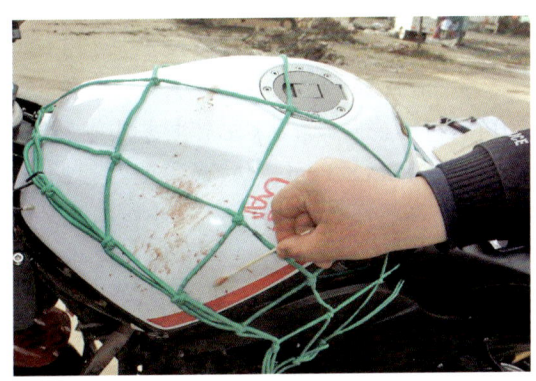

图4-2 油箱左侧血迹分布

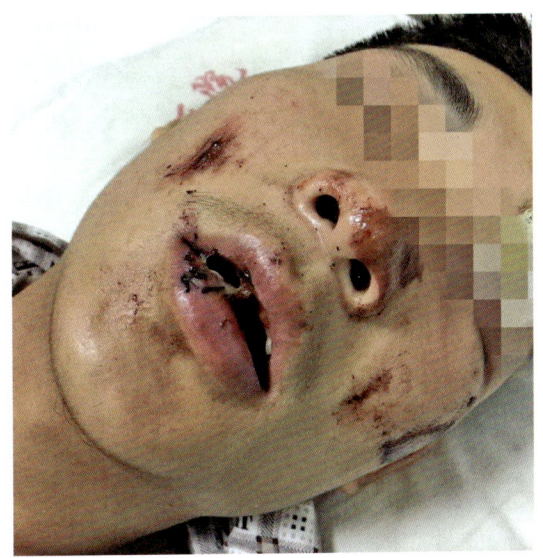

图4-3 刘×颜面损伤照

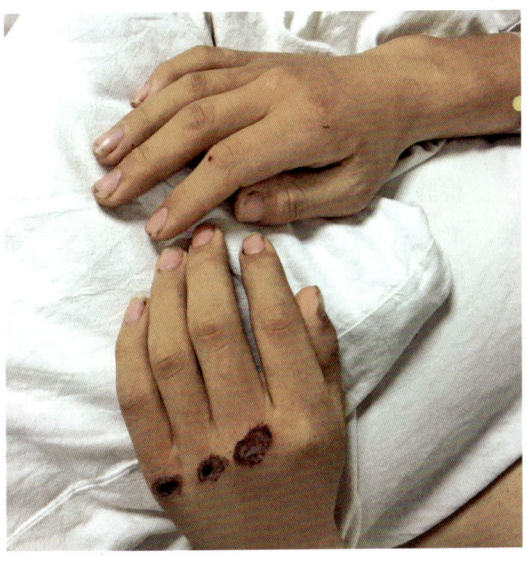

图4-4 刘×左手掌指关节背侧损伤

案例解析：本次鉴定中首先对被鉴定车辆左前部、刘×头面部等部位与胡××身体右侧发生过碰撞做出了判断；然后根据法医物证检验鉴定意见进行分析，再结合刘×的特征性损伤，最后根据现场相对位置分析，本次案例基本应用了判断摩托车驾驶人的全部方法，论证相当充分、科学。难点在于摩托车与行人发生碰撞，倒地形成的损伤成为重要判断依据，而倒地损伤要区分差异较为困难。

案例分析（二）

简要案情：20××年××月××日××时××分许，甲车：鲁R-×××××豪爵牌普通二轮摩托车沿××县××大街由东向西行驶至××城市花园门口处时，与乙车：苏××驾驶的电动自行车发生碰撞，造成甲车上黄××、陈××受伤，乙车上苏××死亡、崔×受伤。

委托事项：黄××、陈××两人中谁是甲车的驾驶人进行重新鉴定。

鉴定材料：1.涉案的甲乙两车；2.本起道路交通事故档案部分图文材料（复制件）；3.黄××、陈××就诊病历（复制件）；4.黄××事发时所穿长裤；5.黄××。

资料摘要：1.黄××就诊病历材料——××县人民医院入院记录（病案号：201444175）。面部肿胀，左眉上方见约2 cm×6 cm擦伤，左眼外方见4 cm×5 cm擦伤，右眼外下方见2 cm×3 cm擦伤，鼻尖处约见2 cm×2 cm擦伤，嘴唇肿胀并见擦伤，双侧瞳孔不等大，口腔内可见鲜红血迹，颈前可见1 cm×2 cm皮肤裂伤口，左肩部可见3 cm×4 cm皮肤擦伤，胸前见2处裂伤，右手背多处皮擦伤。左膝部可见多处皮擦伤。2.陈××就诊病历材料——××县人民医院伤情介绍（病案号：201444176）。头面部多处压痛，左眉不规则裂伤长约3.5 cm渗血，伤口污染较重，左眼睑肿胀，面部多处皮肤擦伤，左下颌部皮肤擦伤较重并有皮肤缺损约1 cm×1 cm渗血。

参照GA41-2014《道路交通事故痕迹物证勘验》、GA/T1087-2013《道路交通事故痕迹鉴定》、GA/T944-2011《道路交通事故机动车驾驶人识别调查取证规范》、SF/Z JD0101001-2016《道路交通事故涉案者交通行为方式鉴定》有关条款及检验方法，对甲乙两车、黄××事发时所穿长裤、黄××体表损伤进行检验，并结合其他鉴定材料，对委托事项作出鉴定意见。

检验所见：1.甲车。车架钢印号为×××××××××××××××××。未见悬挂号牌。前轮左右两减震器不同程度向后弯折变形；前照灯缺失；左前转向灯缺失；仪表台破损；左车把向后弯折变形；左右后视镜均缺失，其中后视镜支架尚存；前保险杠移位变形，呈右前左后状；油箱右后上部距地高76 cm～81 cm见一条由后向前长约15 cm、宽约1.5 cm的擦痕，表层涂层呈减层，提取该油箱送××刑事技术研究室，将该擦痕处邻近位置涂层作为样本备检；该车鞍座（前后座位）为黑色人造革类材质，其上未见异常痕迹。车体左侧多处凸出部位见倒地挫痕。2.乙车。电机号为×××××。左前叉弯折变形，局部断裂；前轮轮辋破损；转向轴弯折变形；仪表台脱位、破损，呈悬吊状；蓄电池缺失；车辆饰罩大部缺损。3.黄××事发时所穿长裤。藏蓝色"361°"牌休闲长裤；左裤腿前侧见挫痕，并黏附泥灰，其中左膝部见破口，局部织物缺损；右裤腿见黏附泥灰，接近裤裆处的前内侧及内侧见横向刮擦痕迹，方向从前向后，局部呈高温熔融状,并见横向破口,右裤腿内缝刮擦痕迹处见黏附疑似浅色的物质,提取该长裤送××刑事技术研究室,将该处疑似浅色物质作为检材备检。4. 黄××体表损伤检验。跛行入室,神清语明。左眼外眦外侧见瘢痕及色素沉着,大小6.5 cm×2.2 cm。颈前正中见气管切开后愈合瘢痕,其右侧见2.0 cm×1.0 cm瘢痕。右锁骨下至右乳头上方在16.0 cm×7.0 cm范围内见瘢痕。左肩峰向前下5.0 cm见皮肤擦伤愈后改变,大小3.0 cm×2.5 cm。左手食指、中指指背见瘢痕,大小分别为1.0 cm×0.1 cm、2.0 cm×1.0 cm。左膝关节外侧见1.5 cm×0.2 cm瘢痕,右膝髌骨下3.0 cm见细小瘢痕,大小1.0 cm×0.5 cm。左髌骨下沿下方见小瘢痕,大小0.8 cm×0.2 cm,左髌骨内下侧见细小瘢痕,大小0.8 cm×0.5 cm。5. 道路交通事故现场图及现场照片。现场道路东西走向,以道路北路沿为基准线,乙车头东北尾西南左倒于事故现场,其前轮轴距基准线245 cm、后轮轴距基准线300 cm,甲车位于乙车东部,呈西南、尾东北左倒状,甲车前轮轴距基准线280 cm、后轮轴距基准线190 cm,甲车前轮轴距乙车前轮轴135 cm,一男子坐于甲乙两车间地面(经确认为乙车当事人),甲车倒地位置周边见散落大量散落物碎片及新鲜血迹。甲乙两车倒地位置东南部地面见数条挫划印,该挫划印起点距基准线710 cm,挫划印从东南向西北延伸,其终点位于甲乙两车倒地位置。6. 陈××就诊时照片。陈××仰卧于病床上,上身穿长袖T恤,局部沾染血迹,下身穿蓝色牛仔裤,局部见血样物质,该长裤右侧裤腿内侧未见异常痕迹。陈××头面部见多处擦挫伤。

微量物证鉴定:将检材与样本送××刑事技术研究室进行微量物证检验、鉴定,形成×××[20××]微鉴字第××号微量物质鉴定意见书,部分摘录如下:经综合分析认为:检材与样本第一层油漆的颜色相同,红外光谱一致,检出的主要元素成分一致,两者是同种类油漆。鉴定意见:检材与样本第一层是同种类油漆。

分析说明:1. 甲车前侧部件损毁及形变情况,符合甲车正面左部与其他客体物发生碰撞所形成的后果,结合乙车损毁情况、现场图及现场照片所示情况(如倒地位置、散落物、地面痕迹等)分析,甲车正面与乙车车体发生过碰撞可以成立。2. 根据黄××、陈××损伤情况分析比较,均具有摔跌倒地过程中所形成的损伤特征,但黄××庆颈前和前胸的裂伤与陈××的损伤比较,具有特殊性,并在倒地过程中与地面接触难于形成,不能排除碰撞过程中其位于甲车前座时,与自身车体或乙车车体发生接触形成。3. 甲车油箱右后上部所检见擦痕,符合该部位与软性客体(如人体衣物)发生刮擦所形成的特征,与其他硬性客体物发生刮擦难以形成;黄××事发时所穿长裤右裤腿近裤裆处前内侧及内侧所见横向刮擦痕迹,符合与硬质、表面平滑客体物发生瞬间挤压、刮擦并形成局部高温所造成的后果,轻微碰擦难以形成,倒地摔跌时难以形成,与乙车发生接触亦难以形成。4. 当甲乙两车发生碰撞时,甲车前侧受到阻力,由于惯性甲车驾驶人(前座人员)与甲车发生前后方向的相对运动,呈骑跨甲车姿态的驾驶人右裤腿内侧与甲车油箱发生刮擦可以形成两者上述痕迹,微量物证鉴定意见亦印证黄××事发时所穿长裤右裤腿内侧与甲车油箱右后上部发生瞬间刮擦并产生了物质转移。甲车后座(乘员座位)位置靠后,且有驾驶人(前座人员)的阻挡,后座人员难以形成该处痕迹,再结合陈××就诊照片所示其长裤右侧裤腿内侧未见异常痕迹等情况综合分析,事发时,黄××、陈××两人中,黄××更符合位于甲车前座位置(该车驾驶人位置)。综上所述,事发时,黄××、陈××两人中,黄××为甲车的驾驶人成立。

鉴定意见： 鲁R-×××××豪爵牌普通二轮摩托车与苏××驾驶的电动自行车发生事故时，黄××为该普通二轮摩托车驾驶人成立。

附图：

图4-5　甲车左前观照

图4-6　甲车正面局部痕迹照

图4-7　甲车右观照（前轮左右两减震器均向后弯折变形）

图4-8　甲车上侧局部照

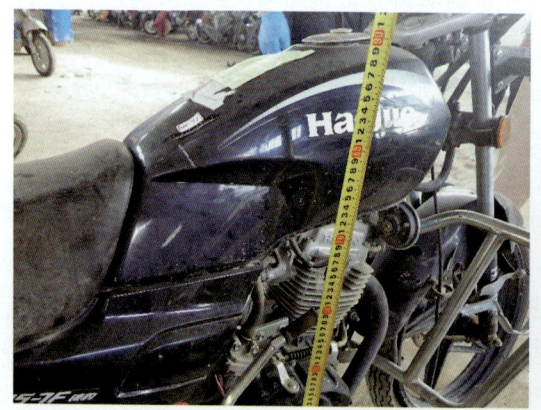

图4-9　甲车油箱痕迹部位照

图4-10　甲车油箱痕迹照

第四章　道路交通事故中摩托车当事人交通行为方式鉴定

图4-11　乙车左前观照

图4-12　乙车左观照

图4-13　乙车前部部件损毁照

图4-14　黄××事发时所穿长裤

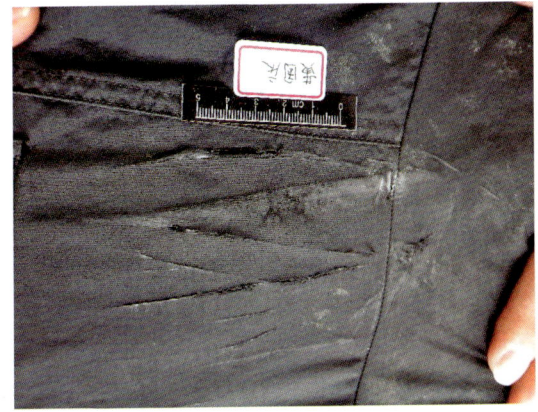

图4-15　黄××事发时所穿长裤右裤腿局部痕迹概貌照

图4-16　黄××事发时所穿长裤右裤腿局部痕迹细目照

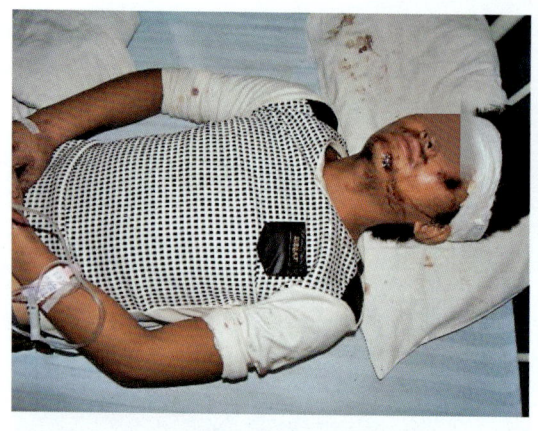
图4-17 陈××就诊时照片

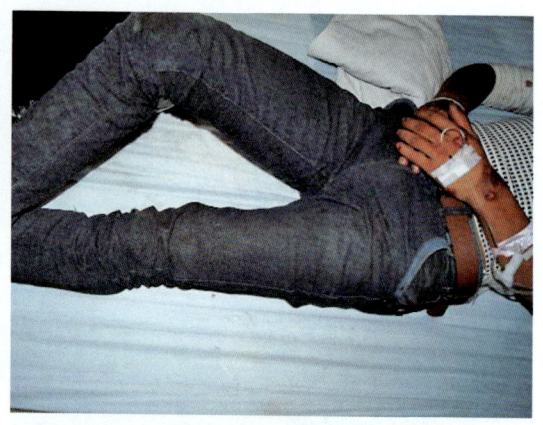
图4-18 陈××事发时所穿牛仔裤

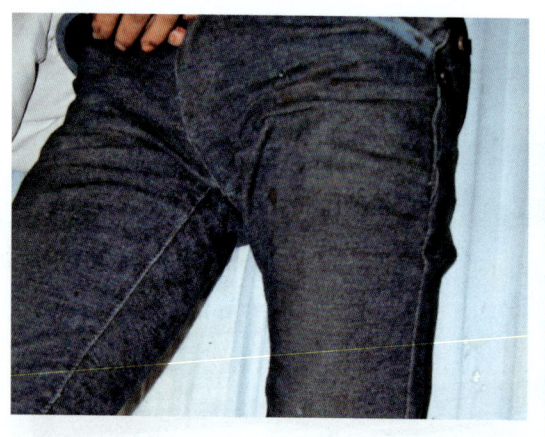
图4-19 陈××事发时所穿牛仔裤局部放大照

图4-20 甲车油箱处痕迹与黄××长裤右裤腿痕迹比对照

案例解析：本案例中首先对甲乙两车的碰撞形态进行了分析判断，然后对黄××、陈××的损伤进行了比较分析，特别提出黄××特殊性损伤；再对驾驶人容易与车体发生接触产生痕迹的位置的痕迹进行分析，最后，根据碰撞运动状态及微量物证鉴定意见综合分析，本案例的特点是充分应用反正法进行分析判断，突出黄××的特殊性。

案例分析（三）

简要案情：20××年××月××日××时××分许，甲车：皖C-×××××福田牌重型自卸货车与乙车：鄂H-×××××宝雕牌普通二轮摩托车在××公路、××公路路口处发生道路交通事故。

委托事项：乙车当事人吴××、刘×二人中谁是驾驶人进行鉴定。

鉴定材料：1. 被鉴定的甲乙两车；2. 道路交通事故现场图、现场照片等事故卷宗图文材料(复制件);3.刘××尸表检验鉴定意见书(复制件);4.吴××验伤报告单(复制件);5.吴××急诊病历(复制件)。

资料摘要： 1.刘×尸表检验鉴定意见书——××[20××]病交鉴字第×××号。衣着检查：上身穿蓝色外套，灰底白色图案长袖休闲衫；下身着蓝色牛仔裤（右大腿下段、右膝部及右小腿中上段见撕破口），黑色短裤；脚穿白色运动鞋，白色棉袜。一般情况：尸长177 cm，发育正常，营养一般。尸体现象：尸斑呈暗红色，分布于体表背侧未受压处，指压不褪色。冰冻尸体。头（面）部：头顶发长8 cm，发色黑；双侧眼睑皮肤青紫，口、鼻腔积血，双侧外耳道未见异常分泌物。右侧颞顶部至右眼外下方见16 cm×7 cm挫裂创，创腔内见皮下软组织及肌肉挫灭，颅骨骨折，额部正中偏左侧见7 cm×1 cm、2 cm×0.5 cm挫裂创，创腔内见颅骨线性骨折，左眉弓见5 cm×1 cm挫裂创，左眼睑周围及左颧部在7 cm×4 cm范围内见多处片状皮肤擦伤，鼻背部至下颌部在14 cm×5 cm范围内见散在多处条形皮肤擦伤，上、下唇黏膜多处挫伤，左上第1齿冠折，鼻骨扪及粉碎性骨折，上、下颌骨扪及骨折。颈（项）部：颈部右侧见4 cm×1 cm皮肤擦伤，颈部左上方见3 cm×0.5 cm皮肤擦伤。躯干部：右肩部见3 cm×3 cm、1 cm×0.7 cm皮肤擦伤，左锁骨内侧端见2 cm×0.7 cm皮肤擦伤。左侧胸腔穿刺抽出暗红色血性液体。四肢：右上臂上段外侧见2.5 cm×0.5 cm皮肤擦伤，右手指背侧见散在多处片状皮肤擦挫伤；右大腿下段内侧、右膝部及右小腿上段内侧在23 cm×13 cm范围内见散在多处条、片状皮肤擦挫伤，右大腿下段内侧见1 cm×0.2 cm浅表挫裂创。左手食指掌指关节背侧见3 cm×1 cm皮肤青紫伴2 cm×0.5 cm皮肤擦伤。肛门及外生殖器：未见异常。2.吴××验伤报告单——1017982。患者2017.4.24凌晨因"车祸致倒地不起呼吸困难1小时余"入院。查体：T36.6℃，BP：140/109 mmHg，SPO299%。神志昏迷，GCS 7分，烦躁不安，气管插管，机械通气，呼气急促，左侧瞳孔3 mm，对光反射迟钝，右侧无法测，右侧胸引管接水封瓶，心率164次/分，律齐，双肺呼吸音粗，胸廓见反常呼吸，双侧骨摩擦感。腹膨隆，软，压痛不明显，肠鸣音弱。右肩部及右下肢肿胀，已清创包扎处理。辅检：4.24头、胸、腹部、颈椎CT：蛛网膜下腔出血；右侧颧弓、眶外侧壁及双侧上颌窦壁多发骨折伴上颌窦积液，右侧颧眶部皮下气肿、积气，右肺及左肺上叶挫伤，双侧气胸（右侧35%，左侧25%），颈部、纵隔及右侧胸壁广泛气肿，右侧胸腔少量积液影。右侧锁骨及部分肋骨骨折。上腹部未见明显外伤性病变，颈椎未见骨折。诊断：多发伤：颅内出血，颜面部多发骨折，开放性胸部损伤，开放性锁骨骨折，多发血气胸，肺挫伤，失血性休克，右侧髌骨骨折，右侧第一肋骨骨折。3.吴××急诊病历——门诊号0021844。查体：神志不清楚，右侧瞳孔散大，对光反射消失，右侧眉弓处肿胀，伴头皮挫裂出血，颈软，右侧前上胸壁肿胀明显，可见一长约10 cm裂口，可见锁骨骨折外露，右侧呼吸音减弱，腹部平软，肝脾肋下未及，全腹无肌紧张。右侧膝部可见皮肤挫裂伤。诊断：头部外伤脑出血，开放性胸部损伤，开放性锁骨骨折，血气胸，肺挫伤，失血性休克。

参照GA41-2014《道路交通事故痕迹物证勘验》、GA/T1087-2013《道路交通事故痕迹鉴定》、GA/T944-2011《道路交通事故机动车驾驶人识别调查取证规范》、SF/Z JD0101001-2016《道路交通事故涉案者交通行为方式鉴定》有关条款及检验方法，对甲乙两车痕迹进行检验,结合提供的其他案卷材料,对委托事项作出鉴定意见。

检验所见:1. 甲车。车架钢印号为××××××××××××××××××。右前轮轮胎外侧胎侧、右前轮钢圈外侧及其固定螺丝局部见碰撞刮擦痕迹,轮胎表层黑色物质局部呈减层,局部见绿色漆片附着。右前车门踏脚后侧饰板(橙红色)距地高76 cm～110 cm及破损碎裂,右前轮轮眉后端碎裂伴擦痕。2. 乙车。车架钢印号为×××××。前轮左右两侧减震器断裂,前轮扭转变形,前轮钢圈左侧局部碎裂,对应处轮胎豁裂,前轮轮胎失压瘪气。前导流罩、仪表盘饰罩及挡风板大部分碎裂并向后挤压变形。油箱后部凹陷变形,表面绿色涂层呈减层。鞍座缺失。现场头盔随车带回,全盔,L(59)型,主色为蓝色,涂有多种彩色,后部见"46"字样,前部上方见意大利"agv"品牌标识,护目镜碎落缺失,右侧额部壳体、右侧护颌壳体部件裂开破损,两处破损处在一条斜行力线上,破损周边伴有磨损,表层涂层呈减层,额部壳体局部黏附橙红色物质。3. 道路交通事故现场图及现场照片所见。甲车头西尾东位于现场,其右侧前、后轮距道路北侧边沿线距离分别为840 cm、810 cm。乙车头西北尾东南位于甲车东南方,其前、后轮分别距西侧路口边沿连线150 cm、200 cm,甲乙两车相距3 130 cm,乙车东北侧路面上见130 cm×60 cm血迹,血迹距乙车后轮240 cm、距西侧路口边沿连线340 cm。现场图示甲车事发时由南向西左转弯行驶,乙车由北向南行驶。现场照片见吴××头西北脚东南紧邻乙车右侧倒卧在地面上,乙车及吴××头部西北方向地面上见大量散落物。

分析说明:1. 甲乙两车所检见的痕迹,在部位、附着物等方面均可以互相印证,符合甲车右侧前部(右前轮及周边饰罩)与乙车前侧发生碰撞所形成的特征。2. 根据上述甲乙两车的碰撞形态分析,碰撞时乙车速度骤减,在惯性力作用下,乙车上驾乘二人必然向甲车右前部发生抛摔、撞击,但由于乙车驾乘人员对事故发生的预判、准备以及对乙车的操控、把持不同,使得乘坐人损伤重且被抛摔的较远,而驾驶人则损伤相对较轻且离乙车较近,结合乙车当事人刘×尸表检验鉴定意见书、乙车当事人吴××验伤报告单及其急诊病历中对其各自损伤的形态、部位及程度的描述,以及事故现场图及现场照片所示甲乙两车相对位置、吴××与刘×(现场一滩血迹应为刘×所留)相对乙车的位置情况分析,事发时,吴××符合处在驾驶位置上,刘×处在乘坐位置上。3. 另外,从部位、形态以及严重程度比较吴××、刘×二人的损伤情况,结合乙车前部前导流罩、仪表盘饰罩及挡风板大部分碎裂等痕迹分析,也符合事发时吴××处在驾驶位置上,其前胸壁与乙车前部发生撞击导致损伤较重,而刘×事发时位于乘坐位置上,其前方有吴××身体遮挡,才使其前胸壁免遭重创,进一步证实二人的驾乘关系。4. 根据现场图及现场照片分析,甲乙两车碰撞时应呈一定角度并且乙车与甲车撞击后车身扭转方向,这与甲车右前车轮、右前车门踏脚后侧饰罩碎落痕迹也相符合,后者痕迹为戴头盔的乘坐人所形成,即头盔右部斜行破损、刘×头面部损伤与甲车右前车门踏脚后侧饰罩破损构成承痕体与造痕体关系。

鉴定意见:皖C-×××××福田牌重型自卸货车与鄂H-×××××宝雕牌普通二轮摩托车发生事故时,吴××为该普通二轮摩托车驾驶人可以成立。

附图：

图4-21　甲车右前门踏脚后部饰罩痕迹细目照

图4-22　甲车右前轮痕迹细目照

图4-23　乙车前轮痕迹照

图4-24　现场头盔正面痕迹细目照

图4-25　现场照片

案例解析：本案例是重型自卸货车与摩托车发生碰撞的事故，首先对两车的碰撞形态进行了分析，接触的部位相对于甲车来说仅是右前轮及周边饰罩，面积较小。对于损坏较为轻微的事故形态来说，分析交通行为方式的难度较高。幸好对于摩托车来说损坏部位位于车辆前部，可能对乙车当事人的损伤产生不同的影响，而形成不同的损伤，即从部位、形态以及严重程度比较吴××、刘×二人的损伤情况，结合乙车前部前导流罩、仪表盘饰罩及挡风板大部分碎裂等痕迹分析，也符合事发时吴××处在驾驶位置上，其前胸壁与乙车前部发生撞击导致损伤较重，而刘×事发时位于乘坐位置上，其前方有吴××身体遮挡，才使其前胸壁免遭重创，进一步证实二人的驾乘关系。但本次鉴定中，主要分析应用了相对位置关系分析法。最后，根据现场图及现场照片分析认为吴××是驾驶人可以成立。

案例分析（四）

简要案情：20××年××月××日××时××分许，甲车：沪G-×××××大众汽车牌小型普通客车与乙车：挂有沪X-×××××临时行驶车号牌的KYMCO两轮普通摩托车在××公路、××公路路口处发生道路交通事故。

委托事项：乙车当事人汤××、何××二人中谁是驾驶人进行鉴定。

鉴定材料：1. 被鉴定的甲乙两车；2. 道路交通事故现场图、现场照片等事故卷宗图文材料（复制件）；3. 汤××尸表检验鉴定意见书（复制件）。

资料摘要：汤××尸表检验鉴定意见书——××[20××]病交鉴字第×××号。尸长176 cm，发育正常，营养一般。头顶发长6 cm，发色黑；左侧眼睑皮肤青紫，口、鼻腔积血，双侧外耳道未见异常分泌物。左侧颞顶枕部见10 cm×8 cm头皮擦挫伤伴长8 cm已缝合挫裂创，面部左侧在19 cm×3 cm范围内见散在点、片状皮肤青紫、擦伤及条状玻璃割划伤。颈部左侧至右上胸部及右肩部散在点、条状皮肤擦挫伤，颈部右侧见4.5 cm×1.5 cm皮肤擦挫伤。左肩峰处见3 cm×3 cm皮肤擦伤，左上腹部至左腰部外侧在17 cm×8 cm范围内见散在点、条状皮肤擦挫伤，左髂部见2 cm×2 cm皮肤青紫。右肘部外侧在8 cm×3 cm范围内见多处点、条状皮肤擦伤；右大腿上段前侧见1 cm×1 cm皮肤擦伤，右大腿中下段内侧在6 cm×5 cm范围内见多处条状皮肤擦挫伤，右膝部内侧见1 cm×0.2 cm皮肤擦伤，右膝部内下方见2 cm×1 cm皮肤青紫，右小腿中段前内侧在3 cm×3 cm范围内见散在条、片状皮肤擦挫伤伴周围皮肤青紫，右小腿中下段外后侧在14 cm×5 cm范围内见多处点状皮肤擦伤，右足背见2 cm×0.3 cm皮肤擦伤。左肘部桡、伸侧至左前臂上段伸侧在15 cm×8 cm范围内见散在点、条状皮肤擦挫伤，左肘部伸侧见多处条状浅表挫裂创，左手背见多处条、片状皮肤擦挫伤；左大腿上段外侧见片状皮肤青紫伴点状皮肤擦伤，左大腿中段外侧见7 cm×5 cm皮肤青紫伴3 cm×3 cm骨折断端刺创，左股骨中段扪及骨折。

参照GA41–2014《道路交通事故痕迹物证勘验》、GA/T1087–2013《道路交通事故痕迹鉴定》GA/T944–2011《道路交通事故机动车驾驶人识别调查取证规范》、SF/Z JD0101001–2016《道路交通事故涉案者交通行为方式鉴定》有关条款及检验方法，对甲乙两车的痕迹进行检验，并结合委托方提供的鉴定材料，对汤××、何××两人中谁是乙车事发时驾驶人进行鉴定。

检验所见：1. 甲车。车辆识别代号为××××××××××××××××。右侧前、后车门及右后翼子板均凹陷变形。右侧车窗玻璃碎落。车身右侧距地高161 cm以下、距车前端145 cm～361 cm范围内见刮擦痕迹，表层银色涂层呈减层，黏附白色及黑色物质，其中距地高26 cm～37 cm、距车前端172 cm～185 cm范围内黏附红色及黄色物质。2. 乙车。车架钢印号为××××。车身为踏板式结构。左后视镜镜面缺失。仪表台前饰罩脱位。右制动握把端部缺损。左方向把把套缺失。前导流罩缺失。车身左、右前部饰罩缺损。车辆正面距地高107 cm以下范围内见刮擦痕迹，表层白色涂层呈减层，黏附银色物质。前轮后移，其左避震器及制动分泵外侧距地高21 cm～41 cm范围内见刮擦痕迹，表层红色及黄色物质呈减层，黏附银色物质。车身左侧中后部饰罩松脱。3. 何××体表损伤情况。委托×××法医病理学研究室对何××的体表损伤情况进行检验，检验结果：何××下颌部左侧挫裂创，颈、胸、腹部偏左侧散在皮肤结痂痕，左上臂中下段前外侧及左上臂上段屈、桡、伸侧见散在皮肤结痂痕，左手背侧散在皮肤结痂痕，左大腿中段外后侧皮肤青紫（局部呈黄绿色变），左足弓多处皮肤擦伤伴周围皮肤黄绿色变，左足跟内侧皮肤青紫。右肘部伸侧散在皮肤结痂痕，右手虎口处皮肤擦伤，右手掌多处浅表割划伤，右手指背侧及右手背见散在皮肤结痂痕，右膝部前侧皮肤结痂痕，右足跟内侧至右足弓多处皮肤结痂痕。另据病史资料记载，何××存在颅脑外伤，蛛网膜下腔出血，胸部闭合伤，左侧第1、9、10肋骨骨折，左侧气胸，两肺挫伤，左股骨干粉碎性骨折，颈部、下颌部、左上肢皮肤裂伤，左侧内踝骨折。

分析说明：甲乙两车所检见的痕迹，在部位、附着物等方面均可以互相印证，符合甲车右侧中前部与乙车正面碰撞后，乙车（含其两名当事人）左侧与甲车右侧中后部碰撞形成的特征；乙车车身为踏板式结构，结合汤××尸表检验鉴定意见书及何××体表损伤检验结果中损伤情况的描述综合分析，符合汤××事发时坐在何××前方，即汤××位于乙车驾驶人位置与甲车碰撞形成的特征。

鉴定意见：汤××为挂有沪X-×××××临时行驶车号牌的KYMCO两轮普通摩托车事发时的驾驶人可以成立。

附图：

图4-26 甲车右侧痕迹照

图4-27 乙车前侧痕迹照

图4-28　乙车左侧痕迹照

案例解析：本案例中，甲乙两车的碰撞形态是判断乙车当事人谁是事发时驾驶人的关键，甲乙两车的碰撞形态是"甲车右侧中前部与乙车正面碰撞后，乙车（含其两名当事人）左侧与甲车右侧中后部碰撞"，两次碰撞的过程较为清晰，并且第一次碰撞对于乙车来讲是正面受力，对乙车当事人对应损伤有较为明显差异，结合乙车车身为踏板式结构，汤××尸表检验鉴定意见书及何××体表损伤检验结果中损伤情况的描述综合分析，符合汤××事发时坐在何××前方，即汤××位于乙车驾驶人位置与甲车碰撞形成的特征。

案例分析（五）

简要案情：20××年××月××日××时××分许，甲车：沪B-×××××东风中型普通货车与乙车：悬挂沪C-×××××两轮轻便摩托车号牌王冠牌机动二轮车在××区××镇××路、××路东侧约1 km处发生道路交通事故。

委托事项：对甲乙两车的碰撞形态及乙车当事人乙车当事人徐××事发时的交通行为方式进行鉴定。

鉴定材料：1. 被鉴定的甲乙两车；2. 徐××尸表检验鉴定意见书——××[20××]病交鉴字第×××号（复制件）；3. 道路交通事故现场图（复制件）。

资料摘要：徐××尸表检验鉴定意见书——××[20××]病交鉴字第×××号。尸长165 cm。头顶发长0.6 cm，发色黑、夹杂白发；左侧眼睑皮肤青紫，右侧外耳道积血，口、鼻腔及左侧外耳道未见异常分泌物。右颞顶部见8 cm×2.5 cm头皮擦伤，其内见长7 cm已缝合挫裂创，左侧面颊肿胀，额面部见散在条、片状皮肤擦挫伤，左眼下睑处见长2 cm已缝合挫裂创。右侧胸腔穿刺见积血。右外踝处见2 cm×1 cm皮肤擦伤，右足拇趾根部背侧见2 cm×1.5 cm皮肤擦挫伤，右足第2趾背侧见0.5 cm×0.5 cm皮肤擦伤。左上臂下段外侧见5 cm×3 cm皮肤擦伤，左上臂下段外侧至左肘外侧见12 cm×5 cm皮肤青紫，左手食指、中指掌指关节背侧见多处点、片状皮肤擦伤；左股骨中段扪及骨折，左大腿外侧见广泛性皮肤青紫，左大腿上段外侧2 cm×0.7 cm皮肤擦伤，左膝部周围皮肤扪及囊状撕脱，左膝部下方见8 cm×8 cm皮肤青紫,左小腿上段内侧见2 cm×2 cm皮肤青紫,左足背见0.7 cm×0.3 cm皮肤擦伤。

根据GA41-2014《道路交通事故痕迹物证勘验》、GA/T1087-2013《道路交通事故痕迹鉴定》及SF/Z JD0101001-2016《道路交通事故涉案者交通行为方式鉴定》的有关条款及检验方法,对甲乙两车的痕迹进行检验,并结合提供材料,对甲乙两车的碰撞形态及乙车当事人徐××事发时的交通行为方式进行鉴定。

检验所见: 1. 甲车。车辆识别代号为×××××××××××××××××。车辆正面距地高71 cm～141 cm、距车右端56 cm～93 cm范围内见布纹样擦拭痕迹,局部凹陷变形。车辆中网距地高100 cm～112 cm、距车右端71 cm～110 cm范围见碰擦痕迹,表面泥灰呈减层。前保险杠中部局部变形;前保险杠距地高7 cm～83 cm、距其右端71 cm～113 cm范围见刮擦痕迹,表层黑色涂层呈减层,局部黏附蓝色、黑色物质。右前照灯边框左部破裂。车辆底盘前部下侧(车架前下侧、前桥前下侧、油底壳前下侧)局部见刮擦痕迹,表面黑色物质呈减层。2. 乙车。车架钢印号为×××××,发动机钢印号为××。左、右后视镜均缺失。转向把逆时针偏转约40度,其左把手保暖套破损。油箱脱位,其左、右两侧均凹陷变形。前轮左侧减震器前外侧距地高68 cm～78 cm范围见刮擦痕迹,表层黑色物质呈减层,局部黏附黑色物质。前牌照及前轮挡泥板前部弯折变形。左侧中部饰罩缺失。前保险杠呈左后右前偏转状,其左部蓝色挡风板见刮擦痕迹,表层蓝色物质呈减层。车辆右侧检见倒地痕迹。3. 道路交通事故现场图。事故现场为一处路口,甲车头东偏北尾西偏南停于现场,乙车头北尾南右倒于甲车前侧,乙车东侧相邻路面见一滩0.5 m×0.4 m血迹。

分析说明: 1. 甲乙两车所检见的痕迹,在部位、附着物及受力方向等方面均可以互相印证,符合甲车正面与乙车左前部相碰撞形成的特征。2. 根据乙车转向把及油箱的凹陷、脱位情况,结合道路交通事故现场图所示乙车与其当事人的位置关系及乙车当事人徐××尸表检验鉴定意见书中对其损伤情况的描述分析,符合徐××事发时呈骑跨乙车姿态与甲车相碰撞形成的事故特征。

鉴定意见: 沪B-×××××东风中型普通货车正面与悬挂沪C-×××××两轮轻便摩托车号牌王冠牌机动二轮车左前部发生过碰撞,事发时徐××呈骑跨该机动二轮车姿态可以成立。

附图:

图4-29 甲车前部痕迹部位照

图4-30 甲车前保险杠痕迹照

图 4-31　甲车前保险杠后侧支架痕迹照

图 4-32　乙车左侧前部痕迹部位照

图 4-33　乙车左侧前叉痕迹照

案例解析：本案例属于对机动二轮车当事人事发时的交通行为方式特殊姿态鉴定，即对机动二轮车当事人事发时骑跨姿态进行鉴定，和自行车或电动自行车当事人骑行或推行姿态鉴定的鉴定判断方法相类似，从事实认定上来讲，机动二轮车当事人处于骑跨姿态，在只有一个当事人的情况下，骑跨姿态的当事人也就是事发时是涉案车辆的驾驶人。判断的关键还在于骑跨姿态下形成的特征性损伤，结合了乙车转向把及油箱的凹陷、脱位情况和乙车当事人徐××尸表检验鉴定意见书中对其损伤情况的描述。

小结：通过以上案例分析，首先要分清驾驶人与骑跨状态的关系，摩托车分类来讲，不论是轻便摩托车还是摩托车，不论是两轮的还是三轮的，都属于机动车类型，司法鉴定是为诉讼服务的，所以与法律法规息息相关，对于交通事故来讲，首先在事故形态明确的情况下，对事故参与方的责任给予判断和承担，而对于机动车来讲，驾驶人是事故参与的主体，一般很少涉及对摩托车骑行状态还是推行状态的分析判断，除非对事故现场的情形出现争议，或者有必要证明这一个状态，对于摩托车的发动机工作容积 36 cc 以上的情形，有一个被限定为非机动车的特例，就是机动轮椅车，主要是对驾驶此种车辆人员身体条件的一个限定。所以，此处我们很少去讨论骑行状态或者推行状态，而是去讨论驾驶人。当然，也并不回避骑行状态或者推行状态，虽然在鉴定实践中很少见，但是也有出现，并且对于这种状态的分析判断，基本与驾驶人的分析判断存在很多关联。

其次要对以下方面进行分析：

（一）车体勘验分析关注点基于道路交通事故参与车辆的车身结构来分析，主要体现在以下：

1. 轻便摩托车　　轻便摩托车包括两轮轻便摩托车和正三轮轻便摩托车等类型，这里要考虑到电驱动的轻便摩托车的情形，从结构上来讲，电驱动轻便摩托车与轻便摩托车的区别，仅限于动力驱动方式的不同，一个是燃油驱动，而另一个是电驱动，对于涉案者交通行为方式鉴定的分析判断并没有多大的影响，只是生产厂家不同，而造成外观和结构的一些差异。在鉴定实践中，道路上行驶的摩托车中绝大多数多是两轮普通摩托车，因为动力足、体型较大，更能满足实际的使用需求，但也会有少量的轻便摩托车会出现在道路上，所以，要进行以下的分析研究。① 两轮轻便摩托车，这种类型的轻便摩托车，一般为踏板式的小型机车。根据遭受外力方向的不同：a. 当正面遭受外力时，按照从前向后、从下向上、从左向右的顺序，关注的重点是因车轮前部部件后移与人体发生接触产生的特征性痕迹，如仪表台后侧、转向立柱饰罩后侧、方向把、后视镜等部件，注意这些部件的变形走向是从前向后的，而产生的位于后侧的痕迹方向总体趋势是从后向前的，大多数是印压痕迹，对应人体产生相应的衣物痕迹和损伤特征，尤其关注胸腹部损伤特征；鞍座两侧及上部痕迹，如形成的对称性布纹样痕迹，一般坐垫较软，对于骑跨姿态形成的特征性损伤一般并不十分明显。b. 当侧面遭受外力作用时，按照从受力侧向非受力侧、从前向后、从下向上的顺序，关注的重点是因车身侧面部件向两侧方向变形及与人体接触所产生的对应性痕迹、损伤，如方向握把、制动把与人手部腕部等遭受外力产生的痕迹、变形、擦挫伤、骨折等，位于踏板上的脚或者呈叉坐姿态下肢位于踏板外的遭受外力产生的变形、擦挫伤、骨折等；鞍座一侧受力较重与一侧痕迹有一定区别，且鞍座垫底部连接处撕裂、变形会与受力方向产生对应性，时常可以作为判断受力方向的重要依据。c. 当后侧遭受外力作用时，按照从后向前、从下向上、从左向右的顺序，关注的重点是因车身后侧部件从后向前变形趋势及产生的痕迹特征，如书包架上捆绑搭载物品，则人体长裤和腰带后侧与搭载物品之间接触产生的痕迹，这里要甄别一下，此处的痕迹不是在平时骑行过程中产生的，而是因为后侧遭受外力，导致物品前移产生的痕迹同时可能产生的物质交换；车身后侧部件前侧可以与人体接触的部位所产生的对应痕迹和损伤特征；转向立柱饰罩后侧形成的各种刮擦痕迹，如鞋印、布纹印、其他和人体接触的特征性痕迹；转向柱饰罩后侧及转向把后侧产生的与人体接触形成的从后向前的变形、刮擦痕迹等。d. 当上侧受力时，按照从前向后、从上向下、从左向右的顺序，关注的重点是车身部件上侧及人体因遭受从上向下的外力作用时所产生的痕迹、损伤，这种形态很罕见。e. 多种方向受力时，按照第一次受力的面的顺序进行，一般发生在与多车发生碰撞的事故中，关键的是分辨发生的过程和顺序。② 三轮轻便摩托车。这种车辆类型很不常见，在鉴定实践过程中，一些按照案件调查需要进行车辆属性鉴定的案件中，遇到的三轮轻便摩托车，一般是电驱动方式的，随着GB17761-2018《电动自行车安全技术规范》的实施，从生产源头进行了控制和规定，相信这种情况会越来越少见，直至消失，存在的此类轻便摩托车也将是统一制式和规格的轻便摩托车。根据遭受外力方向的不同：a. 当正面遭受外力时，按照从前向后、从下向上、从左向右的顺序，关注的重点是因车轮前部部件后移与人体发生接触产生的特征性痕迹，如转向立柱饰罩后侧、转向把、后视镜等部件，注意这些部件的变形走向是从前向后的，而产生的位于后侧的痕迹方向总体趋势是从后向前的，大多数是印压痕迹，对应人体产生相应的衣物痕迹和损伤特征，尤其关注胸腹部损伤特征。b. 当侧面遭受外力作用时，按照从受力侧向非受力侧、从前向后、从下向上的顺序，关注的重点是因车身侧面部件向两侧方向变形及与人体接触所产生的对应性痕迹、损伤，如转向握把、制动把与人手部腕部等遭受外力产生的痕迹、变形、擦挫伤、骨折等；鞍座一侧受力较重与一侧痕迹有一定区别，且鞍座垫连接处撕裂、变形会与受力方向产生对应性。c. 当后侧遭受外力作用时，按照从后向前、从下向上、从左向右的顺序，关注的重点是因车身后侧部件从后向前变形趋势及产生的痕迹特征，车身后侧部件前侧可以与人体接触的部位所产生的对应痕迹和损伤特征；鞍座两侧及后侧产生的痕迹；转向立柱饰罩后侧形成的各种刮擦痕迹，如鞋印、布纹印、其他和人体接触产生的特征性痕迹；转向柱及转向把后侧产生的与人体接触形成的从后向前的变形、刮擦痕迹等。d. 当上侧受力时，按照从前向后、从上向下、从左向右的顺序，关注的重点是车身部件上侧及人体因遭受从上向下的外力作用时所产生的痕迹、损伤，这种形态很罕见。e. 多种方向受力时，按照第一次受力的面的顺序进行，一般发生在与多车发生碰撞的事故中，关键的是分辨发生的过程和顺序。

2. 摩托车　摩托车分为两轮普通摩托车和正三轮摩托车，可能还有一部分偏三轮摩托车，因为比较少见，正逐渐消亡中，所以不是我们研究的重点。从车身结构上来讲，这种类型摩托车与轻便摩托车不同的是存在踏板和骑跨式两种类型，对于驾驶人来讲，存在一定的差异。摩托车由于动力较大，所以发动机存在四冲程的发动机的情形，大型机车的机构与中型机车的机构差异不大，只是体积更大一些。① 踏板式摩托车。根据遭受外力方向的不同：a. 当正面遭受外力时，按照从前向后、从下向上、从左向右的顺序，关注的重点是因车轮前部部件后移与人体发生接触产生的特征性痕迹，如转向立柱饰罩后侧、方向把、后视镜等部件，注意这些部件的变形走向是从前向后的，而产生的位于后侧的痕迹方向总体趋势是从后向前的，大多数是印压痕迹，对应人体产生相应的衣物痕迹和损伤特征，尤其关注胸腹部损伤特征；斜架两侧的痕迹；踏脚杆及踏脚痕迹；鞍座两侧及上部痕迹，如形成的对称性布纹样痕迹。b. 当侧面遭受外力作用时，按照从受力侧向非受力侧、从前向后、从下向上的顺序，关注的重点是因车身侧面部件向两侧方向变形及与人体接触所产生的对应性痕迹、损伤，如转向握把、制动把与人手部腕部等遭受外力产生的痕迹、变形、擦挫伤、骨折等，这里要关注一下在天气寒冷时间防护套使用所产生的影响；踏脚及踏杆及位于踏脚上的脚遭受外力产生的变形、擦挫伤、骨折等，这里要关注一下在当事人事发时采取的不是骑行而是电驱动运行时所产生的区别，脚放置在踏板上，而不是在踏脚上，产生的痕迹和损伤存在巨大差异；鞍座一侧受力较重与一侧痕迹有一定区别，且鞍座垫固定螺栓结合部发生变形、撕裂等情况，会与受力方向产生对应性。c. 当后侧遭受外力作用时，按照从后向前、从下向上、从左向右的顺序，关注的重点是因车身后侧部件从后向前变形趋势及产生的痕迹特征，车身后侧部件前侧可以与人体接触的部位所产生的对应痕迹和损伤特征；前部部件后侧形成的各种刮擦痕迹，如鞋印、布纹印、其他和人体接触产生的特征性痕迹。d. 当上侧受力时，按照从前向后、从上向下、从左向右的顺序,关注的重点是车身部件上侧及人体因遭受从上向下的外力作用时所产生的痕迹、损伤,这种形态很罕见。e. 多种方向受力时,按照第一次受力的面的顺序进行,一般发生在与多车发生碰撞的事故中,关键的是分辨发生的过程和顺序。

② 骑跨式摩托车。骑跨式摩托车包括三轮的情形。根据遭受外力方向的不同: a. 当正面遭受外力时,按照从前向后、从下向上、从左向右的顺序,关注的重点是因车轮前部部件后移与人体发生接触产生的特征性痕迹,如转向立柱后侧、仪表台后侧、方向把、后视镜等部件,注意这些部件的变形走向是从前向后的,而产生的位于后侧的痕迹方向总体趋势是从后向前的,大多数是印压痕迹,对应人体产生相应的衣物痕迹和损伤特征,尤其关注胸腹部损伤特征。b. 当侧面遭受外力作用时,按照从受力侧向非受力侧、从前向后、从下向上的顺序,关注的重点是因车身侧面部件向两侧方向变形及与人体接触所产生的对应性痕迹、损伤,如转向握把、制动把与人手部腕部等遭受外力产生的痕迹、变形、擦挫伤、骨折等,这里要关注一下在天气寒冷时间防护套使用所产生的影响;位于踏脚、操作杆件上的脚,杆件外下肢等遭受外力产生的变形、擦挫伤、骨折等,鞍座和油箱一侧受力较重与一侧痕迹有一定区别,且鞍座垫固定螺栓结合部发生变形、撕裂等情况及油箱向内凹陷变形的程度,会与受力方向产生对应性。c. 当后侧遭受外力作用时,按照从后向前、从下向上、从左向右的顺序,关注的重点是因车身后侧部件从后向前变形趋势及产生的痕迹特征,车身后侧部件前侧可以与人体接触的部位所产生的对应痕迹和损伤特征。d. 当上侧受力时,按照从前向后、从上向下、从左向右的顺序,关注的重点是车身部件上侧及人体因遭受从上向下的外力作用时所产生的痕迹、损伤,这种形态很罕见。e. 多种方向受力时,按照第一次受力的面的顺序进行,一般发生在与多车发生碰撞的事故中,关键的是分辨发生的过程和顺序。

(二) 人体检验分析关注点基于车身结构与受力方向或者总体来讲是碰撞形态的不同来进行分析的。而对于人体自身而言,和人体结构特征是形成损伤的客观依据,所穿着的衣物、鞋袜、帽子等,佩戴的首饰物品,携带的物品等则是形成痕迹的客观依据,两者的结合是对应车体痕迹的造痕客体,同时受反作用力影响,也同时是承痕客体。在骑行状态下,或者说在驾驶姿态下,作为驾驶人的人体主要关注的特征性损伤集中在头面部、手腕部、胸腹部、大腿内侧的骑跨损伤、膝盖内侧、脚踝部等部位,对于头面部损伤常常体现为因骑跨姿态高位被摔抛而形成的特征性损伤;手腕部因抓握手把在遭受侧面受力时产生的特征性损伤;胸腹部因遭受前、后受力的情况下产生的特征性损伤;大腿内侧因骑跨在鞍座上与鞍座发生接触形成的损伤,这一损伤被认为是最为关键的判断依据;膝盖内侧有时也会形成一定的损伤;脚踝内外侧均因碰撞形态的不同而形成不同程度、类型的损伤。在人体损伤分析中,对于摩托车在车体结构构件上的影响常常比较小,因为道路交通事故痕迹的特点在于形成近乎完全动态的过程中,在勘验车体的过程中,应仔细寻找造痕客体特征,尤其是血迹等生物检材、衣物等织物纤维、油漆和油渍等有机物及无机物检材产生的相互作用和物质交换。

(三) 碰撞形态关注点基于事故形态的不同进行分析。道路交通事故从碰撞形态的角度进行分析,一般来讲可以分为正面碰撞、侧面碰撞、追尾碰撞等,多车碰撞和多次碰撞的情况较为复杂,而形态的分析又是基于车身构件发生的变化,即产生的痕迹来综合分析得出的结果,所以上述(一)(二)既是开展这一研究讨论的基础,又是形态重建的延伸。因为单一考虑(一)(二)是不全面的,因为在道路交通事故中,还有其他参与对象,这种对象可以是行人,可以是自行车和电动自行车、轿车及货车等不同类型的车辆,也可以是路面、灯杆、交通设施等固定物或可移动式客体,而这些参与对象可以是静态的、也可以是动态的,他们的活动将影响对碰撞形态的最终判断,而没有碰撞形态的确定,等于道路交通事故涉案者交通行为方式鉴定的基础的缺失,单纯地依靠人体损伤或者车体痕迹进行的分析判断,都存在片面的甚至错误的风险。分析的重点体现在:① 碰撞的具体部位,这是反映造痕客体和承痕客体特征的直观反映,如轿车前保险杠与摩托车右踏杆或踏板发生碰撞,反映在轿车前保险杠上的特征会体现右踏杆端部或踏板右外侧的形态特征,同时会存在物质交换的可能,而位于骑跨姿态时,右脚会形成相应的损伤,裤脚或者袜子会有一定的痕迹反映等;摩托车前轮前侧与轿车前保险杠发生接触,前轮向后移位、变形失圆,反映了正面碰撞的形态等。② 车辆相对运动过程,这是反映第一次碰撞后车辆发生偏转、移位,甚至再次、多次发生碰撞的过程,这时最重要的是找到第一次碰撞接触点,随后要通过痕迹来分出多次碰撞的过程,这个过程分析比较复杂,要结合人体、车体、地面、相关物体的痕迹综合分析,在痕迹没有相互关联和覆盖的情况下,比较难以分辨,但这时往往可以从不同痕迹之间的相互关系寻找突破口,例如地面血迹与摩托车倒地起点、轿车制动拖印起点之间的相对位置关系。③ 特殊情形,例如摩托车当事人处于骑行姿态时自行倒地或者受其他车辆或者干扰因素影响,实际情况是没有与其他客体发生过接触,摩托车痕迹仅限于倒地时与地面形成的痕迹,人体仅限于于摔倒形成的损伤,当然这里也存在很大可能是当事人突发疾病,这时对于当事人事发时的交通行为方式鉴定难度非常高,这种情况正说明,碰撞形态在此类鉴定项目中的重要作用,当然如果有其他可靠证据也是可以解决此类问题的,比如可靠的证人证言、视频记录工具,这些记录工具包括经过车辆的行车记录仪、路人的视频录像、路口的监控、路边银行或者其他单位安装的视频记录设备等,能客观反映事实的都可以作为判断的依据之一。而这种情况下,一般对于道路交通事故涉案者事发时的交通行为方式的事实查明不是最重要的,但作为事实认定来讲,也是不可缺少的。

(四)综合评判重点的要求与自行车或者电动自行车的相同。

第二节 乘 坐 人

乘坐状态是指涉及各类车辆的道路交通事故发生时,处于车辆乘坐位置的人员乘坐车辆的状态,正在乘坐的人员被称为乘坐人。这里的乘坐状态,特指摩托车上有两人以上的状态和情形。

摩托车当事人事发时处于乘坐状态的判定,一般参考以下技术指标:第一,根据摩托车正面碰撞事故的碰撞对象即碰撞形态,分析碰撞时的减速度或加速度,会造成摩托车车上人员不同的运动轨迹;依据被碰撞车、物上的痕迹和各人不同的着地位置,结合人体体表痕迹及损伤判断其事发时在车上所处的位置。第二,摩托车正面碰撞事故中,应根据碰撞对其前后座人员所形成的不同损伤进行分析。前座人员除头面部（或头盔）直接在碰撞中形成损伤外，其胸腹部和顶枕部、腰背部往往又会与所驾车辆的驾驶操纵部件以及和后座人员身体碰撞形成特征性损伤；此时后座人员的损伤程度则一般较轻。第三，对于摩托车侧面被其他车辆碰撞的事故，应在确认两车具体碰撞部位的基础上，区分摩托车车上人员是否应受到直接碰撞和可能形成的不同受伤情况。对于摩托车前后座踏脚高度不同的情况，可根据受伤人员下肢损伤位置距地高来判断。第四，对于踏板式摩托车，可根据前后座人员下肢、会阴区所处的位置及其接触物的不同，分析不同的损伤机理。其前座驾驶人两腿间无异物，且处于相对隐蔽位置；后座骑跨式座位的乘坐人的腿部则比较暴露，碰撞或倒地时下肢和会阴部的内外侧往往都会形成骑跨式损伤痕迹。第五，应注意区分与摩托车驾驶人在事故碰撞、倒地中，其上肢和手容易受到的特征性损伤（如大鱼际擦挫伤、腕关节脱位或尺、桡骨下段骨折等）。第六，应注意摩托车车上人员衣裤的损坏和车辆表面附着物特征来区分事发时摩托车上人员所处的位置。

案例分析（一）

简要案情：20××年××月××日××时××分许，车上放置有沪C-×××××轻便摩托车号牌的不知厂牌两轮普通摩托车在××环路、××区路口南约100 m处发生道路交通事故。

委托事项：被鉴定车辆当事人杨×、刘××二人中谁是乘坐人进行鉴定。

鉴定材料：1. 被鉴定车辆；2. 道路交通事故现场图、现场照片等事故卷宗图文材料（复制件）；3. 杨×尸表检验鉴定意见书（复制件）；4. 刘××。

资料摘要：杨×尸表检验鉴定意见书——××[20××]病交鉴字第×××号。尸长176 cm，发育正常，营养一般。额部正中偏左侧见0.4 cm×0.4 cm、0.4 cm×0.1 cm皮肤擦伤，下颌部右侧见2 cm×0.8 cm皮肤擦伤。右肩部前侧见3 cm×1.5 cm皮肤青紫，左肩部前侧见1 cm×0.8 cm皮肤擦伤及1.5 cm×0.5 cm皮肤青紫，左肩部后侧见3.5 cm×0.7 cm皮肤擦伤，胸、腹部正中在25 cm×7.5 cm范围内见多处条、片状皮肤擦伤，腹部左侧在8 cm×5 cm范围内见多处点状皮肤擦伤、挫伤，下腹部右侧至右大腿上段前外侧见26 cm×13.5 cm皮肤擦挫伤。右手背见6.5 cm×3.5 cm皮肤青紫，右手拇指掌指关节背侧见0.5 cm×0.5 cm皮肤擦伤，右大腿下段前内侧在8.5 cm×3 cm范围内见多处点、条状皮肤擦伤，右小腿外侧见散在点、条、片状皮肤擦挫伤，右小腿上段胫前见8 cm×5 cm皮肤擦挫伤，右小腿中段前内侧见8 cm×7 cm皮肤青紫，右外踝处见2.5 cm×2 cm皮肤擦挫伤。左前臂尺、伸侧见17.5 cm×1.5 cm皮肤擦挫伤；左小腿前内侧见散在片状皮肤青紫伴点状皮肤擦伤。

参照GA41-2014《道路交通事故痕迹物证勘验》、GA/T1087-2013《道路交通事故痕迹鉴定》、GA/T944-2011《道路交通事故机动车驾驶人识别调查取证规范》、SF/Z JD0101001-2016《道路交通事故涉案者交通行为方式鉴定》的有关条款及检验方法，对被鉴定车辆的痕迹进行检验，并结合杨×尸表检验鉴定意见书中所述损伤情况及刘××体表损伤情况综合分析，对谁是被鉴定车辆事发时的乘坐人进行鉴定。

检验所见： 1. 被鉴定车辆。车架钢印号为××××××××××××××××。左、右后视镜缺失。右制动握把向上翻转。仪表台破损脱位。前照灯缺失。前轮右侧胎壁局部见挫印，表层黑色物质呈减层，黏附石灰类物质。左后转向灯外侧及相邻饰罩距地高64 cm～75 cm范围内见刮擦痕迹，附着木屑类物质。后轮挡泥板左部碎裂，其外侧距地高52 cm～57 cm范围内见刮擦痕迹，附着木屑类物质。车身右侧检见与地面接触形成的挫印。2. 刘××体表损伤检验。委托×××法医病理学研究室对刘××的体表损伤情况进行检验，结果如下：胸、腹部未见明显损伤痕迹。左肘外侧见6 cm×2.5 cm皮肤黄绿色变，左大腿中段前侧见11 cm×1 cm皮肤黄绿色变；右肘外侧见2 cm×1 cm皮肤脱痂痕，右膝部外侧见3 cm×2.5 cm皮肤脱痂痕，右膝部下方见8 cm×3.5 cm皮肤结痂、脱痂痕。另据××市第×人民医院病史摘录：出院诊断：右肺挫伤；右膝、左胸软组织挫伤。

分析说明： 杨×尸表检验鉴定意见书中所述损伤情况，符合其身体前侧多处与物体碰撞形成的特征。刘××的体表损伤情况分布于身体两侧，并以右侧为著。结合被鉴定车辆所检见的痕迹综合分析，符合杨×事发时位于前座，其身体前侧与被鉴定车辆前部部件碰撞形成的特征；刘××位于后座，其身体右侧与地面碰撞形成的特征。

鉴定意见： 刘××为车上放置有沪C-×××××轻便摩托车号牌的不知厂牌两轮普通摩托车事发时的乘坐人可以成立。

附图：

图4-34 被鉴定车辆前观照　　图4-35 被鉴定车辆前轮右侧胎壁痕迹照

案例解析： 本案例中主要依据在于对被鉴定车辆当事人杨×和刘××损伤的比较分析，对于被鉴定车辆发生单车事故的情形，判断乘坐人的对于车辆损坏情况的依赖相对较弱，而通过损伤比较分析，符合杨×事发时位于前座，其身体前侧与被鉴定车辆前部部件碰撞形成的特征；刘××位于后座，其身体右侧与地面碰撞形成的特征。所以，这种案件一定要法医的参与，对损伤情况进行准确的把握和分析。

案例分析（二）

简要案情：20××年××月××日××时××分许,甲车：沪G-×××××大众汽车牌小型普通客车与乙车：未见悬挂号牌金捷两轮普通摩托车在××路、××路路口处发生道路交通事故。

委托事项：对甲乙两车的碰撞形态及乙车当事人郑××、胡××二人中谁是乘坐人进行鉴定。

鉴定材料：1. 被鉴定的甲乙两车；2. 乙车当事人郑××、胡××验伤及事发时所着衣物照片（复制件）；3. 郑××体表损伤鉴定意见书——××[20××]病交检字第×号（复制件）；4. 胡××尸表检验鉴定意见书——××[20××]病交鉴字第×××号（复制件）；5. 事故现场附近的监控录像视频两段（复制件）。

资料摘要：1. 郑××体表损伤鉴定意见书——××[20××]病交检字第×号。左侧颞顶部见2 cm×1 cm头皮结痂痕，左下颌见长1 cm已愈合皮肤结痂痕。喉结右侧见1 cm×0.5 cm皮肤脱痂痕。右锁骨内侧段见3 cm×1.5 cm皮肤结痂痕，左腰部见13 cm×4 cm皮肤黄绿色变，左下腹部外后侧见大片状皮肤青紫。左肘伸侧见1 cm×0.5 cm皮肤结痂痕，左手食指背侧见片状皮肤黄绿色变；右大腿上段内侧见3 cm×12 cm皮肤黄绿色变，右大腿中段内侧见3 cm×3 cm皮肤黄绿色变，右小腿中上段胫前见2 cm×1 cm皮肤结痂痕；左大腿上段内侧见皮肤黄绿色变，左大腿中下段内侧见11 cm×5 cm皮肤黄绿色变，左膝部前内侧见广泛皮肤青紫、肿胀，左膝部下方见长8 cm已缝合创口伴周围小片状皮肤擦伤，左小腿中上段前内侧见广泛皮肤青紫伴7 cm×0.5 cm、0.6 cm×0.5 cm皮肤擦伤（已结痂）。2. 胡××尸表检验鉴定意见书——××[20××]病交鉴字第×××号。尸长176 cm。顶枕部正中见10 cm×4.5 cm头皮青紫，枕部左侧见6 cm×5 cm头皮擦伤，下唇左侧见3 cm×2 cm皮肤擦伤。左侧胸部见6 cm×2 cm皮肤青紫，右上胸部见6 cm×4 cm皮肤青紫。左上臂上段前外侧见3 cm×3 cm皮肤青紫；左膝部外上方见1 cm×1 cm皮肤青紫，左小腿中上段前、内、外侧见广泛性皮肤青紫，左小腿上段前内侧见9 cm×2 cm皮肤擦挫伤伴长4.5 cm已缝合挫裂创。右上臂中上段前外侧见13 cm×7 cm皮肤青紫，右肘部伸侧见8 cm×6 cm皮肤青紫、肿胀，右肘关节扣及脱位，右前臂见广泛性皮肤青紫；右小腿上段胫前见0.5 cm×0.2 cm皮肤擦伤。

参照GA41-2014《道路交通事故痕迹物证勘验》、GA/T1087-2013《道路交通事故痕迹鉴定》、GA/T944-2011《道路交通事故机动车驾驶人识别调查取证规范》、SF/Z JD0101001-2016《道路交通事故涉案者交通行为方式鉴定》有关条款及检验方法，对提供材料进行检验并作出鉴定意见。

检验所见：1. 甲车。车辆识别代号为××××××××××××××××。前保险杠左侧距地高27 cm～60 cm见刮擦痕迹，局部黏附棕色物质；左前翼子板凹陷变形；左前组合灯灯罩碎裂；左前翼子板后部及左前门凹陷变形距地高34 cm～67 cm伴刮擦痕迹，局部黏附黑色物质；左前轮异常定位，左前轮轮胎瘪气，其外侧胎壁见长3 cm穿透性豁口；左前轮轮辋见刮擦痕迹，表层银色物质呈减层，局部黏附黑色物质。2. 乙车。车架钢印号被挫灭。车身左侧检见多处倒地挫痕；前轮挡泥板扭曲变形，其右前部黏附白色物质；右前减震器距地高31 cm～62 cm见刮擦痕迹，表层黑色物质呈减层，局部黏附银色物质；方向把断落，呈悬吊状，方向把右护套见刮擦痕迹，表层棕色物质呈减层；油箱右侧见片状擦痕；后工具箱脱落。3. 郑

××验伤及事发时所着衣物照片。右手掌侧见大片状皮肤青紫。衣物：棕色夹克上衣，深蓝色长裤。4. 胡××验伤及事发时所着衣物照片。双手掌侧未见明显损伤。衣物：黑色夹克上衣，红色长裤。5. 监控录像（近事发路口处）。视频显示："20××-××-××""××/××2HG"等字样。视频画面连续，显示以下内容：乙车向左倾斜并与甲车发生碰撞。6. 监控录像（事发前某处）。视频显示："××/××东南"等字样。视频画面连续，显示以下内容：乙车位于图像下部，由右下向左上行驶，前座人员着棕色上衣，后座人员着黑色上衣。驾乘人员均未佩戴头盔。

分析说明： 1. 甲乙两车所检见的痕迹，在部位、附着物等方面均可以互相印证，符合甲车左侧前部与乙车右前部（左倾状态下）碰撞形成的特征。2. 根据乙车油箱右侧擦痕、方向把断落等痕迹，比较郑××、胡××两人损伤情况和衣物特征，再结合监控录像分析，胡××是乙车事发时的乘坐人可以成立。

鉴定意见： 沪G-×××××大众汽车牌小型普通客车左侧前部与未见悬挂号牌金捷两轮普通摩托车右前部（左倾状态下）发生过碰撞，事发时，胡××是该两轮普通摩托车的乘坐人可以成立。

附图：

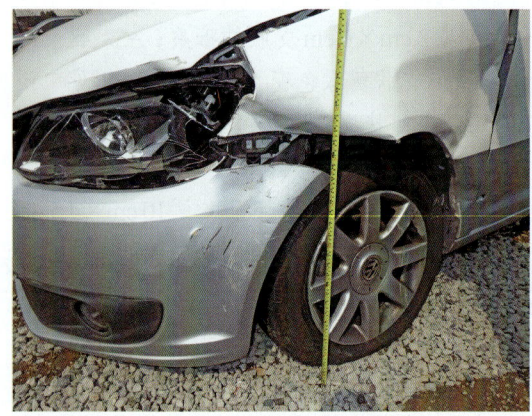

图4-36　甲车右侧前部痕迹照

图4-37　乙车右前部痕迹照

图4-38　乙车前轮轴右侧痕迹照

案例解析：本案例中甲乙两车发生碰撞时，乙车处于左倾的状态，这种状态对判断事发时乘坐人有一定影响，在对事故形态界定的时候一定要充分考虑这种情形的影响。关键依据还是对于乙车油箱右侧擦痕、方向把断落等痕迹，与郑××、胡××两人损伤情况和衣物特征的比较分析，再结合监控录像分析，胡××是乙车事发时的乘坐人可以成立。

案例分析（三）

简要案情：20××年××月××日××时××分许，未悬挂号牌川崎牌两轮普通摩托车在××区××镇××公路24.3 km处发生道路交通事故。

委托事项：被鉴定车辆事发时是否与其他车辆发生过碰撞及其当事人毛××、金××二人中谁是乘坐人进行鉴定。

鉴定材料：1. 被鉴定车辆；2. 金××法医病理司法鉴定意见书（复制件）；3. 事故现场图及现场照片（复制件）；4. 事故卷宗部分图文材料（复制件）。

资料摘要：金××法医病理司法鉴定意见书——××[20××]尸鉴字第×××号。冷藏尸体，尸长162 cm。身着黑色外套，黑色长裤。营养、发育正常。尸斑暗红色，分布于项背部、腰臀部及四肢低下部位未受压处，指压不褪色；全身大小关节僵硬。头（面）部：头发黑色，头顶发长13 cm。鼻腔大量血性液体。右额至右眉弓线状擦伤，范围8cm×0.7 cm；左额擦伤，范围1 cm×0.8 cm；右面颊部条形擦伤，范围3 cm×0.2 cm；左眼下方两处擦伤，范围分别为0.8 cm×0.1 cm、1.5 cm×0.1 cm。颈（项）部：皮肤未检见明显损伤。颈椎活动度未见异常。躯干部：左胸腔穿刺抽出不凝血性液体；腹部及腰背部未见损伤痕迹。自左胸前区穿刺抽取心血4 ml备检。四肢：左膝前方擦伤，范围5 cm×3.5 cm；右膝下段前方擦伤，范围1 cm×0.3 cm；四肢长骨未扪及明显骨折。肛门、外生殖器：未见异常。

参照GA41-2014《道路交通事故痕迹物证勘验》、GA/T1087-2013《道路交通事故痕迹鉴定》、SF/Z JD0101001-2016《道路交通事故涉案者交通行为方式鉴定》及GA/T944-2011《道路交通事故机动车驾驶人识别调查取证规范》有关条款及检验方法，对被鉴定车辆痕迹进行检验，并结合其他相关材料，作出鉴定意见。

检验所见：1. 被鉴定车辆。车架钢印号为××××××××××××××××。发动机钢印号为×××××。左后视镜碎落缺失，右后视镜扭转变形，左后尾灯碎落，右后尾灯脱位呈悬吊状。车体两侧见多处刮擦痕迹并黏附大量泥土、草叶及树皮样物质，方向由前向后，车辆左侧凸出部位多处见由前向后方向的倒地挫痕。车身余处未检见其他新近形成的异常痕迹。2. 事故现场图及现场照片。现场道路为一左转弯道，湿沥青路面，道路右侧沿被鉴定车辆行驶方向有两棵行道树支架（第一棵靠近道路一侧，第二棵靠近排水沟一侧）折断断裂，其中第二棵行道树前方（北侧）路肩见一外衣及鞋子（经证实为死者金××事发时所穿，事发时金××就倒卧于此）。被鉴定车辆左侧倒地位于第三棵行道树前方（北侧），头西北尾东南朝向行驶方向（经证实毛××事发时倒卧在被鉴定车辆旁）。第一棵行道树至第三棵行道树间地面上见轮胎印痕及挫痕。

分析说明：1. 被鉴定车辆所检见痕迹，从部位、形态、类型、附着物、受力方向及痕迹形成机理等方面分析，结合事故现场图及现场照片所示情况，符合被鉴定车辆(含其两当事人)在进入弯道时失控驶出路面并与道路右侧多棵行道树发生碰撞所形成的特征。被鉴定车辆其他各部位未检见新近形成的异常痕迹，不能认定被鉴定车辆事发时与其他车辆类客体物发生过碰撞。2. 根据被鉴定车辆上述碰撞形态，结合金××法医病理司法鉴定意见书中描述的其尸表损伤情况(毛××损伤轻微)、两名当事人及被鉴定车辆事发时倒卧在现场的位置等综合分析，符合金××事发时处于乘座位置先于驾驶被鉴定车辆的毛××被抛摔到地面上，而毛××因车辆失控、双手及肢体对被鉴定车辆控制有力等因素，而后于金××摔跌在地面上。综上所述，事发时金××为被鉴定车辆的乘坐人可以成立。

鉴定意见：不能认定未悬挂号牌川崎牌两轮摩托车事发时与其他车辆类客体物发生过碰撞。事发时金××为该车乘坐人可以成立。

附图：

图4-39 被鉴定车辆左观照

图4-40 被鉴定车辆右观照

图4-41 现场照片一

图4-42 现场照片二

案例解析：本案例虽然被鉴定车辆是与行道树发生碰撞的单车事故，但因与多棵行道树发生了碰撞接触，对判断乘坐人产生重要的影响，可以有碰撞形态作为基础依据。根据被鉴定车辆上述碰撞形态，结合金××法医病理司法鉴定意见书中描述的其尸表损伤情况（毛××损伤轻微）、两名当事人及被鉴定车辆事发时倒卧在现场的位置等综合分析，符合金××事发时处于乘坐位置先于驾驶被鉴定车辆的毛××被抛摔到地面上，而毛××因车辆失控、双手及肢体对被鉴定车辆控制有力等因素，而后于金××摔跌在地面上。综上所述，事发时金××为被鉴定车辆的乘坐人可以成立。

案例分析（四）

简要案情：20××年××月××日××时××分许，甲车：郭××和樊××二人骑乘一辆悬挂晋E-×××××号牌照的豪爵125型两轮摩托车沿××县××线由北向南行驶至××小学路口路段时与相向行驶的乙车：牛××驾驶的嘉陵125型两轮摩托车相撞，造成郭××、樊××、牛××受伤，两辆摩托车不同程度损坏的交通事故。

委托事项：对甲乙两车的碰撞形态及甲车当事人郭××、樊××二人中谁是乘坐人进行鉴定。

鉴定材料：1. 被鉴定的甲乙两车；2. 事故现场相关资料、照片及调查资料（复制件）；3. 郭××、樊××二人住院病历（复制件）及事发时所穿部分着装。

资料摘要：1. 郭××病历——××市人民医院病历（住院号：180703）。伤后意识不清，头部出血，右上肢肌力3级，双侧眼睑青紫肿胀，双侧瞳孔不等大，右侧约6 mm，左侧约2 mm，对光反射消失，鼻腔内见血性分泌物，右额部及左枕部可见皮肤挫裂伤。出院诊断：1. 多发伤：急性内开放性颅脑损伤，脑挫裂伤，弥漫性轴索损伤，原发性脑干损伤，硬膜外血肿，原发性右动眼神经损伤，额骨骨折，颅底骨折伴脑脊液鼻漏，头皮挫裂伤；急性闭合性胸部损伤，双肺挫伤，双侧胸腔积液；胸4、5、6椎体骨折伴脱位及胸2、3、4棘突骨折；胸脊髓损伤；肺部感染。2. 樊××病历——××市人民医院病历（住院号：180702）。神志呈浅昏迷，右耳有血性分泌物，左胸壁可触及皮下捻发感及下肋区部分骨擦感。入院诊断：多发伤：急性内开放性颅脑损伤，脑挫裂伤，颅底骨折伴脑脊液耳漏，右颞骨骨折，急性闭合性胸部损伤，左侧多发肋骨（第5、6、7后肋）骨折，双肺挫伤，左侧血气胸，失血性休克，应激性溃疡，吸入性肺炎。

参照GA41-2014《交通事故痕迹物证勘验》、GA/T1087-2013《道路交通事故痕迹鉴定》、GA/T944-2011《道路交通事故机动车驾驶人识别调查取证规范》及SF/Z JD0101001-2016《交通事故涉案者交通行为方式鉴定规范》有关条款及检验方法，对甲乙两车的痕迹、事发现场、郭××和樊××体表及部分着装进行检验鉴定。

检验所见：1. 甲车。车辆识别代号为××××××××××××××××。左转向把向内向上弯折变形，离合器握柄端部断裂、缺失，其固定螺丝缺失。左转向把护套边沿见挫擦磨损。左前转向灯破碎。前护栏松脱。左前减震器向后弯曲变形。前轮钢圈失圆，左侧局部向内弯折变形，相邻辐条松脱，临近胎侧见刮擦痕迹，轮胎瘪气，车轮转动受阻。2. 乙车。车辆识别代号为×××××××××××××××××。前照灯壳体右侧前沿见挫擦痕迹。左侧前部反射器碎裂，部分缺失。两侧前转向灯松脱，呈悬吊状。齿轮箱左侧盖板后上部2.5 cm×1.4 cm范围内见由下向前上方向斜行红色塑胶样物质黏附，提取该盖板上红色物质作为检材备检。前护栏及护板右侧向后弯折变形，其外侧边沿及车体右侧凸出部位见多处挫擦痕迹。3. 郭××、樊××体表检验及事发时部分着装检验。郭××：左枕部见一陈旧性疤痕，右眉弓外上方见一条形陈旧性疤痕，背部正中对应3-7胸椎处见一纵行手术疤痕。余处未检见损伤、皮肤色素沉着及颜色改变。提供事发时所穿运动鞋，其中左鞋于鞋底前部侧面见一处刮擦痕迹，大小1.4 cm×0.8 cm，表面有灰尘样物质附着，提取事发时左脚所穿运动鞋作为样本备检。樊××：左侧侧胸壁见胸腔闭式引流致疤痕，左前臂伸侧见一近圆形色素沉着。余处未检见损伤、皮肤色素沉着及颜色改变。提供事发时所穿运动鞋及灰色运动休闲裤已多次穿着、洗涤。4. 道路交通事故现场图及现场照片。事故现场为南北走向沥青路面宽690 cm。甲车头东南尾西北向左侧倒于西半辐行车道内，甲车东南方路面上见挫划痕迹；乙车头北尾南向右侧地于东半辐行车道内。

微量物证鉴定： 微量物证鉴定意见书——××[20××]微鉴字第××号。将提取的检材与样本送至本鉴定中心刑事技术鉴定研究室进行检验，出具的鉴定意见如下：经Lumar V12荧光显微镜检验发现：检材红色附着物质软。样本红色物质质韧，具有弹性。经相互比较检验发现，检材与样本的外观特征不同。经Nicolet 6700傅里叶变换红外光谱仪检验，发现检材与样本的红外光谱不同。经inVia激光显微拉曼光谱仪检验，发现检材与样本的拉曼光谱不同。经Quanta 650-EDAX Apollo X扫描电镜/X射线能谱仪检验，发现检材中检出碳、氧、镁、铝、硅、硫、氯、钾、钙、钛和铁等主要元素；样本中检出碳、氧、钠、镁、铝、硅、硫和钙等主要元素。经综合分析认为，检材与样本的外观特征不同，红外光谱不同，拉曼光谱不同，检出的主要元素成分不同。检材与样本不是同种类物质。

分析说明： 1. 甲车前轮钢圈左侧局部向内弯折变形、左前减震器向后弯曲变形，符合该车在行驶过程中其前部发生碰撞后所形成的特征，结合本起交通事故的基本案情分析，甲乙两车在对向行驶过程中两车左前部发生碰撞可以成立。但甲乙两车左侧碰撞刮擦痕迹并未完全对应，结合事故当事三人当时损伤情况，不能排除甲乙两车碰撞时，两车上人与人、人与车以及车与现场物体之间发生碰撞刮擦。2. 根据乙车两名当事人病历材料记载以及体表检验情况，乙车两名当事人损伤均主要表现出摔跌伤特点，均未检见摩托车驾驶人特征性损伤，并且住院病历中对体表损伤缺少详尽描述，本次检验鉴定时体表损伤也基本恢复，难以对事发时乙车的乘坐人做出客观判断。3. 检验时提取的检材与样本经微量物证检验不是同种类物质。当事人事发时着装又大部分缺失，剩余部分也经反复穿着、洗涤；本次检验鉴定距事故发生时间较长，部分痕迹物证可能已经消失。根据现有鉴定材料不能对事发时乙车的乘坐人做出鉴定意见。

鉴定意见： 未见悬挂号牌嘉陵牌JH125两轮摩托车左前部与悬挂晋E-×××××号牌豪爵牌HJ125两轮摩托车左前部发生过碰撞可以成立。但根据现有材料，不能对悬挂晋E-×××××号牌豪爵牌HJ125两轮摩托车的乘坐人作出鉴定意见。

附图：

图4-43　乙车右观照

图4-44　乙车前轮痕迹照

图4-45　乙车齿轮箱左侧盖板痕迹

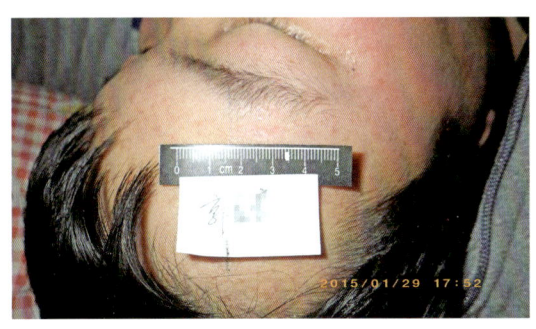

图4-46　郭××颜面损伤照

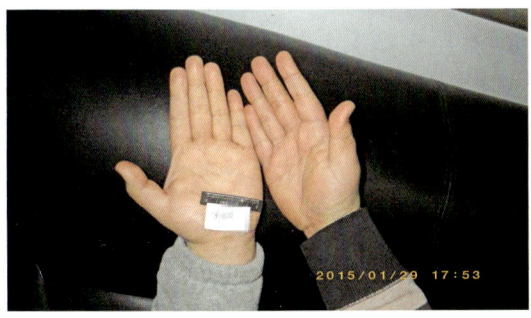

图4-47　郭××双手掌照

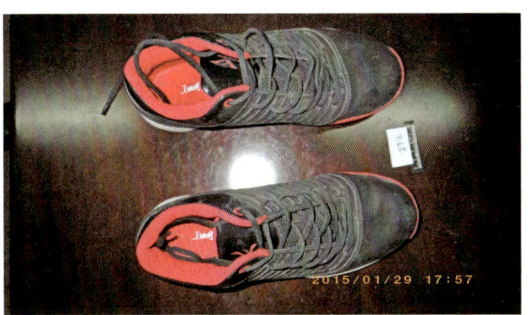

图4-48　郭××事发时所穿鞋

图4-49　郭××事发时所穿鞋（左脚只）

图4-50　郭××事发时所穿鞋（左脚只）内侧痕迹

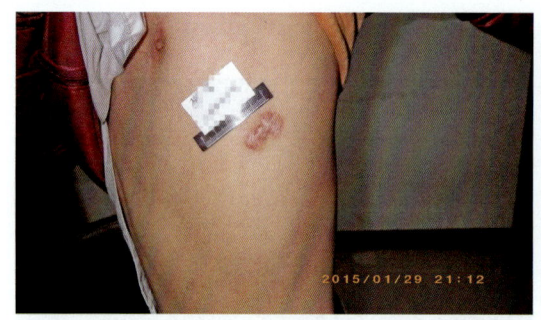
图4-51　樊××左胸壁瘢痕

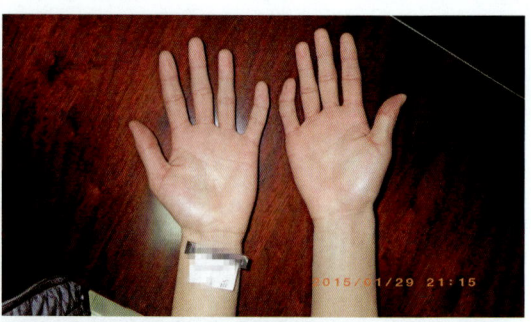
图4-52　樊××双手掌照

图4-53　樊××事发时所穿鞋

案例解析：本案例是两辆摩托车发生碰撞的道路交通事故，两车发生碰撞的形态，相对比较明确，但是甲乙两车左侧碰撞刮擦痕迹并未完全对应，结合事故当事三人当时损伤情况，不能排除甲乙两车碰撞时，两车上人与人、人与车以及车与现场物体之间发生碰撞刮擦。正鉴于以上情况，再加上根据乙车两名当事人病历材料记载以及体表检验情况，乙车两名当事人损伤均主要表现出摔跌伤特点，均未检见摩托车驾驶人特征性损伤，并且住院病历中对体表损伤缺少详尽描述，本次检验鉴定时体表损伤也基本恢复，难以对事发时乙车的乘坐人做出客观判断。并且，检验时提取的检材与样本经微量物证检验不是同种类物质。当事人事发时着装又大部分缺失，剩余部分也经反复穿着、洗涤；本次检验鉴定距事故发生时间较长，部分痕迹物证可能已经消失。根据现有鉴定材料不能对事发时乙车的乘坐人做出鉴定意见。鉴定不是万能的，在很多客观情况聚集在一起的案例中，也有无法解决的问题。

案例分析（五）

简要案情：20××年××月××日××时××分许，甲车：冀J-×××××陕汽牌SX4255NT324重型半挂牵引车及其拖挂的冀J-××××挂正康宏泰牌HHT9404GYY重型罐式半挂车与乙车：未见悬挂号牌豪爵HJ125-7两轮普通摩托车在省道×××线由东向西行驶至73 km+800 m附近发生事故，造成甲车当事人尹××、乙车当事人王××和杨××死亡。

委托事项： 对甲乙两车的碰撞形态及乙车当事人王××、杨××二人中谁是乘坐人进行鉴定。

鉴定材料： 1. 被鉴定的甲乙两车；2. 事故现场相关资料、照片及调查资料（复制件）；3. 王××和杨××尸体。

资料摘要： 1. 王××法医学尸体检验鉴定书——（×）公（交）鉴（法病）字[20××]×××号。衣着检验：上穿灰色外套、白色背心，下穿蓝色内裤。尸表检验：中年男性，发育正常。尸斑暗红，位于肩背部及肢体背侧未受压处，指压不褪色；尸僵强，存在于各大小关节。头面部：左侧颧弓上见一片状表皮剥脱；左侧鼻翼上、下颌部各见一细小表皮剥脱；角膜轻度混浊，双侧瞳孔等大等圆，直径0.6 cm；口鼻腔及双侧外耳道未见异常。颈项部：未见异常。胸腹部：左胸壁锁骨中线处可扪及多处肋骨骨擦感，左胸锁关节可触及异常活动；骨盆挤压可及异常活动。腰背部：未见异常。四肢：左大腿内背侧、左侧腘窝见广泛片状擦划伤，左足跟部见一细小表皮剥脱；左大腿中段呈畸形改变，可扪及股骨骨擦感；右大腿背侧见广泛点状表皮剥脱，右大腿远段前侧见条片状表皮剥脱伴皮下出血；右膝关节内侧、右小腿近段前外侧、右足背部见散在点、片状表皮剥脱。会阴部：未见异常。论证：（1）根据尸体检验，死者王××外伤致头面部擦伤，左胸壁多发肋骨骨折并胸锁关节脱位、骨盆骨折，左侧股骨骨折、肢体多处软组织损伤。因其胸腹部损伤程度较重，胸腹腔脏器损伤可致其死亡。（2）根据尸体检验并结合现场勘验，死者王××体表多处擦挫伤，形状不规则，在交通事故中可以形成。综上所述，王××系胸腹腔脏器损伤死亡。2. 杨××法医学尸体检验鉴定书——（×）公（交）鉴（法病）字[20××]×××号。衣着检验：上穿灰色半袖上衣，下穿灰色长裤，脚穿白色袜子，右脚穿黑色布鞋。尸表检验：中年女性，发育正常。体表大部被化学物质浸泡。尸斑暗红，位于肩背部未受压部，指压不褪色；尸僵强，存在于各大小关节。头面部：枕部毛发大部缺失；右侧眉弓内开放性颅骨骨折，创口不规则，创沿伴挫伤带，周围见片状表皮剥脱伴皮下出血；右面颊部、下颌部散在片状表皮剥脱伴皮下出血；角膜轻度混浊，双侧瞳孔等大等圆，直径0.6 cm；口鼻腔见血性分泌物，双侧外耳道见泥土附着。颈项部：颈项部见广泛皮肤性状改变。胸腹部：左胸壁、左腹壁腋前线处见片状表皮剥脱伴皮下出血；双侧胸壁可扪及多处肋骨骨擦感，骨盆挤压可及异常活动。腰背部：见广泛性皮肤性状改变。四肢：左前臂背侧、左手背部见广泛表皮剥脱伴皮下出血；右肩关节前侧、右上臂前侧见广泛皮肤缺失，皮下组织外露；右前臂皮肤大部缺失，肌肉组织外露；右手背部见散在片状表皮剥脱伴皮下出血；右臀部见一不规则裂创，深达肌层；右下肢前侧及背侧、右膝关节外侧、右小腿内侧、左大腿内侧见片状表皮剥脱。会阴部：未见异常。论证：（1）根据尸体检验，死者杨××外伤致头面部擦伤、开放性颅骨骨折，双侧胸壁多发肋骨骨折、骨盆骨折，全身多处软组织损伤。因其头面部及胸腹部损伤程度较重，颅脑及胸腹腔脏器损伤可致其死亡。（2）根据尸体检验并结合现场勘验，死者杨××体表多处擦挫伤，形状不规则，在交通事故中可以形成。

参照GA41-2014《道路交通事故痕迹物证勘验》、GA/T1087-2013《道路交通事故痕迹鉴定》、GA/T944-2011《道路交通事故机动车驾驶人识别调查取证规范》、SF/Z JD0101001-2016《道路交通事故涉案者交通行为方式鉴定》有关条款及检验方法，对提供材料进行检验,并作出鉴定意见。

检验所见: 1. 甲车(牵引车与半挂车分离)。牵引车车辆识别代号为××××××××××××××××。驾驶室严重损坏,向左前方移位、倾倒,驾驶操作部件残缺不齐。前保险杠前侧黏附大量泥土及枯草,其左部局部凹陷变形,局部见黑色斜条状刮擦痕迹。左前照灯破损,饰框缺损。右侧燃油箱挤压变形。牵引鞍座扭曲变形,销座孔扩展。车辆宽度约为2.5 m。半挂车车辆识别代号为×××××××××××××××××。罐体右侧前中部凹形变形,伴刮擦痕迹,黏附红色物质。牵引销周边罐体变形,牵引销损坏。2. 乙车。车架钢印号为×××××。右后视镜支架远端前外侧见挫痕,前轮制动手柄远端前外侧见挫痕。前照灯饰罩右前上部见挫痕,右前转向灯破损,外端见挫痕。前保险杠呈左前右后状,其右前外侧见挫痕。后工具箱与其盖脱开,箱上的左部搭扣局部弯折,箱体距地高95 cm~104 cm范围内见20 cm×9 cm凹陷变形,以其左部为甚,伴由左向右的刮擦痕迹,红色涂层局部剥脱,黏附黑色物质(经检验分析,可以排除该部黑色物质为油漆类物质),箱体前侧左部见凹形变形。箱体下部的架子后侧左部距地高90 cm~91.5 cm见一凹陷变形,黏附黑色物质。其他各部未见异常。3. 道路交通事故现场图及现场照片。现场路段为东西走向,路面为湿沥青,路宽900 cm。甲车牵引车头东北尾西南,停于道路北侧山坡上,半挂车头西尾东仰翻在道路北侧边坡上,其前部压在牵引车前部上方。牵引车右侧驱动轮未见积有泥土,在其东南方的泥坡上有一条泥土铲除带与其连接。半挂车右侧三组轮上黏附大量泥土,在其南侧北侧边坡见一条被车轮碾压的痕迹带。在该北侧边坡上痕迹带的东段有一树桩向西北方倾倒。再向东方向的道路路基(路肩)上有数条轮胎印痕,最北侧的为单轮胎印痕,南侧的为双轮胎印痕。半挂车罐体后部见压着一个人。乙车头东尾西向右倒地,位于甲车西南方的路面上,前轮距北侧路沿150 cm,后轮距北侧路沿161 cm。在其东侧的路面上见一条断续的挫划痕迹,痕迹起始段距北侧路沿110 cm。4. 王××尸表局部检验。冰冻尸体,已更换寿衣。仅对尸体裸露部位进行检验。左眼内眦处见小片状皮下出血,大小2.5 cm×1.0 cm。鼻背左侧、下颌左侧各检见一处皮肤擦伤,大小分别为1.4 cm×0.7 cm、1.8 cm×0.5 cm。左耳屏前见一类方形皮肤擦伤,面积5.0 cm×3.5 cm。双手虎口位置处皮肤呈青紫色改变,右手背中指、无名指及小指掌指关节偏下处见多处小片状表皮剥脱伴皮下出血,最大1.4 cm×1.1 cm,最小0.3 cm×0.2 cm。左下肢短缩外展畸形。5. 杨××尸表局部检验。冰冻尸体,已更换寿衣。仅对尸体裸露部位进行检验。右侧眉弓处见8.0 cm长缝合创口。左眼睑皮下出血肿胀。右面颊及下颌见较大面积散在擦挫伤。左手背见散在皮下出血伴表皮剥脱;右手背见散在片状表皮剥脱伴皮下出血,近腕关节及前臂疑被化学物质灼伤,皮肤颜色变黑。

分析说明: 1. 根据甲乙两车的痕迹,结合道路交通事故现场图及事故现场照片分析,甲车在由东向西行驶过程中,其正面左部与同向行驶的乙车后侧发生碰撞,碰撞后乙车向右倒地后向西滑移并转体,停止在现场最终位置。甲车在与乙车碰撞的过程中向西北方向偏驶,其正面又与边坡内的树桩发生碰撞。此时牵引车在受到地形和半挂车顶推的共同作用下,发生顺时针偏转、甩尾,造成甲车的牵引车与半挂车大角度拗折。最终半挂车向右侧翻,侧翻的过程中,半挂车又压到了牵引车前部的局部。2. 根据甲乙两车碰撞形态,碰撞后乙车向右倒地，并向西滑移，其车上两当事人均会向西北方向抛出，比对王××与杨××损伤发现，王××的手部损伤符合其随乙车转向把向右摔倒过程中所形成的特征，而杨××的损伤以压砸为主，不具有摩托车驾驶人的损伤特征，因此杨××为乙车事发时乘坐人可以成立。

鉴定意见：1. 冀J-×××××陕汽牌SX4255NT324重型半挂牵引车及其拖挂的冀J-××××挂正康宏泰牌HHT9404GYY重型罐式半挂车在由东向西行驶过程中，其正面左部与同向行驶的未见悬挂号牌豪爵HJ125-7两轮普通摩托车后侧发生过碰撞可以成立；碰撞后摩托车向右倒地后向西滑移并转体，停止在现场最终位置。冀J-×××××陕汽牌SX4255NT324重型半挂牵引车及其拖挂的冀J-××××挂正康宏泰牌HHT9404GYY重型罐式半挂车在与摩托车碰撞的过程中向西北方向偏驶，其正面又与边坡内的树桩发生碰撞。此时牵引车在受到地形和半挂车顶推的共同作用下，发生顺时针偏转、甩尾，造成牵引车与半挂车大角度拗折。最终半挂车向右侧翻，侧翻的过程中，半挂车又压到了牵引车前部的局部。2. 事发时杨××为摩托车乘坐人可以成立。

附图：

图4-54　甲车右前观照

图4-55　甲车左后观照

图4-56　甲车前侧痕迹照

图4-57　乙车右观照

图4-58 乙车后工具箱痕迹照

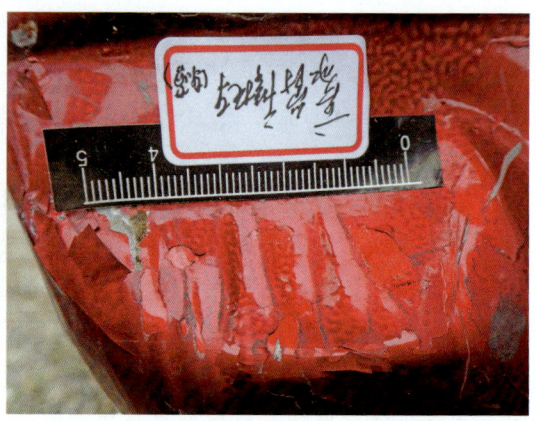

图4-59 乙车后工具箱痕迹细目照

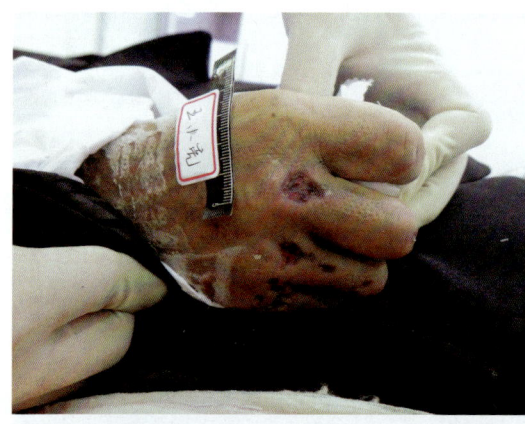

图4-60 王××右手背部损伤照

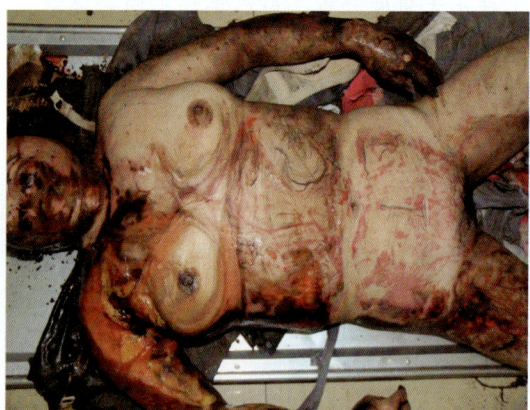

图4-61 杨××尸表检验照

图4-62 现场照片

案例解析： 本案例中摩托车发生了多种运动形态的变化，根据甲乙两车碰撞形态，碰撞后乙车向右倒地，并向西滑移，其车上两当事人均会向西北方向抛出，比对王××与杨××损伤发现，王××的手部损伤符合其随乙车转向把向右摔倒过程中所形成的特征，而杨××的损伤以压砸为主，不具有摩托车驾驶人的损伤特征，因此杨××为乙车事发时乘坐人可以成立。以上可以看出，手部损伤特征在乘坐人鉴定中发挥的重要意义。

小结： 通过以上案例分析，首先要分清乘坐状态与驾驶状态的区别，除特殊情况以外，这里指的特殊情况是乘坐人站立在踏板上、后座上、后书包架上或者斜坐在后座上、后书包架上，乘坐人多于1人的等情形，当然也包括违反法律所规定的乘坐在轻便摩托车上。以上我们所研究的内容，主要是通常情形下的分析。特殊情形需要根据实际情况，参照通常情形的处理方法来进行分析判断。对于乘坐人的判断分析也是基于车体痕迹、人体损伤、碰撞形态和综合分析等方面，具体方法可以参照驾驶人。

第三节 驾乘关系

驾乘关系鉴定实际上是对驾驶人和乘坐人的分析判断。驾乘关系一般是要明确驾驶人和乘坐人的具体位置关系，在鉴定意见里面要明确谁是驾驶人、谁是乘坐人，其判断的依据，一般也是参考以下关于处于驾驶状态的技术指标：第一，根据摩托车正面碰撞事故的碰撞对象即碰撞形态，分析碰撞时的减速度或加速度，会造成摩托车车上人员不同的运动轨迹；依据被碰撞车、物上的痕迹和各人不同的着地位置，结合人体体表痕迹及损伤判断其事发时在车上所处的位置。第二，摩托车正面碰撞事故中，应根据碰撞对其前后座人员所形成的不同损伤进行分析。前座人员除头面部（或头盔）直接在碰撞中形成损伤外，其胸腹部和顶枕部、腰背部往往又会与所驾车辆的驾驶操纵部件以及和后座人员身体碰撞形成特征性损伤；此时后座人员的损伤程度则一般较轻。第三，对于摩托车侧面被其他车辆碰撞的事故，应在确认两车具体碰撞部位的基础上，区分摩托车车上人员是否应受到直接碰撞和可能形成的不同受伤情况。对于摩托车前后座踏脚高度不同的情况，可根据受伤人员下肢损伤位置距地高来判断。第四，对于踏板式摩托车，可根据前后座人员下肢、会阴区所处的位置及其接触物的不同，分析不同的损伤机理。其前座驾驶人两腿间无异物，且处于相对隐蔽位置；后座骑跨式座位的乘坐人的腿部则比较暴露，碰撞或倒地时下肢和会阴部的内外侧往往都会形成骑跨式损伤痕迹。第五，应注意摩托车驾驶人在事故碰撞、倒地中，其上肢和手容易受到的特征性损伤（如大鱼际擦挫伤、腕关节脱位或尺、桡骨下段骨折等）。第六，应注意摩托车车上人员衣裤的损坏和车辆表面附着物特征来区分事发时摩托车上人员所处的位置。

案例分析（一）

简要案情： 20××年××月××日××时××分许，甲车：赣E-×××××东风重型普通货车与乙车：未见悬挂号牌嘉爵牌两轮普通摩托车在××大桥西桥头发生道路交通事故。

委托事项：根据事故调查需要，对黄××、黄×、李××、杨××四人中谁是乙车事发时的驾驶人、乘坐人进行鉴定。

鉴定材料：1. 被鉴定的甲乙两车；2. 事故现场相关资料、照片及调查资料（复制件）；3. 乙车当事人黄××、黄×、李××、杨××尸体。

资料摘要：1. 黄××死亡原因分析意见书——（20××）×公尸鉴（肇）字（072×××）号。发育正常，营养一般。上身外着白色衬衫，下身外着黑色长裤。鼻腔出血，右侧头面部及双耳血迹附着。右腕关节处触及粉碎性骨折，右膝部见2 cm×1 cm擦挫伤，右足背见约1 cm×1 cm擦挫伤。胸廓对称，肋骨未触及明显骨折，腹部尚平，胸腹部表面未见明显损伤。结合调查情况，综合分析认为黄××系因重型颅脑损伤死亡。2. 黄×死亡原因分析意见书——（20××）×公尸鉴（肇）字（072×××）号。发育正常，营养一般。上身赤裸，下身外着黑色长裤。右额部见3 cm×2 cm创口并触及骨折，右眼睑青紫，鼻腔出血，双耳出血，右耳背见约2 cm×1 cm肿胀，右嘴唇见2 cm裂创，右面部肿胀，下颌处触及粉碎性骨折。右侧胸部见约4 cm×2 cm及2 cm×1 cm擦挫伤，右上腹部见约14 cm×4 cm擦挫伤。左手指背部见约3 cm×2 cm、2×1 cm擦挫伤，右手背见约2 cm×1 cm、1 cm×1 cm擦挫伤，右膝部见约2 cm×1 cm擦挫伤，四肢长骨未触及明显骨折。结合调查情况，综合分析认为黄×系因重型颅脑损伤死亡。3. 杨××死亡原因分析意见书——（20××）×公尸鉴（肇）字（072×××）号。发育正常，营养一般。上身白色连衣裙，下身外着黑色长裤白色短裤。头面部血迹附着，左颞部触及约4 cm×3 cm肿胀，左嘴唇见2 cm×1 cm及4 cm×1 cm裂创口，左面部肿胀，左面部及下颌处触及粉碎性骨折，双耳出血，颈部见3 cm×2 cm青紫。右膝部见约2 cm×1 cm擦挫伤。胸廓尚对称，腹部尚平。四肢长骨未触及明显骨折。结合调查情况，综合分析认为杨××系因重型颅脑损伤死亡。4. 李××死亡原因分析意见书——（20××）×公尸鉴（肇）字（072×××）号。发育正常，营养一般。上身蓝白相间条纹短袖T恤，下身外着白色短裤。下颌处见约5 cm×3 cm创口，右耳出血，颈部见约4 cm×3 cm创口与胸腔贯通，右侧颈胸部见约35 cm×2 cm擦挫伤，右胸部触及肋骨骨折。右肩部及右上肢触及骨折，右臀部近腰部见约4 cm×3 cm擦挫伤，右大腿外侧见约4 cm×4 cm擦挫伤，双膝部见小片状擦挫伤。结合调查情况，综合分析认为李××系因重型颅脑及胸腹腔脏器复合性损伤死亡。5. ××警察学院物证鉴定所DNA鉴定书——×警（物）鉴（法）字[20××]××××号。(1)送检的现场摩托车右侧把手擦拭棉签上检出人DNA，其STR分型为混合基因型，与死者黄×和死者李××的DNA混合产生的分型结果相符。(2)送检的现场摩托车右侧手刹擦拭棉签及左侧把手擦拭棉签上未获得人类STR分型。6. ××××司法鉴定中心法医物证司法鉴定意见书——××SZ司鉴中心[20××]物检字第D×××号。根据DNA分析结果，在不考虑同卵多胞胎和近亲的情况下，可以认定：赣E-××××-1号检材DNA与死者黄××DNA为同一个体所属。（照片示：1号检材提取位置为货厢后侧近左后转角处）；赣E-××××-2号检材DNA与黄×DNA为同一个体所属：（照片示：2号检材提取位置为货厢下栅栏）；赣E-××××-3、4号检材DNA与李××DNA为同一个体所属。（照片示：3号检材提取位置为货厢左侧近左后转角处）。7. ×××机动车安全技术司法鉴定中心××大桥西交通事故车速鉴定书——司法鉴定中心[20××]××鉴字第

××号。被鉴定车辆(无牌两轮摩托车)在事故发生时车辆速度在51.88～55.12 km/h之间。

参照GA41-2014《道路交通事故痕迹物证勘验》、GA/T1087-2013《道路交通事故痕迹鉴定》、GA/T944-2011《道路交通事故机动车驾驶人识别调查取证规范》、SF/Z JD0101001-2016《道路交通事故涉案者交通行为方式鉴定》有关条款及检验方法,对提供材料进行检验,并作出鉴定意见。

检验所见: 1. 甲车。车架钢印号为××××××××××××××××××。货厢后侧左部距地高115 cm～141 cm、距其左端0 cm～40 cm见片状泥灰擦拭痕迹;货厢下栅栏宽250 cm,其下沿距地高70 cm;货厢下栅栏距其左端0 cm～65 cm向前弯曲变形伴刮擦痕迹,表层蓝色涂层呈减层;左后组合灯距地高76 cm～83 cm、距其左端0 cm～6 cm破损;货厢左侧距其后端0 cm～380 cm见片状泥灰擦拭痕迹,局部绳钩嵌插黄色塑料碎片;货厢下侧距其左端0 cm～20 cm见片状泥灰擦拭痕迹,局部黏附银色灯罩碎片。2. 乙车。车架钢印号为×××××××××××××××××。车身右侧检见多处倒地挫痕;前仪表台饰罩及前导流罩(黄色)碎落,转向轴上部向后变形、移位,转向轴前固定板后移,其前侧距地高73 cm～76 cm见撞击刮擦痕迹,表层黑色涂层呈减层,由下向上,局部黏附蓝色物质;左转向握把外侧见撞击形成的挫痕,表面黑色物质呈减层;右转向握把于根部处断落,呈悬吊状;右制动握把下侧见刮擦痕迹,银色材料呈减层。3. 黄××尸表检验(1号尸体)。尸长164 cm,头顶发长9 cm,发色紫染。额部左侧见4 cm×2.5 cm皮肤擦挫伤,右眼睑皮肤青紫伴外眦处1 cm×0.5 cm皮肤擦伤,鼻背见1 cm×0.2 cm皮肤擦伤,鼻背右侧见1.5 cm×0.5 cm皮肤擦伤,鼻唇沟见0.5 cm×0.5 cm皮肤擦伤。右腕畸形肿胀,右手食指、中指、环指、小指掌指关节背侧分别见1 cm×0.5 cm、1.5 cm×0.5 cm、0.8 cm×0.5 cm、0.5 cm×0.5 cm皮肤擦伤。右大腿下段前外侧见1 cm×0.5 cm皮肤擦伤,右膝内下侧见3 cm×1.5 cm皮擦挫伤。4. 黄×尸表检验(2号尸体)。尸长177 cm,头顶发长10 cm,发色紫染。额部右侧见长5 cm斜行裂创,深达颅骨;右眉弓塌陷,伴3.5 cm×2 cm皮肤擦挫伤;右眼睑皮肤青紫,右颧部见长2.5 cm纵向裂创,右颊部见3 cm×2 cm皮肤擦挫伤,上唇右部见长2.5 cm挫裂创,创腔内见大量散在蓝色漆片,右上中切牙冠折,下颌骨右部扪及粉碎性骨折。右胸部塌陷,右肩及右胸前22 cm×25 cm范围内见散在条、片样皮肤擦挫伤。右胸前、右肩附着大量黑色毛发(发梢未染色),发长27 cm。左肩峰外侧11 cm×5 cm范围内见散在点、条状皮肤擦伤,左肘关节伸侧5 cm×3 cm范围内见点状皮肤擦伤;左小腿上段外侧见3 cm×1 cm皮肤擦伤。右上臂中段前侧14 cm×4 cm范围内见散在皮肤擦挫伤,局部黏附蓝色漆片;右肘屈侧见11 cm×5 cm刷状皮肤擦伤,右腕伸侧见两条大小分别为4 cm×1 cm、3 cm×1 cm裂创,其中尺侧裂创呈弧形;右手食指第二指节背侧见1.5 cm×1 cm皮肤擦伤,右手中指第二指节背侧见2 cm×0.5 cm皮肤擦伤,第二指间关节背侧见长0.8 cm裂创;右膝前见3 cm×1 cm横行挫裂创。5. 杨××尸表检验(3号尸体)。尸长154 cm,头顶发长38 cm,发色黑,发梢黄染。左颞顶部见5 cm×4 cm皮肤擦挫伤。上唇左部见长2 cm裂创,左上尖牙冠折,下唇左部见长2 cm裂创。下颌右部10 cm×5 cm范围内见散在皮肤擦伤,颈前区9 cm×3 cm范围内见皮肤擦伤。左肩峰前侧见2 cm×1.5 cm皮肤擦挫伤。左膝外下方6 cm×5 cm皮肤擦挫伤,右膝前见5 cm×2 cm皮肤挫伤,右小腿下段内侧1.5 cm×0.5 cm皮肤擦伤。6. 李××尸表检验(4号尸体)。尸长

152 cm，头顶发长38 cm，发色黑。下颌下沿见长8 cm挫裂创，创腔内扪及粉碎性骨折，右耳后、颈部右侧、胸骨上沿、右锁骨上沿至右肩峰见23 cm×18 cm范围内皮肤擦挫伤，伴6 cm×2 cm挫裂创，周边多处黏附蓝色漆片。右胸外侧8 cm×6 cm范围内见散在皮肤挫伤，右腹部7 cm×6 cm范围内见皮肤擦伤。右臀上部见4.5 cm×3 cm皮肤挫伤，其下部见4 cm×0.2 cm皮肤擦伤。右上臂中段畸形，右上臂中段后侧见8 cm×0.5 cm皮肤擦挫伤。右前臂内侧25 cm×12 cm范围内见散在皮肤擦挫伤。左膝内侧11 cm×3 cm范围内见散在皮下出血。右大腿上段外侧见5 cm×4 cm皮肤挫伤，右大腿下端及右膝内侧17 cm×9 cm范围内见皮下出血，右小腿上段胫前见2 cm×0.5 cm皮肤挫伤。

分析说明：1. 甲乙两车所检见的痕迹，在部位、附着物等方面均可以互相印证，符合乙车正面（偏右）先与甲车后侧左部发生碰撞，然后乙车顺时针旋转再与甲车左侧后部发生碰撞，最终向右倒地形成的特征。2. 根据甲乙两车的碰撞形态分析，乙车右转向握把与甲车发生碰撞后脱落，该把手擦拭棉签上检出黄×和李××遗留的DNA物质，比较黄×和李××损伤情况，李××右手及右腕未见明显损伤，黄×右腕伸侧弧形裂创、右手食指、中指背侧皮肤擦伤等损伤情况符合其右手持握右转向握把时与甲车碰撞形成的损伤特征。3. 从甲乙两车的碰撞形态分析，乙车驾驶人会与甲车后侧左部直接碰撞形成相应损伤，比较黄××、黄×、李××、杨××损伤情况，黄×右眉弓塌陷、下颌骨右部骨折、上唇右部见挫裂创创腔内见大量散在蓝色漆片、右肩及右胸前见大范围条、片样皮肤擦挫伤、右上臂前侧皮肤擦挫伤黏附蓝色漆片等损伤情况符合其与甲车后侧左部（货厢及下栅栏）直接碰撞形成的特征，结合赣E-××××-2号检材DNA检验分析，黄×是未见悬挂号牌嘉爵牌两轮普通摩托车事发时的驾驶人可以成立。4. 根据甲乙两车的碰撞形态，黄××、李××、杨××三人的头面部虽然也具有不同的损伤，符合其正面碰撞的特征。但不具有摩托车驾驶人特征性的前胸部、右手的损伤，因此可以排除黄××、李××、杨××三人是未见悬挂号牌嘉爵牌两轮普通摩托车事发时的驾驶人的可能性。

鉴定意见：综上所述，黄×是未见悬挂号牌嘉爵牌机动二轮车事发时的驾驶人，黄××、李××、杨××三人是未见悬挂号牌嘉爵牌机动二轮车事发时的乘坐人可以成立。

附图：

图4-63　甲车后部左侧痕迹部位照

图4-64　乙车前观照

第四章　道路交通事故中摩托车当事人交通行为方式鉴定

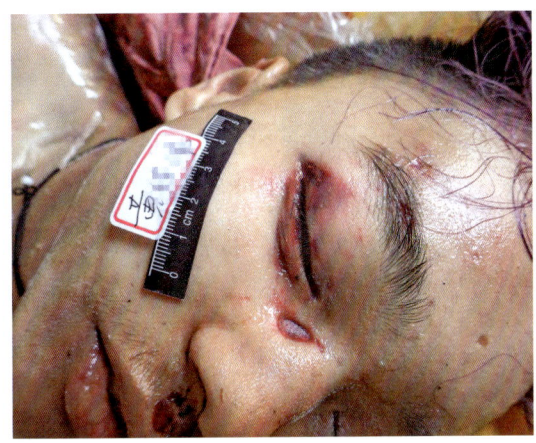

图4-65　黄××头面部损伤照

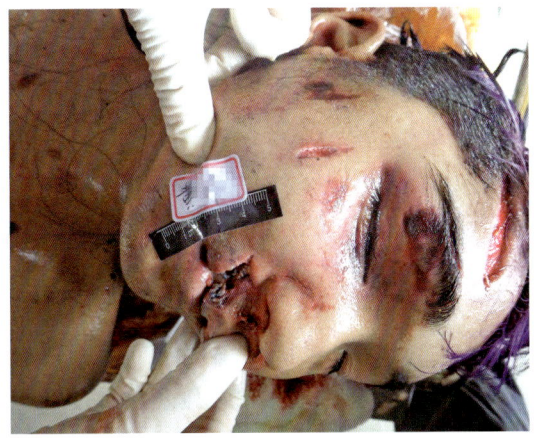

图4-66　黄×颜面损伤照

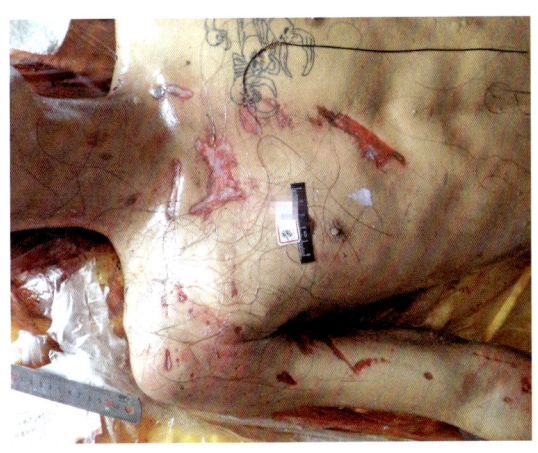

图4-67　黄×肢体右侧损伤照

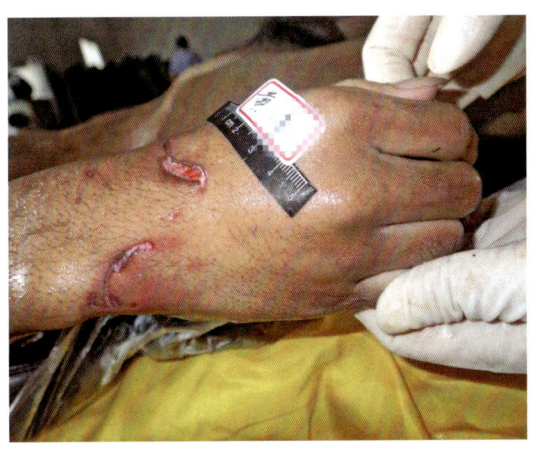

图4-68　黄×右腕伸侧损伤照

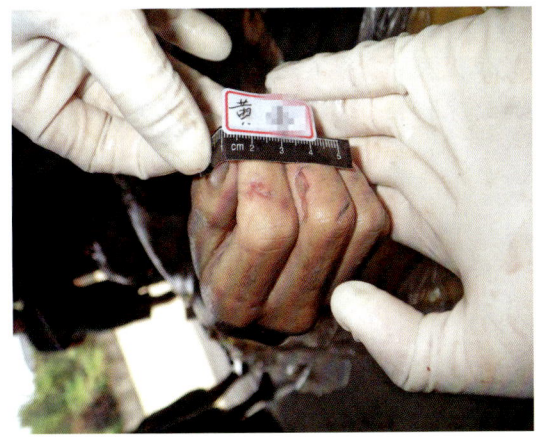

图4-69　黄×右手指背侧损伤照

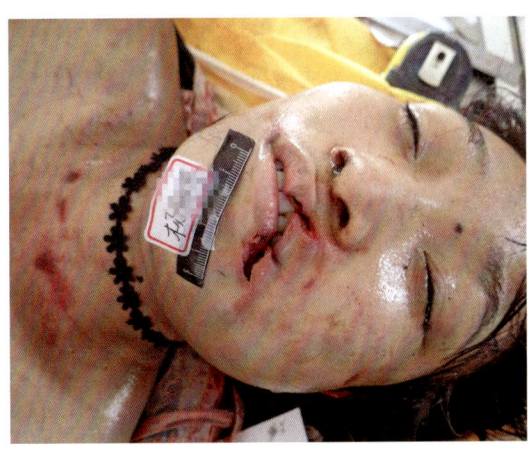

图4-70　杨××头面部损伤照

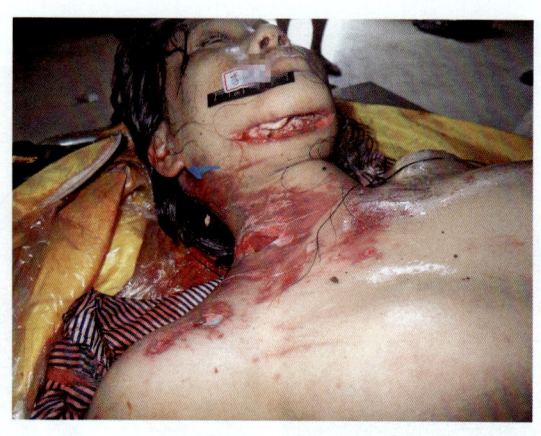

图 4-71　李××下颌及颈胸部损伤照

案例解析： 本案例中对甲乙两车碰撞的过程进行了较为详细的解读，"乙车正面（偏右）先与甲车后侧左部发生碰撞，然后乙车顺时针旋转再与甲车左侧后部发生碰撞，最终向右倒地"关键依据在于四位当事人手部损伤的比较，利用乙车右转向握把与甲车发生碰撞后脱落，该把手擦拭棉签上检出黄×和李××遗留的DNA物质作为辅助说明，还通过乙车的运动轨迹，比较黄××、黄×、李××、杨××的损伤情况，突出黄×右眉弓塌陷、下颌骨右部骨折、上唇右部见挫裂创创腔内见大量散在蓝色漆片、右肩及右胸前见大范围条、片样皮肤擦挫伤、右上臂前侧皮肤擦挫伤黏附蓝色漆片等损伤情况符合其与甲车后侧左部（货厢及下栅栏）直接碰撞形成的特征，再结合赣E-××××-2号检材DNA检验分析，黄×是未见悬挂号牌嘉爵牌两轮普通摩托车事发时的驾驶人可以成立。最后，利用反证法，对黄××、李××、杨××三人的头面部虽然也具有不同的损伤，符合其正面碰撞的特征，但不具有摩托车驾驶人特征性的前胸部、右手的损伤，因此可以排除黄××、李××、杨××三人是未见悬挂号牌嘉爵牌两轮普通摩托车事发时的驾驶人的可能性。对于这类案件来讲，被鉴定车辆上的当事人较多增加了鉴定的难度，如果要进一步分清楚乙车上乘坐人的前后顺序，还是有一定难度的，但要鉴定此项目的情况较少，对于道路交通事故处理而言，认定驾驶人分清责任主体是最为重要的，至于乘坐人们的相对位置关系，并不是法律诉讼过程中关注的重点。但对于痕迹鉴定研究来讲，有一定的研究价值，这对于多人驾乘关系的分析判断具有一定的指导意义。

案例分析（二）

简要案情： 20××年××月××日××时××分许,甲车:未见悬挂号牌铃木海王星牌HS125T两轮普通摩托车由北向南行驶至××市××路与×××八里营处与由西向北左转的乙车:豫K-×××××五菱牌LZW6441JF小型普通客车发生碰撞，造成两车受损，王××、徐××、赵××三人受伤。

委托事项：根据事故调查需要，对王××、徐××、赵××三人中谁是甲车事发时的驾驶人、乘坐人进行鉴定。

鉴定材料：1. 本起事故档案图文材料（复制件）；2. 涉案的甲车、与乙车同型号的小型普通客车；3. 王××、徐××、赵××三人；4. 监控视频两段（复制件）。

资料摘要：1. ××××第一附属医院出院证明书（住院号：002200403）。姓名：王××，出院诊断：（1）左眼视神经挫伤、左眼失明；（2）额面部多发骨折；（3）左额底凹陷性骨折；（4）左额硬膜外血肿。2. ××市人民医院出院记录（住院号：201514253）。姓名：徐××，出院诊断：面部裂伤，头皮裂伤，双下肢软组织裂伤。3. ××市人民医院出院记录（住院号：201514254）。姓名：赵××，出院诊断：头皮裂伤，左膝部外伤，脑外伤后综合征。

参照GA41-2014《道路交通事故痕迹物证勘验》、GA/T1087-2013《道路交通事故痕迹鉴定》、GA/T944-2011《道路交通事故机动车驾驶人识别调查取证规范》、SF/Z JD0101001-2016《道路交通事故涉案者交通行为方式鉴定》有关条款及检验方法，对提供材料进行检验，并作出鉴定意见。

检验所见：1. 甲车。发动机钢印号为××××××××××××××××××。右后视镜背侧、后工具箱右侧、金属护栏右侧及车身右侧饰罩等部位见新近形成的倒地挫痕；金属护栏前部向右后方弯折、移位，其左前部距地高42 cm～62 cm、距前端6 cm～37 cm见由前向后的刮擦痕迹，局部凹瘪变形、黏附灰色物质；前导流罩向右歪斜，其左前部距地高32 cm～68 cm见由前向后的刮擦痕迹；前号牌架左部向左后方弯折变形，其前侧距地高63 cm～69 cm见刮擦痕迹，表面黑色涂层呈减层；左前转向灯缺失，其周边饰罩局部缺损；前导流罩左后部与后下部的饰罩衔接错位；车身左侧后部金属护栏向内移位变形，其外侧距地高30 cm～51 cm见刮擦痕迹，表面银色物质呈减层；左侧后围饰罩外侧距地高40 cm～52 cm见刮擦痕迹，表层灰色涂层呈减层，左侧后围饰罩与其下部饰罩衔接错位。2. 与乙车同型号的小型普通客车。车辆型号为LZW6441JF，车辆识别代号为××××××××××××××××××。经与涉案的乙车照片进行比对，其外形与涉案的乙车一致。经与涉案的乙车行驶证进行比对，其型号与涉案的乙车一致。经测量，其左前门前沿至其后沿104 cm，左前门后沿至左后门后沿约104 cm。左侧车身下沿距地高约23 cm、左侧后部窗下沿距地高约120 cm、上沿距地高约161 cm。3. 道路交通事故现场图及照片。现场位于一主道为南北走向的丁字路口。甲车（已扶起）头西南尾东北位于路口北侧由北向南的最西侧机动车道内。车的右侧地上坐着三名当事人，一人上穿前为黑白相间小方格、后为深色的长袖上衣，下穿蓝色长裤（经王××指认为其本人）；一人上身穿花短袖衫，下穿白色长裤，怀里搭着棕色外套（经徐××指认为其本人）；赵××上穿黄色上衣，下穿白色长裤。乙车头东北尾西南停在甲车东北方的由南向北最西侧机动车道内，其左后视镜向后弯折，车身左侧见大面积刮擦痕迹。4. 乙车事发后拍摄的照片。左后视镜背侧的转向灯灯罩缺损。从左前门中部经左后门直至车身后翼子板见大面积刮擦痕迹，伴凹陷变形。其中大面积的硬物刮擦痕迹主要表现在左前门的后下部，左后门下部的硬物刮擦痕迹表现为稀疏的条状，从左前门的后部开始，经左后门，直至左侧车身的后沿见大面积棕色附着物。左后门窗玻璃碎裂,窗框变形。5. 王××体表检查。身高165 cm,体态较胖。自诉左眼失明,事发后胸部、胃部疼痛。额骨于左眉弓处塌陷;左颞顶部 2 cm×1 cm 范围内毛发缺失,顶部至左颞部见长 15 cm 皮肤瘢痕;左上臂中段外侧见两处 1.5 cm×0.2 cm、2 cm×0.2 cm 横行皮肤瘢痕。6. 徐××体表检查。身高 167 cm,体态较瘦。前额左部至左眼上睑见长 7 cm 弧形皮肤瘢痕;左颧部见 1.5 cm×0.5 cm 皮肤色素沉着;左膝前内侧见一处 4 cm×3 cm 皮肤瘢痕,局部突起,质地较韧;右膝前见一处 2 cm×2 cm 皮肤瘢痕,伴周围 4 cm×4 cm 范围内皮肤色素沉着;其下部见一处 2 cm×1 cm 皮肤瘢痕及一处 2 cm×1.5 cm 皮肤色素沉着。7. 赵××体表检查。身高 159 cm,体态较胖。自述左眼视力下降。左眼上眼睑至左眼外眦见 5 cm×1 cm 皮肤瘢痕;左膝内侧见 4 cm×3 cm、1.5 cm×1 cm 皮肤瘢痕,局部突起,质地较硬;左小腿中上段胫前 8 cm×4 cm 范围内见两处大小分别为 4 cm×2 cm、2 cm×1.5 cm 的皮肤瘢痕。8. 监控视频两段。其中一段视频在有"20××-××-×× 23:12:11 CH01"字样的画面上,反映三人合乘一辆两轮摩托车由左向右行驶,驾驶人身着棕色上衣、白色长裤。另一段视频在有"20××-××-×× ××:××:××CH03"字样的画面上,反映三人合乘一辆两轮摩托车由右向左行驶,驾驶人身着棕色上衣、白色长裤。9. 甲车事发前行驶路段。位于与 S103 线交叉的××路口两侧各见一个朝向路面的监控录像探头,将上述两段视频截图进行比对,两张截图的背景分别为××路口两侧的"×××智能手机专卖"和"麻辣烫米线"店铺。从××路口向××城内方向 200 m 的 S103 线上有一家"永远在线网吧",该网吧到事故现场的距离约 2.8 km。

分析说明: 1. 根据甲乙两车所检见的痕迹特征,结合事故现场分析,符合乙车在由西向北的左转弯过程中,其左侧前部与甲车的左前部首先发生碰撞,然后甲车的左侧又与乙车的左侧发生主要表现为更小角度的刮擦,最后两车分离,甲车向右倒地的事故形态。2. 根据甲车事发前的行驶路径,结合当事人事发后衣着分析,甲车在××路口时,应是由徐××驾驶。但结合事故调查的其他材料分析,甲车在到事故现场前曾在"××××网吧"停留,因此不能以此认定徐××为甲车事发时的驾驶人。3. 根据甲车所检见的痕迹,该车左前部为第一碰撞点,其破损变形较该车左侧后部严重,相应甲车前部人员亦应形成较后部人员更为严重的头部损伤,比较王××、徐××、赵××三人的损伤,王××额面部多发骨折等严重损伤符合位于甲车前部与乙车碰撞形成的特征。4. 根据甲车车辆结构及两车碰撞形态,三人事发时因为各自就座位置不同,左下肢损伤情况也会表现不同。王××的左下肢未见损伤,符合其位于驾驶人位置,下肢置于甲车前部踏板空间内,避免了与乙车直接碰撞而形成损伤;徐××、赵××左下肢的损伤部位类同,均位于左膝前内侧,符合两人就座于中、后座,左下肢置于甲车左侧后围饰罩外,在与乙车的刮擦碰撞中形成的损伤特征;若事发时就座于驾驶人位置,上述损伤不易形成。

鉴定意见: 未见悬挂号牌铃木海王星牌 HS125T 两轮普通摩托车与豫 K-×××××五菱牌 LZW6441JF 小型普通客车发生碰撞时,王××是未见悬挂号牌铃木海王星牌 HS125T 两轮普通摩托车事发时的驾驶人,徐××、赵××是未见悬挂号牌铃木海王星牌 HS125T 两轮普通摩托车事发时的乘坐人成立。

附图：

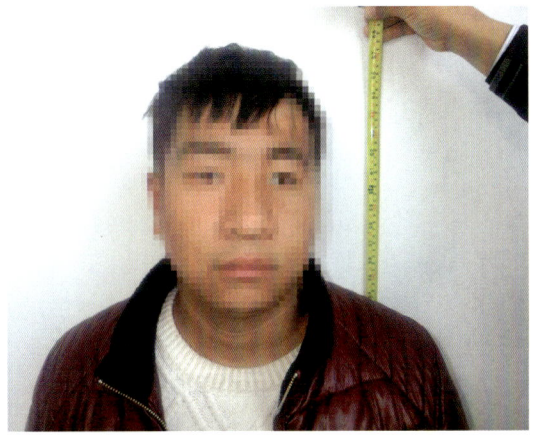
图4-72　王××验伤照片

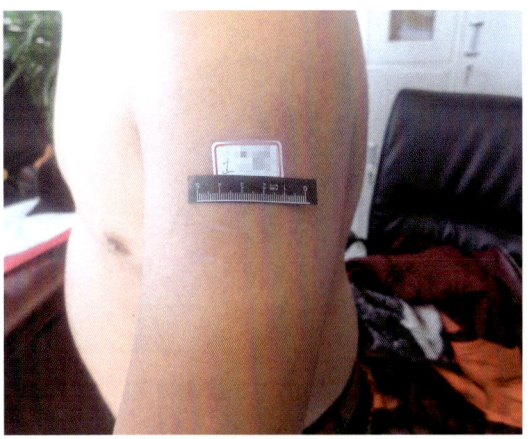
图4-73　王××左上臂外侧损伤

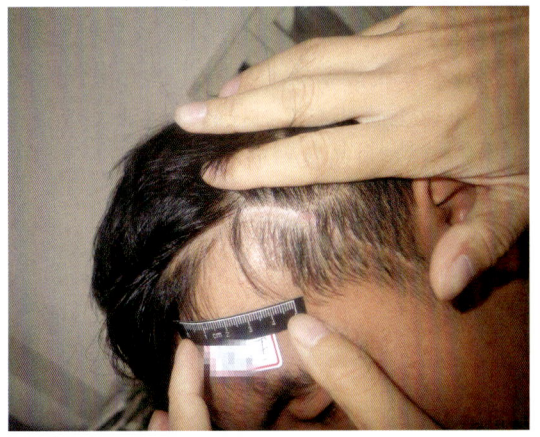
图4-74　王××左侧额颞顶部损伤

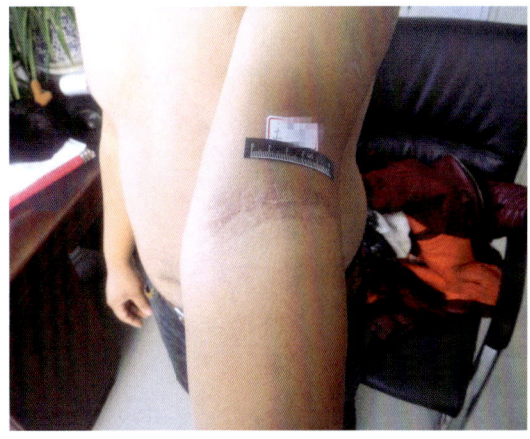
图4-75　王××左肘窝处损伤

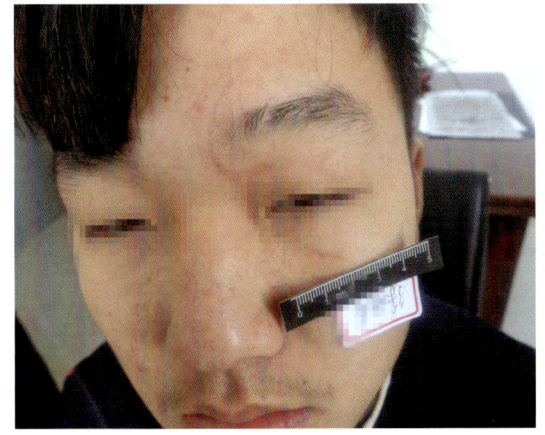
图4-76　徐××颜面左侧损伤

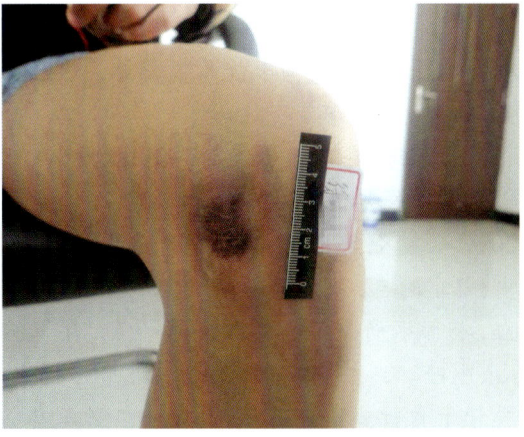
图4-77　徐××左膝内侧损伤

 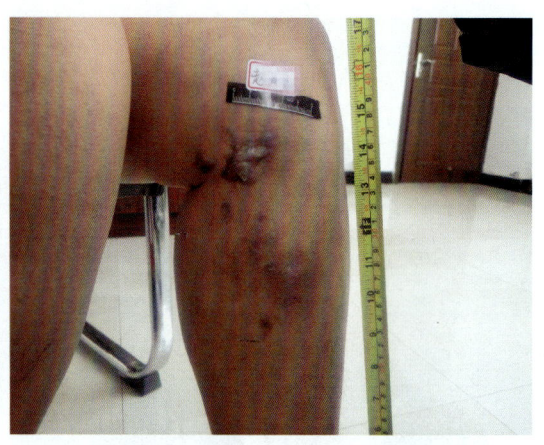

图 4-78　赵××颜面左侧损伤　　　　　图 4-79　赵××左小腿内侧损伤

案例解析： 本案例中对事故形态的分析，结合了现场情况，是这个案例分析的特色，而判断的关键依据在于对当事人着装的分析，而对着装的分析来自对行驶路线和调查材料的综合把握，以排除法，将徐××排除在驾驶人之外。案例分析的关键还在于对王××、徐××、赵××三人的损伤的比较分析，利用了第一碰撞点受力较重的特点。但这里值得注意的是，通常我们鉴定人不会都如此幸运，能找到两个以上的具有区别性的特征性损伤。所以在鉴定过程中，还是要寻求更多的解决方法才对，例如利用物证辅助支撑我们的观点，作为痕迹鉴定人更多地与法医进行沟通，并能将有限的时间和精力投入对损伤与痕迹关系的分析和研究中去。

案例分析（三）

简要案情： 20××年××月××日××时××分许，甲车：豫P-×××××建设牌JS110-B普通二轮摩托车，乙车：豫P-09×××五菱牌LZW6376NF小型普通客车在××市××区××路与××路交叉口发生交通事故，造成张×、徐××、李×不同程度受伤，两车损坏的道路交通事故。

委托事项： 根据事故调查需要，对张×、徐××、李×三人中谁是甲车事发时的驾驶人、乘坐人进行鉴定。

鉴定材料： 1. 本起事故档案图文材料（复制件）；2. 张×、徐××病历材料（复制件）。

资料摘要： 1. 张×的××市中心医院入院记录-住院号：297379。入院时间：20××.××.××。主诉：车祸外伤致左大腿畸形，肿胀，全身多处疼痛2小时。现病史：2小时自，患者因车祸外伤致左大腿疼痛，肿胀，畸形，活动受限，左小腿疼痛，伤口出血，胸部疼痛，呼吸困难，烦躁不安，伴口唇部、面部，左手伤口出血，无头晕，无昏迷、恶心、呕吐。遂往周口市医院诊治，拍左股骨关节正位片显示：右（左）股骨髁上骨折，左侧股骨干骨折。作胸部CT显示：左侧多发肋骨骨折并血气胸。为求进一步诊治，遂来我院，门诊以"左侧股骨髁上骨折"为诊断收入科。目前患者精神较差，睡眠及大小便正常,体重近期无明显变化。专科情况:左大腿畸形。肿胀,有压痛,纵向叩击痛阳性,局部有皮肤擦伤,左侧小腿外侧有一约 3 cm×2 cm 皮肤缺损,边沿不整。辅助检查:头颅 CT 显示(外院,20××-××-××)示:左侧肩胛骨骨折,左侧多发肋骨骨折并血气胸,右侧第 1 肋骨骨折,右侧上颌窦积液。额部头皮下软组织肿胀。X 线显示(外院,20××-××-××):左侧股骨干、股骨髁上骨折,左侧腓骨骨折。初步诊断:(1)左侧股骨干,髁上骨折;(2)左侧腓骨骨折;(3)左小腿皮肤缺损;(4)左侧多发肋骨骨折并血气胸、肺不张;(5)左侧肩胛骨骨折;(6)闭合性头颅损伤,上颌窦积液;(7)全身多处皮肤裂伤。2. 张××的××市中心医院 CT 报告单-CT 号:C217632。影像学表现:左侧胸廓塌陷,左侧胸腔内可见气体及液体影,左肺上叶可见多发片状密度增高影,边沿模糊,左肺一肺叶不张,肺纹理走行自然,两侧肺门无增大,上纵隔内可见气体影,纵隔内未见增大淋巴结影,心影大小正常,形态规则,左右冠状动脉及心脏瓣膜区未见钙化影。右侧第 1 肋骨及左侧第 1～5 肋骨可见多发骨质连续性中断,部分断端可见错位,左侧肩胛骨可见骨折线影,骨折线清晰。诊断意见:(1)纵隔积气,左侧液气胸,左肺挫伤,左肺下叶不张;(2)右侧第 1 肋骨及左侧第 1～5 肋骨多发骨折;(3)左侧肩胛骨骨折;3. 徐××的××市中心医院住院病案-住院号:297375。入院诊断:(1)右额颞顶部硬膜下血肿;(2)左侧颞部硬膜外血肿;(3)双侧额叶脑挫裂伤;(4)额骨粉碎骨折;(5)左侧颞顶骨骨折;(6)颅内积气;(7)左颞顶部头皮下血肿;(8)鼻骨粉碎骨折;(9)肋骨骨折? 4. 徐××的××市中心医院 CT 报告单-CT 号:C217632。影像学表现:额骨、筛骨多发骨质中断,呈粉碎状,骨折块向内明显凹陷,两额叶及右侧颞叶可见混杂密度影,左颞顶骨亦见线形低密度影,骨板下可见新月形高密度影,密度不均,左颞顶部皮下可见高密度影隆起。鼻窦腔、左侧乳突密度增高。两侧胸廓对称,肺野清晰,肺纹理走行自然,两侧肺门无增大,纵隔居中,气管通畅,纵隔内未见增大淋巴结影,心影大小正常,形态规则,左右冠状动脉及心脏瓣膜区未见钙化影。扫描所见肋骨未见异常。诊断意见:(1)额骨、筛骨粉碎骨折并凹陷,颅内积气,左侧颞顶骨线形骨折;(2)两额叶、右侧颞叶挫裂伤,左颞顶部硬膜外血肿;(3)鼻窦腔、左侧乳突积液;(4)胸部 CT 平扫及肋骨重建未见异常。

参照 GA41-2014《道路交通事故痕迹物证勘验》、GA/T1087-2013《道路交通事故痕迹鉴定》、GA/T944-2011《道路交通事故机动车驾驶人识别调查取证规范》、SF/Z JD0101001-2016《道路交通事故涉案者交通行为方式鉴定》有关条款及检验方法,对提供材料进行检验,并作出鉴定意见。

检验所见:1. 事故现场照片。乙车头东尾西停在由西向东的左侧车道内,前轮压着停车线。其后方路面见黑色、红色、灰色碎片等散落物,伴泥块和尘土;乙车右后方的右侧车道内见黑色、红色、灰色碎片等散落物,伴多条西北-东南走向的挫划痕,其间见数滩血迹、一块摩托车圆形反射器、一只蓝帮白底的鞋子和一只黑、绿相间的摩托车转向把套。在挫划痕的南侧见一辆头西北尾东南向左倒地的甲车。乙车后挡风玻璃右窗框(距地高约 162 cm 以下)见凹陷变形,边沿钝圆,局部油漆涂层爆裂;后挡风玻璃右下角见片状泥灰擦拭痕迹;后门的后挡风玻璃右下部"五菱之光"商标字贴的右半部见凹形变形,边沿钝圆；后门的右下部"上海通用五菱"商标字贴处见凹形变形，边沿钝圆；右后组合灯灯罩缺损、碎落；右后组合灯下方的后保险杠右部缺损，其内部车身构件变形。甲车车身基本色调为黑色，前网篮左部向后挤压变形，右转向把套为黑、绿色。2. 道路交通事故现场图。事故现场位于东西走向道路的南半幅，乙车头东尾西停于现场，乙车头西北尾东南左倒于甲车西南侧地面。

分析说明： 1. 根据事故现场照片中甲乙两车所检见的痕迹，在部位、受力方向等方面均可以互相印证，符合甲车左前部与乙车后侧右部碰撞形成的特征。2. 根据甲乙两车的碰撞形态及事故现场的转向把套、车体饰片等甲车散落物分析，甲车驾驶人左手、左下肢损伤不可避免，比较张×、徐××、李×三人损伤情况，徐××、李×左手、左下肢均未见相应损伤记载，张×左手皮肤裂伤、左小腿皮肤缺损等损伤符合其事发时位于甲车驾驶人位置与乙车碰撞形成的特征。3. 根据甲乙两车的碰撞形态，结合张×损伤情况分析，张×事发时位于甲车驾驶人位置与乙车后侧右部发生碰撞，形成张×左侧股骨干、髁上骨折的严重损伤，该碰撞过程中，甲车以张×外展位的左股骨远端为支点旋转，并向右转体最终倒于乙车南侧地面，而若其事发时位于甲车后座，则其下肢不易与乙车后侧右部碰撞形成该损伤。4. 根据事故形态，甲车及其当事人与乙车碰撞后，其前部突然受阻，车体后部会在惯性的作用下向前向上运动，对乘坐人形成了抛掷力。徐××损伤位于头面部前侧（主要受力部位为额部和左颞顶部），符合其事发时处于乘坐人的位置，在甲车与乙车相碰撞时向前抛掷形成的损伤特征。

鉴定意见： 综上所述，张×是豫P-×××××建设普通二轮摩托车事发时的驾驶人，徐××、李×是豫P-×××××建设普通二轮摩托车事发时的乘坐人可以成立。

附图：

图4-80 现场照片

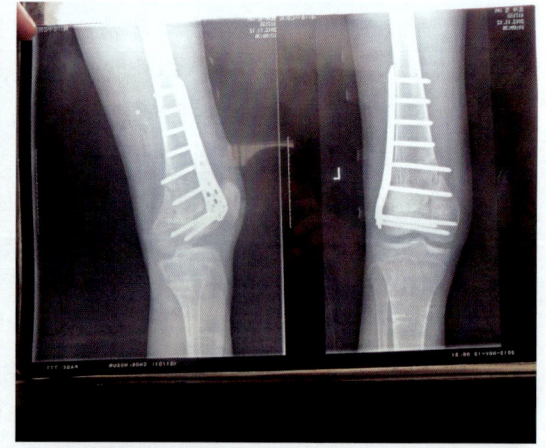

图4-81 张×左下肢骨折（术后片）

案例解析： 本案例中充分利用现场散落物的类型和分布的情况，再结合张×损伤情况进行分析。这是较为典型的利用摔抛运动轨迹和相对位置关系进行综合分析的案例，再次凸显了现场对于道路交通事故司法鉴定的重要作用。

案例分析（四）

简要案情： 20××年××月××日××时××分许，未见悬挂号牌豪达牌HD125-2G两轮普通摩托车在××县××××××村村道1 km+500 m处发生交通事故，造成××××.×××受伤、××××死亡。

委托事项： 根据事故调查需要，对××××.×××和××××中谁是被鉴定车辆事发时的驾驶人、乘坐人进行重新鉴定。

鉴定材料： 1. 被鉴定车辆；2. 事故档案图文材料（复制件）。

资料摘要： ××××法医学尸体检验鉴定书-（×）公（物）鉴（尸）字［20××］××号。尸表检验：尸长167 cm，肤色苍白。发育正常，营养可。尸斑紫红色，位于肩背部、四肢背侧未受压处，指压褪色。尸僵由上至下已出现，强度中等。黑色短发，发长3 cm。面色苍白。角膜清，瞳孔可视，左右瞳孔等大等圆，直径0.4 cm，左右睑球结合膜苍白。左（右）颅顶部开放性颅脑损伤，10 cm×9 cm范围的头皮及颅骨游离，部分脑组织外溢。左额部眉上可见一右上左下斜形5 cm×1 cm范围的表皮剥脱。右眉上3 cm处可见一1.5 cm×0.8 cm表皮剥脱。

颈项部未见明显异常。胸腹部未见明显异常。背部未见明显异常。臀裂上方可见2.5 cm×3 cm表皮剥脱。右小指掌指关节背侧可见一处由内向外的皮瓣游离并擦挫伤区。余（—）。

参照GA41-2014《道路交通事故痕迹物证勘验》、GA/T1087-2013《道路交通事故痕迹鉴定》、GA/T944-2011《道路交通事故机动车驾驶人识别调查取证规范》、SF/Z JD0101001-2016《道路交通事故涉案者交通行为方式鉴定》有关条款及检验方法，对被鉴定车辆的痕迹及事故现场进行检验，并结合事故档案相关材料作出鉴定意见。

检验所见： 1. 被鉴定车辆。车架钢印号为×××××。未检见左、右后视镜。仪表台饰罩损毁并向前脱落呈悬吊状，其上侧见倒地痕迹。车辆前部部件及线路外露。转向把左部向后弯曲、移位，左部操纵按键开关饰罩碎裂脱位，离合器握把缺失，制动握把于根部处与转向把断离，将其复位后，见制动储液罐左前侧及上侧有与地面碰擦形成的痕迹。车辆前部饰罩损毁缺失，内侧支架、部件及线路外露，其中车架前上部局部向右后方弯折变形、伴倒地痕迹。钥匙孔槽左边沿局部向内弯折变形。前保险杠变形呈左后右前状，其左部外侧见倒地痕迹。前轮轮胎憋气，前轮轮辋左侧边沿局部弯折变形。油箱右侧前上部见一大小为15 cm×8 cm的凹陷变形，变形深处见多处点状漆片剥脱，凹陷变形处的后上侧及后下侧见前后方向的条片状刮擦痕迹。变速器操纵杆前部向后弯折，车辆左侧其他凸出部位多处检见倒地痕迹。2. 道路交通事故现场图及现场照片。事故路段为南北走向，路面性质为沥青道路，两侧为路基斜坡，路基上遍布杂草、沙砾、石块，路基下侧为铁丝栅栏，铁丝栅栏略见变形。现场图以道路西侧路沿为基准线，死者头西南脚东北躺在道路西侧路沿处（尸体已搬动），死者西北侧路基下侧铁丝栅栏处有一滩死者遗留的血迹，大小为0.6 m×0.7 m，血迹距死者头部3.9 m，距基准线3.8 m。被鉴定车辆头东尾西左倒在路基下侧，其车辆后部紧靠在铁丝栅栏上，其中一条纵向铁丝夹杂在被鉴定车辆消音器与右侧踏板之间，被鉴定车辆前轮距死者遗留的血迹 1.7 m、距基准线 3.1 m。被鉴定车辆北侧路基斜坡上有 3 处砸坑，该 3 处砸坑近似呈线性排列，由南向北分别距甲车前轮 3.2 m、5.7 m、17.7 m，分别距基准线 2.8 m、2.3 m、1.7 m。由南向北第二个砸坑东侧路基斜坡上见一块散落的车体饰罩，该饰罩距被鉴定车辆 4.4 m、距基准线 1.6 m。最北侧砸坑的北侧路基斜坡上见一条长 19.7 m 的车轮压印，压印起点位于道路西侧路沿。3. 事故现场。现场被大雪覆盖，经与交警拍摄的事故现场勘验照片比对，能正确确认原始现场位置，周围环境除被雪覆盖外，未见变动，可见被鉴定车辆碎片及多块大小不等的石块，铁丝栅栏位于路沿外 3.5 m，路基有一定坡度。4. ××××.××× 损伤检验照片。右侧肩锁关节处、右侧胸壁见片状表皮擦伤，右上臂前外侧呈弧形边沿的片状表皮擦伤。右前臂见表皮擦伤。腰背部两侧见表皮擦伤。左手背见表皮擦伤，左手掌小鱼际根部见水泡样表皮剥脱。右侧内踝及足背内侧、左侧内外踝及足背处见多处表皮擦挫伤。

分析说明： 1. 被鉴定车辆所检见的痕迹，前轮曾受到过碰撞，并以该车左前上部倒地痕迹受力为重，结合道路交通事故现场图及现场照片反映内容分析，符合甲车在由北向南行驶时因故驶下道路西侧路基斜坡并失稳，车辆在向左倾倒过程中其前上部先与斜坡接触后，车辆左侧倒地滑移并停止在现场。2. 根据被鉴定车辆在事故中的运动形态，车辆左前上部在与斜坡接触时，车上的后座乘员会因无把持、无有效稳定和惯性作用向车辆行驶前方抛出，×××× 在事故现场的位置符合其在车辆倒地过程中被摔抛的位置。3. 比较两名乘员的损伤发现，×××× 的损伤主要集中在头部，符合其在车辆失稳倾倒及碰撞过程中被摔抛所形成摔跌伤的特征；而 ××××.××× 的体表损伤以擦挫伤为主，尤其是左手、左足背和内外踝损伤符合与左转向把、左侧踏板、变速器操纵杆及地面接触所形成，符合其在事故中操控被鉴定车辆时形成的损伤特征。综上所述，事发时 ××××.××× 是被鉴定车辆事发时的驾驶人，×××× 是被鉴定车辆事发时的乘坐人成立。

鉴定意见 ××××.××× 是未见悬挂号牌豪达牌 HD125-2G 两轮普通摩托车事发时的驾驶人，×××× 是未见悬挂号牌豪达牌 HD125-2G 两轮普通摩托车事发时的乘坐人成立。

附图：

图 4-82　×××× 头面部损伤

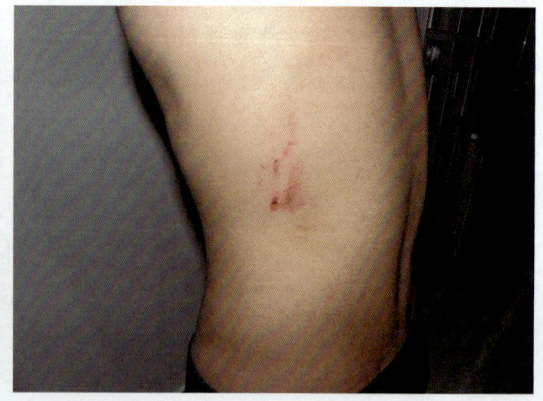

图 4-83　××××.××× 躯干左侧损伤

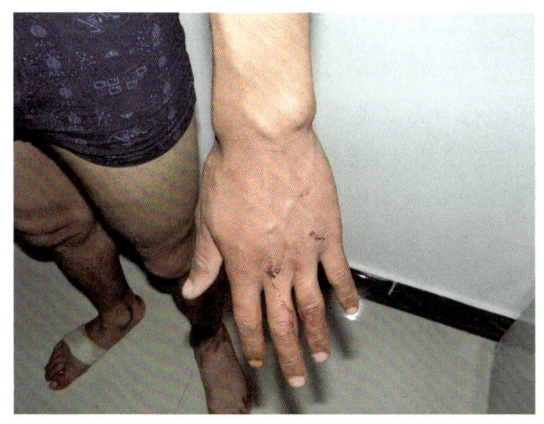 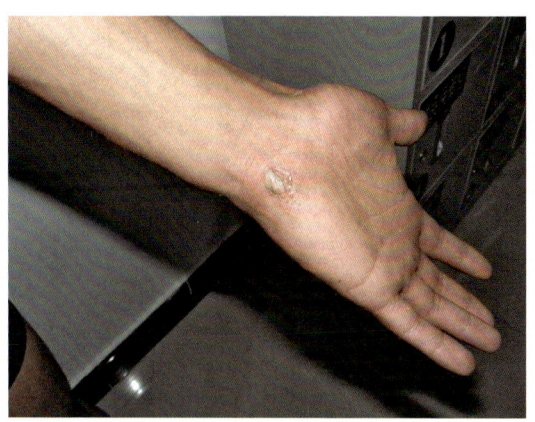

图4-84　××××.×××左手背损伤　　　图4-85　××××.×××左手掌根部损伤

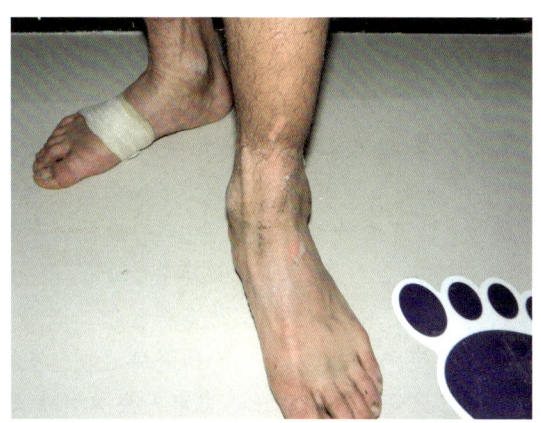

图4-86　××××.×××左脚踝损伤

案例解析：本案例是一起单车事故，结合道路交通事故现场情况分析，被鉴定车辆前轮曾受到过碰撞，并以该车左前上部倒地痕迹受力为重，在由北向南行驶时因故驶下道路西侧路基斜坡并失稳，车辆在向左倾倒过程中其左前上部先与斜坡接触后，车辆左侧倒地滑移并停止在现场。分析的重点依据在于利用被鉴定车辆的运动轨迹，分析乘坐人具有的非操控车辆的特征，再结合两人损伤的区别，比较两名乘员的损伤，最后得出，事发时××××.×××是被鉴定车辆事发时的驾驶人，而××××是被鉴定车辆事发时的乘坐人成立。

案例分析（五）

简要案情：20××年××月××日××时××分许，沪C-×××××劲隆牌轻便二轮摩托车在×××公路、××路北约150 m处发生道路交通事故。

委托事项：被鉴定车辆事发时是否与其他车辆发生过碰撞及其当事人金××的交通行为方式（骑行或推行）进行鉴定。

鉴定材料：1. 被鉴定车辆；2. 道路交通事故现场图及现场照片（复制件）。

参照GA41-2014《道路交通事故痕迹物证勘验》、GA/T1087-2013《道路交通事故痕迹鉴定》以及GA/T944-2011《道路交通事故机动车驾驶人识别调查取证规范》、SF/Z JD0101001-2016《道路交通事故涉案者交通行为方式鉴定》的有关条款及检验方法，对被鉴定车辆的痕迹进行检验，并结合委托人提供的相关材料，对委托事项作出鉴定意见。

检验所见：1. 被鉴定车辆。车架钢印号为××××××。左前保险杠脱位，局部见刮擦痕迹伴弯折变形；左前导流罩见刮擦痕迹，表层红色涂层呈减层；左侧中部饰罩缺失；鞍座脱落；左前减震器外侧距地高39 cm～46 cm见刮擦痕迹；前轮挡泥板局部破损；左侧变速杆向后弯折变形；车身右侧凸出部位见倒地挫痕；车身其他部位未见可疑痕迹。2. 道路交通事故现场图及现场照片。现场道路南北走向，被鉴定车辆头西尾东右倒于事故现场，其北侧路面检见挫划痕，该挫痕起点距该车后轮450 cm，该挫痕起点距路边匝石300 cm，东侧金属护栏一纵向立杆见刮擦痕迹，局部黏附黑色及红色物质，立杆临近部位地面见数片散落物碎片。

分析说明：1. 根据被鉴定车辆所检见的痕迹，结合道路交通事故现场图及现场照片所示情况分析，符合右倒滑移状态的该车左部与东侧金属护栏发生碰撞所形成的后果，由于车身未见其他可疑痕迹，故不能认定事发时该车与其他车辆类客体物发生过碰撞。2. 根据道路交通事故现场图及现场照片所示地面挫痕位置及长度，结合被鉴定车辆损毁程度综合分析，事发时该车应有一定速度，该速度若其当事人金××推行该车时，难以形成上述痕迹，故应认定事发时被鉴定车辆当事人金××为骑行该车姿态。

鉴定意见：右倒滑移状态的沪C-×××××劲隆牌轻便二轮摩托车左部与东侧金属护栏发生过碰撞可以成立；不能认沪C-×××××劲隆牌轻便二轮摩托车事发时与其他车辆类客体物发生过碰撞，事发时，该轻便二轮摩托车当事人金××为骑行该车姿态可以成立。

附图：

图4-87 被鉴定车辆左观照

图4-88 现场照片

案例解析：本案例是少有的鉴定摩托车当事人事发时骑行或者推行姿态的案例，主要把握骑跨姿态，在这里特指驾驶人判断的依据，首先，根据相关信息，当然必须建立在车体痕迹的基础上分析出运动形态。前面，笔者有提到，单车事故的当事人交通行为方式的鉴定是比较难的鉴定,所以本次鉴定中的依据,是利用了推行难以驾驭有一定行驶速度的车辆这一普遍常识。在此类案件鉴定过程中,要具备基本的物理学的知识,并能灵活应用到鉴定过程中去。

小结: 摩托车驾乘关系的分析判断,除需要根据驾驶人、乘坐人所依据的三个主要方面以外,特别要强调一下:事故形成过程,碰撞瞬间两车的行驶方向,两车的碰撞具体部位,碰撞后两车的运动轨迹;当事人损伤状况,主要涉及与车辆或其他固定物、当事人发生碰撞接触而形成的对应性损伤;现场相对位置的分布情况,即被鉴定车辆与相对车辆、血迹、人体、散落物、轮胎印痕、挫划印痕等,而被鉴定车辆与人体、血迹相对位置最为关键。

在进行分析过程中,我们一般采取以下几种方法:

(一)通过被鉴定车辆与其他事故车辆的碰撞具体部位,分析车上人员的具体位置,驾驶人位置及乘坐人位置,身体的特定部位与其他事故车辆某些特定部件发生碰撞造成的特征性损伤,从而分析驾驶人和乘坐人的相对位置。

(二)通过碰撞后车辆的运动轨迹,分析判断位于驾驶座及乘坐人位置的驾乘人员不同的运动轨迹,结合两人(或多人)的落地位置,分析其驾乘关系。碰撞后摩托车和车上当事人的运动轨迹遵循物理学基本原理,因此根据不同的碰撞形态,结合现场路面痕迹,可以较为准确地分析出碰撞后摩托车的运动轨迹。在摩托车运动过程中,车上人员的运动轨迹亦遵循物理学原理,同时也受到摩托车或者装备一定的制约和束缚,其运动过程相对比较复杂,可以通过驾乘人员留在摩托车上遗留的碰撞痕迹,血迹、组织或者纤维、鞋袜等寻找驾乘人员的运动轨迹。举例来讲,摩托车在受到前方较低矮对象碰撞阻挡前轮时,车上乘坐人员易于脱离摩托车被摔抛,由于摩托车前方受到阻挡,摩托车由于惯性作用,其后部迅速抬高,以前轮中心轴为纵轴发生翻转,摩托车的乘坐人相对于驾驶人来讲距离前轮中心轴较远,在摩托车以同样旋转角速度纵翻过程中,摩托车后座线速度大于前座线速度,后座乘坐人获得的抛出初速度大于驾驶人获得的抛出初速度,同时乘坐人位置位于座位后方,没有方向把等可靠牢固部件可以抓握,而驾驶人因操作摩托车,其双手一般抓握摩托车方向把,所以在摩托车发生运动过程中,乘坐人受到摩托车的约束力一般会小于驾驶人受到摩托车的约束力,鉴于以上因素的影响下,碰撞后摩托车乘坐人抛出的距离会大于驾驶人抛出的距离,这一情况反映在事故现场路面上,事故发生后,一般驾驶人距离碰撞点较近,乘坐人所处于的位置距离碰撞点较远。

几种典型的碰撞分析如下。

(一)摩托车正面与小型车辆发生碰撞。摩托车前部与小型车辆发生正面或者侧面碰撞时,由于小型车辆前、后保险杠及车身侧面下边梁和裙边位置较低,摩托车前轮作为车体前端部件一般最先与小型车辆发生碰撞接触,摩托车主要受力点集中在摩托车的前轮上,在前方受阻的情形下,此种碰撞形态可造成摩托车尾部上翘抬升,这时,摩托车驾驶人在惯性作用下继续向前运动,身体整体呈前倾姿态,易于与小型车辆发生直接碰撞接触;而摩托车乘坐人受到摩托车尾部上翘抬升作用,会沿着身体前倾的驾驶人的背部向斜上方抛出,因受到驾驶人的阻挡,相对于驾驶人来讲,不易与小型车辆发生重于驾驶人的直接碰撞接触。上述情况可以在两种不同情形下:① 在相对碰撞速度较大的情况下,乘坐人有可能会被摔抛的距离较远,甚至落点位置位于小型车辆的另一侧,也就是与驾驶人不在小型车辆的同一侧。② 在相对碰撞速度较小的情况下,摩托车给予乘坐人的抛出初速度不至于让乘坐人飞至另一侧,随着摩托车翻倒,两人同时落点于小型车辆的同一侧,且驾驶人往往离摩托车的距离近于乘坐人。综上所述,在此种类型碰撞中,摩托车驾驶人易于直接与小型车辆发生碰撞接触,在小型车辆上相对应部件留下特征性痕迹。而损伤一般集中在身体前侧,如头面部、胸腹部、双上肢等,这里要特别关注摩托车驾驶人手部因抓握方向把形成的对应性损伤;而摩托车乘坐人由于受驾驶人阻挡不易与小型车辆发生直接碰撞接触,从而产生与摩托车驾驶人不同的损伤。

(二)摩托车正面与低位固定物(如匝石等)发生碰撞。当摩托车正面与道路匝石等低位固定物发生碰撞时,摩托车前轮受到匝石碰撞阻挡,造成车尾抬高上升,会使乘坐人获得大于驾驶人的抛出初速度向前抛出;由于乘坐人受到摩托车的约束较小,而驾驶人手握方向把受到较大约束力,因此抛出后乘坐人距离碰撞点更远,可通过现场被鉴定人最终躺倒位置分析判断出其驾乘关系,同时由于固定物处于低位,摩托车驾驶人和乘坐人均很难与其产生直接碰撞接触,所以从直接碰撞产生的损伤角度区别驾驶人和乘坐人,不具备条件,但可以从其他损伤比对的角度,作为分析的角度,毕竟,这是对涉案者事发时交通行为方式的鉴定,涉案者的损伤情况是必须关注的条件。如果紧靠驾驶人和乘坐人最后的落点位置一个因素分析就得出鉴定意见的分析,较为少见,且容易被质疑,也容易受到变动现场的影响,所以要结合其他物证鉴定进行综合分析判断,如果没有其他因素的情况下,得出的鉴定意见,一般表述为"不排除×××是摩托车事发时的驾驶人或乘坐人的可能性"。

(三)摩托车侧面与小型车辆、固定物等发生碰撞。在此类事故碰撞中,摩托车侧面与其他车辆或固定物发生碰撞刮擦,碰撞产生的减速度较小,碰撞后摩托车一般不会产生尾部上移抬高,发生较为严重旋转的概率也不高,往往在发生碰撞后摩托车倒地滑移,这是摩托车上人员一般会随着摩托车滑移方向一起滑移,在滑移过程中,由于乘坐人受到摩托车的约束较小,所以一般会先与摩托车分离而滑出,驾驶人受到摩托车的约束较大,一般会随着摩托车一起滑移。一般反映在现场位置上,其最终位置驾驶人距离摩托车较近,而乘坐人距离摩托车较远。而反映在驾驶人和乘坐人的损伤特征上,由于驾驶人随着摩托车一起滑移的距离较长,其衣物和体表挫伤较多且相对集中于身体一侧,而乘坐人衣物和体表的挫伤较少且相对分散。

(四)摩托车正面与大型车辆或者高位固定物发生碰撞。摩托车正面与大型车辆或者高位固定物发生碰撞时,由于大型车辆和高位固定物接触面较高,一般摩托车的受力点集中在前轮上方或者摩托车直接钻入车底。在此类碰撞事故中,鉴于摩托车受力点较高,一般不会发生尾部上移抬高。摩托车受到碰撞阻碍或者摩托车钻入对方车底过程中,在惯性作用下摩托车上人员均处于向前运动的趋势,驾驶人的头面部及胸腹部易于与摩托车和大型车辆发生直接碰撞接触,造成其头面部、胸部、脏器等的损伤,这种情形下,易于产生生物物证,作为痕迹鉴定和法医损伤鉴定的补充。而乘坐人一般位于驾驶人身体后方,前两节中我们分析过有特殊体位的乘坐人除外,乘坐人的胸腹部一般不易于与大型车辆或者高位固定物发生直接碰撞而形成损伤,但其头面部也会产生损伤,其往往反映在大型车辆或者高位固定物上的位置高于驾驶人头面部遗留下的损伤,且损伤程度一般相对于驾驶人较轻。对于落点位置而言,驾驶人与乘坐人的先后顺序一般不会发生变化,差异在于与摩托车的远近方面。

综上所述,对摩托车驾乘关系的判定,在鉴定过程中还需要注意以下几方面的问题:一是及时对损伤人员的损伤情况进行检验鉴定,时间越久,损伤的特征性表现就会越存在变化和消失的可能。同时,车辆的保存条件也会对车体痕迹和物证的提取也会产生一定的影响。二是对鉴定人知识结构和知识面要求高,需要多专业合作和配合。特别是痕迹鉴定司法鉴定人,要树立这种意识,不是可以解决所有的问题。三是鉴定人从思想上要高度重视,这种鉴定类型是最为疑难和复杂的,不能有一丝一毫的马虎和松懈。同时,也不能有畏难情绪,因为所有的鉴定,都是有科学方法和科学依据,在条件允许的情况下,可以还原事实真相。

第五章
道路交通事故中轿车当事人交通行为方式鉴定

在GB7258-2017《机动车运行安全技术条件》中对汽车或乘用车进行了定义,其中汽车由动力驱动,具有四个或四个以上车轮的非轨道承载的车辆,包括与电力线相连的车辆(如无轨电车),主要用于:运载人员和或货车(物品);牵引载运货物(物品)的车辆或特殊用途的车辆;专项作业。而乘用车是汽车的一种,乘用车是指设计和制造上主要用于载运乘客及其随身行李和或临时物品的汽车,包括驾驶人座位在内最多不超过9个座位。它可以装置一定的专用设备或器具,也可以牵引一辆中置轴挂车。而轿车是指用于载送人员及其随身物品,且座位布置在两轴之间的汽车。包括驾驶者在内,座位数最多不超过九个。

轿车除乘客厢外,外观上可见明显长度的车头与车尾,因此可从外形上清晰分辨出引擎室,人员乘坐室以及行李舱。轿车一般分为以下几种:

1. 纯电动汽车　　是指由电动机驱动的汽车。电动机的驱动电能来源于车载可充电蓄电池或其他能量储存装置。

2. 混合动力汽车　　是指能够至少从下述两类车载储存的能量中获得动力的汽车,即可消耗的燃料或者可再充电能或者能量储存装置。根据动力系统结构形式可分为以下三类:① 串联式混合动力汽车。此种汽车是指车辆的驱动力只来源于电动机的混合动力汽车。② 并联式混合动力汽车。此种汽车是指车辆的驱动力由电动机及发动机同时或单独供给的混合动力汽车。③ 混联式混合动力汽车。此种汽车是指同时具有串联式、并联式驱动方式的混合动力汽车。

3. 燃料电池汽车　　是指以燃料电池作为动力电源的汽车。

轿车车身结构主要包括车身壳体、车门、车窗、车前钣制件、车身内外装饰件和车身附件、座椅以及通风、暖气、冷气、空气调节装置等。在货车和专用轿车上还包括车厢和其他装备。车身壳体是一切车身部件的安装基础,通常是指纵、横梁和支柱等主要承力元件以及与它们相连接的钣件共同组成的刚性空间轿车结构。客车车身多数具有明显的骨架,而轿车车身和货车驾驶室则没有明显的骨架。车身壳体通常还包括在其上敷设的隔音、隔热、防振、防腐、密封等材料及涂层。车门通过铰链安装在车身壳体上,其结构较复杂,是保证车身的使用性能的重要部件。车前钣制件等,这些钣制制件形成了容纳发动机、车轮等部件的空间。车身外部装饰件主要是指装饰条、车轮装饰罩、标志、浮雕式文字等。散热器面罩、保险杠、灯具以及后视镜等附件亦有明显的装饰性。车内部装饰件包括仪表板、顶篷、侧壁、座椅等表面覆饰物，以及窗帘和地毯。在轿车上广泛采用天然纤维或合成纤维的纺织品、人造革或多层复合材料、连皮泡沫塑料等表面覆饰材料；在客车上则大量采用纤维板、纸板、工程塑料板、铝板、花纹橡胶板以及复合装饰板等覆饰材料。轿车车身附件有：门锁、门铰链、玻璃升降器、各种密封件、风窗刮水器、风窗洗涤器、遮阳板、后视镜、拉手、点烟器、烟灰盒等。在现代轿车上常常装有无线电收放音机和杆式天线，在有的轿车车身上还装有无线电话机、电视机或加热食品的微小炉和小型电冰箱等附属设备。轿车车身内部的通风、暖气、冷气以及空气调节装置是维持车内正常环境、保证驾驶员和乘客安全舒适的重要装置。座椅也是车身内部重要装置之一。座椅由骨架、坐垫、靠背和调节机构等组成。坐垫和靠背应具有一定的弹性。调节机构可使座位前后或上下移动以及调节坐垫和靠背的倾斜角度。轿车座椅还有弹性悬架和减振器，可对其弹性悬架加以调节以便在驾驶员们不同的体重作用下仍能保证坐垫离地板的高度适当。在某些货车驾驶室和客车车厢中还设置适应夜间长途行车需要的卧铺。为保证行车安全，在现代轿车上广泛采用对乘员施加约束的安全带、头枕、气囊以及轿车碰撞时防止乘员受伤的各种缓冲和包垫装置。

《道路交通安全法》的第八条规定小型载客汽车只允许牵引旅居挂车或者总质量700千克以下的挂车，挂车不得载人。机动车的其他规定《道路交通安全法》和《道路交通安全法实施条例》中的有关条款和相关规定，此处不再赘述。

机动车事故是指摩托车、汽车等按机动车管理的车辆负主要责任以上的事故，此处包括轿车与其他机动车、非机动车、行人发生的事故。道路交通事故涉案者交通行为方式鉴定中对轿车涉案者事发时交通行为方式状态的分析判断主要有：驾驶人、乘坐人、驾乘关系等，轿车属于封闭空间车辆类型，在鉴定实践中，对于车内乘员在事故现场抛出车外或者溺水状态处于车外等情形时，一般案件较为疑难复杂。轿车从法律的角度来讲，归入机动车管理，其自身结构特点具有一定特殊性，且乘坐空间较大，在鉴定过程中，存在不同于非机动车和其他机动车的特殊性，这种特殊性正是我们要研究的重点内容。

第一节 驾 驶 人

分析判断轿车驾驶人的依据主要有以下几个方面：① 根据不同事故的碰撞形态，车内人员会形成不同的碰撞结果，其在车内驾驶座位置或驾驶座以外位置所形成的碰撞现象因周边环境不同而形成的损伤及体表痕迹也会有所不同。② 根据车辆前后风窗玻璃及左右车门玻璃的损坏情况，分析是与硬物碰撞形成还是与软性客体（如人体）碰撞形成，并结合人员体表痕迹及损伤进行判断。③ 根据各座位上安全带痕迹及锁止情况，分析各座位上的当事人是否使用了安全带，气囊是否起爆，并结合车内人员的不同体表痕迹及损伤进行判断。④ 根据驾驶座周边部件（如方向盘等）及其他座位周边部件是否异常损坏和留有撞击印痕及附着物，结合车内人员的不同衣着及损伤进行比对判断，必要时对微量物证进行比对。⑤ 根据勘验到的各座位周边附着的血迹、毛发和人体组织物，结合车内人员不同部位的痕迹及损伤形态特征进行判断，必要时与当事人进行DNA检验比对。⑥ 根据在第一现场查找到的各座位周边的遗留物（手机、鞋等个人用品），确认其所有人。⑦ 根据各车门、车窗的变形、锁闭情况，分析车内人员的撤离、抛甩条件。⑧ 对于已经被抛甩出车外的人员，应再结合原始现场人、车的相对位置进行判断。

案例分析（一）

简要案情：20××年××月××日××时××分许，未悬挂号牌小型越野客车在××县境内××线43 km+900 m路段发生一起车辆侧翻事故，导致车上人员庞××死亡，张×受伤的道路交通事故。

委托事项：根据事故调查需要，对被鉴定车辆发生事故时其当事人庞××、张×二人中谁是驾驶人进行鉴定。

鉴定材料：1. 被鉴定车辆；2. 道路交通事故现场图、现场照片等事故卷宗图文材料（复制件）；3. 庞××法医学尸体检验意见书（×）公（法）鉴（尸）字［20××］×××号（复制件）；4. 张×及张×住院病案（太谷县人民医院）病案号：334458（复制件）。

资料摘要：1. 庞××法医学尸体检验意见书——（×）公（法）鉴（尸）字［20××］×××号。衣着检验：上身穿白色短袖，下身穿蓝色长裤，脚穿白色袜子，蓝面白边鞋。尸表检验：尸长170 cm，短发，发长0.5 cm，尸斑呈暗红色，分布于尸体背部位受压区，尸僵形成于各大小关节。眼睑闭合，右眼睑青紫。左侧额部可见不规则的皮肤裂伤，范围为9 cm×5 cm，触及额骨骨折。右侧嘴角外侧至颞部可见不规则的皮肤裂伤，范围为12 cm×7 cm，触及鼻骨骨折。左侧背部可见10 cm×6 cm的散在的小的皮肤挫裂伤，左上臂内侧可见10 cm×8 cm的皮肤挫擦伤，左前臂外侧可见10 cm×5 cm的皮肤擦挫伤。2. 张×住院病案（××县人民医院）病案号：334458。体格检查：头部：右侧面颊部可见5 cm×3 cm皮肤擦伤、有轻度污染。专科检查：颈部右侧可见10 cm×7 cm皮肤擦伤、有轻度污染，局部肿胀、棘突无明显压痛，颈椎屈伸、旋转活动尚可。右肩前可见大片状丝条状12 cm×11 cm的皮肤擦伤、其内可见约1 cm×2 cm的皮肤挫裂口3处。右腋窝、右上臂前内侧、右胸壁外侧可见大片状丝条状12 cm×11 cm、20 cm×12 cm的皮肤擦伤、有渗血、触压痛明显，未触及骨擦感及异常活动。右肘后内侧、右前臂前内侧可见大片状丝条状15 cm×11 cm、20 cm×12 cm的皮肤擦伤、有渗血、其内可见有4 cm×6 cm的皮肤缺损区域，肌肉外露、无明显断裂，局部触压痛明显，桡骨近段可触及骨擦感及异常活动，右前臂旋转活动明显受限。右腕可见4 cm×4 cm的皮肤擦伤、有渗血、触压痛明显，未触及骨擦感及异常活动，左腕关节屈伸活动尚可，左手指屈伸活动尚可。右大腿前侧可见大片状丝条状18 cm×11 cm的皮肤擦伤、有渗血，局部触压痛明显。右膝前下方可见6 cm×2 cm的皮肤挫裂口、创沿不整齐、创面内无明显肌肉断裂。右小腿前外侧、后外侧可见散在1 cm×4 cm、2 cm×4 cm的皮肤擦伤、右足背前外侧可见散在2 cm×4 cm的皮肤擦伤、有渗血、触压痛明显,未触及骨擦感及异常活动,右下肢、右膝关节屈伸活动尚可。左小指末节稍有垂状指畸形、中末节背侧擦伤、末节基底部触压痛明显、能被动伸直,主动伸直受限。

参照GA41-2014《道路交通事故痕迹物证勘验》、GA/T944-2011《道路交通事故机动车驾驶人识别调查取证规范》、SF/Z JD0101001-2016《道路交通事故涉案者交通行为方式鉴定》有关条款及检验方法,对被鉴定车辆进行检验,结合本起事故档案图文材料作出鉴定意见。

检验所见：1. 被鉴定车辆。车辆识别代号为××××××××××××××××××。前保险杠及前围饰板碎落缺失,前保险杠内胆距其左端30 cm～55 cm弯折变形并夹附松柏样树枝叶,发动机舱内前部构件破损、弯折变形并向后移位,表面呈不同程度的锈蚀。右前照灯碎落,左转向灯呈悬吊状。发动机舱盖距其前沿0 cm～31 cm、距其左沿30 cm～55 cm凹陷变形,局部表面漆片剥脱并出现锈蚀,周边伴有擦划痕迹。前风窗玻璃碎落。左前轮脱落,左前车门玻璃呈下降约一半位置。右前轮异常定位,轮胎失压瘪气,右前轮轮眉脱落。右前翼子板、右侧前后车门在310 cm×150 cm范围内见碰撞痕迹及倒地挫划痕迹,局部伴卷曲、凹陷变形,表面白色涂层呈减层,右A柱、右前车门上部门框及车顶右前部向内塌陷变形,其间并夹附树皮、木屑,右B柱中部向内凹陷变形,与副驾驶座椅靠背右侧发生挤压干涉；右侧前后车门变形、向后移位卡滞,右侧前后车门窗玻璃碎落；右后轮轮眉缺失。左侧前后车门可以正常打开,方向盘中部罩盖缺失,前排座位对应车顶内部见由左向右擦划痕迹,局部纤维向右牵拉、倒伏。驾驶员侧安全带可以自由拉伸,未见集中皱褶及磨损；副驾驶侧安全带处于未使用状态,受右B柱向内弯折变形作用被拉紧,其插片位于中部。副驾驶座前侧手套箱盖打开并变形,其左侧撕裂,其右侧饰板见碰撞痕迹,局部破损。右前部车顶塌陷变形,其最低点距副驾驶座椅背40 cm,副驾驶座椅背呈向后放倒状态,约呈45°,与向内弯折变形右B柱发生卡滞。右前车门内侧拉手、饰板破损并向内凹陷变形。提取右B柱内侧、右后车门框上部拉手上疑似血迹作为检材备检。2. 事故现场图及现场照片。事发路段为东西向道路,中心划有黄色单实线,现场位于道路的北幅及其北侧,现场图以黄色单实线为基准线。北幅路面上见由西向东然后向北轮胎侧滑印,长3 000 cm,侧滑印起点距基准线310 cm,终点距基准线550 cm,道路北侧路基边沿见两棵树木倒伏(西侧树为松柏样树叶,东侧树为叶片状树枝叶、其根部拔起及主干树皮剥脱),路基下为排水沟及装饰墙,墙体为绿色、白色,墙垛及墙体顶部外侧面为红色,两棵树木对应部分装饰墙破损,被鉴定车辆右侧侧翻倒地,头东南,尾西北,位于装饰墙北侧、侧滑印的东侧,后轮轴心距离侧滑印终点距离为1 030 cm、距离基准线距离为1 000 cm,前轮轴心距基准线距离为830 cm；其左前轮脱落,位于被鉴定车辆的东北方向,其轮心距离基准线距离为1 260 cm,侧滑印终点东北方向地面上见被鉴定车辆散落物及装饰墙碎砖头。侧翻的被鉴定车辆右前部底部压着一人(经核实为庞××),该人呈近仰卧位向右弯曲状,头部及部分右下肢经前风窗右下角卡顿在车内,躯干、左下肢及部分右下肢在车外。副驾驶座椅背呈向后放倒位置。3. 张×体表损伤检验。身高183 cm。右前臂前外侧见一陈旧性手术切口愈合瘢痕，右前臂内侧见一椭圆形植皮愈合瘢痕，右前臂内侧上段见陈旧性擦伤，色素轻度沉着，右腋窝、右上臂前内侧、右胸壁外侧可见大片状陈旧性擦划伤，表面见愈合瘢痕；右膝前内侧可见清创缝合创口，表面瘢痕形成伴色素沉着；右大腿内侧见植皮供皮区缝合创口，表面瘢痕形成伴色素沉着。提取张×指尖血备检。4. DNA检验：将张×血样及被鉴定车辆右B柱内侧、右后车门框上部拉手上疑似血迹（擦拭物）送××法医物证鉴定研究室进行DNA检验，形成×××［20××］物鉴字第×××号鉴定意见书，部分摘录如下：检验结果：经DNA分型，事故车辆右后车门内侧拉手擦拭物和右B柱内侧上部擦拭物与张×血样的基因型均一致。经计算，似然率均为2.20×10^{24}。

分析说明： 1. 根据被鉴定车辆检验所见痕迹，结合现场图及现场照片所见装饰墙破损、两棵树木倒伏及现场散落物等分析，符合事发时被鉴定车辆向其左前方偏驶并驶出路外，其正面左部、正面前部及右前部先后与一棵树（松柏样树叶）、装饰墙及另一棵树（片状树叶）发生碰撞并向右侧侧翻所形成的特征。根据车辆碰撞痕迹及运动过程分析，车内乘员应相对车辆向前、向右运动。2. 被鉴定车辆车顶右前部塌陷变形，前排座位对应车顶内部见由左向右擦划痕迹，局部纤维向右牵拉、倒伏等痕迹，结合前述被鉴定车辆的碰撞形态，事发时处于驾驶座位的当事人相对于被鉴定车辆向右运动。现场照片见右侧翻的被鉴定车辆右前部底部压着一人（经核实为庞××），该人呈近仰卧位向右弯曲状，头部及部分右下肢经前风窗右下角卡顿在车内，躯干、左下肢及部分右下肢在车外，其事发后体位及损伤符合上述对处于驾驶座位的当事人发生碰撞后身体运动轨迹的分析。3. 现场照片中副驾驶座椅背呈向后放倒位置，检验见被鉴定车辆副驾驶座椅背呈向后放倒状态，与向内弯折变形的右B柱发生卡滞，反映事发前副驾驶椅背就处于向后放倒状态，位于副驾驶座位的当事人应处于向后倒卧体位。处于向后倒卧体位状态的副驾驶座位上的当事人，由于身体重心偏低且右侧车内部件的阻挡，限制了副驾驶座位当事人的身体运动，当事人张×则符合事发时处于副驾驶座位。4. 根据庞××法医学尸体检验意见书中损伤描述，以及对张×体表检验及张×住院病案中专科检查所见，比较两人损伤的部位、形态及程度，庞××损伤主要集中在身体左侧并且严重，张×损伤主要集中在身体右侧且较轻微，结合上述被鉴定车辆与现场固定物先后发生碰撞的过程及碰撞形态，符合张×处在副驾驶座位与被鉴定车辆车内部件发生碰撞所形成的损伤。5. 根据张×住院病案中专科检查所见及对张×体表检验证实，其肢体右侧损伤与被鉴定车辆内部右侧构件对应，尤其是其右上臂前内侧、右腋窝、右胸壁外侧大片状丝条状的皮肤擦伤与塌陷变形的右前部车顶形成损伤与致伤物的对应关系，并且处于副驾驶座位的张×右上臂处于外伸、外展位。另根据提取张×血样及被鉴定车辆右B柱内侧、右后车门框上部拉手上疑似血迹DNA检验结果，也支持事发时、事发后张×处于副驾驶座位的血迹分布，而被卡顿、砸压在被鉴定车辆右前部的庞××则难以形成。综上分析，事发时，庞××系被鉴定车辆的驾驶人可以成立。

鉴定意见： 未悬挂号牌小型越野客车发生事故时庞××为驾驶人可以成立。

附图：

图5-1 被鉴定车辆前观照

图5-2 被鉴定车辆正面前部痕迹部位照

图5-3 被鉴定车辆正面前部痕迹照

图5-4 被鉴定车辆发动机舱盖痕迹照

图5-5 被鉴定车辆右前部痕迹部位照

图5-6 被鉴定车辆右前部痕迹照

图5-7　被鉴定车辆车顶右前部塌陷(外面观)

图5-8　被鉴定车辆车顶右前部塌陷(内面观)

图5-9　被鉴定车辆前排车顶内侧左向右擦划痕迹

图5-10　被鉴定车辆副驾驶座椅背向后放倒

图5-11　被鉴定车辆左前轮碎落

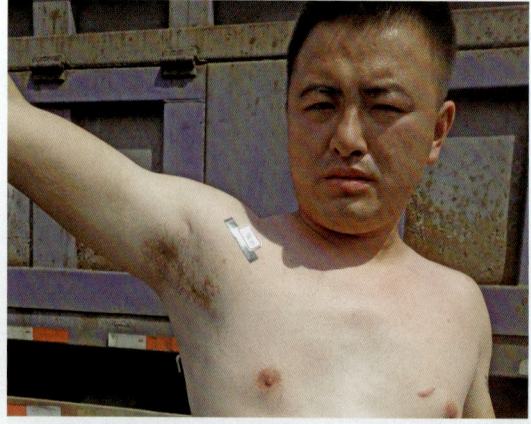
图5-12　张×右侧肢体损伤照

图5-13 现场照片一

图5-14 现场照片二(庞××姿态)

图5-15 现场照片三(庞××姿态)

案例解析：本案例中首先对被鉴定车辆的运动轨迹进行了分析描述，这种分析的重点在于"车内乘员应相对车辆向前、向右运动"这是对现场情况与被鉴定车辆车体痕迹关联性分析解读。再充分利用副驾驶座位的移位变化当事人损伤的比较，另根据DNA的分析结果，最后，作出事发时，庞××系被鉴定车辆的驾驶人的判断。此鉴定案例，特点在于在车内两名乘员的情况下，利用非驾驶人(乘坐人)的特征性损伤和法医物证鉴定意见等综合分析，作出判断。

案例分析（二）

简要案情：20××年××月××日××时××分许，未见悬挂号牌奥迪牌小型轿车在××县××镇××村××路段发生道路交通事故，造成当事人钱××死亡、李××受伤及车辆损坏。

委托事项：根据事故调查需要，对李××、钱××二人中谁是未见悬挂号牌奥迪牌小型轿车事发时的驾驶人进行鉴定。

鉴定材料：1. 被鉴定车辆；2. 道路交通事故现场图、现场照片等事故卷宗图文材料(复制件)；3. 钱××及其尸体检验鉴定书——(×)××司鉴(20××)尸鉴字第××号和尸检照片（复制件）；4.李××病历资料及损伤程度鉴定意见书——（×）××司鉴（20××）临鉴字第×××号及事发后照片（复制件）。

资料摘要： 1.钱××尸体检验鉴定书——（×）××司鉴（20××）尸鉴字第×××号。尸体检验：尸长168 cm。发长5 cm、黑色。额左眉部皮肤有6.5 cm×2 cm裂伤，伤口内额骨骨折，左眼眶上壁骨折，骨折处有血液外流；额左皮肤有3 cm×2 cm挫伤；右颧部、右眼外侧及右眉梢部皮肤有6 cm×5 cm挫伤；左颧部皮肤有8 cm×7 cm挫伤；左下睑皮肤有一长1.5 cm裂伤；鼻腔有血液，口腔有血液和血性泡沫，两耳道有血液外流。颈左前外上部及左下颌沿部皮肤有5 cm×4 cm挫伤，颈椎无骨折。胸骨柄部皮肤有11 cm×4.5 cm挫伤，胸骨柄骨折；右前胸外上部皮肤有10 cm×6 cm不规则擦伤；左侧胸腔穿刺左侧胸腔有血性液体。左中腹部皮肤有10 cm×10 cm擦伤，腹腔穿刺无积血。左手背皮肤有小片挫伤；左大腿中上段前外侧皮肤有10 cm×9 cm挫伤，左大腿畸形，左股骨中段骨折假关节活动；左膝部内侧皮肤有3 cm×1 cm挫伤。2.李××病历资料及损伤程度鉴定意见书——（×）××司鉴（20××）临鉴字第×××号及事发后照片。（1）李××的××县人民医院病历（住院号：398476）。入院时间：20××-02-14 01：12。现病史：患者因"车祸伤致左大腿肿痛畸形、拒动1小时"入院。急诊摄X线示：左股骨骨折、断端移位，查体结合阅片后予以收住入院进一步治疗。专科检查：左大腿畸形肿痛，压痛明显，拒动，活动受限，茎围较健侧大8 cm。入院诊断：左股骨骨折。（2）李××损伤程度鉴定意见书——（×）××司鉴（20××）临鉴字第×××号。体格检查：被鉴定人李××仰卧于××县人民医院五楼病房东2病床上。神志清楚，查体合作。额正中偏左发际皮肤有一2 cm×2.5 cm挫伤，额左皮肤有一1.6 cm×1.6 cm挫伤，右颞部头皮有一0.8 cm×0.5 cm挫伤，右颧面部皮肤有一5.2 cm×2.5 cm挫伤，右眉外侧部有一2.5 cm×1.5 cm擦伤，右上下唇皮肤各有一小片状挫伤，左上下眼睑皮肤皮下淤血。左中指背侧皮肤有一长1.3 cm擦划伤和一黄豆大小的擦伤，左大腿明显肿胀、拒动。体表其他部位未见明显损伤。阅有关影像学资料：××县人民医院20××年×月××日DR片（1张，片号：81605）示：李××左股骨中段粉碎性骨折明显错位。3.李××事发后照片所见。现场救护时李××穿着衣物完好，其上衣左侧未见刮擦痕迹及黏附泥土。黑色短发长约2 cm左右。

参照GA41-2014《道路交通事故痕迹物证勘验》、GA/T1087-2013《道路交通事故痕迹鉴定》、GA/T944-2011《道路交通事故机动车驾驶人识别调查取证规范》及SF/Z JD0101001-2016《道路交通事故涉案者交通行为方式鉴定》有关条款及检验方法，对被鉴定车辆的痕迹进行检验，并结合对钱××尸表检验、现场复勘及委托人提供的其他相关材料，作出鉴定意见。

检验所见： 1.被鉴定车辆。车辆识别代号为××××××××××××××××。前保险杠脱落伴前侧黏附泥土，其右侧见刮擦痕迹伴局部缺损，前保险杠内胆右端嵌入树木碎片，对应右侧纵梁向下弯折变形伴局部开裂。发动机舱盖距其右沿0 cm～88 cm、距其前沿0 cm～66 cm范围内见凹陷性变形，伴有从左向右刮擦痕迹。发动机舱盖距其前沿0 cm～120 cm、距其右沿0 cm～30 cm见刮擦痕迹，方向由前向后，表面局部黏附泥土。发动机舱盖右后端撕脱。发动机舱盖距其左沿0 cm～25 cm、距其前沿0 cm～130 cm范围内见弯折变形伴有由前向后方向刮擦痕迹。右前翼子板挤压弯折变形,方向由前向后,表面局部黏附泥土。左前翼子板距其前端0 cm～122 cm见由前向后方向刮擦痕迹,局部表面黏附泥土,其中距其前端60 cm～92 cm见竖向凹陷变形伴破损,局部伴有黄褐色铁锈样物质附着。右前轮与悬挂支架脱位并异常定位,其悬挂杆件向上顶穿悬挂上部车身内板。右A柱及距车顶右前部最前端向后0 cm～99 cm见由前向后方向擦痕,局部表面黏附泥土。右侧外后视镜缺失,右前车门转轴部位黏附大量泥土、草叶。前挡风玻璃碎落。左前轮轮胎瘪气,轮辋外沿见挫划痕迹,轮辋与轮胎连接部位夹附大量泥土及树叶。左前车门上部铰链撕脱,车门蒙皮撕脱分离变形,其后部门框内侧嵌入玻璃碎片;左侧外后视镜缺失,车门窗玻璃碎落,车门见前上后下刮擦痕迹,局部表面黏附泥土。左A柱、车顶左部、左后车门及左后翼子板见大面积刮擦痕迹,外侧边沿挤压变形伴有泥土及草叶附着;左后车窗及左后角窗玻璃碎落、后挡风玻璃碎落。后保险杠碎落缺失,其内胆见两处凹陷变形,间距49 cm,每处宽5 cm。后货厢盖右后部见59 cm×66 cm挤压变形,其间伴有右上左下斜行刮擦痕迹;右后翼子板见大面积堆积变形伴有后下向前上方向刮擦痕迹。右后轮异常定位并向前移位,右后轮轮胎瘪气,右后轮与悬挂支架脱位,悬挂支架局部碎裂。右后部车辆底部消音器及排气管见柱状挤压变扁变形,局部黏附树皮样物质。车顶中右部在53 cm×46 cm范围内见右后向左前斜向刮擦痕迹,天窗左前角处车顶凹陷变形,泥土附着,天窗左后角与车顶处夹附泥土及草叶。前排安全气囊及两侧安全气帘均充分打开。前排安全带左右均呈预紧状态,锁扣上插有锁片。方向盘上部向心性弯折变形。驾驶座靠背向左移位,左边部分受压变形,其坐垫及脚垫处附着大量泥土。左A柱内侧饰条碎落缺失。驾驶侧遮阳板碎落,其对应顶棚黏附泥土。车顶前部阅读灯及天窗开关总承(驾驶座上方)左后转角见擦痕,并见疑似人体组织样物,提取作为检材1备检。天窗挡板下侧右部(副驾驶座上方)见条片状前后方向擦痕,表面黏附黄色物质,提取作为检材2备检;其间见多根黑色毛发黏附,长均约0.7 cm～0.9 cm。天窗挡板后边框黏附黄色物质。副驾驶侧遮阳板前沿前侧见擦痕并黏附二根黑色短发,长度分别为0.7 cm、1.2 cm。副驾驶座椅靠背左上部见右下向左上斜行擦痕。

2. 道路交通事故现场图、现场照片及现场复勘。现场道路呈东西走向,水泥路面,道路宽7 m,以水泥路面南侧边沿为基准线,基准线外侧为2.7 m路基,路基上沿路见一排行道树,路基南侧为护坡及低洼地。被鉴定车辆为由西向东方向行驶,由西向东路基外见轮胎印痕,并以轮胎印痕起始点为基准点,距基准线为1.5 m。基准点东侧2.6 m为一沙堆,沙堆东北方向路基上见两棵行道树(树1、树2)树干西南侧面见刮擦痕迹,局部表面树皮剥脱。向东护坡及低洼地上见碰撞挫划痕迹及玻璃碎片等部分散落物;再向东南低洼地上堆放有多口陶缸,多数为倒置扣于地面,其中由西向东计数第二排北侧一陶缸碎裂,缸口位置未见变化,部分碎裂缸片及邻近缸底北侧边沿见银色物质附着。再向东南陶缸间见一树木(树3)树干的西北侧面距地高2 m～3.3 m受损,局部表面树皮剥脱,该树木距基准点斜向距离约为41 m。树3向东南方向6.3 m见被鉴定车辆前保险杠碎落;东侧一树木(树4)树干北侧面树皮剥脱,表面嵌有两片金属碎片,碎片上见有奥迪标志,该门前水泥地面上及树4周围水泥地面上见有斜行、弧形挫划刮擦痕迹。碎落的被鉴定车辆前保险杠东北方向约15.2 m处见被鉴定车辆头西尾东停在地面,右前轮距基准线4 m,右后轮距基准线3.6 m,其左前部见一尸体(钱××)头东南脚西北仰卧于地面,死者头部距基准线7 m,其右脚距被鉴定车辆左前轮1.7 m;尸体头部位于被鉴定车辆南侧头东尾西停放的白色厢货后侧底部。该厢式货车悬挂皖K-×××××号牌,其左后转角距地高70 cm～90 cm见碰撞刮擦痕迹并向前弯折变形,局部表面黏附银色物质。被鉴定车辆最终停驶位置距基准点约62 m。3. 钱××尸表检验。冷冻尸体,初步解冻,已更换寿衣。尸长174 cm,黑发长3 cm～7 cm。右侧颞部、右眼外侧见10.5 cm×6 cm片状擦皮伤,左面颊见15 cm×13 cm大面积擦皮伤,其间在左眼内侧、左颞部伴有挫裂创,此损伤范围内略肿胀。左耳道内有血性液体。鼻骨、额骨未触及骨折。鼻背部见1.5 cm×1.0 cm擦伤。胸腹部膨隆,因尸体未解冻不能触及骨折情况。右乳头向上6 cm,右侧上胸壁见8 cm×9 cm擦皮伤,胸骨柄向上至左侧锁骨上窝见一处斜行条片状擦皮伤,大小11 cm×3.7 cm,略见凹陷。左侧腹壁见12 cm×10 cm纵行条片状擦皮伤。右侧侧腹壁距右侧髂前上棘5 cm见斜行片状擦挫伤,大小9 cm×4 cm。右手背食指、中指掌指关节及掌骨对应背侧见多处挫擦伤,最大5.5 cm×2 cm,最小1 cm×0.8 cm。左手背食指、中指掌指关节处见1.5 cm×1 cm挫擦伤。左上臂肩峰向外7 cm见3 cm×2 cm皮肤颜色改变。左侧髂前上棘对应处见3 cm×1.5 cm擦挫伤,表皮由上向下翻卷。左大腿中段肿胀,其前外侧见10.5 cm×7.5 cm片状挫擦伤,表皮由上向下翻卷,此损伤上方在6.5 cm×6 cm范围内有三处条片状表皮擦伤,最大4 cm×1.2 cm,最小1.1 cm×1 cm。3. DNA鉴定:法医物证鉴定意见书——××××[20××]法物鉴字第×××号。将提取的检材1(奥迪轿车室内阅读灯及天窗开关总承左后转角擦痕处提取物)、检材2(奥迪轿车天窗挡板下侧右部擦痕处提取物)与钱××及李××血样送×××法医物证研究室进行DNA鉴定,检验结果摘录如下:经检验,钱××血样和奥迪轿车室内阅读灯及天窗开关总承左后转角擦痕处提取物的DNA分型结果一致。经计算,似然率为1.42×10^{29}。李××血样和奥迪轿车天窗挡板下侧右部擦痕处提取物的DNA分型结果一致。经计算,似然率为4.06×10^{26}。

分析说明:1. 经过对被鉴定车辆痕迹检验,结合道路交通事故现场图、现场照片及现场复勘情况,其中大部分车体痕迹与现场固定物痕迹对应,可以构成互为造痕体与承痕体之间的对应关系,如车体左侧碰撞刮擦痕迹与沙堆东北方向路基上两棵行道树(树1、树2)树干西南侧面刮擦痕迹,局部表面树皮剥脱相对应;车体两侧、两侧车顶及天窗边框和前后保险杠等部位与路基护坡、低洼地面碰撞、挫划相互作用;发动机舱盖右前部凹陷变形痕迹与低洼地摆放的陶缸、车辆右后部底部消音器及排气管柱状挤压变扁变形与陶缸间树木(树3)树干的西北侧面、后货厢盖右后部挤压变形,其间伴有右上左下斜行刮擦痕迹与李××家门前地面上挫划痕迹等也可构成对应关系;右后轮与悬挂支架脱位,悬挂支架局部碎裂与东侧一树木(树4)树干北侧面树皮剥脱,表面嵌有两片金属碎片,碎片上见有奥迪标志等痕迹特征相符;左前翼子板中段竖向凹陷变形伴破损,局部伴有黄褐色铁锈样物质附着于悬挂皖K-×××××号牌车辆左后转角碰撞刮擦痕迹并向前弯折变形,局部表面黏附银色物质等痕迹特征相对应。该起事故被鉴定车辆运动轨迹较为复杂,但通过上述痕迹在部位、方向、附着物及形成机理等方面相互印证,可以基本认定被鉴定车辆的运动轨迹。2. 被鉴定车辆从路面冲下至停驶位置大约为60 m,结合上述痕迹检验,符合被鉴定车辆以较高的车速驶出路面,右侧车轮跨越沙堆使车辆跃起,车辆的左侧先后与路基上的行道树、护坡发生碰撞刮擦并跌落至有一定落差的路基下的低洼地带,过程中车辆发生侧翻及翻滚,使其前侧、后侧乃至左右两侧和车顶与地面发生碰撞挫划;当碰撞到低洼地摆放的陶缸时,陡然使被鉴定车辆沿其纵轴发生翻滚,造成陶缸中间的一棵树高位受损;落地时,被鉴定车辆后货厢盖右后部接触地面并发生挫划、旋转,该过程中被鉴定车辆又与另一树木及悬挂皖K-×××××号牌车辆左后转角发生碰撞刮擦等并最终旋停于现场位置。3. 根据被鉴定车辆的碰撞形态及其车体内外部件痕迹的受力方向和毁损程度分析,被鉴定车辆撞击现场固定物时力量巨大、速度骤减、毁损变形严重;发生碰撞时车内驾乘人员由于惯性会向前方、两侧乃至车顶与车内物体发生碰撞,造成车内部件毁损和驾乘人员不同特征的损伤。该起事故中,前排驾驶座及副驾驶座安全带均未使用,根据检验、比较钱××和李××体表损伤,钱××头面部损伤、胸部损伤(擦挫伤及胸骨柄骨折等)及左下肢骨折等损伤更符合事发时其处在驾驶座位置上,其肢体与方向盘、左前车门内侧、车顶前部阅读灯饰罩及天窗开关总成左侧等车内部位发生碰撞可以形成;而李××头面部损伤及左下肢骨折等损伤符合事发时其处于副驾驶座位上,头部与前方遮阳板及对应的前挡风玻璃、左下肢与中控台右侧等部位发生碰撞可以形成。4. 根据被鉴定车辆事发时运动轨迹,结合事发过程中两名当事人在车内的运动状态及各自损伤部位、形态,以及被鉴定车辆室内阅读灯及天窗开关总承左后转角擦痕(驾驶座上方)、天窗挡板下侧右部擦痕(副驾驶座上方)部位、方向及形态分析,符合在事发过程中,两名当事人身体分别与其头顶上方的上述两部位发生碰擦,且车顶该两处擦碰痕迹的造痕客体位置不具备互换性,即检材1为驾驶座人员所遗留,检材2为副驾驶座人员所遗留,根据DNA检验结果,检材1与钱××血样DNA分型结果一致,检材2与李××血样DNA分型结果一致。并且检材2其间见二根黑色毛发黏附,长度均约0.7 cm～0.9 cm,与李××毛发长度相符。上述痕迹、黏附物与检验结果进一步证实,事发时钱××处于驾驶座位上,而李××处于副驾驶座位上。综上所述,钱××为事故发生时驾驶人可以成立。

鉴定意见: 未见悬挂号牌奥迪牌小型轿车事发时,钱××为该车驾驶人可以成立。

案例解析: 本案例先对被鉴定车辆与现场固定物发生碰撞接触以及运动轨迹进行路面上和冲下路面后两个阶段的分析,且非常详细具体,这是判断被鉴定车辆事发时驾驶人的基础,而对车内两名乘员损伤与被鉴定车辆运动轨迹和车内部件产生痕迹(含生物物证)的分析是本案例的核心和关键。

案例分析(三)

简要案情: 20××年××月××日××时××分许,甲车:湘J-×××××华威驰乐牌重型罐式货车与乙车:豫K-×××××雪佛兰牌小型轿车在××公路、××路东约5 m处发生道路交通事故。

委托事项: 根据事故调查需要,对乙车当事人李××、付×二人中谁是乙车事发时的驾驶人进行鉴定。

鉴定材料: 1. 被鉴定的甲乙两车;2. 道路交通事故现场图、现场照片等事故卷宗图文材料(复制件);3. 李××、付×体表损伤鉴定意见书(复制件);4. DNA检验鉴定意见书——××××[20××]物鉴字第××××号(复制件);5. 甲车维修单及事故卷宗部分图文材料(复制件)。

资料摘要:1. 李××体表损伤鉴定意见书——××××[20××]病交检字第××号。据××市××区中心医院李××门急诊病历摘录:20××-08-28车祸致头部外伤一天,伴头晕,无呕吐,无昏迷。PE:神志清,GCS15分,左顶及2 cm×3 cm头皮下血肿,双侧瞳孔等大等圆,直径0.3 cm,光反应好……头CT:颅内未见异常。据送检李××受伤当时照片显示:左前臂中下段屈侧片状皮肤挫伤伴点、条状皮肤擦伤,左前臂下段尺侧见小片状皮肤擦伤,左手虎口处见片状皮肤挫伤,左手拇指近节背侧见点、条状皮肤擦伤;左大腿中段后侧见小片状皮肤黄绿色变,左膝外侧见条片状皮肤擦伤,右膝内侧见小片状皮肤擦伤,右内踝见片状皮肤青紫。一般情况:神志清楚,查体合作,对答清晰。损伤检验:左前臂上段尺、伸侧见2.5 cm×1.5 cm皮肤青紫伴黄绿色变,左前臂下段屈侧见1.5 cm×0.8 cm皮肤脱痂痕,左手拇指近节背侧见0.5 cm×0.3 cm皮肤脱痂痕,左手食指掌指关节背侧家小片状皮肤色泽偏暗,触及稍疼痛。余体表未见明显损伤。2. 付×体表损伤鉴定意见书——××××[20××]病交检字第××号。据××市××区中心医院付×门急诊病历摘录:20××-08-27左肩背部外伤半小时。PE:神清,左肩背部有压痛,全腹平软,无压痛。胸部CT:未见外伤性改变。20××-08-27 12:00车祸致头部外伤,头痛。查体:神清,GCS 15分。双瞳孔等大,光反射灵敏,四肢肌力正常。头颅CT:颅内未见明显外伤性改变。据××市奉贤区中心医院付×出院小结(住院号:0609379)摘录:入院日期:20××-××-×× 15:35,出院日期:20××-×-×× 13:27。入院诊断:鼻外伤,鼻骨骨折。入院时主要症状及体征:鼻外伤3天。局检:鼻部外观稍肿胀,鼻骨触摸不清。双鼻腔黏膜慢性充血,鼻中隔偏曲,未见活动性渗血。各鼻窦区无压痛。住院期间病程与治疗结果:入院后完善相关检查,入院后给予静滴头孢硫咪,地塞米松,卡络磺钠氯化钠,氟比洛芬酯等予以抗感染,止血止痛治疗。于20××.××.××局麻下经鼻内镜下鼻骨骨折闭合复位术。现患者病情恢复可,经主治医师同意,予以出院。出院时情况:患者诉两侧鼻腔胀痛缓解,无鼻出血,无发热、咳嗽,睡眠及食欲欠佳。今日查体:今晨体温36.5℃,神清,心率73次/分,心肺听诊无异常。局检:双侧鼻腔通畅,见双侧鼻腔中下鼻甲黏膜充血,鼻中隔无明显偏曲。鼻背部无塌陷畸形。出院诊断:鼻外伤,鼻骨骨折。一般情况:神志清楚,查体合作,对答清晰,表情痛苦。自诉左肩部、左胸腹部疼痛,左膝部做屈伸运动时感觉疼痛。损伤检验:额部正中见1.5 cm×1 cm皮肤脱痂痕,额部左侧见4 cm×0.2 cm条状皮肤脱痂痕,伴周围小片状皮肤黄绿色变,边界欠清,左眼外眦见1.5 cm×1 cm皮肤脱痂痕,创面红润,左眼内眦见0.5 cm×0.2 cm皮肤脱痂痕。左前臂下段尺侧在1.5 cm×1.5 cm范围内见多处条状皮肤脱痂痕,左前臂下段桡屈侧见0.6 cm×0.2 cm皮肤脱痂痕。左足背近端见0.8 cm×0.5 cm皮肤脱痂痕。3. DNA检验鉴定意见书——××××[20××]物鉴字第××××号。检验结果摘录如下:经比对,"豫K-×××××"轿车主驾驶方向盘气囊上的血痕和李××血样的基因型一致。经计算,似然率为$9.44×10^{28}$。

经比对,"豫K-×××××"轿车主驾驶方向盘气囊上的血痕和付×血样的基因型不一致。

参照 GA 41-2014《道路交通事故痕迹物证勘验》、GA/T1087-2013《道路交通事故痕迹鉴定》、SF/Z JD0101001-2016《道路交通事故涉案者交通行为方式鉴定》及 GA/T944-2011《道路交通事故机动车驾驶人识别调查取证规范》有关条款及检验方法,对甲乙两车的痕迹进行检验,并结合其他相关材料,作出鉴定意见。

检验所见: 1. 甲车。铭牌示车辆识别代号为××××××××××××××××××。车辆处于维修过程中,车旁地面见拆卸的破损部件。前围板、前保险杠、左右侧前照灯及右车门下方踏脚已更换。2. 乙车。铭牌示车辆识别代号为××××××××××××××××××。车辆毁损严重,左前部距地高110 cm以下见碰撞痕迹并向右后挤压变形,前保险杠破损碎落,前号牌左端后侧夹附银色饰片,发动机舱盖向右后卷曲挤压变形,左前翼子板挤压变形,发动机舱内部件大部破损,前述范围内表面灰色涂层呈减层,局部黏附红色物质。左前轮异常定位,左前轮轮胎破裂,左侧后视镜碎落。前挡风玻璃左下部碎裂、右下部对应副驾驶座前部安全气囊处碎裂。左前车门及左后车门前部凹陷变形伴局部破损,表面灰色涂层呈减层,局部黏附红色物质。后挡风玻璃碎裂,后保险杠右端脱位下垂,右侧后翼子板挤压凹陷变形,油箱盖碎落,局部表面黏附白色物质及树皮样物质,右后轮异常定位,轮辋饰罩弯折变形,右后轮失压瘪气。前排主、副驾安全气囊充分打开,主驾气囊已被提取剪除(委托人提供,其前侧见散在小点片状血痕),副驾安全气囊自然铺开,未检见异常附着物。主驾驶座位安全带拉伸松弛,锁紧装置激活,副驾驶座位安全带处于初始状态,副驾驶座位椅背左侧上部见黏附血迹,前后排座位中间地板上见血迹,右侧C柱内侧见溅样血迹。3. 道路交通事故现场图及现场照片。甲车头东南尾西北停于现场,甲车前侧与乙车相撞,乙车呈头东北尾西南,乙车右后部贴靠路旁树木及卖葡萄摊支撑杆。移开乙车后见甲车前保险杠及前围板下部撞击痕迹,局部破损碎落,前保险杠支架弯折变形,冷凝器破损,左右前照灯破损碎裂。右车门下方踏脚挤压变形。

分析说明: 1. 甲车前侧痕迹(现场照片所见)及乙车左前部所检见痕迹,从部位、形态、类型、附着物、受力方向及痕迹形成机理等方面比对、分析,两者上述局部部位可以形成互为承痕客体与造痕客体之间的关系,符合甲车前侧与乙车左前部相碰撞所形成的特征;乙车右后部的痕迹及附着物,结合事故现场照片所见,符合甲乙两车发生碰撞后,该部位与现场路旁树木及卖葡萄摊支撑杆相碰撞所形成的特征。2. 根据甲乙两车碰撞形态,碰撞发生时前排主、副驾安全气囊打开,车内驾乘人员受惯性力的作用会同时向左前方运动并与车内部件发生碰撞,包括正在打开的安全气囊,在碰撞过程中乙车未发生大角度的旋转及翻滚,因此,驾乘人员不会发生交叉换位,主驾驶座位对应的安全气囊上血痕应为驾驶人所留,再结合DNA检验鉴定意见书——××××[20××]物鉴字第×××号检验结果、李××及付×体表损伤鉴定意见书中损伤的描述情况等综合分析,事发时,李××为乙车的驾驶人可以成立。

鉴定意见: 湘J-×××××华威驰乐牌重型罐式货车前侧与豫K-×××××雪佛兰牌小型轿车左前部发生碰撞后致豫K-×××××雪佛兰牌小型轿车右后部与路旁树木等发生过碰撞;事发时,李××为豫K-×××××雪佛兰牌小型轿车的驾驶人可以成立。

附图：

图 5-16　甲车前观照

图 5-17　甲车后观照

图 5-18　甲车拆卸破损部件

图 5-19　甲车前侧痕迹照（委托方提供现场照）

图 5-20　乙车前观照

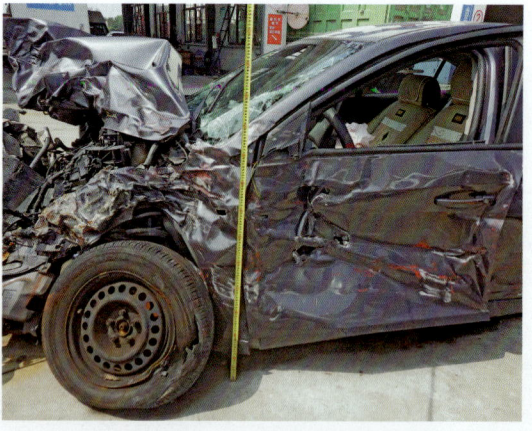

图 5-21　乙车左前部痕迹照

第五章　道路交通事故中轿车当事人交通行为方式鉴定

图 5-22　乙车前号牌夹附碎片

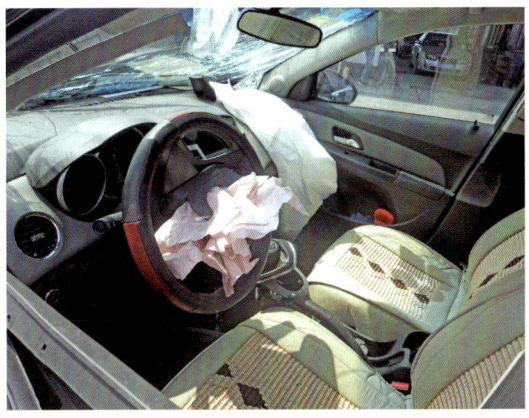

图 5-23　乙车车内前排照

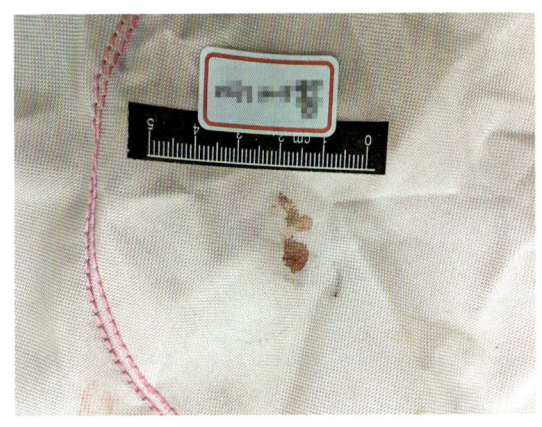

图 5-24　乙车主驾驶位安全气囊黏附血迹

图 5-25　甲乙两车碰撞（委托方提供现场照）

案例解析：本案例中是甲乙两车发生碰撞的交通事故，在甲乙两车发生碰撞后，乙车的右后部又现场路旁树木及卖葡萄摊支撑杆发生过碰撞，在此过程中，乙车至少发生过两次碰撞。充分利用了位置关系和法医物证的辅助作用，这是较为典型的利用被鉴定车辆较小角度运动对车内乘员产生较小位置影响的鉴定案例。

案例分析（四）

简要案情：20××年××月××日××时××分许，沪A-×××××沃尔沃小型轿车在××公路、××公路路口处发生道路交通事故。

委托事项：根据事故调查需要，对杨××是否是被鉴定车辆事发时的驾驶人进行鉴定。

鉴定材料：1. 被鉴定车辆；2. 道路交通事故现场图、现场照片等事故卷宗图文材料（复制件）；3. 被鉴定车辆当事人杨××、倪××病历材料（复制件）；4. 杨××事发时所着衣物。

资料摘要：1. ××市××区医疗急救中心杨××病历。患者约20分钟前开车发生车祸，头额部撞击在挡风玻璃上。头额部持续性钝痛，与颈部活动无关。伴双鼻腔出血少许，伴头晕。头额部皮肤现片状红印,有压痛,局部未见明显破裂出血及肿块,双鼻腔有血迹。2. ××市×××区人民医院杨××放射诊断报告——CT号:CT588529。放射学诊断:颅脑CT平扫颅内未见明显急性外伤性改变,建议复查;鼻骨骨折伴凹陷;C1-7椎体未见明显骨折征象,相应骨性椎管未见明显狭窄。3. ××××××第××××医院倪××出院小结——住院号:275581。患者主因车祸外伤至左髋疼痛伴活动受限2小时余入院。专科检查:左下肢未见明显短缩畸形,左髋周围广泛压痛(+),纵向叩击痛(+),髋关节活动明显受限,可及骨擦感、骨擦音,左下肢肌力、感觉较对侧减退,肌张力可,踝关节及各趾背伸受限,远端血运可。辅助检查:曙光医院浦东分院X线片:左侧髋臼骨折,髋关节脱位。患者入院后行常规检验检查,无明显手术禁忌证,于2015年2月12日在全麻下行左侧髋臼骨折切开复位内刚定。血管神经肌腱探查修复术,手术顺利,术后常规抗炎、消肿、抗凝、镇痛、促进骨愈合等药物对症支持治疗,清洁换药、拆线,皮肤牵引,指导功能锻炼。

参照GA41-2014《道路交通事故痕迹物证勘验》、GA/T1087-2013《道路交通事故痕迹鉴定》、GA/T944-2011《道路交通事故机动车驾驶人识别调查取证规范》、SF/Z JD0101001-2016《道路交通事故涉案者交通行为方式鉴定》有关条款及检验方法,对提供材料进行检验,并作出鉴定意见。

检验所见: 1. 被鉴定车辆。车辆识别代号为×××××××××××××××××。车辆正面向后挤压变形;发动机舱盖正面距其右端50 cm～120 cm竖向柱状凹陷变形、伴刮擦痕迹,表层黑色涂层呈减层,局部黏附泥灰类物质;右纵梁前段向左弯折变形,右前轮轮胎瘪气,轮辋局部扭曲变形伴刮擦痕迹,相邻外侧胎壁见一处穿透性豁口;左、右前座安全带被完全收紧状锁死,驾驶室气囊(主、副)充分打开,主气囊局部黏附疑似血迹,提取该疑似血迹作为DNA检材备检;副气囊黏附油性物质,未检见疑似血迹;中控台右部饰罩破损脱位伴擦痕;车内后视镜脱落,呈悬吊状,其右部黏附黑色较短毛发;前风窗玻璃内侧距其下沿49 cm、距其右边沿71 cm为中心呈放射状碎裂,局部黏附黑色较短毛发;左前车门内饰扶手距车门后端42 cm～63 cm见擦痕,局部黏附黄色织物纤维,提取该黄色织物纤维作为检材备检;车辆后排及主、副驾驶座后侧未检见新近形成的碰撞痕迹。2. 杨××事发时所着衣物检查。黄色上衣,品牌规格为欧时力160/84A。提取左侧袖管黄色织物纤维作为样本备检。3. DNA检验鉴定:DNA检验鉴定意见书——××××[20××]物检字第××号。将提取的DNA检材送至××鉴定中心法医物证学研究室进行检验,出具的检验意见如下:经检验,"沪A-×××××"车气囊上的微量斑痕未检出人源性DNA。4. 微量物证鉴定:微量物证鉴定意见书——×××××[20××]微鉴字第××号。将提取的检材与样本送至××鉴定中心刑事技术鉴定研究室进行检验,出具的鉴定意见如下:经Axio Imager Vario材料显微镜下检验发现:检材附着物中检见有两种形态的黄色纤维,以下分别简称为检材-1和检材-2(见附件图片6-7)。样本黄色纤维中亦检见有两种形态的黄色纤维(见附件图片8-9),以下分别简称为样本-1和样本-2。经相互比较,检材-1与样本-1黄色纤维的形态特征一致,检材-2与样本-2黄色纤维的形态特征一致。经Nicolet 6700傅里叶变换红外光谱仪检验,检材-1与样本-1黄色纤维的红外光谱一致,均为聚酯纤维;检材-2与样本-2黄色纤维的红外光谱一致,均为羊毛纤维。经inVia激光拉曼光谱仪检验,检材-1与样本-1黄色纤维的拉曼光谱一致;

检材-2与样本-2黄色纤维的拉曼光谱一致。经综合分析,鉴定人认为:检材-1与样本-1黄色纤维的形态特征、红外光谱、拉曼光谱一致,二者是同种类纤维;检材-2与样本-2黄色纤维的形态特征、红外光谱、拉曼光谱一致,二者是同种类纤维。

分析说明: 1. 根据被鉴定车辆所检见的痕迹,符合该车正面(偏右)及右前轮与现场固定物发生过碰撞形成的特征。2. 根据车辆检验所见分析,事发时,前排左右座乘员由于均未系安全带,其身体分别与其左前方向的车内相应部件发生了二次碰撞,造成车内部分部件破损,两名当事人不同程度损伤的后果。3. 被鉴定车辆驾驶座主气囊充分打开,可以形成杨××额部、鼻部相应损伤;微量物证鉴定的结果支持左前车门内侧黏附黄色织物纤维为杨××事发时所着衣物所留,该部位非驾驶人及非事发时不能形成。由此分析,事发时杨××位于驾驶座可以成立。4. 车内后视镜脱落,其右部黏附黑色较短毛发,符合与来自右方的乘员碰撞所致;倪××左侧髋臼骨折,髋关节脱位,具有遭受钝性物体间接暴力作用形成的特征,结合中控台右部饰罩损坏情况分析,符合倪××位于右前座时与中控台右部饰罩碰撞形成的特征。

鉴定意见: 综上所述,杨××是沪A-×××××沃尔沃小型轿车事发时的驾驶人可以成立。

附图:

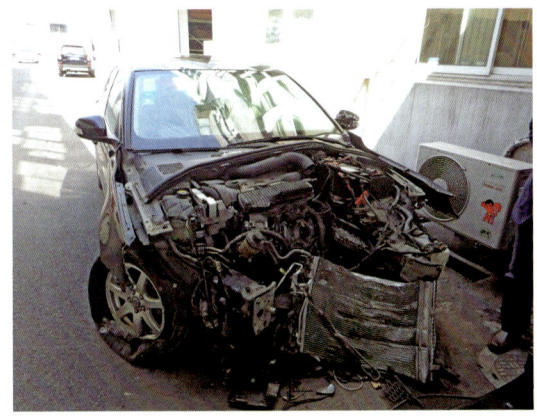

图5-26 被鉴定车辆前观照

图5-27 被鉴定车辆正面痕迹照

图5-28 前排气囊打开

图5-29 车内后视镜右端黏附短发

图5-30　左侧车门内侧黏附黄色纤维

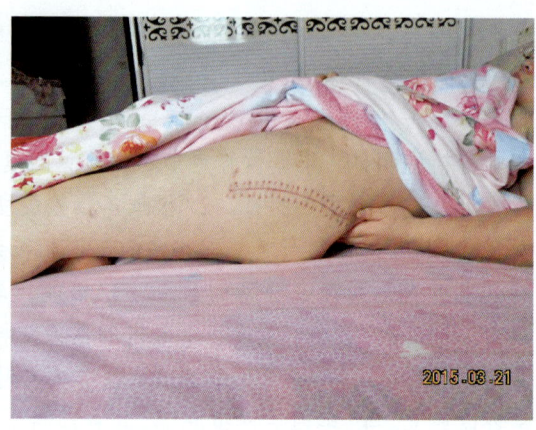
图5-31　倪××左髋臼骨折术后

案例解析： 本案例是一起单车事故，被鉴定车辆正面（偏右）及右前轮与现场固定物发生过碰撞，对于驾驶人的判断，安全带是否使用是较为重要的关注点，而"根据车辆检验所见分析，事发时，前排左右座乘员由于均未系安全带，其身体分别与其左前方向的车内相应部件发生了二次碰撞，造成车内部分部件破损，两名当事人不同程度损伤的后果。"这里通过微量物证和生物物证分别证明了驾驶人和乘坐人所处于的位置，同时，后续还采用了分别对应、分别比对分析的方法。

案例分析（五）

简要案情： 20××年××月××日××时××分许，沪C-×××××丰田小型轿车在××路、××路东约200 m处发生道路交通事故。

委托事项： 根据事故调查需要，对王××是否为被鉴定车辆事发时的驾驶人进行鉴定。

鉴定材料： 1. 被鉴定车辆；2. 道路交通事故现场图、现场照片等事故卷宗图文材料（复制件）；3. 王××。

参照GA41-2014《道路交通事故痕迹物证勘验》、GA/T1087-2013《道路交通事故痕迹鉴定》、GA/T944-2011《道路交通事故机动车驾驶人识别调查取证规范》、SF/Z　JD0101001-2016《道路交通事故涉案者交通行为方式鉴定》有关条款及检验方法，对提供材料进行检验，并作出鉴定意见。

检验所见： 1. 被鉴定车辆。车辆识别代号为××××××××××××××××。前风窗玻璃碎裂。右前轮异常定位，其钢圈缺损碎裂。左前轮异常定位。左、右两侧前、后轮胎均瘪气。车身右侧中部凹陷变形，伴刮擦痕迹，附着木屑类物质。右后车门撕裂脱落。左前车门内侧把手局部见附着疑似血迹（提取该处疑似血迹进行DNA检验）。2. 王××体表损伤检验鉴定。委托××鉴定中心法医病理学研究室对王××的体表损伤情况进行检验鉴定，结果如下：顶部正中见长6 cm已缝合挫裂创，右颧部见3 cm×3 cm皮肤擦伤（已脱痂）。左肩部后侧见2.5 cm×2 cm皮肤擦伤（已结痂），右肩部后侧见1.5 cm×1 cm、

1.5 cm×0.5 cm皮肤擦伤(已结痂),背部正中见1 cm×1 cm皮肤擦伤(已结痂),左腰背部在14 cm×4 cm范围内见条形皮肤擦伤(已结痂)。左上臂上段前外侧在11 cm×7 cm范围内见多处条形皮肤擦伤(已结痂),左手小指末节背侧见2.5 cm×0.3 cm皮肤擦伤(已结痂),左小腿上段前内侧见8 cm×3 cm皮肤青紫(部分黄绿色变)。右小腿中下段内侧见15 cm×3 cm皮肤青紫。3. DNA检验鉴定:委托××鉴定中心法医物证学研究室对被鉴定车辆左前车门内侧把手上的疑似血迹和王××血样进行DNA检验鉴定,结果如下:经DNA检验,该血迹与王××血样的基因型一致(结果见下表)。经计算,似然率为2.79×10^{24}。

基 因 座	"沪C-×××××"左前车门把手上的血迹	王××血样
D19S433	14.2,15.2	14.2,15.2
D5S818	11,14	11,14
D21S11	28,28	28,28
D18S51	14,14	14,14
D6S1043	13,19	13,19
D3S1358	16,16	16,16
D13S317	8,11	8,11
D7S820	8,11	8,11
D16S539	11,12	11,12
CSF1PO	10,12	10,12
Penta D	11,11	11,11
vWA	14,18	14,18
D8S1179	13,14	13,14
TPOX	8,11	8,11
Penta E	14,21	14,21
TH01	7,9	7,9
D12S391	17,21	17,21
D2S1338	19,24	19,24
FGA	23,24	23,24
Amelogenin	X,Y	X,Y

分析说明：1. 王××体表损伤检验结果显示，其损伤主要集中于身体左侧，符合王××身体左侧与车内左部部件（如左侧车门）碰撞形成的特征。2. 被鉴定车辆左前车门内侧把手上的疑似血迹和王××血样的基因型一致，结合被鉴定车辆所检见痕迹及王××体表损伤检验结果综合分析，符合王××事发时位于被鉴定车辆驾驶座与车内部件碰撞形成的特征。

鉴定意见：王××为沪C-×××××丰田小型轿车事发时的驾驶人可以成立。

附图：

图5-32　被鉴定车辆右侧痕迹照

 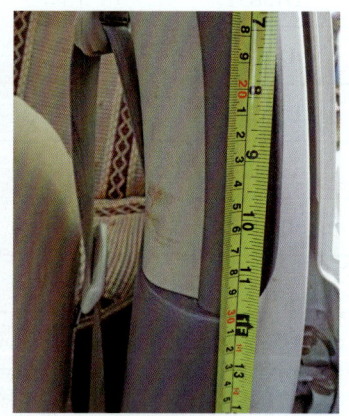

图5-33　左侧车门内侧把手黏附血迹　　图5-34　左侧B柱内侧黏附血迹

案例解析：本案例是针对事故调查需要而进行的一种类型的鉴定，委托方在委托时就提出对某一个嫌疑人是否为被鉴定车辆事发时的驾驶人进行鉴定，所以鉴定过程主要针对需要被鉴定的一个嫌疑人，当然也有可能是限于被鉴定材料或者调查过程中只能提供这些条件，所以对于鉴定人来讲，此类案件虽然具有一定的针对性，但是难度反而增加，没有了比对和参考的对象，且容易引起争议。法医物证鉴定意见在本案例中起到了非常重要的作用，这主要是王××身体左侧的损伤并不具有特别明显的特征性。

案例分析（六）

简要案情： 20××年××月××日××时××分许，鲁P-×××××雪佛兰牌小型轿车在G×××线732 km+800 m处发生道路交通事故。

委托事项： 根据事故调查需要，对被鉴定车辆当事人王×、王××、严××三人中谁是事发时该车的驾驶人进行鉴定。

鉴定材料： 1. 被鉴定车辆；2. 道路交通事故现场图、现场照片等事故卷宗图文材料（复制件）；3. 王×、王××、严××三人事发时所穿衣裤；4. 王×、王××尸体；5. 当事人严××。

资料摘要： 1. 王×死因鉴定检验鉴定文书——×检技鉴［20××］×××号。尸长163 cm。左侧颞顶部可见两处头皮裂创，大小分别为5 cm×2 cm、3 cm×1 cm，深达骨质，可触及颅骨骨折。左侧耳后可见7 cm×3 cm表皮剥脱；右腰部可见两处皮肤淤血，大小分别为5 cm×1.5 cm、3 cm×1 cm。左侧肩背部可见3 cm×2 cm表皮剥脱。双手及双足皮肤浸软，呈洗衣妇手。2. 王××死因鉴定检验鉴定文书——×检技鉴［20××］×××号。尸长162 cm；右前额见一头皮裂口，深达骨质，大小为2.5 cm×2.5 cm，周围可见皮肤淤血，叩击可闻及明显骨擦音。右上眼睑至眉中部可见一皮肤裂创，大小为7 cm×0.2 cm；双手及双足浸软。

参照GA41-2014《道路交通事故痕迹物证勘验》、GA268-2009《道路交通事故尸体检验》、GA/T1087-2013《道路交通事故痕迹鉴定》、GA/T944-2011《道路交通事故机动车驾驶人识别调查取证规范》及SF/Z JD0101001-2016《道路交通事故涉案者交通行为方式鉴定》有关条款及检验方法，对被鉴定车辆、事故现场及王×、王××、严××事发时所穿衣服的痕迹进行检验，并结合王×、王××、严××体表损伤情况以及委托人提供的其他相关材料，作出鉴定意见。

检验所见： 1. 被鉴定车辆。车辆识别代号为××××××××××××××××××。前风窗玻璃右部距其前沿0 cm～74 cm、距其右沿0 cm～59 cm大面积塌陷碎裂；发动机舱盖脱落；发动机及其前部部件均脱落；前部车架脱落；发动机舱盖右前部见撞击、刮擦痕迹，表层红色涂层呈减层，局部黏附灰色物质；右前翼子板脱落，其外侧中后部见柱状撞击痕迹，柱状直径25 cm，表层红色涂层呈减层，局部黏附白色物质；右前轮与车体分离，其轮辋外侧饰罩局部破损；右后视镜缺失；右前门窗玻璃碎落；右前门外侧距其前端0 cm～80 cm见横向刮擦痕迹伴弧状凹陷变形，表层红色涂层呈减层，局部黏附白色物质；右前门外侧后部见喷溅状黑色油污；右后门后部其相邻部位门框见纵向撞击、刮擦痕迹，表层红色涂层呈减层，局部黏附纸质物质；右后门外侧多处见喷溅状黑色油污；右后轮轮胎瘪气；后风窗玻璃碎落；车顶后部局部向上隆起；行李箱盖及后保险杠后侧左部见柱状撞击痕迹，受力方向从右后向左前，凹变直径约18 cm，局部黏附树皮类物质；转向盘外套已取下，其上见粉刷痕迹，局部黏附银粉物质；驾驶座右前部饰板见片状擦痕，局部黏附白色纤维状物质（提取白色纤维物质作为检材备检）；驾驶座右前下部（靠近加速踏板处）饰板见一长19 cm、宽2 cm类"∫"形擦痕，局部黏附黑色物质；副驾驶座右上方拉手见黑色粉刷痕迹，局部黏附黑色粉状物；右前门内侧多处部位见黑色粉刷状痕迹，局部黏附黑色粉状物；

车顶棚蒙布后部见片状擦痕,受力方向从前向后;后座上方灯具脱位,呈悬吊状。2. 道路交通事故现场及现场照片。现场道路为东西走向,以道路北沿监控设备立柱所在位置为参考点,其西南部路面见不连续轮胎侧滑印,该印痕东北、西南走向,其延长线指向参考点所在区域;监控设备立柱下段面向路面的侧面见撞击、刮擦痕迹,表层白色涂层呈减层,局部黏附红色物质;监控设备立柱西侧距其243 cm处的金属立杆已移除,现场照片示其下段见撞击痕迹伴弯折变形;距监控设备立柱东北部600 cm处见一树坑(下称1号树木),局部见树根散落,其临近部位地面见门窗玻璃散落;现场照片示被鉴定车辆头南尾北停于北侧路肩处,其右A柱及其车身右侧其他部位见大面积喷溅状污渍,其后侧见一倾倒状树木;距监控设备立柱东北部1 000 cm处一树木(下称2号树木)西南侧距地高150 cm～162 cm见撞击痕迹,树皮局部剥脱,局部镶嵌数根长约8 cm黑色粗壮毛发;2号树木距1号树木(树坑中心)东偏北410 cm;被鉴定车辆右前轮及发动机散落于监控设备立柱东南侧、道路南沿。3. 王×事发时所穿上衣及长裤。上衣为黑底白鱼骨状花纹,已剪裂,其上布满泥灰;长裤呈米色,已剪裂,见霉变,局部见擦挫破口,提取部分织物作为样本1备检。4. 王××事发时所穿上衣及长裤。上衣为白色短袖T恤,见霉变,并见大面积擦挫痕,局部黏附血迹;长裤为深色,已剪裂,布满泥污,局部见血迹。5. 严××事发时所穿上衣及长裤。上衣为白色短袖T恤,品牌标识上见"中原逐鹿"等字样,其右前胸、右下腋及后背右侧见喷溅状油污类物质,局部见小圆形空洞;长裤为灰白色牛仔裤,其右臀部见小型破口,提取部分织物作为样本2备检。6. 王×尸表检验。尸长169 cm,头顶发长10 cm,发色黑。全身皮肤广泛尸绿。左颞顶部见长6 cm头皮裂创,创腔内可扪及颅骨骨折,顶部偏左见长5 cm头皮裂创。右腰部见两处大小分别为6 cm×1 cm、3 cm×1 cm条状皮肤擦挫伤。右肩峰见8 cm×4 cm散在皮肤擦挫伤;右上臂中下段外侧在12 cm×4 cm范围内散在片状皮肤擦挫伤,右前臂上段桡侧见5 cm×0.8 cm条状皮肤擦挫伤;右前臂中段伸侧见5 cm×0.5 cm条状皮肤擦挫伤;右前臂下段伸侧见一处3.5 cm×2 cm皮肤擦挫伤。7. 王××尸表检验。尸长163 cm,头顶发长4 cm,发色浅黄。全身皮肤广泛尸绿。右颞顶部见3 cm×2 cm皮肤挫裂创;眉心至右眼外眦见长8 cm线状皮肤裂伤。背部见广泛泥污附着,左臀部外上侧见9 cm×7 cm皮肤擦挫伤;左上臂中下段后侧见11 cm×5 cm皮肤擦挫伤;左前臂下段尺侧见8 cm×2 cm皮肤青紫;左手食指掌指关节背侧见3 cm×2 cm皮肤青紫。

微量物证鉴定:微量物证鉴定意见书——××××[20××]微鉴字第××号。将提取的检材、样本1、样本2送××中心刑事技术研究室进行微量物证鉴定,结果摘录如下:经Lumar V12荧光显微镜、Axio Imager Vario材料显微镜及Nicolet 6700傅里叶变换红外光谱仪检验:检材纤维为浅色,单根分布状态,呈扁平带状,且稍有天然转曲,其红外光谱主要反映了纤维素的特征吸收峰,为浅色棉纤维。样本1织物为米色纱线织成,纱线经退捻后发现:纱线均为米色纤维组成,呈扁平带状,且稍有天然转曲,其红外光谱主要反映了纤维素的特征吸收峰,为米色棉纤维。样本2织物为深蓝色与白色纱线织成。深蓝色纱线经退捻后发现:部分纤维为深蓝色,呈扁平带状,且稍有天然转曲,其红外光谱主要反映了纤维素的特征吸收峰,为深蓝色棉纤维;部分纤维为白色,呈扁平带状,且稍有天然转曲,其红外光谱主要反映了纤维素的特征吸收峰,为白色棉纤维;白色纱线经退捻后发现:纤维均为白色,呈扁平带状,且稍有天然转曲,其红外光谱主要反映了纤维素的特征吸收峰,为白色棉纤维。经相互比较检验发现,检材浅色棉纤维与样本1米色棉纤维的颜色相似,与样本2中深蓝色纱线中的深蓝色棉纤维、白色棉纤维及白色纱线中的白色棉纤维的颜色均不同。经inVia激光显微拉曼光谱仪检验,检材浅色棉纤维与样本1米色棉纤维的拉曼光谱不同,与样本2中深蓝色纱线中的深蓝色棉纤维、白色棉纤维及白色纱线中的白色棉纤维的拉曼光谱亦均不同。经综合评断认为,检材浅色纤维与样本1中检见的米色纤维均为棉纤维,但两者的拉曼光谱不同;检材浅色纤维与样本2中深蓝色纱线中的深蓝色纤维、白色纤维及白色纱线中的白色纤维均为棉纤维,但拉曼光谱均不同。

分析说明: 1. 根据被鉴定车辆、事故现场所检见痕迹,结合现场图及现场照片所示情况综合分析,符合被鉴定车辆由西向东行驶至事故路段时,因故向左前方偏移、侧滑,跨越道路中央隔离黄线,其右前部与道路北沿监控设备立柱西侧的金属立杆发生碰撞,碰撞后,车辆逆时针偏转伴向东北方侧滑,其右侧前部又与道路北沿监控设备立柱下段发生碰撞,车辆继续逆时针偏转并滑至道路北侧路外,其后侧左部再与道路北侧路外处1号树木发生碰撞,并造成该树木倒地的事故形态。2. 根据委托人提供信息,王×及王××均抛出车外,两者均位于道路北侧、监控设备立柱东北部的河内,结合对车辆痕迹勘验情况及上述车辆运动形态综合分析,两者中一人从右前门被抛出车外,另一人从后风窗玻璃处被抛出车外。3. 根据王×尸表检验及王×死因鉴定检验鉴定文书所述王×头发特征及颅骨骨折情况,结合现场2号树木镶嵌毛发情况综合分析,符合王×被抛出车外后其头部与2号树木西南侧发生碰撞所形成的特征,综合上述1号树木及2号树木空间位置以及被鉴定车辆运动形态综合分析,符合王×从被鉴定车辆右前门被抛出的形态特征,根据运动惯性,王×被抛出车外应发生在被鉴定车辆右侧前部(右前翼子板中后部)与道路北沿监控设备立柱下段发生碰撞时,但依据上述事故形态分析,位于前排座的乘员均有可能从右前门处被抛出车外的可能性。4. 根据被鉴定车辆车顶后部所见痕迹,结合后风窗玻璃碎落及上述车辆碰撞形态综合分析,符合被鉴定车辆后侧与1号树木发生碰撞瞬间,位于后排座的乘员从后风窗玻璃处被抛出车外所形成的特征,结合王××皮肤擦挫伤分析,其从后风窗玻璃处被抛出车外时与后窗框发生碰擦易于形成,由于车体其他部位再无造痕条件,因此事发时王××位于被鉴定车辆后排座位置可以成立。5. 严××事发时所穿上衣T恤所见喷溅状油污类物质主要分布于右前胸、右下腋及后背右侧,根据上述事故形态分析及车身右侧所见喷溅状油污,被鉴定车辆右前部与道路北沿监控设备立柱西侧金属立杆发生碰撞后瞬间发生逆时针偏转,其发动机部件因遭受撞击致使机体内油污喷溅,此时位于副驾驶座的乘员容易受到油污喷溅,严××上衣有油污污染,可以印证严××事发时坐在副驾驶座;假设严××事发时位于驾驶座,依据上述事故形态分析,其上衣难以受到油污喷溅。6. 根据上述检验与分析,可以排除王××为该车驾驶人。但根据微量物证鉴定书所述鉴定意见,不能明确确定驾驶座右前部饰板所见擦痕是谁的衣服所遗留,对车体的综合勘验亦未发现其他具有唯一性特征的物证,故仅能做出王×是被鉴定车辆事发时的驾驶人可能性较大的倾向性意见。

鉴定意见: 综上所述,王×是鲁P-×××××雪佛兰牌小型轿车事发时驾驶人的可能性较大。

案例解析： 本案例虽然得出的鉴定意见是倾向性鉴定意见，即"王××是鲁P-×××××雪佛兰牌小型轿车事发时驾驶人的可能性较大。"，但得出这一鉴定意见，可以说鉴定人所进行的分析并不亚于做出肯定或者否定鉴定意见的案件分析，所以分析也是科学客观的，虽然并不一定能完全满足委托方的办案需求，但是只要有理有据，且充分应用了所有已知条件，也不失为一份好的鉴定意见，这个案件难点在于当事人有三名，且出现抛出车外的情况。其中对于严××的分析具有特色，本案遗憾的是微量物证鉴定意见并不能明确确定驾驶座右前部饰板所见擦痕是谁的衣服所遗留，但这恰恰说明了物证在涉案者交通行为方式鉴定中的重要性，痕迹和损伤作为根本依据，而微量物证作为量化指标，更有说服力。

案例分析（七）

简要案情： 20××年××月××日××时××分许，蒙G-×××××丰田小型越野客车沿××路南向北行驶至×××大桥桥面北侧时，坠入河里，致车内人员王×、姚××、康×死亡，江××受伤。

委托事项： 根据事故调查需要，对事发时，被鉴定车辆车内乘员王×、姚××、康×和江××四人中谁是驾驶人进行鉴定。

鉴定材料： 1. 被鉴定车辆；2. 道路交通事故现场图、现场照片等事故卷宗图文材料（复制件）；3. 王×、姚××、康×尸体及当事人江××；4. 王×、姚××事发时所穿外裤。

资料摘要： 1. 姚××道路交通事故尸体检验鉴定意见书。上身外着灰色半袖衫，内着白色背心，灰色胸罩，下身外着蓝色休闲裤，内着蓝色三角裤衩，左脚穿黑色休闲鞋，右脚鞋脱落，灰色袜子。尸长167cm，右外眼角部有一2.5cm×1.0cm擦伤，下颌部有一2.5cm×1.0cm擦伤，口腔有淡红色液体流出，鼻腔有白色泡沫。2. 王××道路交通事故尸体检验鉴定意见书。上身外着黑色休闲服，休闲服前胸部有呕吐物附着，内着黑色胸罩。下身外着黑色休闲裤，内着黑色三角裤衩。尸长162cm，右前额部有一2.0cm×2.0cm头皮擦伤，右颧骨部有一5.0cm×2.0cm擦伤，口腔有淡红色液体流出，鼻腔有血迹。右髋骨下方有一2.0cm×1.0cm表皮剥脱，皮下出血。3. 康×道路交通事故尸体检验鉴定意见书。上身外着黑色半袖衫，内着黑色胸罩。下身外着蓝色牛仔短裤，内着黑色三角裤衩。尸长156cm，右前额部有一1.0cm×1.0cm头皮擦伤，鼻腔有白色泡沫状液体。左胸部有一11.0cm×1.5cm间断性点状出血，右下腹部有一3.0cm×2.5cm皮肤淤青。

参照GA41-2014《道路交通事故痕迹物证勘验》、GA268-2009《道路交通事故尸体检验》、GA/T1087-2013《道路交通事故痕迹鉴定》、GA/T944-2011《道路交通事故机动车驾驶人识别调查取证规范》、SF/Z JD0101001-2016《道路交通事故涉案者交通行为方式鉴定》有关条款及检验方法，对提供材料进行检验，并作出鉴定意见。

检验所见： 1. 蒙G-×××××号丰田小型越野客车。车辆识别代号为××××××××××××××××。车辆正面向后挤压变形；前保险杠脱落，其内胆扭曲变形；发动机舱盖拱曲变形；前进气格栅碎落；车顶见大范围凹陷变形；前风窗玻璃碎裂，其中距其上沿16cm、距其左边沿31cm呈放射状碎裂；转向盘变形；副驾驶座靠背右部略向前移位，头枕右部变形并向前移位；右前轮轮胎瘪气，其轮辋见刮擦痕迹，表层银色物质呈减层，其轮眉弯折变形；左后车窗呈开启状。右前车门门框后上角检见一根较长的毛发，作为检材提取备检；拆下气囊诊断和记忆模块作为检材备检；拆下制动踏板及提取驾驶区域地板上的一只左脚凉拖鞋作为检材备检；驾驶座及副驾驶座靠背背侧皮革局部见擦印，疑似黏附微量物质，分别提取作为检材备检；提取前风窗玻璃放射状碎裂处的内贴膜一块，交给委托方备检。2. 江××体表损伤检验及事发后损伤照片所见。身高169 cm，发长19 cm，已焗黑，头皮无肿胀及压痛。右下颌见10 cm×2.5 cm皮肤脱痂痕。下颏部见1.5 cm×0.5 cm皮肤脱痂痕。右面颊见1.0 cm×0.5 cm皮肤脱痂痕。鼻背右侧见1.0 cm×0.5 cm皮肤脱痂痕。左季肋区压痛。事发后损伤照片示：毛发部分染成棕褐色。右面颊部小片状表皮剥脱；鼻背右侧近鼻根处见小点片状表皮剥脱；下颏部及下颌部见近纵行及近横行片状表皮剥脱，其中下颏部的受力方向从上向下，下颌部的受力方向从左向右，片状表皮剥脱中间可见一横行细条状皮下出血；甲状软骨下气管环对应纵行间断表皮剥脱；左季肋区损伤不显著。3. 姚××尸表检验。衣着已更换，尸体解冻。尸长169 cm，原始毛发长25 cm，发端黄染，人工接发长60 cm，发端黄染。前额正中向左2.5 cm，左眉弓向上6.5 cm，发际内有1.9 cm×1.1 cm擦伤，此损伤向下2.0 cm及4.5 cm各有一处擦伤，大小分别为0.3 cm×0.4 cm、0.6 cm×0.3 cm。余处头皮无损伤。鼻背部见6.0 cm×3.0 cm青紫色改变伴有点片状皮下出血，鼻软骨骨折，鼻腔内有血性液体流出。右眼外眦向外0.5 cm见3.2 cm×1.4 cm片状皮肤擦伤。口唇干燥，下颏下正中偏左见2.5 cm×1.4 cm皮肤擦伤。胸廓对称，未触及骨折，胸腹部皮肤无损伤。骨盆无损伤。十指甲床发绀。提取毛发待检。4. 王×尸表检验。衣着已更换，尸体解冻。尸长164 cm，发最长33 cm，发端部11 cm棕染。右颞部近发迹处见3.5 cm×2.5 cm皮肤擦伤，右面颊部见6.0 cm×3.5 cm片状皮肤擦伤，左颧部见8.0 cm×5.0 cm肿胀、青紫。左耳后背侧见7.0 cm×4.0 cm范围内散在点状皮肤擦伤。鼻腔内有血性液体流出，口唇发绀，口腔内有呕吐物。胸锁肋骨未触及骨折，胸腹部皮肤无损伤。骨盆未触及骨折，对应部位未见损伤。十指甲床发绀。左手背虎口处见类圆形皮肤擦伤，直径为0.6 cm。右侧髋骨下沿向下1.5 cm见一处3.0 cm×1.2 cm皮肤擦伤，左脚大拇指根部内侧见0.3 cm×0.2 cm擦伤。提取毛发待检。5. 康×尸体检验。衣着已更换，尸体解冻。尸长158 cm，发长6 cm～12 cm，发端染成红、灰、紫、粉等杂色。左侧额结节向后外上3.0 cm见1.2 cm×0.6 cm皮肤擦伤，切开见皮下出血达帽状腱膜。左颞顶部见1.0 cm×0.4 cm皮肤暗红色改变。右上眼睑周围在9.0 cm×8.0 cm范围内皮肤青紫色改变，切开见少量皮内及皮下出血。近外眦处有0.6 cm×0.3 cm皮肤擦伤。右颧部0.4 cm×0.3 cm擦伤。胸锁肋骨无骨折。腹部膨隆，呈污绿色腐败改变。右下腹髂前上棘上内侧见9.0 cm×4.5 cm皮下出血，其间伴有横行皮肤伸展创。双上、下肢除腐败静脉网外，两小腿胫前见多处片状皮下青紫，切开见皮下出血。腹部剖验：自剑突向下至耻骨联合向右沿腹股沟斜向右上切开皮肤，见右下腹损伤对应皮下出血，腹股沟淋巴结及周围软组织挫伤出血，触之髂骨无骨折，耻骨联合无分离、无骨折。小肠回肠段局部挫伤，大小3.5 cm×1.8 cm，盆腔内见少量血性渗出物，肝脾包膜完整，无出血。提取毛发待检。6. 王×、姚××事发时所穿外裤检查。王×事发时穿黑色牛仔裤，姚秋杨事发时穿蓝色牛仔裤，均被液体浸湿，提取两牛仔裤部分纤维作为样本备检。7. 道路交通事故现场图及现场照片。事发路段为南北走向，桥面东侧栏杆及护栏各损坏三节，蒙G-×××××号丰田小型越野客车头东北尾西南坠落桥下河中，车底部朝上。8. 制动踏板痕迹与凉拖鞋鞋底花纹比对检验：经比对制动踏板臂上的斜行加层痕迹的条纹、间距与凉拖鞋鞋底花纹有较大差异性。

微量物证鉴定：检材1（副驾驶座背侧擦痕处的纤维附着物）中检见黑色棉纤维及深蓝色棉纤维一根：其中黑色棉纤维与样本2（王×事发时所穿外裤裤腿处提取的黑色织物纤维）中黑色棉纤维的颜色、红外光谱及拉曼光谱均一致，与样本1（姚××事发时所穿外裤裤脚处提取的蓝色织物纤维）中蓝色棉纤维的颜色、红外光谱及拉曼光谱均不同；深蓝色棉纤维与样本2中黑色棉纤维的颜色、红外光谱及拉曼光谱均不同，与样本1中蓝色棉纤维的颜色、红外光谱不同。检材2（驾驶员座背侧擦痕处的纤维附着物）中检见蓝色棉纤维一根及深蓝色棉纤维：其中蓝色棉纤维与样本1中蓝色棉纤维的颜色、红外光谱及拉曼光谱均一致，与样本2中黑色棉纤维的颜色、红外光谱及拉曼光谱均不同；深蓝色棉纤维与样本1中蓝色棉纤维、样本2中黑色棉纤维的颜色、红外光谱及拉曼光谱均不同。

毛发比对检验：经在显微镜下检验，发现右前车门门框后上角提取的毛发无毛囊，两端呈断裂状，一端略呈黄染，长37.5 cm。姚××原始毛发长25 cm，发端黄染，人工接发长60 cm，发端黄染。王×毛发最长33 cm，发端部11 cm棕染。康×毛发长6-12 cm，发端染成红、灰、紫、粉等杂色。江××毛发长19 cm，毛发部分染成棕褐色。

分析说明：1. 根据蒙G-×××××号丰田小型越野客车所检见的痕迹，结合道路交通事故现场图及现场照片分析，蒙G-×××××号丰田小型越野客车撞击桥面东侧栏杆及护栏后，坠入河中，车头与水底撞击，车体沿长轴向前翻转90°，最终车底朝上的事故形态。2. 车辆正面撞击桥面栏杆、护栏后坠入河里时，由于惯性会使车内驾乘人员向前与车内部件发生碰撞，驾驶人与乘坐人因接触车内部件不同而损伤各异。甄别江××、姚××、王×及康×的损伤形态、部位及程度，认为康×的额顶部、面部及右下腹损伤在碰撞驾驶座位对应的前风窗玻璃、转向盘时可以形成，包括姚××在内的其他人员没有类似的损伤特征。3. 根据蒙G-×××××号丰田小型越野客车事故形态，后排乘坐人的膝部可与正、副驾驶座背侧发生顶撞，后排乘坐人的裤子纤维可以在本起事故中黏附到对应部位，结合微量物证检验意见，副驾驶座背侧附着物与王×所穿黑色牛仔裤纤维是同类物质，因此王×在事故发生时位于副驾驶座后面的后排右座可以成立。4. 将车辆右前车门门框后上角提取的毛发和江××、姚××、王×及康×的毛发进行比对检验，其长度、颜色与王×的毛发有共同特征；结合蒙G-×××××号丰田小型越野客车副驾驶座靠背、头枕右部向前移位及王×体表损伤，亦支持王×位于后排右座时头部与副驾驶座头枕右部及右前门后上角相撞击所形成。5. 根据江××下颌连同下颌部以及甲状软骨下气管环对应纵行间断表皮剥脱的表现形式，符合与软质地的物体碰擦特点，从车内物体的造型、质地分析，只能与车内座椅顶部头枕碰擦所形成，也就是说，江××事故发生时坐在后排左座可以成立。

鉴定意见：综上所述，康×是蒙G-×××××号丰田小型越野客车事发时的驾驶人可以成立。

案例解析：本案例是鉴定被鉴定车辆内有多名乘员中谁是被鉴定车辆事发时驾驶人的

精品案例了。被鉴定车辆发生了撞击桥面东侧栏杆及护栏后，坠入河中，车头与水底撞击，车体沿长轴向前翻转90°，最终车底朝上的事故，前面提到，溺水事故较为疑难复杂，要借助在入水前的事故形态进行分析，同时利用物证（含头发）和损伤分析，其中最具有法医特色的分析是"根据江××下颌连同下颌部以及甲状软骨下气管环对应纵行间断表皮剥脱的表现形式，符合与软质地的物体碰擦特点，从车内物体的造型、质地分析，只能与车内座椅顶部头枕碰擦所形成，也就是说，江××事故发生时坐在后排左座可以成立。"最后认定，康×是蒙G-×××××号丰田小型越野客车事发时的驾驶人。

小结：通过以上案例分析，首先要明确为什么要把驾驶人单独作为一节来进行阐述，因为在鉴定实践中，对轿车驾驶人的分析判断的案件委托量最大，委托量大的原因也是由于在事故处理过程中，驾驶人的认定是事故责任认定的关键因素，决定了在事故中被鉴定车辆当事人对事故承担多少责任的划分，而驾驶人的驾驶行为和事发时的心理行为都决定了事故是否可以避免发生、发生的程度有多大、遭受的损伤严重程度、最后造成的事故后果等等，而这些势必对社会、家庭、个人产生直接或者间接的影响。所以，笔者首先要对驾驶人的分析判断进行阐述。

其次要对以下方面进行分析：

（一）车体勘验分析关注点基于道路交通事故参与车辆的车身结构来分析，而在这里是以轿车为例子进行分析，对于以下车辆分析的依据，主要是鉴定实践中得出的，基于交通事故涉案者事发时是否位于驾驶人座位实行操作行为和勘验车辆内部关键部件等客观事实，与传统的或者大方向的分类方法不同，主要体现在：

1. **完全封闭式轿车** 完全封闭式轿车并不是指门窗都封闭的轿车，而是特指没有天窗和非敞篷式的轿车。根据遭受外力方向的不同：① 当正面遭受外力时，按照从前向后、从下向上、从左向右的顺序，关注的重点是因车辆前部部件后移、运动而对车内人体产生移动与车辆内部部件发生接触产生的特征性痕迹，这里还要关注被鉴定车辆遭受外力的方向，是正面右部还是正面左部或者右前部还是左前部，这对于位于驾驶人位置的车内人员所产生的影响从大的运动趋势上是一致的，但从细节上存在差异，主要体现在与驾驶人周围操作部件和车内相邻部件之间发生接触的差异。如方向盘位于驾驶人正前方，与驾驶人的胸部基本处于同一平面，易于发生接触；如驾驶人前部车顶上方的盖板镜，在车辆正面遭受碰撞以后，易于与驾驶人的头面部发生碰撞接触；又如驾驶人左右两侧的部件，中控台和左前门内侧，则根据正面遭受外力方向的差异而产生不同轻重的痕迹，注意这些产生的痕迹的总体方向是从前向后的，驾驶人与车内部件之间发生接触产生的痕迹大多数是擦拭或者印压痕迹，驾驶人如果穿着较为粗纤维的衣服，就容易在车内部件留下纤维；皮肤出现破口，则可能会留下血迹等生物检材，在遭受外力较重的情况下，驾驶人与前方风窗玻璃发生的机会也是有的，这时玻璃破裂的受力方向是从内向外的，且在受力点易于遗留头发、皮屑等生物物证；这里要特别关注一下驾驶人下肢与车内部件发生碰撞接触所产生的痕迹，地板上的足迹痕迹，如鞋印等在需要时要进行采集比对；当出现鞋袜遗留卡滞时要拍照固定并进行提取分析。如果车辆发生翻转的情况，或者驾驶人位于车外时，或者车辆翻滚至悬崖下时，或者车辆驶入水中等特别情况，还是要把握正面受力的特点，对第一次碰撞接触对驾驶人与车内部件的相互关系，特别是车内运动轨迹的勘验要尤为关注。② 当侧面遭受外力作用时，按照从受力侧向非受力侧、从前向后、从下向上的顺序，关注的重点是因车身侧面部件向两侧方向变形及对车内驾驶人与车内部件发生碰撞接触所产生的对应性痕迹、损伤，这里尤其关注车身左侧即驾驶人一侧遭受碰撞时产生的痕迹，一方面可能造成驾驶人无法脱离驾驶人座位，其身体左侧的损伤相较于身体右侧的损伤往往较重，且大范围分布，而身体右侧的损伤往往集中在腰部以下部位，基本是以中控台的高度为上限。头顶部易于与车顶产生从左向右的擦拭痕迹，遗留下生物检材的可能性较大。这里要提到一个现场勘验证据固定的问题，因为一旦发生事故以后，警方和救护车，甚至消防车或者其他单位、人员会到现场实施救援，而交通事故的现场与刑事案件的现场存在较大的区别，其私密性很弱，基本是露天和公开的，现场不易被很好地保护，并且由于勘验、施救等需要，往往不重视车内人员事发后所处于位置的记录，本来很容易解决的驾驶人判断的问题，要花费大量的人力、物力等去重新寻找证据来证明事发时被鉴定车辆的当事人位于驾驶座，是被鉴定车辆的驾驶人。而且干扰痕迹产生较多，生物检材的相互覆盖也时有发生，无形中增加了鉴定人工作的难度，而最重要的是很难保证能得出一个明确的鉴定意见来还原事故的真相。③ 当后侧遭受外力作用时，按照从后向前、从下向上、从左向右的顺序，关注的重点是因车身后侧部件从后向前变形趋势及产生的痕迹特征，这里特别关注的部件是驾驶人座位的靠背产生的相应变化、前风窗玻璃内侧、方向盘后上平面等部件的痕迹发生和变形。这种情况下的受力，驾驶人是很难预测和有所防备的，所以遭受巨大外力时，基本只有被动接受造成直接碰撞接触形成的损伤，特别是胸部的损伤一般较重，还有挥鞭伤在这种碰撞形态下也易于形成，但挥鞭伤对于车内人员都会造成一定的伤害，不具有驾驶人的典型性。④ 当上侧受力时，按照从前向后、从上向下、从左向右的顺序，关注的重点是车身部件上侧及人体因遭受从上向下的外力作用时所产生的痕迹、损伤，这种形态并不多见，但一旦发生产生的后果都是相当严重的，车内人员基本处于从上向下的压缩状态，生存空间极小，损伤程度相当严重，对于这种形态的碰撞，一般是难以预见的，所以驾驶人基本没有变换位置的可能，所以一定会给予鉴定人充分勘验痕迹证据的机会，所以此类案件鉴定不复杂。⑤ 多种方向受力时，按照第一次受力的面的顺序进行，一般发生在与多车发生碰撞的事故中，关键的是分辨发生的过程和顺序。这类鉴定案件相当复杂，对事故形态的总体分析把握是分析判断被鉴定车辆事发时驾驶人的基础性前提条件，事故形态的分析判断又是基于对车体痕迹、路面痕迹等痕迹的勘验及综合分析。在这个过程中，鉴定人一定要先从车体痕迹入手，先发现所有的车体痕迹，然后再归类、最后再结合现场痕迹进行对应分析判断，分析出被鉴定车辆的运动轨迹，这个运动轨迹对车内驾驶人产生的影响，造成其与车内那些部件发生接触留下痕迹。

2. 敞篷式或者有天窗的轿车　　这里是指轿车事发时处于敞篷的状态和天窗开启的状态时的情况，在鉴定实践中，这类车辆发生事故需要鉴定的情况不多，一方面是因为敞篷轿车的价格较高，购买的人不多，另一方面受车辆交通环境因素的影响，能敞篷开的机会也不多。但因为外观的特点与全封闭轿车存在一定差异，所以单独进行分析。根据遭受外力方向的不同：① 当正面遭受外力时，按照从前向后、从下向上、从左向右的顺序，关注的重点与全封闭式轿车基本相同,不同的地方是驾驶人与车顶之间的碰撞接触,敞篷式轿车没有车顶;而开启天窗的车辆还分为全景天窗和一般天窗两种,不论是哪一种天窗,对于驾驶人而言,还是会产生一定的影响,特别是对于高位的驾驶人,所以要注意观察和勘验车顶的痕迹特征。② 当侧面遭受外力作用时,按照从受力侧向非受力侧、从前向后、从下向上的顺序,关注的重点是与全封闭式轿车差别不大。③ 当后侧遭受外力作用时,按照从后向前、从下向上、从左向右的顺序,关注的重点与全封闭式轿车差别不大,但开启天窗的轿车,特别是一般天窗的轿车,要注意车顶痕迹的观测和勘验。④ 当上侧受力时,按照从前向后、从上向下、从左向右的顺序,关注的重点中敞篷式轿车基本没有阻挡,人体直接受力,而开启天窗的轿车有一定阻挡,但阻挡力相对较弱,这时要关注玻璃产生的相应痕迹。⑤ 多种方向受力时,按照第一次受力的面的顺序进行,一般发生在与多车发生碰撞的事故中,关键的是分辨发生的过程和顺序。这与全封闭式轿车没有太大区别,主要是车内人员易于脱离车辆,造成了此类车辆驾驶人分析判断的难度指数。

(二)人体检验分析关注点基于车身结构与受力方向或者总体来讲是碰撞形态的不同来进行分析的。而对于人体自身而言,和人体结构特征是形成损伤的客观依据,而所穿着的衣物、鞋袜、帽子等,佩戴的首饰物品,携带的物品等则是形成痕迹的客观依据,两者的结合是对应车体痕迹的造痕客体,同时受反作用力影响,也同时是承痕客体。在轿车驾驶人的分析判断时,人体主要关注的特征性损伤集中在头面部、手腕部、胸腹部、髂腰部、双下肢等部位,对于头面部损伤常常体现为与前风窗玻璃或者车内差不多高度位于前方位置的部件发生碰撞接触而形成的特征性损伤;手腕部因抓握方向盘在遭受各方向受力时产生的特征性损伤;胸腹部因遭受前、后受力的情况下与方向盘发生碰撞接触产生的特征性损伤,这一损伤被认为是最为关键的判断依据;腰髂部主要是与身体右侧的中控台和身体左侧的左前门内侧发生碰撞接触形成的特征性损伤;双下肢主要是与驾驶座下方部件和操作踏板发生碰撞接触产生的特征性损伤。在驾驶人人体损伤分析中,对于轿车在车体结构构件上的影响常常比较大,因为这种勘验是可以重复性的,是科学的。轿车驾驶座及附件部件的配备基本相似,位于驾驶座的驾驶人在交通事故发生中产生的运动轨迹和运动过程中所产生的特征性损伤具有一致性。在勘验车体的过程中,应仔细寻找造痕客体特征,尤其是血迹等生物检材、衣物等织物纤维、油漆和油渍等有机物及无机物检材产生的相互作用和物质交换。致伤物的判断尤其重要,所以道路交通事故涉案者交通行为方式的鉴定,在某种程度上与致伤方式鉴定密不可分。

(三)碰撞形态关注点基于事故形态的不同进行分析。道路交通事故从碰撞形态的角度进行分析,一般来讲可以分为正面碰撞、侧面碰撞、追尾碰撞或者尾随碰撞等,多车碰撞和多次碰撞的情况较为复杂,而形态的分析又是基于车身构件发生的变化,即产生的痕迹来综合分析得出的结果,所以上述(一)(二)既是开展这一研究讨论的基础,又是形态重建的延伸。因为单一考虑(一)(二)是不全面的,因为在道路交通事故中,还有其他参与对象,这种对象可以是行人,可以是自行车和电动自行车、轿车及货车等不同类型的车辆,也可以是路面、灯杆、交通设施等固定物或可移动式客体,而这些参与对象可以是静态的、也可以是动态的,他们的活动将影响对碰撞形态的最终判断,而没有碰撞形态的确定,等于道路交通事故涉案者交通行为方式鉴定的基础的缺失，单纯地依靠人体损伤或者车体痕迹进行的分析判断，都存在片面的甚至错误的风险。分析的重点体现在：① 碰撞的具体部位，这是反映造痕客体和承痕客体特征的直观反映，如轿车的正面遭受来自从右前向左后方向力的作用时，则位于驾驶座的驾驶人也势必有一个从右前向左后方的运动过程，在此过程中，其身体左侧易于与车体左前门相应的部位发生接触而产生一定的痕迹，那么在这个运动过程中，驾驶人还有一个归位的过程，则身体的其他部位也可能产生相应的损伤，在相应的车内部件上留下痕迹。② 车辆相对运动过程，这是反映第一次碰撞后车辆发生偏转、移位，甚至再次、多次发生碰撞的过程，这时最重要的是找到第一次碰撞接触点，随后要通过痕迹来分出多次碰撞的过程，这个过程分析比较复杂，要结合人体、车体、地面、相关物体的痕迹综合分析，在痕迹没有相互关联和覆盖的情况下，比较难以分辨，但这时往往可以从不同痕迹之间的相互关系寻找突破口，例如事故车辆制动拖印起点之间、事故车辆散落物与事故车辆最后停止位置之间、事故车辆内人员落地位置与最终位置之间等等的相对位置关系。③ 特殊情形，例如被鉴定车辆发生事故以后，驾驶人离开了现场、现场只有车辆没有人员，或者车内人员全部不在现场，或者车内人员全部死亡，或者车内人员全部位于车外等等，在没有视频记录这些的情况下，或者没有可靠证人证言的情况下，鉴定人进行分析判断的任务非常艰巨，要更加具有证据链线性思维的考虑和分析。这种情况下，车体痕迹和现场痕迹同样重要，不能有所偏好和一丝一毫地想当然，否则难以保证得出的鉴定意见是科学客观的，当然，这里是说没有视频记录的情况。

（四）综合评判重点与其他车型相同。

第二节　乘　坐　人

分析判断轿车乘坐人的依据主要是参考驾驶人的判断依据，主要有以下几个方面：① 根据不同事故的碰撞形态，车内人员会形成不同的碰撞结果，其在车内座位位置所形成的碰撞现象因周边环境不同而形成的损伤及体表痕迹也会有所不同。② 根据车辆前后风窗玻璃及左右车门玻璃的损坏情况，分析是与硬物碰撞形成还是与软性客体（如人体）碰撞形成，并结合人员体表痕迹及损伤进行判断。③ 根据各座位上安全带痕迹及锁止情况，分析各座位上的当事人是否使用了安全带，气囊是否起爆，并结合车内人员的不同体表痕迹及损伤进行判断。④ 根据驾驶座周边部件（如方向盘等）及其他座位周边部件是否异常损坏和留有撞击印痕及附着物，结合车内人员的不同衣着及损伤进行比对判断，必要时对微量物证进行比对。⑤ 根据勘验到的各座位周边附着的血迹、毛发和人体组织物，结合车内人员不同部位的痕迹及损伤形态特征进行判断，必要时与当事人进行DNA检验比对。⑥ 根据在第一现场查找到的各座位周边的遗留物（手机、鞋等个人用品），确认其所有人。⑦ 根据各车门、车窗的变形、锁闭情况，分析车内人员的撤离、抛甩条件。⑧ 对于已经被抛甩出车外的人员，应再结合原始现场人、车的相对位置进行判断。

案例分析（一）

简要案情：20××年××月××日××时××分许，甲车：豫E-×××××吉利美日牌小型轿车、乙车：豫A-×××××北斗星牌微型轿车在×××高速公路733 km+650 m（西幅）处发生道路交通事故。

委托事项：根据事故调查需要，对发生事故时，杨××、黄××两人中谁是甲车事发时的乘坐人进行重新鉴定。

鉴定材料：1. 被鉴定的甲车；2. 道路交通事故现场图、现场照片等事故卷宗图文材料（复制件）；3. 甲车当事人杨××、黄××；4. 杨××、黄××事发时所着衣物。

参照GA41—2014《道路交通事故痕迹物证勘验》、GA/T1087—2013《道路交通事故痕迹鉴定》、GA/T944—2011《道路交通事故机动车驾驶人识别调查取证规范》、SF/Z JD0101001—2016《道路交通事故涉案者交通行为方式鉴定》有关条款及检验方法，对提供材料进行检验、并作出鉴定意见。

检验所见：1. 甲车。车辆识别代号为××××××××××××××××。前保险杠脱位，其正面距其右端0 cm～38 cm范围内破损伴刮擦痕迹，表层蓝色物质呈减层，局部黏附银色物质；发动机舱盖弓曲变形，其前部见一条横向凹形变形，表层蓝色涂层呈减层，局部黏附其他蓝色物质；左、右前组合灯灯罩损毁；右前轮轮胎瘪气，其轮辋与轮胎胎圈脱开；右前翼子板距地高60 cm～84 cm范围内见刮擦痕迹，表层蓝色物质呈减层，局部黏附其他蓝色物质；前风窗玻璃左部大面积碎裂，距其上沿11 cm、距其左边沿44 cm为中心见一放射状碎裂点，并从此向左形成一条碎裂线，直至左A柱，碎裂线向外凸出。前风窗玻璃左部碎裂线内侧见擦痕，局部黏附黑色毛发和疑似人体组织物。车内后视镜歪斜，呈左上右下状。前排左、右座椅呈现左前、右后的特征，两座椅靠背差为14 cm；左座安全带位于搭扣处见外力拉扯形成的褶皱，褶皱处位置符合现有左座位置上驾驶人系用的拉出部位。方向盘下部饰罩见擦痕，局部黏附蓝色织物纤维，提取该处蓝色织物纤维作为"检材"备检。驾驶中控台上的外接电源插件向左碎裂损坏。前风窗玻璃刮水器操纵杆于根部折断。2. 乙车。车辆已发还放行。3. 黄××体表损伤和事发时所着牛仔外裤检验。神清、步入室，对答切题。自诉事发时双前臂肿胀。身高约153 cm，体表未见皮肤损伤痕迹。提取黄××事发时所着蓝色牛仔外裤裤管处织物作为样本1备检。4. 杨××体表损伤和事发时所着灯芯绒外裤检验。神清、步入室，对答切题。身高约167 cm，额部右侧见5 cm×1 cm皮肤瘢痕；顶部见2 cm×2 cm头皮瘢痕。提取杨××事发时所着灰黑色灯芯绒外裤裤管处织物作为样本2备检。5. 事故现场图及现场照片。事故现场路面性质为干沥青。现场位于南北走向道路的西幅。甲车头东北尾西南位于应急车道内，车辆左后部与道路右侧护栏接触；乙车头西北尾东南骑跨在行车道与应急车道的分界线上，位于甲车的北侧。乙车北侧路面见轮胎侧滑痕迹，从左起第3车道延伸到右侧护栏旁。甲车前排左、右座椅呈现左前、右后状态。现场图上说明：事故发生前甲车（现为乙车）在3道行驶，甲车（现为乙车）在前，乙车（现为甲车）在后。6. 将甲车方向盘下部饰罩上提取的检材（蓝色织物纤维）、黄××事发时所着外裤材料（样本1）、杨××体表损伤和事发时所着灯芯绒外裤材料（样本2）送××中心刑事技术研究室进行微量物证鉴定，结果××××[20××]微鉴字第××号鉴定意见书：经在显微镜下检验发现，检材深蓝色纤维较短；样本1织物中包括深蓝色纱线和白色纱线；样本2织物退捻后发现其纤维为黑色。经相互比较检验发现，检材深蓝色纤维与样本1织物中深蓝色纤维的外观特征一致，与样本2织物纤维中黑色纤维的外观特征不同。经Nicolet 6700傅里叶变换红外光谱仪检验，检材深蓝色纤维与样本1织物中深蓝色纤维及样本2织物纤维中黑色纤维的红外光谱一致。经inVia激光显微拉曼光谱仪检验，检材深蓝色纤维与样本1织物中深蓝色纤维的拉曼光谱一致，与样本2织物纤维中黑色纤维的拉曼光谱不同。

分析说明：1. 根据检验所见分析，甲车在第2或第3车道内行驶时，因不明原因向右偏离方向，并由正面（偏右）与道路右侧护栏发生碰撞后，停止在现场最终位置。但因无法对乙车的痕迹进行检验，故不能对甲乙两车的碰撞形态进行分析。2. 根据甲车前排座椅的相对位置、黄××和杨××的体型比较、前排左座安全带的痕迹分析，事发时黄××就座于前排左座的可能性比较大，并不排除已经系用了安全带。3. 根据甲车的运动形态，在其事发过程中车内前排乘员会不同程度向左前方运动；又根据甲车内部的痕迹分析，均体现了由右向左的方向性，应符合前排右座乘员运动中形成。4. 甲车乘员黄××体表检查时未检见明显损伤，符合事发时系用了安全带就座于前排左座的特征；杨××头部损伤明显，符合事发时未系用安全带就座于前排右座而与车辆内部部件碰撞形成的特征。5. 根据微量物证的鉴定意见，支持黄××事发时就座于前排左座，不支持杨××事发时就座于前排左座。

鉴定意见：综上所述，杨××是豫E-×××××吉利美日小型轿车事发时的乘坐人可以成立。

案例解析：本案例由于乙车的痕迹无法进行检验，所以对甲乙两车的碰撞形态不能进行准确的分析。而主要是根据对甲车运动轨迹、结合车内两名乘员损伤比较分析和微量物证作出了杨××是被鉴定车辆事发时的乘坐人的意见。以下分析"甲车乘员黄××体表检查时未检见明显损伤，符合事发时系用了安全带就座于前排左座的特征；杨××头部损伤明显，符合事发时未系用安全带就座于前排右座而与车辆内部部件碰撞形成的特征"是利用没有损伤特征的分析方法。

案例分析（二）

简要案情：20××年××月××日××时××分许，甲车：鲁P-×××××桑塔纳牌小型轿车与乙车：鲁P-×××××尚酷牌小型轿车在××市城区××路、××路路口处发生道路交通事故。

委托事项：根据事故调查需要，对事发时当事人徐××、楚××、徐×三人中谁是鲁P-×××××桑塔纳牌小型轿车的乘坐人进行鉴定。

鉴定材料：1. 被鉴定的甲乙两车；2. 道路交通事故现场图、现场照片等事故卷宗图文材料（复制件）；3. 交通事故现场附近监控视频（复制件）；4. 当事人徐××事发时所穿长裤。

资料摘要：1. 徐×尸体检验鉴定书——（××）×（交）鉴（尸）字[20××]×××号。

尸体检验：尸长164 cm。发长50 cm。左上唇有2.5 cm×1.5 cm皮肤擦伤伴有1 cm皮肤裂伤。右面部点状散在皮肤擦伤，右眉弓外上侧有2.5 cm皮肤挫裂伤，深及颅骨，右额部有1.5 cm皮肤裂伤，深及颅骨，右颞部有2.5 cm挫裂伤局部伴有5 cm×8 cm头皮剥脱。右枕部有9 cm×10 cm头皮血肿，左锁骨区有8 cm×15 cm皮下淤血，血肿。右胸可触及多发肋骨骨折，左手背有2 cm全层皮肤裂伤。解剖检验：打开胸部见右胸部有5、6、7肋骨多发骨折，右胸腔积血约300 ml。左侧胸部第3、4、5、6、7、8肋骨后肋骨折，其中第5肋骨骨折断端刺入胸腔，左肺压缩约三分之一。左肺下叶有1 cm、1 cm、2 cm裂伤。左侧胸腔积血为50 ml。腹腔内积血达2 000 ml，肝脏右叶膈面严重挫碎。脾脏面有7.5 cm×2.5 cm挫裂伤。胃底部有8 cm×7 cm血肿。2. 徐××人体损伤程度鉴定书——(×)×(交)鉴(伤)字[20××]×××号。胸骨体中下部见1 cm×0.7 cm范围内散在点片状皮下淤血，局部压痛。右胸壁前下部横斜形6 cm×3 cm范围内多处条状、片状皮下淤血，最大者3 cm×1.2 cm。右胸壁下部外侧、右上腹外侧斜形皮肤擦挫伤6.8 cm×0.2 cm。上腹压痛。左膝关节内侧6.5 cm×3 cm皮下淤血。右膝前2.5 cm×1.5 cm皮下淤血。3. 法医物证鉴定书——××物鉴(遗)字〔20××〕×××号。鉴定意见：(1) 在送检的鲁P-×××××号轿车白色气囊中间六边形图案内提取的表面附着物上，经15个STR分型未排除徐××，支持该附着物的DNA为徐××所留，不支持为其他随机个体所留。(2) 在送检的鲁P-×××××号轿车白色气囊六边形图案外的右下、左上、左下部的附着物上检出混合基因分型，包含徐××的基因分型，不包含楚××的基因分型。(3) 在送检的鲁P-×××××号轿车白色气囊六边形图案外的右上部位的附着物上检出混合基因分型，不包含徐××、楚××的基因分型。

参照GA41-2014《道路交通事故痕迹物证勘验》、GA/T1087-2013《道路交通事故痕迹鉴定》、GA/T944-2011《道路交通事故机动车驾驶人识别调查取证规范》、SF/Z JD0101001-2016《道路交通事故涉案者交通行为方式鉴定》有关条款及检验方法，对提供材料进行检验、并作出鉴定意见。

检验所见：1. 甲车。车辆识别代号为×××××××××××××××××。发动机舱盖右前部弯折变形；进气栅脱落；前保险杠脱位、右部缺损；左前照灯脱落；左前翼子板弓曲变形；右前照灯损毁；右前翼子板见撞击刮擦痕迹，受力方向从右前向左后，表层黑色涂层呈减层，局部黏附红色物质；右前轮向后移位，其外侧见撞击刮擦痕迹，局部黏附黑色物质；右前门下部饰板缺失；右后视镜向后弯折断裂、移位；右后轮外侧见撞击刮擦痕迹，局部黏附黑色物质；右后轮向后移位，其轮眉前部缺损；右后轮上部的右后翼子板凹形变形，其相邻右后门后部见弧状擦痕，局部黏附黑色物质；右后门窗玻璃碎落。驾驶座前部安全气囊充分打开(已提取作为物证送检)；转向盘下部、驾驶座前部饰板见撞击痕迹，局部破损；驾驶座右前部饰板见撞击痕迹，局部破损，局部黏附深蓝色纤维物质；变速杆向右倾倒，驾驶座和右前座间的中控台左侧饰板见擦痕，局部破损，局部黏附深蓝色纤维物质；右前座前方的文件箱盖呈开启状，其左侧边框破损；右前门充分打开，其内侧饰板见撞击痕迹，局部破损，受力方向从内向外，局部黏附数根毛发，最长约30 cm(疑为女性头发)；驾驶座和右前座间的物品箱箱盖左侧见擦痕，受力方向从左下向右上，局部黏附深蓝色纤维物质，其后部上侧部见从后向前的擦痕，多处黏附黑色物质；驾驶座和右前座座椅布套后侧多处见片状擦痕，局部黏附黑色物质；右后门内侧局部破损，受力方向从内向外，局部见规则花纹印痕；后座夏凉垫局部脱位。2. 乙车。车辆识别代号为××××××××××××××××。车辆正面左部见撞击痕迹伴向后挤压变形，表面红色涂层局部呈减层，局部黏附黑色物质；前保险杠脱落，其左部破裂；左前照灯损毁；左前翼子板前部变形，伴刮擦痕迹，表面红色涂层局部呈减层，局部黏附黑色物质；左后视镜脱位，呈悬吊状；左侧车门外侧后部变形，伴刮擦痕迹，表面红色涂层局部呈减层，局部黏附黑色物质；左前轮胎瘪气，轮辋破损，轮胎外侧见刮擦痕迹，表面黑色物质呈减层；车身左侧后部多处见凹陷变形，局部红色涂层爆裂；左后组合灯脱位；后保险杠左部见刮擦痕迹，表面红色涂层局部呈减层。3. 当事人徐××事发时所穿长裤。深蓝色男休闲裤，型号为185/90A。4. 交通事故现场附近监控视频。监控视频画面上显示"20××年01月11日星期×××省××市××路与×园"等字样。视频画面连续，帧率为25帧/秒。按时间顺序，视频画面依次显示以下内容：01∶48∶25图像，甲车从画面右侧驶入画面；01∶48∶26图像，乙车从画面上方驶入画面；01∶48∶27图像，乙车正面与甲车右侧前部发生碰撞；01∶48∶27图像～01∶48∶29图像，两车碰撞后，甲车发生逆时针旋转，其右前门打开，疑似抛甩出一物体（疑似人体），该物体被抛甩后在地面翻滚；01∶48∶31图像，该物体（疑似人体）最终位于乙车右前方地面；01∶49∶19图像，第一个着浅色裤子的男子从甲车右前门下车；01∶50∶11图像，第二个男子从甲车右前门下车，其裤子颜色较前一男子的裤子颜色为深。

分析说明： 1. 根据甲乙两车所检见痕迹，结合现场附近监控视频所示情况分析，符合甲车右侧前部与乙车正面左部发生碰撞所形成的特征，两车碰撞后，甲车逆时针旋转，并最终停止于现场。2. 根据现场附近监控视频所示，两车碰撞后，甲车右前门打开，疑似抛甩出一物体（疑似人体），结合徐×尸体检验鉴定书所述身体损伤情况以及甲车右前门内侧饰板所检见痕迹及毛发综合分析，可以判断从甲车右前门抛甩出的物体应为徐×，再结合两车碰撞后甲车逆时针旋转情况分析，当事发时徐×位于右前座时易于从右前门被抛出车外，故支持事发时徐×位于甲车右前座。3. 根据甲车驾驶座前部及右前部饰板所检见痕迹，符合该处与软性客体（如人体）发生瞬间碰撞所形成的特征，结合徐××人体损伤程度鉴定书所述其身体损伤情况及甲乙两车碰撞形态综合分析，两车碰撞时，徐××位于驾驶座时，其身体与驾驶座前部部件发生瞬间碰撞，易于形成上述损伤，故支持徐××事发时位于驾驶座位置。4. 假设事发时徐××位于驾驶座，其下半身与该车驾驶座右前部饰板及驾驶座和右前座间的中控台左侧饰板会发生碰撞，检验中发现上述部位附着深蓝色纤维物质，与徐××事发时所穿裤子颜色相同，故支持徐××事发时位于驾驶座位置。5. 根据法医物证鉴定书鉴定意见所述甲车驾驶座前部白色气囊上检出基因分型情况分析，事故发生时甲车驾驶座前部气囊瞬间打开，此时位于驾驶座的驾驶人易于留下其DNA信息，故支持徐××事发时位于驾驶座位置，不支持楚××事发时位于驾驶座位置。6. 根据甲车驾驶座和右前座间的物品箱后部上侧、驾驶座和右前座座椅布套后侧及后座空间范围内所检见痕迹分析，事发时后座应有乘员，且符合事发后后座当事人从后座攀爬至前座，并从右前门下车所形成的特征；楚××的损伤明显轻于徐×和徐××，符合事发时位于后座、并在事发后从右前门下车的特征。综上所述，事发时徐××位于甲车驾驶座，徐×位于甲车右前座，楚××位于甲车后排座均可以成立。

鉴定意见：楚××和徐×是鲁P-×××××桑塔纳牌小型轿车事发时的乘坐人可以成立。

附图：

图5-35　甲车右侧前部痕迹照

图5-36　乙车正面左部痕迹照

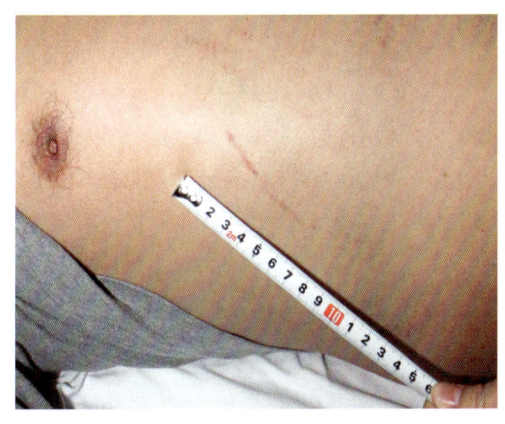

图5-37　徐××右季肋部损伤

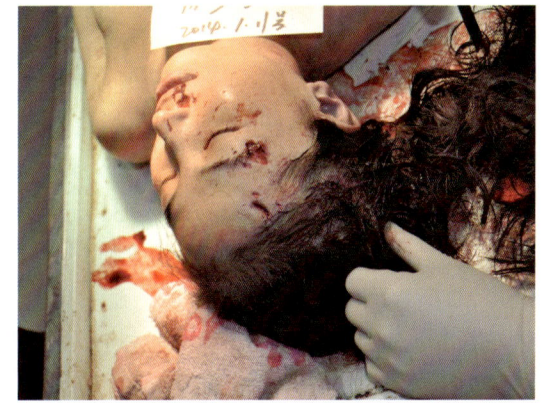

图5-38　徐×头面部损伤

案例解析：本案例中提供了现场附近监控，非常明确作出三名乘员的具体位置的鉴定案例并不多见，一般能确认驾驶人就可以满足鉴定委托的需要了，但从弄清楚事实的角度出发，如果能具体到位置是最有利于此种鉴定类型不断得到发展的必由之路。

案例分析（三）

简要案情：20××年××月××日××时××分许，鄂B-×××××起亚小型轿车在××县××镇××村××桥路段发生道路交通事故，造成车内人员曹×、孔××死亡，王××受伤。

委托事项：根据事故调查需要，对事故发生时，曹×、王××两人中谁是被鉴定车辆事发时的乘坐人进行重新鉴定。

鉴定材料： 1. 被鉴定车辆；2. 道路交通事故现场图、现场照片等事故卷宗图文材料（复制件）；3. 当事人王××；4. 当事人曹×尸体及其事发时所着外裤。

资料摘要： 1. 曹×法医学尸体检验鉴定书——×（刑）鉴（法）字［20××］××××号。尸表检验：尸长182 cm，发长8 cm，发育正常，营养中等，双侧瞳孔散大，巩膜混浊，口鼻溢血，右面颊有一横形4 cm×1.5 cm损伤痕，额骨可触及粉碎性骨折，左锁骨粉碎性骨折，左锁骨区塌陷，腹部及四肢未见明显畸形。2. 王××住院病案，住院号：5016。入院情况：患者因摔伤致全身多处致疼痛受限5小时入院，查全头皮触痛，头枕部可扪及一直径约2.0 cm的肿块，压痛明显，左耳及腰背部可见多处擦伤痕，创面渗血，四肢多处可见软组织红肿，各关节活动尚可。

参照GA41-2014《道路交通事故痕迹物证勘验》、GA/T1087-2013《道路交通事故痕迹鉴定》、GA/T944-2011《道路交通事故机动车驾驶人识别调查取证规范》、SF/Z JD0101001-2016《道路交通事故涉案者交通行为方式鉴定》有关条款及检验方法，对提供材料进行检验、并作出鉴定意见。

检验所见： 1. 被鉴定车辆。车辆识别代号为××××××××××××××××××。前保险杠脱落，内胆右部向后移位；前风窗玻璃右部碎裂；右前轮向后移位，轮胎瘪气，轮辋碎裂；右前翼子板中后部见直径约为36 cm的竖向柱状凹陷变形伴刮擦痕迹，表层红色涂层呈减层，局部黏附木屑类物质；右侧车门向外弯折变形、前窗玻璃缺失、后窗玻璃向内碎落，后风窗玻璃缺失，左侧车门及其窗玻璃完好；左后组合灯灯罩碎落；后保险杠左部碎裂。驾驶室气囊（主、副）已打开、剪除；顶棚距其前端32 cm～39 cm、距其左端33 cm～49 cm见刮擦痕迹；顶棚距其右端0 cm～6 cm、距其前端19 cm～49 cm见刮擦痕迹，顶棚距其右端32 cm～20 cm、距其前端28 cm～31 cm见刮擦痕迹；中央控制台下方饰板左下转角见刮擦痕迹，局部黏附织物纤维，提取该处饰板作为检材1备检；中央控制台面板左下角见刮擦痕迹，局部黏附织物纤维，提取该处面板作为检材2备检；变速器操纵杆及驻车制动把（包裹绒布套）均向右移位，驻车制动把左上侧见擦痕，局部黏附浅色物质；变速器左侧饰板距其前端7 cm～10 cm、距其上端0 cm～11 cm见破损；中央扶手箱左侧饰板前下部见挤压破损，下有衬垫物，破口内侧见金属支架，破口邻近饰板见布纹样擦痕，提取该处饰板作为检材3备检；右前门窗玻璃于关闭位碎落，右前门内侧扶手后部见凹陷变形伴擦痕。2. 道路交通事故现场图及照片。事故发生路段为弯道，呈南北走向，干沥青路面，路面宽约9m。被鉴定车辆头东北尾西南停于道路东侧。道路西侧两棵行道树检见撞击痕迹，曹×头西南脚东北倒卧在两树之间。3. 曹×尸表检验。冰冻尸体，尸长182 cm，头顶发长8 cm，发色黑，发梢棕染。左、右外耳道及口、鼻腔积血，右颊部见11 cm×6 cm皮肤擦挫伤，右耳廓缺损。左上臂下段伸侧见3 cm×2 cm皮肤擦挫伤，左手背见多处点状皮肤擦伤，左内踝见2 cm×0.5 cm皮肤擦伤；右大腿中上段前侧见8 cm×6 cm皮肤擦挫伤，右大腿下段外侧见9 cm×1.5 cm皮肤擦挫伤，右小腿中段胫前见3 cm×1 cm皮肤青紫。尸体冰冻未缓解，各部未能触及明显骨折。4. 曹×事发时所着外裤检查。黑色长裤，品牌为D.Wolves，已剪破，提取裤管处布料作为样本备检。5. 王××。自诉事发时穿着白色上衣，灰色棉质牛仔裤。

微量物证鉴定： 经在显微镜下检验发现，检材1纤维部分为黑色，部分为蓝色；检材2纤维部分为黑色，部分为白色。样本织物为大量黑色、灰色纱线及少量蓝色、棕色纱线编织形成,各纱线经退捻后发现:黑色纱线为黑色纤维组成,灰色纱线为黑色及白色纤维混纺而成,蓝色纱线为蓝色纤维组成,棕色纱线为棕色纤维组成。经相互比较检验发现,检材1、检材2中黑色纤维与样本黑色、灰色纱线中黑色纤维的外观特征一致,检材1中蓝色纤维与样本蓝色纱线中蓝色纤维的外观特征一致,检材2中白色纤维与样本灰色纱线中白色纤维的外观特征一致。显微镜下观察,检材3上的布纹样擦痕近似呈排列规则的直角折线形印痕,其间可见条状压痕;样本外侧纱线编织图案近似呈直角。通过比较两者,存在检材3上的布纹样擦痕为与样本布料同种编织方式织物在相互挤压过程中所形成的可能性。经Nicolet 6700傅里叶变换红外光谱仪检验,检材1、检材2中黑色纤维与样本黑色、灰色纱线中黑色纤维的红外光谱一致,均反映出棉的特征吸收峰;检材1中蓝色纤维与样本蓝色纱线中蓝色纤维的红外光谱一致,均反映出聚酯的特征吸收峰;检材2中白色纤维与样本灰色纱线中白色纤维的红外光谱一致,均反映出聚酯的特征吸收峰。经inVia激光显微拉曼光谱仪检验,检材1、检材2中黑色纤维与样本黑色、灰色纱线中黑色纤维的拉曼光谱一致,检材1中蓝色纤维与样本蓝色纱线中蓝色纤维的拉曼光谱一致,检材2中白色纤维与样本灰色纱线中白色纤维的拉曼光谱一致。

分析说明: 1. 被鉴定车辆所检见的痕迹,结合道路交通事故现场图、现场照片分析,被鉴定车辆行驶至事发路段时向左失控,在逆时针旋转的过程中,该车右侧前部、后侧左部分别与现场西侧行道树发生过碰撞,直至停在事故最终位置。2. 根据被鉴定车辆右侧前部与现场行道树的碰撞形态及该车形变情况分析,被鉴定车辆前排人员在惯性的作用下,将相对被鉴定车辆向右前方运动,并与车内相应部件发生碰撞及物质交换。3. 微量物证检验意见支持中央控制台下方饰板左下转角、中央控制台面板左下角附着织物纤维及中央扶手箱左侧饰板前下部衬垫性破口附近的布纹样擦痕为曹×长裤所留,以上部位的痕迹及附着物非本起事故的驾驶人不易接触和形成。4. 被鉴定车辆变速器操纵杆、驻车制动把均向右移位,符合驾驶人右移过程与以上部件碰撞形成的特征,比较分析曹×、王××损伤情况,曹×右下肢的多处损伤,其形态特征可以在与变速器操纵杆、驻车制动把接触过程中形成。综合以上分析,王××事发时是被鉴定车辆乘坐人可以成立。

鉴定意见: 综上所述,王××是鄂B-×××××起亚小型轿车事发时的乘坐人可以成立。

附图:

图5-39 被鉴定车辆外观痕迹照

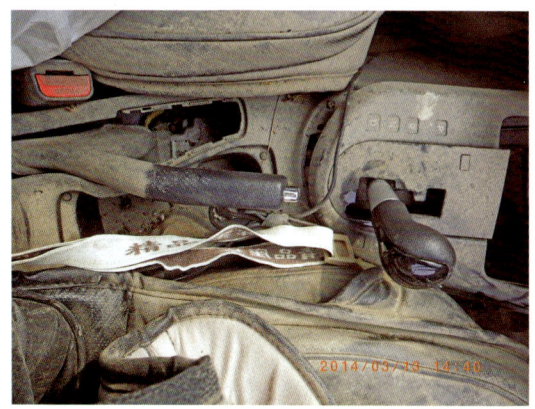

图5-40 变速器操纵杆及驻车制动把向右移位

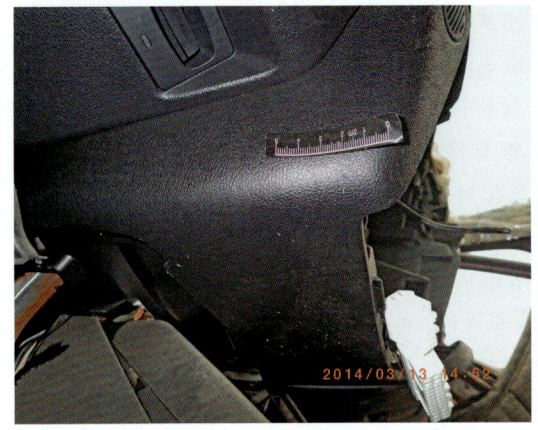

图5-41　中央控制台下方饰板左下转角刮擦痕迹

图5-42　曹×事发时所穿外裤

图5-43　曹×事发时所穿外裤布纹（显微镜下）

图5-44　中央控制台下方饰板左下转角刮擦痕迹（显微镜下）

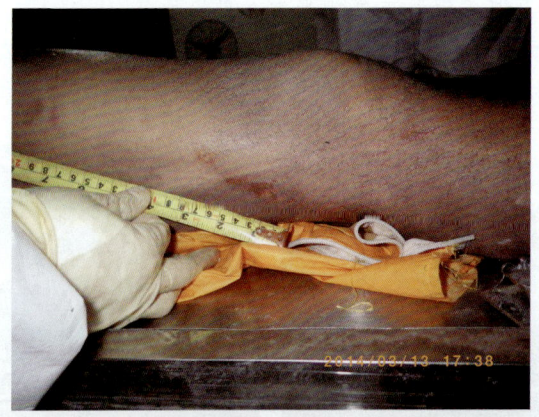

图5-45　曹×右下肢外侧损伤

案例解析：本案例是一起单车事故，在单车事故中，对乘坐人进行判断难度不低，主要依靠的是驾驶人操作车辆特征的具体表现进行的分析判断。

案例分析（四）

简要案情： 20××年××月××日××时××分许，挂有吉C-×××××号牌奔腾小型轿车沿××公路由北向南行驶至19 km 200 m处发生事故，造成王×、朱×受伤，郭××、张××死亡。

委托事项： 根据事故调查需要，对王×、朱×两人中谁是挂有吉C-×××××号牌奔腾小型轿车事发时的乘坐人进行鉴定。

鉴定材料： 1. 被鉴定车辆；2. 道路交通事故现场图、现场照片等事故卷宗图文材料（复制件）；3. 王×病历十五页（复制件）；4. 朱×病历三十七页（复制件）；5. 王×、朱×血样各一份；6. 疑似血迹检材三份。

资料摘要： 1. 车体痕迹鉴定意见书-×交字［20××］痕鉴字第×××号。吉C-×××××号轿车的前保险杠、机器盖板、前左右大灯、前中网均破损脱落，前风挡玻璃破碎，在其该车的右侧前翼子板的外侧表面呈现出由外向内碰撞形成的凹陷变形，前水箱未见脱落，在其前轮外侧前方与保险杠下后端之间可见碰撞产生的凹陷变形（碰撞形成），前机器盖板分离与车体，该车前端整体由右向左变形，右侧前门表面现见变形，门玻璃破碎脱落，在其对应的该车顶棚呈凸起变形（天窗玻璃破碎），右后门整体卷曲变形（右后向前卷曲变形），驾驶室内左右两侧气囊均溢出，在前右侧的遮阳板表面附着血迹一处，右侧后端的翼子板表面整体凹陷变形并形成不规则的变形痕迹，在其上端后风挡玻璃与后货厢仓盖之间呈现左右横向走向凹陷变形，并导致后仓盖溢开，在该车左后翼子板上端（后门后侧）与该车右侧对应处呈现的凹陷变形，并导致驾驶室内后座椅整体向前变移。
2. 法医学人体死亡鉴定书-×（××）伤鉴（法医）字［20××］××××号。（1）郭××。尸表检验：左额部有一片状皮肤擦挫伤，鼻腔内有血迹。前胸部有多处条片状皮下出血及皮肤擦伤，以右侧为重，左季肋部有条状皮肤擦伤。腹部脐右上处有条片状皮肤擦伤，左大腿内上方有一类圆形皮下出血，左大腿中段骨折。解剖检验：右额部头皮下大片状皮下出血，颅骨及颅底无骨折，大脑呈水肿样改变，硬脑膜紧张，小脑扁桃体压迹明显，广泛蛛网膜下腔出血。胸部肋间肌有部分小片状出血，肝脏左叶前沿挫伤，表面有少量凝血块。（2）张××。尸表检验：鼻腔内有血迹，右颈部及右肩窝有片状皮肤擦伤，左肩关节脱位，左小腿上段前侧有三处片状皮下出血，余未见异常。解剖检验：头枕部头皮有大片状皮下出血，右颞部颅骨粉碎性骨折，骨折线沿后沿向左延伸至左枕部，脑桥于小脑连接处断裂。右锁骨、右第2后肋骨骨折，右肺上叶有2处破裂口，右肺压缩性萎缩，胸腔内有少量积血。（3）朱×。检材所见：左上臂内侧见两处大小为7.0 cm×5.0 cm、2.0 cm×1.0 cm皮肤挫伤，双手背、左手掌及左小指有多处大小不等片状皮肤擦挫伤，左膝关节外侧有一5.0 cm×4.0 cm皮肤擦挫伤，左足跟部有一2.0 cm×0.8 cm皮肤擦挫伤。后颈部及腰背部有大面积条片状皮肤擦挫伤。（4）王×。检查所见：右上臂外侧有一12.0 cm×7.5 cm皮肤青紫，右膝外侧见一1.0 cm×0.3 cm皮肤擦挫伤。双下肢膝腱反射消失。3. 王×病历-×××市中心医院住院号192327。现病史：患者于入院1小时前发生车祸，自述感腰背部疼痛、活动受限伴双下肢感觉迟钝，运动困难，受伤后病人未做处置，速被120救护车送往我院,急诊经详细检查及摄腰椎CT后,诊断"第一腰椎体压缩骨折"。专科检查:面部及左眼周可见肿胀,青紫色瘀血斑,疼痛。腰背部略肿胀、疼痛,活动度受限,第1腰椎处压痛,叩击痛阳性,无放射痛,未触及骨擦感闻及骨擦音。腰椎CT(6249)平扫回报:L1椎体压缩粉碎性骨折伴左侧横突骨折,腰4-5腰5骶1间盘膨出。4. 朱×(×)病历-××××医院住院号0012813。入院时间:20××年3月30日。主诉:车祸伤及左胸后疼痛不适约2小时。胸正位CR片示左侧第4-7后肋骨折。入院诊断:胸部闭合性损伤;左侧多发肋骨骨折;右腕擦皮伤。5. DNA检验报告-××鉴(法物)字[20××]×××号。张××血样一份,编为1号;副驾驶上方遮阳板上血迹(纱布提取),编为2号。STR检验结果:

	D3S1358	TH01	D21S11	D18S51	Penta E	D5S818	D13S317	D7S820
1号、2号	15/16	7	29/33.2	14/17	5/14	9/11	8/10	10/11

	D16S539	CSF1PO	Penta D	Amel	vWA	D8S1179	TPOX	FGA
1号、2号	9	12	9/13	XY	14/17	10/15	8/9	22/23

参照GA41-2014《道路交通事故痕迹物证勘验》、GA/T1087-2013《道路交通事故痕迹鉴定》、GA/T944-2011《道路交通事故机动车驾驶人识别调查取证规范》、SF/Z JD0101001-2016《道路交通事故涉案者交通行为方式鉴定》有关条款对提供的材料进行检验,并作出鉴定意见。

检验所见: 1. 现场图、现场照片。现场道路为南北走向,干燥沥青路面,道路全幅宽900 cm,在西侧车道内见四条由北向东南的弧状轮胎印痕,直至道路东边沿,受检车头东偏北、尾西偏南向右侧翻在路外五米外的树旁。郭××头上、脚下、面向西位于受检车的后排右座;张××头东、右脚西、左脚南、面向南侧卧在受检车前后门之间的南侧地面。受检车前风窗玻璃豁裂,顶窗脱落;右侧前后车门呈开启状,车门变形,窗玻璃缺失;左前车门关闭,窗玻璃完好,左后门略开启,窗框后部弯折变形,窗玻璃缺失。前保险杠、发动机舱盖脱落;车顶后部与后行李箱前部见斜向(右前左后)圆柱状凹陷变形,右后座靠背前移;后行李箱盖掀开,车身右侧后部见凹陷变形。2. 王×体表照片。短发、浓眉、卧床。右上臂下段外侧见片状皮肤青紫、伴横向皮肤擦伤;右大腿中段外侧见两处小擦伤;右膝外侧见一处1 cm×0.5 cm擦伤(已结痂)。3. 朱×体表照片。长发、浓眉、卧床。颈部后侧至腰背部广泛斜向条片状皮肤擦挫伤。左上臂上段内侧12 cm×7 cm范围内见片状皮肤青紫;左手小鱼际、小指掌侧分别见三处皮肤割裂创(已结痂);左膝前8 cm×5 cm范围内见片状皮肤青紫伴1 cm×1 cm皮肤擦伤(已结痂)。右手背散在细小皮肤割划伤(其分布散在、方向不一);右足跟部见1 cm×1 cm皮肤擦挫伤。4. 王×、朱×血样各一份和疑似血迹检材三份DNA检验。

基因座	朱×血样	王×血样	玻璃外侧血迹	门框下方血迹	棚顶血迹
D19S433	14,15.2	13,14	13,14	13,14	13,15
D5S818	10,11	11,12	9,11	9,11	11,12
D21S11	31,32	30,30	29,33.2	29,33.2	30,30
D18S51	18,20	13,20	14,17	14,17	13,14
D6S1043	10,17	12,13	/	12,13	12,15
D3S1358	14,15	15,17	15,16	15,16	15,17
D13S317	9,11	9,11	8,10	8,10	8,10
D7S820	8,12	11,12	10,11	10,11	12,12
D16S539	13,13	11,12	9,9	9,9	9,10
CSF1PO	12,13	11,12	/	12,12	10,13
Penta D	9,10	7,12	/	9,13	7,12
vWA	14,18	16,16	14,17	14,17	14,18
D8S1179	12,16	16,17	10,15	10,15	10,10
TPOX	8,11	8,8	8,9	8,9	11,11
Penta E	14,21	10,12	/	5,14	16,16
TH01	7,7	6,9	7,7	7,7	9,9
D12S391	17,25	20,20	19,20	19,20	17,19
D2S1338	24,25	23,24	18,19	18,19	25,26
FGA	18,18	24,25	/	22,23	21,22
Amelogenin	X,Y	X,Y	X,Y	X,Y	X,Y

分析说明：1. 根据事故现场图及现场照片检验所见分析，被鉴定车辆在由北向南的行驶过程中，因故向东南方向侧滑，在逆时针旋转的过程中，滑出道路东侧边沿，车身右侧及上侧先后与路外树木发生碰撞可以成立。2. 根据被鉴定车辆的运动形态分析，在该车碰撞、旋转的过程中，车内人员由于惯性作用，可与车内右侧相应部件发生二次碰撞，形成相应损伤。DNA检验的结果支持副驾驶上方遮阳板上血迹系张××所留，结合其尸体检验分析，张××右颞粉碎性骨折、右锁骨骨折，符合其事发时位于被鉴定车辆右前座形成的损伤特征。3. 根据补充进行的DNA检验结果，副驾驶位后方棚顶血迹STR分型与王×、朱×、张××血样均不相符，结合郭××在事发后的位置分析，可以认定其事发时位于被鉴定车辆

的后排。4. 根据朱×体表照片分析，其右手背皮肤割划伤分布散在、方向不一，符合事发时所接触玻璃发生爆裂所形成的损伤特征；其背部见广泛条片状皮肤擦挫伤、方向基本一致，符合其自破损窗体处脱出车外形成的割划损伤特征。事发时，朱×身体右侧邻窗可以成立。5. 根据被鉴定车辆的运动形态分析，在该车碰撞、旋转的过程中，车内人员由于惯性作用，可以向右运动形成相应损伤，王×右上臂下段外侧皮肤青紫、右膝外侧损伤及腰椎骨折等，可以在车辆翻滚中与在右侧的人员、车体部件等接触过程中形成。6. 由于被鉴定车辆上侧后部在车体向右翻滚中与树木发生过碰撞，并造成后排座椅（靠背）整体向前变移，能造成后排乘员相应损伤，朱×左侧后肋骨多发性骨折可以在此过程中形成，而王×不具有类似损伤特征，由此分析，事发时王×位于被鉴定车辆前排座，朱×位于被鉴定车辆后排座可以成立。

鉴定意见：综上所述，朱×是挂有吉C-×××××号牌奔腾小型轿车事发时的乘坐人可以成立。

附图：

图5-46 现场照片

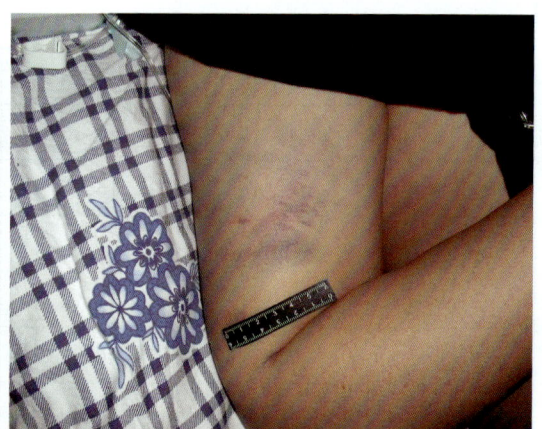

图5-47 王×损伤照片

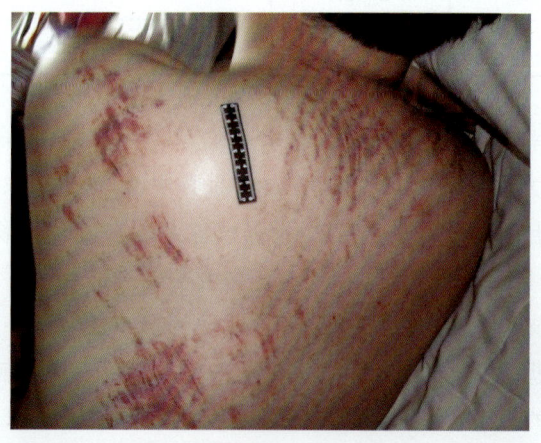

图5-48 朱×背部损伤

案例解析：本案例中利用了车内人员的特征性损伤，法医物证鉴定意见也发挥了重要作用。

案例分析（五）

简要案情：20××年××月××日××时××分许，甲车：鲁Q-×××××长安牌小型普通客车与乙车：鲁Q-××××起亚牌小型轿车在××经济开发区××路、××路路口处发生道路交通事故。

委托事项：根据事故调查需要，对碰撞时，甲车当事人庞××、张××两人中谁是该车的乘坐人进行重新鉴定。

鉴定材料：1. 被鉴定的甲乙两车；2. 道路交通事故现场图、现场照片等事故卷宗图文材料（复制件）；3. 事故现场附近监控视频（复制件）；4. 张××病历材料（复制件）；5. 庞××病历材料（复制件）；6. 庞××申请纠正材料一份（复制件）；7. 庞××提供裤子两条。

资料摘要：1. 张××的××市人民医院诊断证明书——住院号：5137155。失血性休克；胸椎多发骨折并椎管狭窄；胸5椎体骨折、脱位并截瘫；闭合性胸外伤；胸骨骨折；双侧多发肋骨骨折；双肺挫裂伤；双侧血气胸；左侧尺桡骨骨折；全身多发软组织伤。2. 庞××的××经济技术开发区人民医院诊断证明——№0014957。枢椎齿状突骨折；头面部皮肤裂伤。3. 庞××的××经济技术开发区人民医院入院记录——住院号：201402316。额部上方见长约8 cm "V"型头皮裂伤，流血不止，右侧面部见两处长约5 cm皮肤裂口，颈部疼痛，活动受限；枢椎齿状突骨折。

参照GA41-2014《道路交通事故痕迹物证勘验》、GA/T1087-2013《道路交通事故痕迹鉴定》、GA/T944-2011《道路交通事故机动车驾驶人识别调查取证规范》及SF/Z JD0101001-2016《道路交通事故涉案者交通行为方式鉴定》有关条款及检验方法，对甲乙两车的痕迹进行检验，并结合委托人提供的其他相关材料，作出鉴定意见。

检验所见：1. 甲车。车辆识别代号为××××××××××××××××。前风窗玻璃右部碎裂，其中见两处放射状碎裂点；车身右侧距车前端0 cm～240 cm凹陷变形，伴撞击、刮擦痕迹，最大凹变深度50 cm，表层银色涂层呈减层，局部黏附白色及黑色物质；右前门及右后门窗玻璃均碎落；右后视镜缺失；右侧车门均不能开启；右前轮向内倾斜；左前轮胎瘪气，轮辋边沿变形。车顶内侧右前角（A柱后上部）见撞击痕迹，由内向外突起变形，内侧蒙布破损，附近黏附数根长约10 cm的黄色毛发；右前门上侧把手后侧见擦痕，蒙布破损；前排右座前部文件箱盖外侧右上部见擦痕，受力方向从左向右；右前门内侧见撞击痕迹，受力方向从内向外，局部破损，并见从上向下的流淌状血迹；变速杆向右偏折，其握把左侧见擦痕，局部黏附深色织物纤维，提取该球头作为检材备检；前排左座坐垫见下滴状血迹，靠背向后倾倒；前排右座靠背左下固定脱开。2. 乙车。车辆识别代号为××××××××××××××××。前风窗玻璃碎裂；发动机舱盖弓曲变形，受力方向从前向后，表层白色涂层呈减层,局部黏附银色物质;发动机进气栅见撞击痕迹,局部破损;前保险杠缺损,内胆见撞击痕迹,局部黏附银色物质;车架左前端见撞击痕迹,伴向后向右弯折变形;左前门窗玻璃碎落;车内主、副气囊开启。3. 交通事故现场附近监控视频。监控画面显示"20××-03-03××开发区××路××路"等字样,视频画面连续,按时间顺序,视频画面依次显示以下内容:12:51:57图像,乙车从画面左上部驶向画面中部;12:52:09图像,甲车从画面右侧驶入画面;12:52:13图像,乙车正面与甲车右侧发生碰撞,甲车车身向右倾倒,并发生逆时针旋转;12:52:14图像,两车开始分离,甲车向左前方行驶,乙车顺时针旋转,并见大量散落物散落及扬起灰尘;12:52:15图像,甲车从画面左部驶出画面。但根据该监控视频不能辨别甲车事故发生时的驾驶人。4. 庞××提供裤子两条。当事人庞××在本次鉴定中提供了两条自称可能是其事发时所穿裤子。提取庞××提供的S.D.S FASHION牌长裤右膝部位附近的织物纤维,作为样本1备检;提取庞××提供的S.S JEANS牌长裤右膝部位附近的织物纤维,作为样本2备检。另注:张××未能提供其事发时所穿衣物。

微量物证鉴定：将本次鉴定勘验中提取的检材、样本送××中心刑事技术研究室进行微量物证鉴定,结果摘录如下：经在显微镜下检验发现：送检变速杆球头左侧面有刮擦痕迹,刮擦部位检见有黑色纤维附着物。样本1、样本2织物纤维均由深蓝色纤维和无色透明纤维编织而成。经相互比较检验,检材黑色纤维附着物与样本1、样本2中的深蓝色纤维的颜色有差异。经Nicolet 6700傅里叶变换红外光谱仪检验,检材黑色纤维附着物与样本1、样本2中的深蓝色纤维的红外光谱一致,均为棉纤维；经inVia激光拉曼光谱仪检验,检材黑色纤维附着物与样本1、样本2中的深蓝色纤维的拉曼光谱不一致。检材黑色纤维附着物与样本1中的深蓝色纤维不是同种纤维；检材黑色纤维附着物与样本2中的深蓝色纤维不是同种纤维。

分析说明：1. 甲乙两车所检见的痕迹,在部位、附着物及受力方向等方面均可以互相印证,符合甲车右侧中前部与乙车正面发生碰撞所形成的特征,结合基本案情及现场附近监控视频所示情况分析,甲车在由东向西行驶的过程中,该车右侧中前部与由北向南行驶的乙车正面发生碰撞可以成立,碰撞后甲车向右倾斜并发生逆时针旋转。2. 根据甲车车内所检见痕迹,结合甲乙两车碰撞形态及甲车碰撞后的运动形态分析,符合两车碰撞后甲车车内人员向右前方运动并与甲车内侧右前上部发生碰撞所形成的特征。3. ××市人民医院诊断证明书中所述张××身体损伤情况,符合事故中张××身体左右两侧受力所形成的损伤后果,结合甲乙两车碰撞形态及甲车碰撞后的运动形态分析,在张××就座于前排右座位置时,两车碰撞过程中其身体左右两侧分别与前排左座乘员及右前车门内侧发生碰撞,可以形成事后损伤后果。4. 由于本次鉴定中提取的样本源于庞××提供的两条自称可能是其事发时所穿裤子,且张××未能提供其事发时所穿衣物进行比对检验。因此上述微量物证检验、鉴定结果不能作为排除庞××事发时就座于甲车驾驶位置的依据。5. 根据已知案情,事发时甲车车内仅坐有张××、庞××两人。综合上述分析,张××是甲车事发时的乘坐人可以成立。

鉴定意见：张××是鲁Q-×××××长安牌小型普通客车事发时的乘坐人可以成立。

附图：

图 5-49　甲车右侧中前部痕迹照

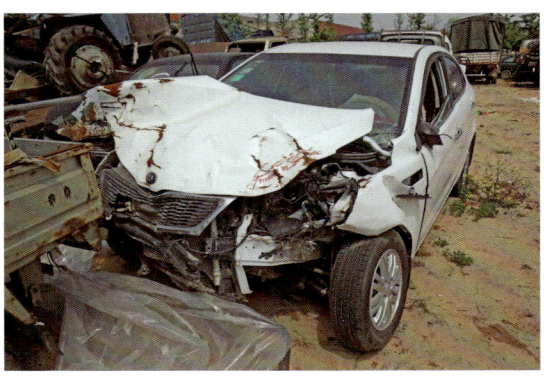

图 5-50　乙车正面痕迹照

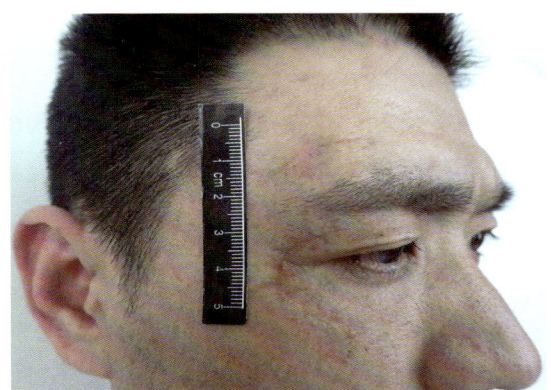

图 5-51　庞××颜面右侧损伤

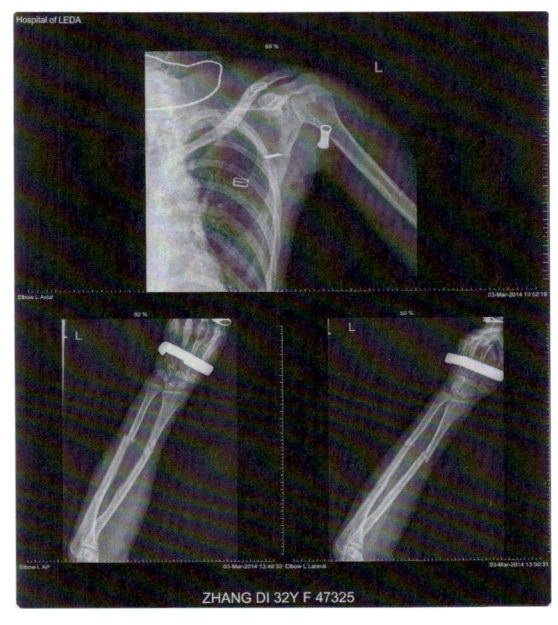

图 5-52　张××左侧尺桡骨骨折

案例解析：本案例是甲乙两车发生碰撞的交通事故，现场附近监控视频提供了不少可靠信息，特别是对"两车碰撞后甲车车内人员向右前方运动并与甲车内侧右前上部发生碰撞"的分析。这里要特别说明一下，对于微量物证鉴定意见的运用，"由于本次鉴定中提取的样本源于庞××提供的两条自称可能是其事发时所穿裤子，且张××未能提供其事发时所穿衣物进行比对检验。因此上述微量物证检验、鉴定结果不能作为排除庞××事发时就座于甲车驾驶位置的依据。"使用反证法来说明庞××的位置情况，值得借鉴。

案例分析（六）

简要案情：20××年××月××日××时××分许，冀H-×××××马自达牌小型轿车沿××线由南向北行驶至××市××区××山村前路段时,驶出路外,坠入道路西侧田地中,造成车上人员宋××、程××死亡,许××受伤。

委托事项:根据事故调查需要,对宋××、程××、许××三人中谁是冀H-×××××马自达牌小型轿车事发时的乘坐人进行鉴定。

鉴定材料:1.被鉴定的甲乙两车;2.道路交通事故现场图、现场照片等事故卷宗图文材料(复制件);3.宋××的交通事故重新鉴定申请(复制件);4.委托方早期提取的检材;5.宋××、程××事发时所穿衣裤。

资料摘要:1.程××法医学尸体检验鉴定报告-(×)×(刑)鉴(尸检)字[20××]××号。体长160 cm,头发染色、发长48 cm,双耳、口腔有血迹流出,颅骨骨折。双侧肋骨骨折。右上肢上部可见大面积损伤痕。后背处可见大面积损伤痕。体表其他部位未见异常。2.宋××法医学尸体检验鉴定报告-(×)×(刑)鉴(尸检)字[20××]××号。体长172 cm,头留短发,双耳、口腔有血迹流出,左前额部粉碎性骨折,右下颌部可见皮挫伤,深至可见颅骨。左髋部可见3.0 cm×2.0 cm损伤痕。体表其他部位未见异常。

根据GA41-2014《道路交通事故痕迹物证勘验》、GA/T1087-2013《道路交通事故痕迹鉴定》、GA/T944-2011《道路交通事故机动车驾驶人识别调查取证规范》及SF/Z JD0101001-2016《道路交通事故涉案者交通行为方式鉴定》有关条款对提供的材料进行检验,并作出鉴定意见。

检验所见:1.现场图、现场照片。现场道路为由南向北向右弯道,双向两快两慢车道,全幅宽约为11.45 m,干燥沥青路面。被鉴定车辆位于道路西侧23 m以外。在其东南方路面上,见两条东南-西北走向的轮胎侧滑印,分别长2 980 cm、4 180 cm,轮胎侧滑印西北端附近的道路西侧有两棵行道树折断,相邻边沟西侧混凝土沟槽呈崩裂状;路外田地中散落有汽车零部件,其中有红色的汽车保险杠。受检车位于一栋民房的东南方,已多处损坏(但右侧前后车门关闭,窗玻璃完好)。民房彩钢板墙局部损坏,向内弯折,附近地面见血迹;房内门旁见血迹。2.被鉴定车辆。车辆识别代号:××××××××××××××××××。置于露天停车场上。前挡风玻璃大面积碎裂,左部见"人"字形豁裂,并形成破洞。发动机舱盖凹凸不平,伴左后向右前的斜向刮擦痕迹。前保险杠缺失、其内胆右部向后弯折。前进气格栅、双侧前组合灯具均缺失。右前翼子板向后弯折,右前轮严重外倾,轮辋缺损,轮胎瘪气,右后视镜外壳缺失。右前门呈开启状,不能关闭,其前端见纵向柱状凹形变形,涂层剥脱,车窗玻璃完好(贴有薄膜)。右后门呈关闭状,其与右后翼子板连接处见柱状凹形变形,车窗玻璃完好(贴有薄膜),门把手损坏,右后翼子板凹形变形,伴大面积横向刮擦痕迹。右后轮严重外倾,轮胎瘪气,轮辋外侧边沿见挫痕。后风窗玻璃缺失,行李箱盖左右两侧向中间挤压变形,并以左部为甚,后保险杠缺失。车身整个左侧面见凹形变形,伴纵向刮擦痕迹,左后视镜缺失。左前门呈开启状,左后门呈关闭状、门把手损坏,两车门窗玻璃均缺失,窗玻璃支架处于上位(窗玻璃处于关闭状),其中左后门窗框向外弯折约30°。左后轮胎缺气,轮胎与轮辋间嵌有异物。左前翼子板变形,车顶中部拱起、撕裂,顶窗玻璃碎落,其框架脱落。

驾驶室气囊(主、副)充分打开;左、右侧气帘充分打开。车顶内饰板后部中轴线向左33 cm处见长25 cm纵向红色擦痕。车顶内饰板后部中轴线向左15 cm处见多根纤维(疑似毛发),根部为白色,端部为黑色。车顶内饰板右后部附着黑色纤维(疑似毛发)及红色纤维,提取该处黑色纤维作为检材备检。顶窗后部中轴线向右22 cm处见由前向后方向长33 cm的红色条状擦痕。顶窗框后沿中部边沿扭曲变形伴擦痕,附着浅蓝色织物纤维。顶窗框右沿后部边沿扭曲变形伴擦痕,局部附着密集黑色短发。3. 宋××事发时所穿衣裤。浅蓝色李宁牌拉链羽绒服,局部血染,两腋下缝线撕脱,局部面料见挫破口。深蓝色灯芯绒长裤,右裤腿上段外侧见两处直角破口,由前上向后下,左裤腿上段外侧见散在挫破口和撕裂口。4. 程××事发时所穿衣裤。黑色裘皮短大衣,提取大衣皮毛黑色纤维备检;Y&XN黑色短裙裤;蓝黑色打底连袜裤。5. 微量物证鉴定。经在显微镜下检验发现:车顶内饰板右后部纤维附着物为黑色,表面有鳞片。程××大衣纤维为黑色,表面有鳞片。经相互比较检验,检材黑色纤维附着物与样本黑色纤维外观特征一致。经Nicolet 6700傅里叶变换红外光谱仪检验,检材黑色纤维附着物与样本黑色纤维的红外光谱一致。经inVia激光拉曼光谱仪检验,检材黑色纤维附着物与样本黑色纤维的拉曼光谱一致。

分析说明:1. 根据事故现场图及现场照片检验所见分析,被鉴定车辆在由南向北的行驶过程中,因故向西北方向侧滑,在逆时针旋转的过程中,滑出道路西侧边沿,车身右侧先后两次与路外树木、边沟槽体发生碰撞,并在翻滚中车身左侧跌落在坡下田地中,然后继续翻滚至事故最终停止位置。2. 根据被鉴定车辆的运动形态及车内痕迹分析,该车翻滚、跌落田地过程中,车内人员由于惯性作用,均相对车体向后上方运动,与车辆顶棚发生过相应碰撞,继而脱出车外。3. 被鉴定车辆顶窗脱落,其窗框右沿、后沿检见多处凹陷变形及擦痕,符合车内人员由左前向右后碰撞窗框,并脱出车外形成的特征;根据窗框附着的浅蓝色织物纤维、黑色短发,结合车内人员衣着、损伤检查分析,事发时宋××位于受检车左前座,其在车辆翻滚、跌落过程中向右后方自顶窗处脱出车外可以成立。4. 顶棚后部左、右两处所检见的痕迹,符合位于后排座的不同车内人员与顶棚碰撞形成的特征;结合微量物证检验,事发时程××位于后排右座自后风窗玻璃脱出车外可以成立;结合左后车窗框弯折情况分析,不排除许××自左后车窗与车体分离的可能性。

鉴定意见:综上所述,程××、许××是冀H-×××××马自达牌小型轿车事发时的乘坐人可以成立。

附图:

图5-53 被鉴定车辆外观痕迹照

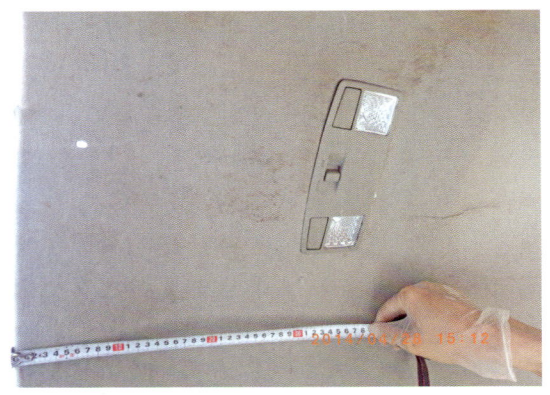

图5-54 车顶内侧痕迹照

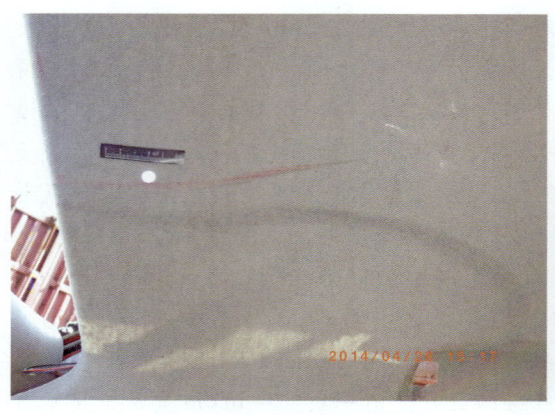

图5-55　车顶内侧痕迹照　　　　　　图5-56　天窗窗框附着纤维、黑色短发

案例解析：本案例中三名乘员，其中两名死亡，事故非常惨烈，鉴定人用大段的分析来分析被鉴定车辆的运动轨迹对不同位置车内乘员所产生的影响。

案例分析（七）

简要案情：20××年××月××日××时××分许，未见悬挂号牌丰田牌小型越野客车沿××线由南向北行驶至××村路段，驶入道路西侧排水沟并起火燃烧，造成车内人员鞠×××死亡、车辆损毁。据案件信息反映事发后车内另两当事人鞠××、鞠×自行离开现场，后鞠××到案，鞠×仍在逃。

委托事项：根据事故调查需要，对事发时，车内乘员鞠××、鞠×及鞠×××三人中谁是乘坐人进行鉴定。

鉴定材料：1. 被鉴定车辆；2. 道路交通事故现场图、现场照片等事故卷宗图文材料（复制件）。

资料摘要：1. 鞠××住院病历（科别：创伤3科；病房：306；床号：17；住院号：1205090）。主诉：摔伤致右上肢肿胀、疼痛活动受限5小时。现病史：患者于5小时前因摔伤致右上肢肿胀，疼痛活动受限，当时无昏迷，无恶心、呕吐，受伤后遂来我院拍片检查见"右肱骨远端粉碎性骨折"。门诊检查后以"右肱骨远端粉碎性骨折"为诊断收住院。专科检查：右上臂肿胀，活动受限，局部触压痛，可触及骨擦感，可闻及骨擦音，末梢端血循、感觉及活动无明显异常。X线片示：右肱骨远端粉碎性骨折。初步诊断：右肱骨远端粉碎性骨折。××省××县×庄骨科医院：患者于20××.11.27以摔伤致右上肢肿疼，活动受限5小时为主诉入院，入院后经院方相关检查，在予以麻醉下行"右肱骨远端粉碎性骨折切开复位内固定术"，术后抗炎对症观察治疗，于20××.××.××出院。2. 无名尸（鞠×××）尸体检验意见书——×物司鉴字[20××]尸鉴第×××号。尸体成黑炭状，头颅焦化炭化，颅盖骨缺失，硬脑膜破裂变硬，剩余脑组织呈灰白色，未见出血样变，面颅骨质基本缺失。颈、胸、腹部焦化炭化，胸腔脏器萎缩，切开两肺支气管见内壁呈黑色并伴有碳沫状物质。会阴部有阴茎存在。余因尸体高度焦化炭化，组织缺失，无法检查。无名尸系烧死。

根据GA41-2014《道路交通事故痕迹物证勘验》、GA/T1087-2013《道路交通事故痕迹鉴定》、GA/T944-2011《道路交通事故机动车驾驶人识别调查取证规范》及SF/Z JD0101001-2016《道路交通事故涉案者交通行为方式鉴定》有关条款对提供的材料进行检验，并作出鉴定意见。

检验所见： 1. 被鉴定车辆。车架钢印号为×××××，发动机钢印号为××。全车烧蚀，仅存车体金属件及部分轮辋。车顶左前部向右后方弓曲变形。发动机舱盖左部向后弓曲变形，其左前角向后弯折变形。左前翼子板前部向后弯折、挤压变形。前保险杠左部脱位，局部向后变形。左侧后部车体、后侧车体局部亦见凹陷变形。左、右前轮均定位异常，其中左前轮向后移位。经测量，左侧轴距约为235 cm，右侧轴距约为289 cm。全车车门均可开启，其中左前车门、后车门处于敞开状，左前门前侧铰链部位向后挤压变形，后车门扭曲变形，以左部为著。方向盘及其转向柱上段脱落。车内前排座椅上空旷，未见外来固定障碍物，左侧座椅靠背金属骨架呈向左前方倾斜状，两座椅前方亦未见外来固定障碍物；后排座椅被拆除，在前排座椅后部安装了一个大尺寸封闭式金属箱体（形状及相关尺寸见其示意图），局部已经变形、开裂，其上侧右前角、前侧右下角均见安装有进出口管路接头。该金属箱体前侧距前排座椅金属骨架后侧最大间距约为34 cm，最小间距约为24 cm。该金属箱体前侧与前排座椅间缝隙内，右部见一个烧毁的油泵，左部见一个烧毁的蓄电池，其间散布烧毁的缠绕状管路金属钢丝保护圈，其中靠近蓄电池左部检见烧毁残存的织物（被子）。车内金属箱体检见向前移位迹象，其后侧距车厢后侧约45 cm。该金属箱体前侧左下角、右下角各检见一个断裂的用于固定箱体的金属拉钩，该两处拉钩分别与左后门门框下部内侧车体挂扣、右后门门框下部内侧车体挂扣对应。

车内封闭式金属箱体形状及相关尺寸示意图：

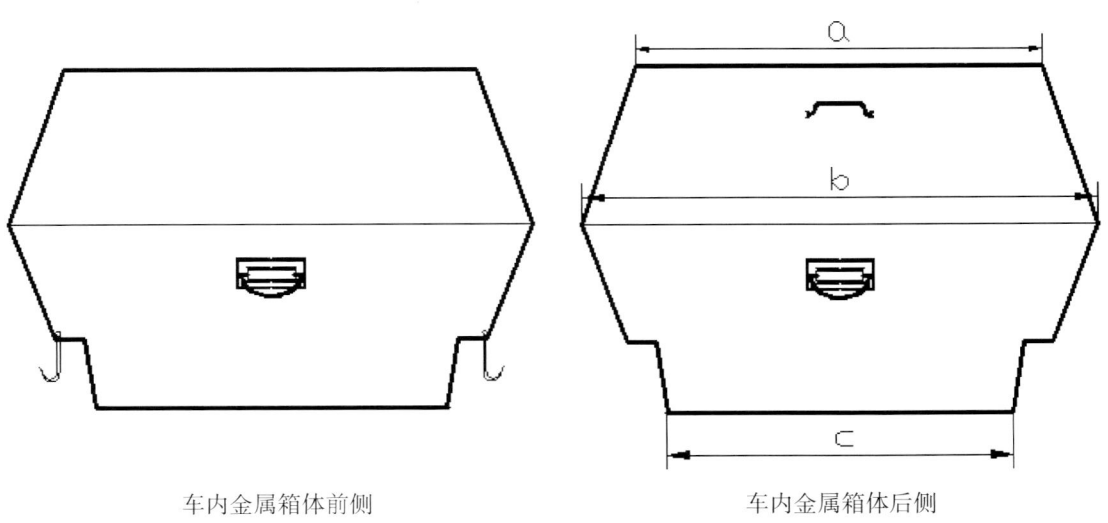

车内金属箱体前侧　　　　　　车内金属箱体后侧

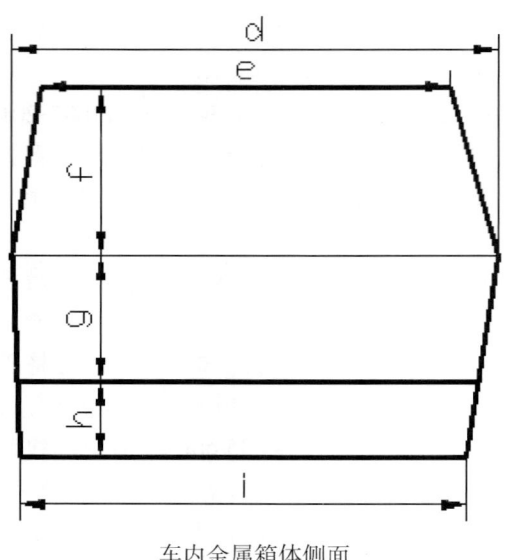

车内金属箱体侧面

注：示意图中相关尺寸：a约为110 cm；b约为130 cm；c约为109 cm；d约为126 cm；e约为117 cm；f约为38 cm；g约为32 cm；h约为21 cm；i约为120 cm。

2. 道路交通事故现场图及现场照片。事发路段为南北走向，干沥青路面。被鉴定车辆头北尾南停跨于道路西侧排水沟上，其左前侧围墙倒塌，被鉴定车辆南侧的排水沟西岸上两棵行道树见撞击、烧蚀痕迹，相邻排水沟西岸墙堤局部倒塌。现场排水沟内见积有黑色液体（柴油）。车上五扇车门均已打开，前挡风玻璃及前面罩脱落（但未见过火）。车内金属箱体与前排座椅间缝隙内见一具烧焦的尸体（鞠×××），其上身倾斜于前排左、右座椅之间，其下肢位于前排左座与金属箱体之间。

分析说明： 1. 根据被鉴定车辆所检见的痕迹，结合道路交通事故现场图及现场照片所示情况综合分析，符合被鉴定车辆在由南向北行驶至事发现场处失控向西驶出路面，其车身左前部、左前轮与行道树及排水沟西岸墙堤等发生碰撞后着火所形成的事故特征。2. 根据对被鉴定车辆内部检验情况分析，车内封闭式金属箱体为自制油罐，并有一定固定措施。但结合被鉴定车辆检验所见及其碰撞形态分析，该金属箱体在事故过程中向前发生了移位，并间接造成前排左座靠背前倾。3. 依据道路交通事故现场照片所示被鉴定车辆前排座椅与金属箱体前侧缝隙间烧焦的尸体及无名尸（鞠×××）尸体检验意见书对其死因的分析，结合金属箱体移位后与前排座椅间的间距综合分析，符合事发时鞠×××位于前排座椅与金属箱体间，事故过程中遭金属箱体前移卡住、烧死的特征。4. 根据检验所见，事发时位于前座的乘员在事发时不可能被挤在后排左后侧与其后部的金属箱体间，因此可以排除事发时是鞠×××驾驶车辆的可能性。5. 由于被鉴定车辆已严重烧蚀，且事发后被鉴定车辆内的另两名乘员鞠××、鞠×自行离开，其中鞠×至今未到案，鉴于此，依据本案现有条件无法对事发时鞠××、鞠×两人的就座位置进行判断，但也不能排除鞠××是驾驶人的可能性。

鉴定意见： 综上所述，确定鞠×××是未见悬挂号牌丰田牌小型越野客车事发时乘坐人,但不能对鞠××、鞠×两人中谁是驾驶人谁是乘坐人做出判断。

案例解析:本案例中的被鉴定车辆因碰撞后着火,这类事故因为起火燃烧而变得复杂,有很多可以勘验的痕迹、有很多可以采集的物证都可能在火灾中消失殆尽。但汽车火灾后,在事故中因外力碰撞形成的变形在没有二次破坏的情况下,一般都会较为完整地被保留下来。而"由于被鉴定车辆已严重烧蚀,且事发后被鉴定车辆内的另两名乘员鞠××、鞠×自行离开,其中鞠×至今未到案,鉴于此,依据本案现有条件无法对事发时鞠××、鞠×两人的就座位置进行判断,但也不能排除鞠××是驾驶人的可能性。"所以,鉴定人在鉴定材料不齐备的情况下,有些分析判断是无法做出的。

小结:在鉴定实践中,对轿车乘坐人的分析判断的案件委托量较小,一般都是与驾驶人分析判断一起进行的,但对于车内人员位置的分析判断方面,乘坐人的分析判断也具有自身的特点和要素,特别是位于副驾驶座的乘坐人,与驾驶人有相同也有差异。以下对此进行分析。

(一)车体勘验分析关注点基于道路交通事故参与车辆的车身结构来分析,而在这里是以轿车为例子进行分析,对于以下车辆分析的依据,主要是鉴定实践中得出的,基于交通事故涉案者事发时是否位于非驾驶人座位未实行操作行为和勘验车辆内部与乘坐人相关部件发生碰撞接触产生痕迹等的客观事实,与驾驶人的分类基本相同,主要体现在:

1. 完全封闭式轿车　　完全封闭式轿车并不是指门窗都封闭的轿车,而是特指没有天窗和非敞篷式的轿车。根据遭受外力方向的不同:① 当正面遭受外力时,按照从前向后、从下向上、从左向右的顺序,关注的重点是因车辆前部部件后移、运动而对车内人体产生移动与车辆内部部件发生接触产生的特征性痕迹,这里还要关注被鉴定车辆遭受外力的方向,是正面右部还是正面左部或者右前部还是左前部,这对于位于非驾驶人位置的车内人员所产生的影响从大的运动趋势上是一致的,但从细节上存在差异,主要体现在位于副驾驶座的乘坐人双下肢下方没有操作踏板,身体前方没有方向盘,但有一个平台,也有前风窗玻璃,其身体左侧是中控台,而身体右侧是右前门内侧,所以产生的痕迹与这些部件密切相关。如乘坐人前部车顶上方的盖板镜,在车辆正面遭受碰撞以后,易于与乘坐人的头面部发生碰撞接触;又如乘坐人和驾驶人前方车顶中间的后视镜,这与车辆遭受什么方向的外力息息相关,决定了谁与后视镜发生碰撞接触,还有产生的痕迹位于后视镜的什么位置等,但在鉴定实践中,一般乘坐人与后视镜发生碰撞接触的情况较多,当然这也和乘坐人或者驾驶人事发时是否使用安全带相关。又如乘坐人左右两侧的部件,中控台和左前门内侧,则根据正面遭受外力方向的差异而产生不同轻重的痕迹,注意这些产生的痕迹的总体方向是从前向后的,乘坐人与车内部件之间发生接触产生的痕迹大多数是擦拭或者印压痕迹,乘坐人如果穿着较为粗纤维的衣服,就容易在车内部件留下纤维;皮肤出现破口,则可能会留下血迹等生物检材,在遭受外力较重的情况下,乘坐人与前方风窗玻璃发生的机会也是有的,这时玻璃破裂的受力方向是从内向外的,且在受力点易于遗留头发、皮屑等生物物证;这里要特别关注一下乘坐人地板上的足迹痕迹,如鞋印等在需要时要进行采集比对;当出现鞋袜遗留卡滞时要拍照固定并进行提取分析。如果车辆发生翻转的情况,或者乘坐人位于车外时,或者车辆翻滚至悬崖下时,或者车辆驶入水中等特别情况,还是要把握正面受力的特点,对第一次碰撞接触对乘坐人与车内部件的相互关系,特别是车内运动轨迹的勘验要尤为关注。而对于其他位置的乘坐人,一般位于后排,在正面受力的情况下,要特别关注其与前方座椅之间、天窗之间、车顶之间、乘坐人与乘坐人之间等发生碰撞接触所产生的相应痕迹,包括遗留下的物证信息。② 当侧面遭受外力作用时,按照从受力侧向非受力侧、从前向后、从下向上的顺序,关注的重点是因车身侧面部件向两侧方向变形及对车内乘坐人与车内部件发生碰撞接触所产生的对应性痕迹、损伤,这里尤其关注车身右侧即副驾驶乘坐人一侧或者后座乘坐人两侧遭受碰撞时产生的痕迹,一方面可能造成副驾驶座乘坐人无法脱离副驾驶座位,其身体右侧的损伤相较于身体左侧的损伤往往较重,且大范围分布,而身体左侧的损伤往往集中在腰部以下部位,基本是以中控台的高度为上限。头顶部易于与车顶产生与受力方向相同的擦拭痕迹,遗留下生物检材的可能性较大。而对于后座的乘坐人来讲,由于活动空间较大,要特别关注运动过程中对于乘坐人可能接触的部件之间发生相互关系的影响。③ 当后侧遭受外力作用时,按照从后向前、从下向上、从左向右的顺序,关注的重点是因车身后侧部件从后向前变形趋势及产生的痕迹特征,这里特别关注的部件是乘坐人座位的靠背产生的相应变化、前风窗玻璃内侧、副驾驶座前部平台、后座乘坐人前方座椅靠背、中控台后侧等部件的痕迹发生和变形。④ 当上侧受力时,按照从前向后、从上向下、从左向右的顺序,关注的重点是车身部件上侧及人体因遭受从上向下的外力作用时所产生的痕迹、损伤,这种形态并不多见,但一旦发生产生的后果都是相当严重的,车内人员基本处于从上向下的压缩状态,生存空间极小,损伤程度相当严重,对于这种形态的碰撞,一般是难以预见的,所以乘坐人基本没有变换位置的可能,所以一定会给予鉴定人充分勘验痕迹证据的机会,所以此类案件鉴定不复杂。⑤ 多种方向受力时,按照第一次受力的面的顺序进行,一般发生在与多车发生碰撞的事故中,关键的是分辨发生的过程和顺序。这类鉴定案件相当复杂,对事故形态的总体分析把握是分析判断被鉴定车辆事发时乘坐人的基础性前提条件,事故形态的分析判断又是基于对车体痕迹、路面痕迹等痕迹的勘验及综合分析。在这个过程中,鉴定人一定要先从车体痕迹入手,先发现所有的车体痕迹,然后再归类,最后再结合现场痕迹进行对应分析判断,分析出被鉴定车辆的运动轨迹,这个运动轨迹对车内驾驶人产生的影响,造成其与车内那些部件发生接触留下痕迹。

2. 敞篷式或者有天窗的轿车　　这里是指轿车事发时处于敞篷的状态和天窗开启的状态时的情况,在鉴定实践中,这类车辆发生事故需要鉴定的情况不多,一方面是因为敞篷轿车的价格较高,购买的人不多,另一方面受车辆交通环境因素的影响,能敞篷开的机会也不多。但因为外观的特点与全封闭轿车存在一定差异,所以单独进行分析。根据遭受外力方向的不同:① 当正面遭受外力时,按照从前向后、从下向上、从左向右的顺序,关注的重点与全封闭式轿车基本相同,不同的地方是乘坐人与车顶之间的碰撞接触,敞篷式轿车没有车顶;而开启天窗的车辆还分为全景天窗和一般天窗两种,不论是哪一种天窗,对于驾驶人而言,还是会产生一定的影响,特别是对于高位的乘坐人,所以要注意观察和勘验车顶的痕迹特征。② 当侧面遭受外力作用时,按照从受力侧向非受力侧、从前向后、从下向上的顺序,关注的重点是与全封闭式轿车差别不大。③ 当后侧遭受外力作用时,按照从后向前、从下向上、从左向右的顺序,关注的重点与全封闭式轿车差别不大,但开启天窗的轿车,特别是一般天窗的轿车,要注意车顶痕迹的观测和勘验。④ 当上侧受力时,按照从前向后、从上向下、从左向右的顺序,关注的重点中敞篷式轿车基本没有阻挡,人体直接受力,而开启天窗的轿车有一定阻挡,但阻挡力相对较弱,这时要关注玻璃产生的相应痕迹。⑤ 多种方向受力时,按照第一次受力的面的顺序进行,一般发生在与多车发生碰撞的事故中,关键的是分辨发生的过程和顺序。这与全封闭式轿车没有太大区别,主要是车内人员易于脱离车辆,造成了此类车辆乘坐人分析判断的难度指数。

（二）人体检验分析关注点基于车身结构与受力方向或者总体来讲是碰撞形态的不同来进行分析的。而对于人体自身而言,和人体结构特征是形成损伤的客观依据,而所穿着的衣物、鞋袜、帽子等,佩戴的首饰物品,携带的物品等则是形成痕迹的客观依据,两者的结合是对应车体痕迹的造痕客体,同时受反作用力影响,也同时是承痕客体。在轿车驾驶人的分析判断时,人体主要关注的特征性损伤集中在头面部、胸腹部、腰髋部、双下肢等部位,对于头面部损伤常常体现为与前风窗玻璃或者车内差不多高度位于前方位置的部件发生碰撞接触而形成的特征性损伤;副驾驶座的乘坐人胸腹部因遭受前、后受力的情况下与前方平台发生碰撞接触产生的特征性损伤,后座乘坐人与前方部件发生碰撞造成的损伤;腰胯部主要是与身体左侧的中控台和身体右侧的右前门内侧发生碰撞接触形成的特征性损伤;双下肢主要是与车内平台发生碰撞接触产生的特征性损伤等。乘坐人特征性损伤在判断过程中只有与驾驶人损伤进行比较分析时,具有一定关键判断依据的作用,往往还是要结合痕迹物证来进行判断,这是与驾驶人损伤的区别。

（三）碰撞形态关注点和综合评判重点可以参照轿车当事人位于驾驶人位置的分析。

第三节　驾　乘　关　系

驾乘关系鉴定是指对被鉴定车辆内乘员位置关系进行分析判断,做出谁是驾驶人、谁是乘坐人的鉴定类型。其中对于车内乘员具体位置的分析判断,是鉴定实践中的难点问题。驾乘关系鉴定是基于驾驶人与乘坐人分析判断的基础上的,对于分析判断的依据主要有以下几个方面:① 根据不同事故的碰撞形态,车内人员会形成不同的碰撞结果,其在车内驾驶座位置或驾驶座以外位置所形成的碰撞现象因周边环境不同而形成的损伤及体表痕迹也会有所不同。② 根据车辆前后风窗玻璃及左右车门玻璃的损坏情况,分析是与硬物碰撞形成还是与软性客体(如人体)碰撞形成,并结合人员体表痕迹及损伤进行判断。③ 根据各座位上安全带痕迹及锁止情况,分析各座位上的当事人是否使用了安全带,气囊是否起爆,并结合车内人员的不同体表痕迹及损伤进行判断。④ 根据驾驶座周边部件(如方向盘等)及其他座位周边部件是否异常损坏和留有撞击印痕及附着物,结合车内人员的不同衣着及损伤进行比对判断,必要时对微量物证进行比对。⑤ 根据勘验到的各座位周边附着的血迹、毛发和人体组织物,结合车内人员不同部位的痕迹及损伤形态特征进行判断,必要时与当事人进行DNA检验比对。⑥ 根据在第一现场查找到的各座位周边的遗留物(手机、鞋等个人用品),确认其所有人。⑦ 根据各车门、车窗的变形、锁闭情况,分析车内人员的撤离、抛甩条件。⑧ 对于已经被抛甩出车外的人员,应再结合原始现场人、车的相对位置进行判断。

案例分析（一）

简要案情：20××年××月××日××时××分许，陈××、陈×和李××三人同乘豫N-×××××大众汽车牌小型轿车（以下简称：甲车）在×××省道××市××区××乡××楼路段与一辆赛诺牌电动三轮车（以下简称：乙车）和周边行道树发生碰撞。

委托事项：根据事故调查需要，对豫N-×××××大众汽车牌小型轿车发生事故时，车内乘员陈××、陈×和李××三人的驾乘关系进行鉴定。

鉴定材料：1. 被鉴定的甲乙两车；2. 道路交通事故现场图、现场照片等事故卷宗图文材料（复制件）；3. 当事人陈×及其病历（复制件）；4. 当事人李××尸体。

资料摘要：1. 李××法医学尸体鉴定意见书——×公（尸检）鉴字[20××]×××号。检验结果：李××符合交通事故致颅脑损伤合并颈髓损伤死亡。2. 辨认笔录两份。经李××、陈××家属辨认：甲车驾驶座前方地板上检见驼色右脚棉拖鞋与现场捡获的左脚棉拖鞋款式、尺码一致，均为"280　42-43"，为一双，为事发时李××所穿鞋；甲车中控台上一只左脚黑帮白底的皮胶鞋，为事发时陈××所穿鞋。3. 陈×的××市第一人民医院诊断证明书——住院号：0915740。诊断意见：腰部软组织损伤；双髋部、右腕部软组织损伤；胸部外伤；头部、颈部外伤，右耳外伤。

参照GA41-2014《道路交通事故痕迹物证勘验》、GA/T1087-2013《道路交通事故痕迹鉴定》、SF/Z　JD0101001-2016《道路交通事故涉案者交通行为方式鉴定》的有关条款及检验方法，对甲、乙两车（含车内物品）、李××的尸表损伤、陈×的体表损伤进行检验，并结合其他鉴定材料，对委托事项作出鉴定意见。

检验所见：1. 现场图、现场照片。事故现场为双向两车道，干燥沥青路面，中间由黄色虚线分隔，现场图以道路东侧路沿为基准线。甲车头南偏东、尾北偏西停在东侧车道内，其左侧前后轮分别距基准线180 cm、270 cm，左侧前、后车门均已开启，其右前轮西南方1 870 cm处的路外见甲车的发动机和行李箱盖。在甲车东南方的路边行道树有多棵被碰撞，路外沟内有人躺着；在甲车南四十多米外的道路东侧见甲车和乙车形成的地面痕迹。现场照片示：甲车上分离的右前轮位于道路东侧沟内；沟内及东侧路面散落解体的乙车部件。2. 事故发生地点复勘。道路东侧见五棵行道树有撞击刮擦痕迹，局部树皮被剥脱，树干上挂有的红色布条也见被撞呈破碎状；在被撞的五棵树中，南起第一、第二棵树的撞击损坏程度要小于第三、第四、第五棵树，但第一棵树的撞击痕迹最高，可达500 cm左右，第一棵树至第二棵树的距离为155 cm，第二棵树至第三棵树的距离为1 930 cm，第三棵树至第四棵树的距离为480 cm，第四棵树至第五棵树的距离为144 cm；沟内的树木也见有撞击、折断的痕迹，其中最北端的一棵树的树皮局部剥脱，局部粘有疑似血迹；现场捡获一只驼色左脚棉拖鞋。3. 甲车。车辆识别代码为×××××××××××××××××。前挡风玻璃右部塌陷性碎裂，未检见由内向外的放射状碎裂；发动机舱盖向后压缩变形，以右前部为主，其前沿中部见纵向条状撞击痕迹，横向宽度为4 cm，表面白色涂层呈减层；舱内发动机等部件脱落，前灯具、前面罩、前保险杠脱落缺失；左纵梁外侧及左悬挂内侧见撞击痕迹，黏附树木纤维，造成纵梁向右移位变形和左前轮向后移位；左前翼子板撕脱、移位；左前门向外弯曲变形，不能闭合，其后下角见与地面形成的挫痕,窗玻璃缺失,窗框内嵌有颗粒状碎玻璃,上窗框内侧的前、后部分别见两处凹陷变形,门内饰件碎裂,门锁损坏变形,门开度限位拉杆拉脱变形;左后翼子板后部变形伴刮擦痕迹;左后轮胎失压,胎圈与轮辋间嵌有异物;行李箱盖脱落,左右两边局部变形;后保险杠右部破损,黏附树木纤维和红色物质;右后翼子板下部及其内底部部件向前上方变形移位,黏附树木纤维和红色物质,右后轮向前移位;右前翼子板向后外方折叠变形,右前轮及其避震器脱落,右前轮外侧胎侧见长 20 cm 割裂状破口。车速表指针停留在 95 km/h 处,发动机转速表停留在 1 550 转/min;前排安全气囊均已弹出,其中左侧气囊背侧黏附滴溅状血迹,左右前排座的安全带均已收紧锁止;中央控制台向左侧碎裂移位,并侵入加速(油门)踏板周边空间;在中控台上见一只黑帮白底的左脚皮胶鞋,外侧鞋帮上见滴落状血迹;驾驶座前方地板上检见一只驼色右脚棉拖鞋,与现场捡获的棉拖鞋款式、尺码一致,均为"280 42–43",其中右脚鞋鞋面的右侧边沿见擦痕,并有黑色条状的附着物,鞋底的掌部右侧见纵向带状的压痕;左右前排座的中间、后背及后座上、后座前方地板上黏附大面积血迹。4. 乙车。未检见车架钢印号。将其解体的货箱进行拼接,可见其后栏板中部向前弯曲,左部见撞击刮擦痕迹,局部黏附白色物质,货箱地板的后边沿中部向前呈圆弧状变形,左侧栏板的后端面见撞击痕迹,其宽度为 4 cm,局部黏附白色漆片。5. 李××尸体及原始着装检验。冰冻尸体。尸长 166 cm,头顶发长 7 cm。头颅向右侧畸形定位,颜面部黏附血迹,由左侧向右侧流淌状,以颜面左侧为显著并伴有点片状皮肤擦伤。下颌左侧见一近横行挫裂创,长 2.3 cm。左耳后颈项部在 7.5 cm×4.2 cm 范围内见多处皮肤挫裂创,创沿不整齐。右侧锁骨上方在 5.0 cm×2.3 cm 范围内见多处小片状表皮擦伤。两乳头间偏左见一条形表皮擦伤,长约 4.5 cm。左侧肩胛冈上方见 4.0 cm×2.0 cm 皮肤挫擦伤。左侧腰部见约 12.5 cm×9.5 cm 挫伤。右侧鹰嘴下方见 2.0 cm×2.0 cm 挫擦伤。右小腿胫前下段见 2.5 cm×2.0 cm 皮肤挫擦伤,左侧足背见擦伤,两侧足跟跟腱处各见一处表皮剥脱伴皮下出血。臀部多处嵌附有颗粒状碎玻璃。原始着装:黑色棉服一件,前后衣襟黏附泥土,右侧前衣襟距底边向上 21.5 cm ～ 23.0 cm,距拉链 4.0 cm ～ 5.5 cm 见一破口,纤维断端呈直角形并向左上方翻转。后衣襟左侧上部距左侧肩袖缝 11 cm、距左侧肩缝 3.0 cm ～ 7.0 cm 见一纵行破裂口。6. 陈×体表损伤检验。伤者躺卧于病床,意识清晰,翻身困难。头部戴网状帽,前额部敷料包扎,衣领前部浸染陈旧性血迹。去除前额部敷料,于前额中部发际上下见一近纵行清创缝合创口,长约 5.0 cm,缝线已拆除,表面结痂,部分痂皮剥脱,其左侧约 3.5 cm 处见一近纵行小片状表皮剥脱。腰部平第四、五腰椎处见皮肤挫擦伤,表皮干燥,轻度痂皮形成,压痛(+)。左侧膝关节内侧略呈青紫色改变。余处肢体体表未见明显损伤。事发时所穿外衣裤上沾有大量干血迹。

分析说明: 1. 甲车前侧右部及乙车后侧左部所检见痕迹,从部位、形态、类型、附着物、受力方向及痕迹形成机理等方面比对、分析,两者上述局部可以形成互为承痕客体与造痕客体之间的关系,符合甲车前侧右部与乙车后侧左部相碰撞所形成的特征;甲车余处痕迹及黏附树木纤维,结合事故现场照片、现场图所见及事故发生地点复勘情况,符合甲乙两车发生碰撞后,甲车又与现场路旁行道树发生碰撞,并发生了平面旋转所形成的特征。2. 根据甲乙两车的碰撞形态和甲车与路旁行道树的碰撞形态分析,在碰撞过程中甲车发生了平面旋转,但未发生翻滚,因此,驾乘人员不会发生交叉换位,但是车内驾乘人员受惯性力的作用会与车辆内部件发生二次碰撞；结合现场图、现场照片中所示李××、陈××事发后所处现场位置以及李××、陈××事发时所穿鞋遗留在甲车内位置等情况分析，符合李××、陈××在甲车发生碰撞旋转时，分别位于驾驶座位、副驾驶座位上被从甲车左前车门依次甩出车外的运动轨迹特征，而根据甲车内另一名乘员陈×的头部损伤、事发时所穿外衣裤上沾有大量血迹及车内血迹的分布情况分析，符合其事发时坐在后排座位的特征。由于前排座驾乘人员在车辆碰撞过程中的二次碰撞，造成甲车中央控制台向左侧碎裂移位，侵入加速（油门）踏板周边空间，干扰了驾驶人的右脚，导致甲车驾驶座前方地板上检见驼色右脚棉拖鞋鞋底掌部右侧的踩踏压印和鞋面的右侧边沿的擦痕及附着物可以成立；再结合辨认笔录，驼色棉拖鞋为李××事发时所穿鞋，进而证实事发时李××处于驾驶座位上。综上所述，事发时，李××为甲车的驾驶人，陈××、陈×为甲车的乘坐人可以成立。

鉴定意见： 李××是豫N-×××××大众汽车牌小型轿车发生事故时的驾驶人，陈××、陈×为甲车的乘坐人可以成立。

附图：

图5-57　甲车前侧痕迹部位照

图5-58　甲车前侧痕迹照

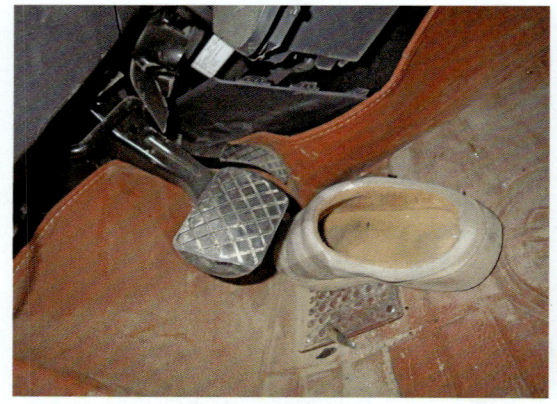

图5-59　甲车驾驶座前侧遗留拖鞋

图5-60　甲车内检见右脚棉拖鞋

图 5-61　甲车内检见右脚棉拖鞋与现场提取拖鞋

图 5-62　乙车车体前部照

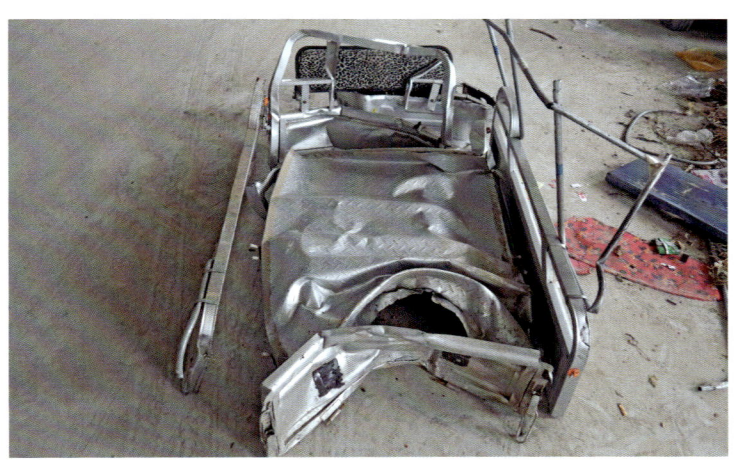

图 5-63　拼接后乙车车厢照

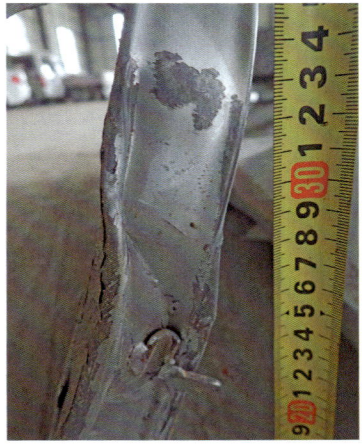

图 5-64　乙车车厢后侧痕迹照

案例解析：本案例中甲车发生至少两次碰撞，是较为典型的利用被鉴定车辆运动轨迹结合车内乘员的对应性损伤综合分析的案例。

案例分析（二）

简要案情：20××年××月××日××时××分许，新N-×××××吉利牌小型轿车在××县×××××乡××××村2组路段处发生道路交通事故。

委托事项：根据事故调查需要，对新N-×××××吉利牌小型轿车事发时，车内乘员向×、刘××及王××三人的驾乘关系进行鉴定。

鉴定材料：1. 被鉴定车辆；2. 道路交通事故现场图、现场照片等事故卷宗图文材料（复制件）；3. 向×法医学人体损伤程度鉴定书——（×）公（活）鉴（法）字［20××］××号（复制件）；4. 刘××诊断证明书（复制件）；5. 王××诊断证明书（复制件）；6. 刘××事发时所穿外衣（已洗涤过）；7. 王××事发时所穿外衣（已洗涤过）；8. 现场血迹检材（石头上附着)三份、刘××、王××血样各一份、向×血样(于20××年5月25日收到)一份。

资料摘要：1. 向×法医学人体损伤程度鉴定书。衣着检查：上身第一层着蓝色棉外套一件，第二层着灰色外套一件。下身着黑色裤子一条。脚穿灰色袜子一双，黑色运动鞋一双。尸表检查：尸体呈仰卧位，头东脚西。尸长168 cm。头面部：死者为黑色短发长12 cm。双眼睑闭合，左侧瞳孔直径0.7 cm，右侧瞳孔直径0.5 cm，角膜清亮，双眼睑球结膜苍白色。右头顶部可见8.5 cm×4.0 cm头皮下肿块，其下颅骨凹陷性骨折，左眼角下1.8 cm处可见0.6 cm×0.2 cm皮擦伤。腹部：左腹部可见11.8 cm×0.4 cm皮擦伤。腰背部：腰部多处皮擦伤。四肢部：左大腿外侧4.6 cm×1.4 cm皮擦伤，右手背部多处皮擦伤。会阴部：阴茎根部见3.6 cm×0.6 cm撕裂创，阴囊前侧见5.6 cm×8.5 cm皮肤淤青。2. 刘××诊断证明书。左眼面软组织钝挫伤，左眼球结膜下出血，左眼眶骨骨折。3. 王××诊断证明书。尾骨骨折。

参照GA41-2014《道路交通事故痕迹物证勘验》、GA/T1087-2013《道路交通事故痕迹鉴定》、GA/T944-2011《道路交通事故机动车驾驶人识别调查取证规范》、SF/Z JD0101001-2016《道路交通事故涉案者交通行为方式鉴定》的有关条款及检验方法，对提供材料进行检验，并对委托事项进行鉴定。

检验所见：1. 被鉴定车辆。车辆识别代码为××××××××××××××××。车辆室外露天存放。前挡风玻璃碎裂，刮水器处于工作骤停状。左、右后视镜均损毁，残部均脱落呈悬吊状。左A柱局部向后下方塌陷变形、溃变。左、右两侧车体均检见倒地挫划痕迹。车顶左前部向右后方溃变，左、右车顶边框均检见接地挫划痕迹，伴不同程度凹陷变形。天窗处于关闭状态。左、右前照灯均脱落，呈悬吊状。前保险杠左部、右部均破损。车辆底盘前部下侧构件向后变形。左、右前车门玻璃均碎裂。后保险杠右后转角破损。左前轮轮胎失压。右前轮定位异常，轮胎失压，轮辋外沿见挫划痕迹。右后轮脱落（轮轴断裂）。车辆右前门严重凹陷变形，其外侧见大面积挫划痕迹，其后下角向前内上方卷曲变形，其门锁损坏，内侧饰板脱落，散落于车外。右前门下侧裙边车体未见变形情况。经检查，车辆除右前门外，其他三门外观均未见明显的变形损坏情况，均可正常开关，其中右前门因变形不能关闭。右后门外侧前上部距地高70 cm～85 cm范围见前上向后下方碰擦痕迹。前排左、右安全气囊均打开，安全带均插在插扣内，并处于收紧锁止状态。左前座椅对应其前侧饰罩多处见碰擦痕迹，其中下侧边沿处局部见疑似黏附其他物质（提取相关部分作为检材1，备检）。方向盘下侧饰罩左侧凸棱处见碰擦痕迹，局部见黏附黑色疑似纤维物质（提取相关部分作为检材3，备检）。中控台相邻右侧饰罩局部见碰擦痕迹，疑似黏附其他物质（提取相关部分作为检材2，备检）。前排右座对应手套箱外饰罩多处见碰擦痕迹，局部疑似黏附其他物质（提取相关部分作为检材4，备检）。左前门上侧窗框前侧局部凹陷变形，相邻处内侧见上下方向呈规则条纹状碰擦痕迹。右前门窗框下沿中部见上下方向倾斜的疑似布纹样擦痕。前排右座靠背后侧见碰擦痕迹。右侧B柱内侧饰罩脱位，其后侧局部破裂，伴碰擦痕迹。2. 刘××体表损伤检验。身高178 cm，神清语利，查体配合。前额部左侧眉弓上方见约4.5 cm×4.0 cm皮肤颜色变深。左眼眉内侧端部见愈合瘢痕，大小约1.0 cm×0.8 cm，其下方近鼻根部左侧见小片状挫擦伤愈后，表面结痂已脱落。左前臂尺侧近肘窝处在3.0 cm×2.0 cm范围内见两处皮肤呈青紫色改变。左足外踝前外侧1.2 cm×0.8 cm挫擦伤愈后，局部表面结痂。右侧小腿胫前见三处小片状挫擦伤伴皮肤颜色改变。右手背食指、中指掌指关节处皮肤颜色变深。四肢长骨无骨折，关节无脱臼。提取血样备检。3. 王××体表损伤检验。身高159 cm，神清语利，查体配合。体表皮肤未见损伤，四肢长骨无骨折，关节无脱臼。提取血样备检。4. 刘××事发时所穿外衣（已洗涤过）。蓝色羽绒服上衣：领口处见"3XL FASHION"字样，衣服前侧左部距其下边沿22 cm～48 cm、距中线0 cm～14 cm范围内见纵向挫擦痕迹，局部豁破，露出内部白色填充物。深色外裤：该外裤前裆部及相邻左裤腿缝处开裂。左裤腿膝部靠近左侧裤缝处见一处1.5 cm×1 cm的破口，相邻部位见碰擦痕迹（提取部分作为样本1，备检）。5. 王××事发时所穿外衣（已洗涤过）。红色羽绒服上衣：领口处见"波司登160/84A"字样，衣服各部未见异常痕迹。蓝色牛仔长裤：衣服各部未见破损（提取部分作为样本2，备检）。6. 道路交通事故现场图及现场照片。事发路段为东西走向，干沥青路面。路幅宽3.5m。被鉴定车辆头东偏南尾西偏北位于道路南侧路外，其左侧前、后轮分别距道路南侧边沿20.4 m、19.9 m。被鉴定车辆东北侧见其留下两条侧滑痕迹，该侧滑痕迹由道路北侧边沿向西南方向延伸至道路南侧边沿，并划出路面直至被鉴定车辆停止位置。该侧滑痕迹从道路南侧路外至其最终停止位置间分布有相关散落物，地面见车辆着地所形成的挫蹭、翻滚痕迹。被鉴定车辆左前方地面见疑似液迹带痕迹，其右后轮位于被鉴定车辆北侧。右前门内饰板散落于被鉴定车辆西南侧。左、右前门呈开启状。车辆右侧后部西南侧相邻处地面见散落滴状血迹②。右前门邻近地面见散落滴状血迹③。现场图示被鉴定车辆东北侧相邻地面见标示血迹①。被鉴定车辆东北侧相邻地面见散落两块门窗玻璃碎片。除右前门内饰板外，其他大部分散落物分布在车辆东北侧。1. 法医物证学（DNA）鉴定：将提取的刘××、王××血样和委托方提供的向×血样及现场血迹检材三份送××鉴定中心法医物证学鉴定室检验鉴定（××××[20××]物鉴字第××××号），结果如下：按照中华人民共和国公共安全行业标准GA/T383-2014进行人血确证试验并抽提DNA，采用ForeseeTM FID 23 DNA身份鉴定系统（××基点××公司）进行复合PCR扩增，用3130 XL遗传分析仪（×××Thermo Fisher Scientific公司）进行毛细管电泳和基因型分析。经人血红蛋白金标试剂条检测，三份石头检材上提取的可疑血迹均呈阳性反应，提示其上均含人血。三份石头检材上提取的血迹的DNA分型结果见表1；向×血样、王××血样和刘××血样的DNA分型结果见表2。经检验，三份石头检材上提取的血迹和刘××血样的DNA分型结果均一致。经计算，似然率均为$2.76×10^{32}$。8. 微量物证鉴定：提取的检材和样本送××鉴定中心刑事技术鉴定室检验鉴定（××××[20××]微鉴字第××号、××号、××号），结果如下：（一）××××[20××]微鉴字第××号：经Lumar V12荧光显微镜和OLYMPUS DP27生物显微镜检验，检材3细条状物质为黑色，质软。样本1织物为深蓝色纱线，退捻后检验发现纤维表面平滑，有小黑点。样本2织物为蓝色纱线与白色纱线交织形成，退捻后检验发现蓝色纱线中部分纤维为蓝色，部分纤维为白色，纤维均呈扁平带状，且稍有天然转曲，白色纱线中纤维表面平滑，有小黑点。经相互比较检验发现，检材3细条状物质与样本1织物纤维和样本2织物纤维的外观特征明显不同。经Nicolet iN10显微红外光谱仪检验，检材3细条状物质与样本1深蓝色纤维、样本2蓝色纱线中的白色和蓝色纤维以及白色纱线中的白色纤维的红外光谱均不同。根据以上检验结果，经综合分析认为：检材3细条状物质与样本1织物纤维和样本2织物纤维的外观特征不同，红外光谱不同，不是同种类物质。

（二）××××[20××]微鉴字第××号。经Lumar V12荧光显微镜检验，检材1和检材2、4饰条表面粗糙，部分位置存在擦痕，检验未发现检材1和检材2、4表面存在纤维附着物。

（三）××××[20××]微鉴字第××号。经Lumar V12荧光显微镜检验，检材3细条状物质为黑色，质软。样本（方向盘下侧饰罩材质）为黑色物质，质软。经相互比较检验发现，检材3细条状物质与样本（方向盘下侧饰罩材质）黑色物质的颜色、质地相同。经Nicolet iN10显微红外光谱仪检验，检材3细条状物质与样本（方向盘下侧饰罩材质）黑色物质的红外光谱一致。经Quanta 650-EDAX Apollo X扫描电镜/X射线能谱仪检验发现：检材3细条状物质与样本（方向盘下侧饰罩材质）黑色物质中均检出碳、氧、镁、铝和硅等主要元素。根据以上检验结果，经综合分析认为：检材3细条状物质与样本（方向盘下侧饰罩材质）黑色物质的颜色、质地相同，红外光谱一致，检出的主要元素成分相同，两者是同种类物质。

表5-1　三份石头检材上提取的血迹的DNA分型结果

基因座	石头上提取的血迹 （20××-物鉴1167-13）	石头上提取的血迹 （20××-物鉴1167-14）	石头上提取的血迹 （20××-物鉴1167-15）
D3S1358	15,16	15,16	15,16
D5S818	9,11	9,11	9,11
D2S1338	19,21	19,21	19,21
TPOX	8,11	8,11	8,11
CSF1PO	10,12	10,12	10,12
Penta D	10,13	10,13	10,13
TH01	6,7	6,7	6,7
vWA	14,18	14,18	14,18
D7S820	12,13	12,13	12,13
D21S11	29,31.2	29,31.2	29,31.2
Penta E	8,11	8,11	8,11
D10S1248	15,16	15,16	15,16
D12S391	20,21	20,21	20,21
D1S1656	14,15	14,15	14,15
D18S51	14,19	14,19	14,19
D8S1179	14,14	14,14	14,14
D6S1043	14,14	14,14	14,14

（续表）

基 因 座	石头上提取的血迹 （20××-物鉴1167-13）	石头上提取的血迹 （20××-物鉴1167-14）	石头上提取的血迹 （20××-物鉴1167-15）
D19S433	15.2,16	15.2,16	15.2,16
D16S539	9,11	9,11	9,11
D13S317	10,12	10,12	10,12
FGA	20,24.2	20,24.2	20,24.2
Amelogenin	X,Y	X,Y	X,Y

表5-2　向×血样、王××血样和刘××血样的DNA分型结果

基 因 座	向×血样	王××样	刘××血样
D3S1358	17,17	16,17	15,16
D5S818	10,11	9,10	9,11
D2S1338	18,24	18,23	19,21
TPOX	8,11	8,9	8,11
CSF1PO	10,10	11,12	10,12
Penta D	9,12	10,11	10,13
TH01	9,9	7,9	6,7
vWA	18,19	14,16	14,18
D7S820	8,12	10,11	12,13
D21S11	29,32.2	30,30	29,31.2
Penta E	11,12	11,13	8,11
D10S1248	13,14	13,15	15,16
D12S391	17,19	17,21	20,21
D1S1656	11,14	13,16	14,15
D18S51	14,20	14,14	14,19
D8S1179	12,14	14,15	14,14
D6S1043	/	18,19	14,14
D19S433	13,15.2	12.2,14.2	15.2,16
D16S539	9,11	12,13	9,11
D13S317	8,12	8,11	10,12

(续表)

基因座	向×血样	王××样	刘××血样
FGA	19,23	21,23	20,24.2
Amelogenin	X,Y	X,X	X,Y

分析说明：1. 根据被鉴定车辆所检见的痕迹，其右前轮、右侧前部（右前门）、右后轮及左前上方（左前翼子板、左A柱）等处检见挫划痕迹伴凹陷变形，结合道路交通事故现场图及现场照片所示分析，符合被鉴定车辆在由东向西行驶过程中因故失控向西南方向侧滑出路面，并继续向西南方向侧滑、翻滚至最终位置的事故过程。2. 根据对提取的刘××、王××血样及委托方提供的向×血样、现场血迹检材进行的法医物证学鉴定情况分析，现场三处血迹均为刘××所留，符合事发后刘××伤情较轻，意识清醒，行走移动中滴落所形成。另结合向×损伤情况分析，向×在损伤后，已经难以具备行走行为能力。3. 该起事故中，前排驾驶座及副驾驶座安全带均未使用。根据被鉴定车辆右前门所检见的变形损坏痕迹及右前车门下侧裙边所检见的痕迹情况对比分析，符合右前门在打开状态下其后下部、外侧相继着地所形成的痕迹特征。结合向×法医学人体损伤程度鉴定书中对其右顶部及会阴部损伤情况的描述，结合事故过程分析，符合向×与车内右侧相应部件发生二次碰撞后，摔出车外所致的损伤特征。对比刘××、王××损伤情况分析，符合向×事发时位于前排右座所形成的损伤。4. 根据刘××所检见的损伤形态、程度及其分布情况，结合被鉴定车辆左A柱着地痕迹情况分析，符合其事发时位于驾驶座位所形成的头部左侧、下肢损伤。5. 根据王××的损伤情况，较之刘××、向×的损伤，其程度最为轻微，结合车辆的损坏情况及着地点部位分析，可排除其事发时位于车辆前排的可能性，另结合被鉴定车辆副驾驶座椅靠背后侧及右B柱后侧饰板的损坏情况分析，符合其事发时位于被鉴定车辆后排座位。

鉴定意见：综合上述分析，向×、刘××及王××三人中刘××更符合新N-×××××吉利牌小型轿车事发时的驾驶人，而向×、王××更符合新N-×××××吉利牌小型轿车事发时的乘坐人。

附图：

图5-65 被鉴定车辆前观照

图5-66 被鉴定车辆右侧痕迹照

第五章 道路交通事故中轿车当事人交通行为方式鉴定

图 5-67 被鉴定车辆左侧痕迹照

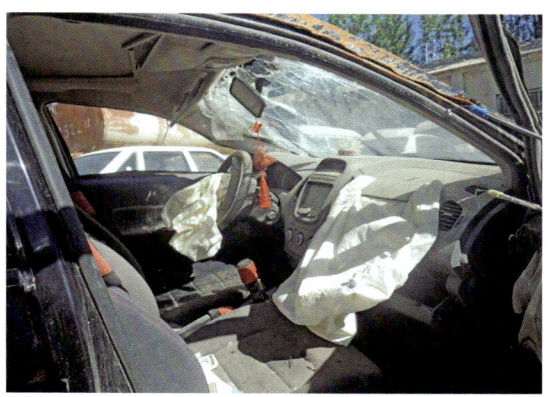

图 5-68 被鉴定车辆前排右侧照

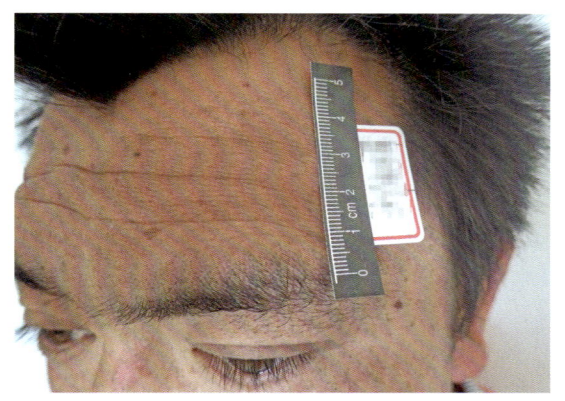

图 5-69 刘×× 左侧额部损伤照

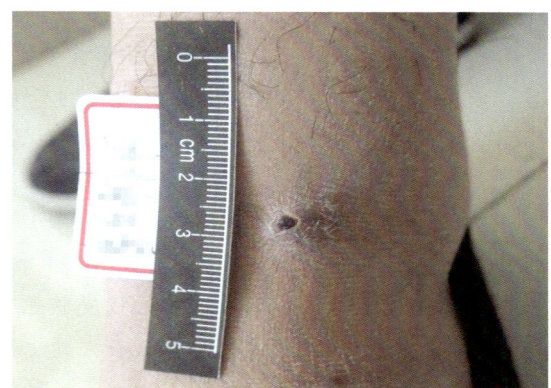

图 5-70 刘×× 左小腿损伤照

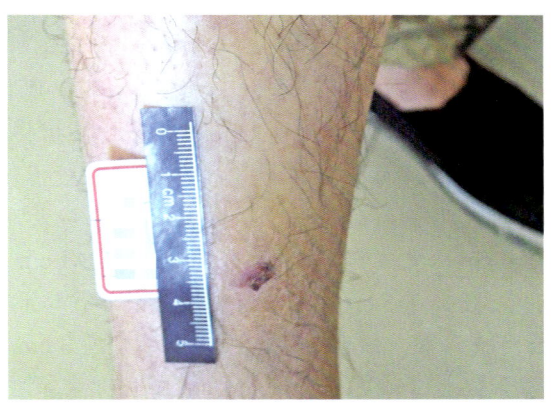

图 5-71 刘×× 右下肢损伤照

案例解析： 本案例中鉴定意见的表述用了"更符合"的表述方式，基于运动轨迹、损伤与车体损坏痕迹的对应、被鉴定当事人损伤之间的比较等因素，在表述中提及"意识清醒"的表述，这种表述建议鉴定过程中慎重使用，因为鉴定不是讲故事，所以过于主观的表达不适合出现在鉴定意见书中,这也是司法鉴定与案件分析调查的很大不同。

案例分析(三)

简要案情:20××年××月××日××时××分许,浙B-×××××奇瑞牌轿车在××大道、××公路北约500 m处发生道路交通事故。

委托事项:根据事故调查需要,对浙B-×××××奇瑞牌轿车事发时是否与其他车辆发生过碰撞及事发时当事人孙××、李××二人的驾乘关系进行鉴定。

鉴定材料:1. 被鉴定的甲乙两车;2. 道路交通事故现场图、现场照片等事故卷宗图文材料(复制件);3. 孙××尸表检验鉴定意见书——××××[20××]病交鉴字第×××号(复制件);4. 李××尸表检验鉴定意见书——××××[20××]病交鉴字第×××号(复制件)。

资料摘要:1. 孙××尸表检验鉴定意见书——××××[20××]病交鉴字第×××号。衣着检查:上身穿白色长袖衬衫,白色背心;下身着灰色长裤,多色相间平脚短裤;脚穿黑色棉袜。一般情况:尸长175 cm。头(面)部:头顶发长0.5 cm,发色黑;右侧眼睑皮肤青紫,口、鼻腔及左侧外耳道积血,右侧外耳道未见异常分泌物。额面部右侧在16 cm×4 cm范围内见散在条、片状皮肤擦伤。颈(项)部:未见皮肤损伤痕迹。躯干部:右上胸部见19 cm×1 cm横条形皮肤擦挫伤,右侧季肋部见9 cm×2 cm皮肤擦伤,左腰背部见8 cm×3 cm皮肤青紫伴多处点、条状皮肤擦伤。四肢:右上臂上段外侧见4 cm×2 cm皮肤青紫,右手见多量泥土、草灰附着;右大腿上段外侧在11 cm×9 cm范围内见多处点、片状皮肤青紫,右膝部上方见3 cm×0.5 cm皮肤擦伤,右小腿上段胫前见2 cm×0.7 cm皮肤擦伤,右腘窝处至右小腿上段后侧见17 cm×6 cm皮肤青紫伴3 cm×0.2 cm皮肤擦伤,右小腿下段胫前至右足背见散在条、片状皮肤擦伤;左上臂下段外侧至左肘部外侧在14 cm×6 cm范围内见散在条、片状皮肤擦挫伤,左腕关节桡侧至左手背见散在条、片状皮肤擦伤;左大腿中段前侧见3 cm×0.3 cm、2 cm×0.5 cm皮肤擦伤,左膝部外下方见1 cm×1 cm皮肤擦伤,左足背见3 cm×0.2 cm皮肤擦伤,左外踝后侧见2 cm×1 cm皮肤擦伤。2. 李××尸表检验鉴定意见书——××××[20××]病交鉴字第×××号。一般情况:尸长163 cm。头(面)部:头顶发长50 cm,发色黑;双侧眼睑皮肤未见异常,口、鼻腔及双侧外耳道未见异常分泌物。枕部正中见10 cm×6 cm头皮擦伤,右颧部外侧见3 cm×1 cm皮肤擦伤,左眼外眦处见1.5 cm×1 cm皮肤擦伤,左颧部见5 cm×0.5 cm皮肤擦伤,下唇下方见3 cm×0.1 cm擦伤,颏下右侧见2 cm×1 cm皮肤青紫。颈(项)部:项部偏右侧见3 cm×1 cm皮肤擦伤(部分已脱痂)。躯干部:右肩部至右上胸部见19 cm×11 cm皮肤青紫伴右肩部见7 cm×6 cm皮肤擦伤,右下腹部经右侧腹股沟区至右大腿中上段前外侧见32 cm×14 cm皮肤青紫,右腰部后侧见9 cm×5 cm皮肤青紫。四肢:右上臂下段外侧见8 cm×4 cm皮肤青紫,右肘部伸侧见4 cm×3 cm皮肤青紫伴1.5 cm×0.3 cm皮肤擦伤;右膝部外侧见5 cm×1 cm皮肤青紫,右膝部内侧见2 cm×2 cm皮肤青紫,右外踝处及右内踝处见广泛性皮肤青紫伴多处条、片状皮肤擦伤,右足跟上方见6 cm×5 cm皮肤青紫伴5 cm×1 cm皮肤擦伤。左上臂上段前内侧见6 cm×4 cm皮肤青紫；左大腿上段前外侧见15 cm×10 cm皮肤青紫（部分呈黄绿色变），左膝部内侧见6 cm×4 cm皮肤青紫，左小腿上段内后侧见3 cm×2 cm皮肤青紫，左小腿中下段内后侧见5 cm×2 cm皮肤青紫，左小腿中段前外侧见3 cm×2 cm皮肤青紫，左足弓前侧见5 cm×3 cm皮肤青紫。

参照GA41-2014《道路交通事故痕迹物证勘验》、GA/T1087-2013《道路交通事故痕迹鉴定》、GA/T944-2011《道路交通事故机动车驾驶人识别调查取证规范》及SF/Z JD0101001-2016《道路交通事故涉案者交通行为方式鉴定》的有关条款及检验方法，对被鉴定车辆的痕迹进行检验，并结合委托人提供的其他相关材料，作出鉴定意见。

检验所见： 1. 被鉴定车辆。车辆识别代号为××××××××××××××××。前保险杠脱落；右前门见纵向柱状凹陷变形，凹变直径23 cm，表层深色涂层呈减层，局部黏附灰色物质；右车架向内弯折变形；多车窗玻璃碎落；右前轮异常定位，轮辋局部破损，轮胎瘪气；右后轮异常定位；车体外侧未见与其他车辆发生刮擦、碰撞所形成的痕迹特征。车内前后排座位靠背均向后倾倒；转向盘局部破损；前排座间文件箱盖上侧见擦痕，方向从左向右；变速杆左侧饰板上部见擦痕，方向从下向上，局部黏附深色纤维物质；驾驶座右前部空间向左后部压缩变形；右后门门框内侧见与软性客体（如人体）发生碰撞所形成的痕迹，方向从内向外，局部破损，局部黏附数根长约30 cm的深色毛发。2. 道路交通事故现场、现场图及现场照片。现场道路南北走向，道路东侧匝石见刮擦痕迹，方向从南向北，其路边道路标牌立柱下段北侧面距地高132 cm以下见刮擦痕迹，局部黏附深色物质。被鉴定车辆头东尾西停于现场道路东侧路外，其后门开启，车辆周边见大量散落物，孙××仰卧于被鉴定车辆东部，其头面部见流淌状血迹，其上身穿白色衬衣，下身穿灰色长裤，双足穿深色袜子，其右袜外侧见近圆形破口。李××坐于被鉴定车辆后排右座，其鼻部见流淌状血迹，长发，其上身穿白色上衣，下身穿蓝色牛仔裤，右足见粉色袜子。

分析说明： 1. 根据被鉴定车辆车体外侧所检见痕迹，结合道路交通事故现场、现场图及现场照片所示情况分析，被鉴定车辆的损毁主要为其右侧前部与事故现场路边道路标牌立柱下段北侧面发生碰撞所形成的后果。其车体未见与其他车辆类客体物发生碰撞所形成的痕迹特征，故不能认定事发时被鉴定车辆与其他车辆类客体物发生过碰撞。2. 被鉴定车辆变速杆左侧饰板上部所见擦痕，该擦痕表现为着深色服饰的软性客体（如人体）与该部位瞬间剧烈发生碰擦所形成的特征，结合孙××尸表检验鉴定意见书所述其身体损伤情况以及孙××事发时所穿深色袜子所见痕迹情况综合分析，支持事发时孙××位于驾驶座位。3. 根据被鉴定车辆与事故现场路边道路标牌立柱的碰撞形态分析，两者碰撞时，车内乘员应均向右运动，即车内乘员均可能与车内右侧部件发生碰撞，根据被鉴定车辆右后门框内侧所检见痕迹，结合李××尸表检验鉴定意见书所述其身体损伤情况及其最终位置以及其头发特征分析，不支持李××位于驾驶座位，支持事发时其位于后排座位置。

鉴定意见： 综上所述，不能认定浙B-×××××奇瑞牌轿车事发时与其他车辆发生过碰撞；孙××是浙B-×××××奇瑞牌轿车事发时的驾驶人，李××是浙B-×××××奇瑞牌轿车事发时的乘坐人可以成立。

附图：

图 5-72 现场照片

图 5-73 被鉴定车辆外观痕迹照

图 5-74 变速杆左侧饰板上部擦痕及纤维附着

案例解析： 本案例首先要对被鉴定车辆事发时是否与其他车辆发生过碰撞接触进行鉴定，一般要鉴定被鉴定车辆是否发生了单车事故，当然，鉴定只是解决车体痕迹存不存在与其他车辆接触的痕迹，不是直接回答单车事故的问题，对于单车事故的界定是交通事故处理公职人员的工作范围。所以，在此过程中，要客观反映这一事实。往往比较难的是，因为事故第一现场，鉴定人一般没有机会到达现场，而接受委托以后，勘验车辆一般都是在停车场，那么在拖运过程中难免会产生这样或者那样的二次、三次甚至多次碰擦产生的痕迹，而分析判断车体痕迹产生的时间又是目前非常难以解决的难题。所以，这种鉴定项目一定要科学客观地反映，不能在条件不成熟的情况下，得出直接排除的鉴定意见。

案例分析（四）

简要案情： 20××年××月××日××时××分许，甲车：皖D-×××××力帆牌小型轿车在S308省道经济开发区东200 m处与乙车:皖D-×××××迈腾牌小型轿车发生事故,并涉嫌与丙车:皖D-×××××三一牌重型特殊结构货车发生事故,致甲车内三人死亡。

委托事项:根据事故调查需要,对发生事故时,朱×、朱××两人的驾乘关系进行重新鉴定。

鉴定材料:1.被鉴定的甲、乙、丙三车;2.道路交通事故现场图、现场照片等事故卷宗图文材料(复制件);3.事发时朱××、朱×所穿衬衫;4.甲车当事人朱××;5.甲车当事人朱×尸体;6.朱××病历材料(复制件)及CT片、朱×(死后)CT片。

资料摘要:1.朱×死后CT检查报告单——×××医院集团×××医院。CT号:09530;检查时间:20××-××-××;(1)影像:A.脑内实质液化、坏死;B.胸腹部多发混合性创伤:两侧多发肋骨骨折、胸骨中上段、左侧锁骨及右侧肩胛骨多发骨折伴两侧血气胸及创伤性湿肺、皮下积气;气管内及两侧支气管积血;心脏大血管及腹腔重要脏器体积明显缩小;L1-L4椎体左侧横突骨折;C.腹腔积液;D.颈椎椎体CT平扫未见明显异常。(2)入院诊断:右侧额叶脑挫裂伤、右小脑挫伤、右侧额颞硬膜下血肿、右侧枕骨骨折、右面部皮肤裂伤。

2.朱××住院病案——×××医疗集团××医院住院号:1513997。(1)入院诊断:A.双侧多发性肋骨骨折(左1、2、6、7、右1);B.两下肺挫伤;C.左侧创伤性血气胸;D.右侧创伤性血胸;E.创伤性皮下气;F.鼻骨骨折;G.筛骨纸板骨折;H.两侧上颌窦积液;I.右前臂软组织挫伤伴缺损;J.头面部及全身多处软组织挫伤。(2)补充诊断:左侧锁骨骨折。(3)会诊单:会诊日期为20××年××月××日,对右前臂损伤的描述:右肘前外侧可见一约5 cm×8 cm大小皮肤软组织缺损,部分肱桡肌缺失,创面污染严重,流血不止,满布石块玻璃等异物。

参照GA41-2014《道路交通事故痕迹物证勘验》、GA/T1087-2013《道路交通事故痕迹鉴定》、GA268-2009《道路交通事故尸体检验》、GA/T944-2011《道路交通事故机动车驾驶人识别调查取证规范》、SF/Z JD0101001-2016《道路交通事故涉案者交通行为方式鉴定》有关条款及检验方法,对委托方提供的鉴定材料进行检验,并对委托事项作出鉴定意见。

检验所见:1.甲车。车辆识别代号为××××××××××××××××××。左前门车窗玻璃完整。左后翼子板上侧见擦拭样血迹和从前向后迸溅状血迹。前保险杠脱落,前侧见刮擦痕迹,表面浅色涂层呈减层,其支架右部距地高44 cm~58 cm见纵向撞击刮擦痕迹。发动机舱盖距其右20 cm~60 cm、距其前0 cm~9 cm范围内见刮擦痕迹,表面浅色涂层呈减层。发动机舱盖右部见刮擦痕迹,表面浅色涂层呈减层。前风窗玻璃上部撕裂脱开,前风窗玻璃内侧距其右边沿26 cm、距其上边沿25 cm见小点状疑似血迹附着(提取作为检材备检)。右前翼子板外侧见挫痕,右前轮外侧见刮擦痕迹,表面银色涂层呈减层。右后视镜断裂脱开。右前门前部见血迹附着(含右前门框),右前门门窗玻璃碎落,右前门框向下弯折变形(施救时形成),其外侧见刮擦痕迹。右前门呈锁止状态,其后部锁扣处见工具痕迹。右后翼子板外上侧见刮擦痕迹,表面浅色涂层呈减层,局部黏附黑色物质。右后轮外侧局部见刮擦痕迹,表面浅色涂层呈减层,局部黏附黑色物质。后备厢及右部相邻右后翼子板上平面见撞击刮擦痕迹,表面浅色涂层呈减层。车顶塌陷,蒙皮向前挤压变形,后风窗玻璃(内见深色贴膜)大面积碎落。左A柱内侧距其外0 cm~22 cm、距左A柱上沿0 cm~33 cm范围内见大量黑色毛发附着，长约2.0 cm～4.5 cm。右前门内侧拉手下部部件见从上向下挤压变形，局部破裂，其后部内饰见13 cm×7.5 cm擦痕，局部黏附血迹；右前门内侧前部见长7 cm纵向刮擦痕迹，方向从上向下。副驾驶座位前侧见滴落状血迹附着，前风窗玻璃右下角内侧相邻平台及右前门相邻位置见黏附大量血迹。副驾驶座位空间范围为（前后）39 cm×（高）45 cm。驾驶座遮光板后侧见疑似血痂样物质黏附。驾驶员座椅（靠背）后侧右部与车顶干涉变形，驾驶员座位基本正位未变形，副驾驶座位（靠背）后侧与车顶干涉，向右前方弯折变形。离合器操纵杆左侧见刮擦痕迹。2. 乙车。车辆识别代号为××××××××××××××××。前保险杠缺损伴刮擦痕迹，表面黑色涂层呈减层，局部黏附浅色物质。右前照灯灯罩缺损，左前照灯灯罩缺损。发动机舱盖见从前向后撞击刮擦痕迹，表面黑色涂层呈减层，局部黏附浅色物质。进气罩右部缺损，大众商标脱落。前风窗玻璃距其左边沿69 cm、距其下沿16 cm为中心见放射状碎裂，玻璃碎片上见硬质刮擦痕迹，表面黏附浅色物质，该刮擦痕迹由发动机舱盖上侧右部向上延伸形成。前风窗玻璃左部塌陷性碎裂。前风窗玻璃左部上侧局部散落有贴膜（深色）的玻璃碎片。左A柱见片状刮擦痕迹，表面黑色涂层呈减层，局部黏附浅色物质。左后视镜向后弯折变形，其饰罩见刮擦痕迹，表面黑色涂层呈减层，局部黏附浅色物质。左前翼子板外侧见撞击刮擦痕迹，表面黑色涂层呈减层，局部黏附浅色物质。左前翼子板前端向后弯折变形，局部嵌有长约10 cm～14 cm黑色毛发。左前轮外侧见刮擦痕迹，其中胎侧见2.2 cm×1.7 cm范围的刮擦痕迹，延伸至轮辋外侧。车身左侧距地高35 cm～120 cm、距车后端210 cm～320 cm范围内见撞击刮擦痕迹，表面黑色涂层呈减层，局部黏附浅色物质。3. 丙车。车辆识别代号为××××××××××××××××。车辆正面、左侧、右侧及其他各部均未检见新近形成的可疑痕迹。4. 朱××事发时所穿衬衫。品牌为TAIPINCHUAN，型号41-16½。背侧距其下沿55 cm见长7 cm割裂口，右肩后见3.5 cm×3.1 cm挫痕，深色物质附着，端部见挫裂口长3.0 cm。右肩部及右衣袖前侧见多处挫裂口，浸染血迹，局部黏附污垢，已挫碎。5. 朱×事发时所穿衬衫。品牌为valeldiwan，型号170/92A 40。右衣袖腋下在16 cm×15 cm范围内见擦痕，方向紊乱。衬衫多处黏附血迹。6. 朱××体表损伤检验。身高179 cm。右眼外眦外侧见6.0 cm×3.5 cm皮肤瘢痕，其间可见纵行条状擦划伤痕。右下颌角前侧见散在点片状擦伤后瘢痕。右肩及右上臂前侧在25 cm×6 cm范围内见多处近横行擦划伤愈合后瘢痕，其间可见条形划伤痕。右前臂桡侧见10 cm×6 cm植皮术后愈合瘢痕，周边伴擦伤。左侧第6肋间见闭式胸腔引流术后切口（已愈合）。左腰部见大小约4 cm×2 cm皮肤颜色改变。余处未见损伤。7. 朱××损伤照片。双眼结膜下充血，右颧弓为中心见大片状皮肤擦伤，表面结痂。右肩及右上臂前侧见条片状皮肤擦伤，其间伴横行划伤，表面结痂。右前臂植皮术后纱布包扎。左手背掌指关节处见多处小片状皮肤擦伤，表面结痂。左侧腰背部见较大面积挫伤，皮肤呈暗紫色改变。左侧行胸腔闭式引流引出血液。8. 朱×尸表检验。尸长174 cm。颜面部右眼球凸出，上下眼睑肿胀，右眼外眦外侧见3.5 cm×1.2 cm挫擦伤，中间伴有1.7 cm浅表创口。口、鼻腔内见有血液。右面颊见点片状擦伤，面部见散在玻璃碎片。右胸壁见22 cm×6 cm皮下青紫。双手背见散在小点片状皮肤擦伤。右手小鱼际处见片状擦伤。左大腿中段前侧见4.5 cm×2 cm创口，无生活反应。9. 道路交通事故现场图及现场照片。现场道路为东西走向北半幅，全宽18 m，以道路右

（北）侧绿化带南侧边沿线为基准线，以绿化带内路灯杆为基准点，多云，路面性质为沥青。甲车头东北尾西南停于现场，其右前轮、左后轮距基准点分别为9.1 m、13.1 m。乙车头西北尾东南位于甲车东侧，其右侧前、后轮距基准线分别为9.0 m、9.6 m。甲车右前轮距乙车左前轮2.5 m。甲车西侧有一当事人倒卧在地。图示甲车由西向东行驶，乙车由东向西行驶。道路中心为隔离护栏，护栏局部破损，附近南侧路面见甲车轮胎侧滑印。朱×着浅色上衣、灰色长裤，端坐在副驾驶座，左手佩戴手表置于驾驶座和副驾驶座中间操作平台上，身体上部呈弓曲状，身体后侧上部局部与车顶相接触，头部朝下位于副驾驶座前方平台上，面部见血迹附着。甲车右前门车窗玻璃碎落。朱××着深色上衣、米色长裤坐在副驾驶室门外地面上。10. 事故现场附近监控视频。视频文件名为chn220150530153608；格式为IFV；哈希值（MD5）为649F5008140BFBA1BD9A11C39E91D306。监控视频图像上显示"JADO CHINA""20××/××/××"等字样。视频图像连续，按时间顺序，视频图像依次显示以下内容：15：37：34，甲车在图像右上部由右向左（由西向东）运动，该车发生逆时针偏转、侧滑，其前部撞击道路中心隔离栏后，车辆进入对向车道，同时车辆向右侧翻；丙车位于甲车右侧，该车行驶状态未见异常；15：37：35，甲车继续向右侧翻，并呈车身左侧朝上、右侧朝下状，其车身右侧似与地面发生接触，待该车向右顺时针翻转刚过90°时，其车顶与对向驶来的乙车前部发生碰撞；15：37：36，甲车车顶受力后，车辆由顺时针翻转变为逆时针翻转，碰撞瞬间，乙车车身右侧为腾空状态，右前门窗部见一白色物体（疑似人体）；15：37：37，甲车受力发生由东向西运动（呈车身左侧朝上、右侧朝下状），最终车身右侧接地翻在事故现场上。11. 手机拍摄救援视频。视频文件名为5.30手机拍摄现场救援视频；格式为MP4；哈希值（MD5）为D5C0D4FEFA2A54089CE442A7DED53A33。甲车呈车身右侧接地翻倒状，朱×位于甲车副驾驶位置，上身右侧紧贴右前门内侧，其右手似位于右前门上部外侧，未见其上下肢呈扭曲状。朱××上半身位于车外，并与地面接触，其胸腹部上见一段护栏。朱××小腿部位于甲车副驾驶位置（朱×身体后侧）。

法医物证鉴定：法医物证学鉴定意见书——××××[20××]物鉴字第××号。将提取的检材送×××法医物证实验室进行检验鉴定，鉴定意见书摘录如下：经人血红蛋白金标试剂条检测，"皖D-×××××"副驾驶室对应前风窗内侧的疑似血迹（检材）呈阴性反应，提示其上不含人血斑。

分析说明：1. 经对丙车痕迹检验，车辆正面、左侧、右侧及其他各部均未检见新近形成的可疑痕迹，结合事故现场附近监控视频内容分析，可以排除甲丙两车发生过碰撞的可能性。2. 根据甲乙两车所检见的痕迹，结合道路交通事故现场图、现场照片及现场视频分析，甲车由西向东行驶至事发路段时，车辆因故发生逆时针偏转、侧滑，其前部撞击道路中心隔离护栏后，车辆向右发生侧翻、滑移，并进入对向车道，其车顶部又与由东向西行驶的乙车前部发生碰撞，最终甲车车身右侧倒地侧翻在事故现场上可以成立。3. 根据事故形态，甲车在逆时针偏转、侧滑及顺时针翻转过程中，车内前排人员会向右移动。结合事故现场附近监控视频及救援视频分析，朱××应于甲乙两车发生碰撞后从甲车右前窗部抛出（未完全脱离甲车），同时车顶向下变形、副驾驶座靠背前倾致副驾驶位置空间变小。由事故现场照片及救援视频分析，事发后朱×处于副驾驶位，其下肢位于副驾驶下部位置。

假设朱×为驾驶员,在车辆发生逆时针偏转、侧滑的过程中,其上身会向右移动,但其下肢不易脱离驾驶员位置;考虑甲车在侧翻、碰撞过程中,副驾驶舱空间变小的情况,朱×的下肢也不易进入副驾驶下部位置。4. 假设朱××为驾驶员,其头面部右侧、右前臂肌肉的部分缺失,并且有石块玻璃碎片附着及其衬衫挫碎磨损等情况,符合其被抛出时与地面拖擦时形成。而朱×的各部损伤也不具备其由驾驶座位置变换到副驾驶位置上所形成的特征,但其头面部的损伤符合与甲车右A柱内侧及其邻近右前门部碰撞时所形成;其两侧多发肋骨骨折、胸骨中上段、左侧锁骨、右侧肩胛骨多发骨折及L1-L4椎体左侧横突骨折等,符合甲乙两车碰撞时,甲车副驾驶位置空间变小,其与甲车副驾驶位置部件碰撞所形成。5. 假设朱××位于副驾驶座位置,其在向右运动过程中因受右前门限制,其左腰部不易与甲车部件形成大面积挫伤。综上所述,朱××是甲车事发时的驾驶人,朱×是甲车事发时的乘坐人可以成立。

鉴定意见:朱××是皖D-×××××力帆牌小型轿车事发时的驾驶人,朱×是皖D-×××××力帆牌小型轿车事发时的乘坐人可以成立。

附图:

图5-75 甲车前侧痕迹照

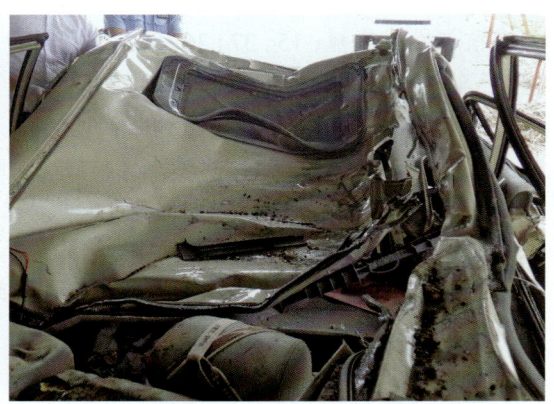

图5-76 甲车车顶变形

图5-77 甲车右A柱内侧痕迹照

图5-78 乙车正面痕迹部位照

第五章 道路交通事故中轿车当事人交通行为方式鉴定

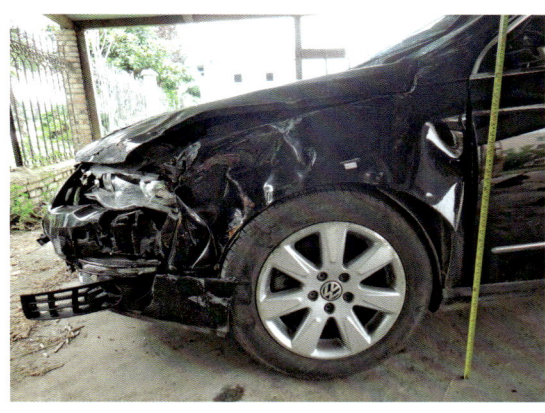

图5-79 乙车左侧前部痕迹照

图5-80 乙车左侧后部痕迹照

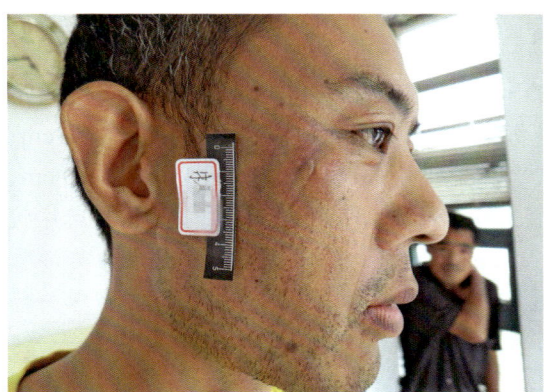

图5-81 朱×× 颜面损伤照

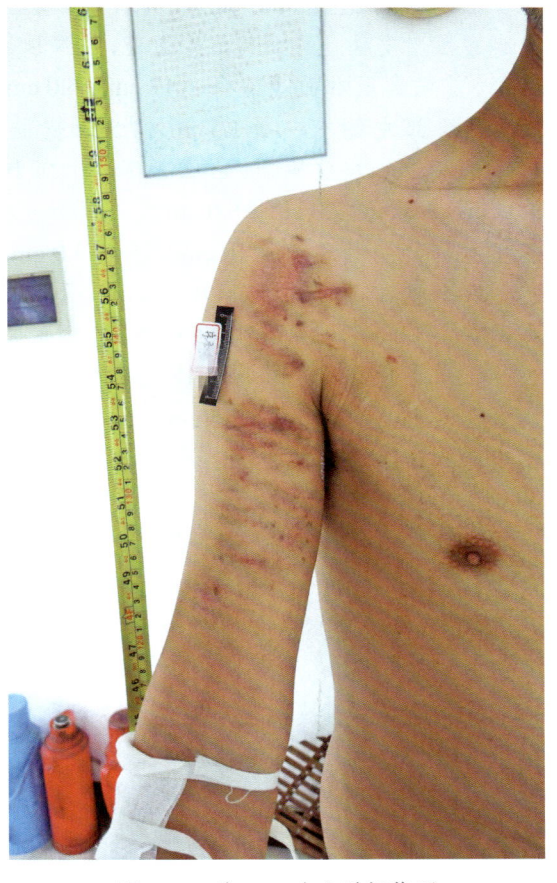

图5-82 朱×× 右上肢损伤照

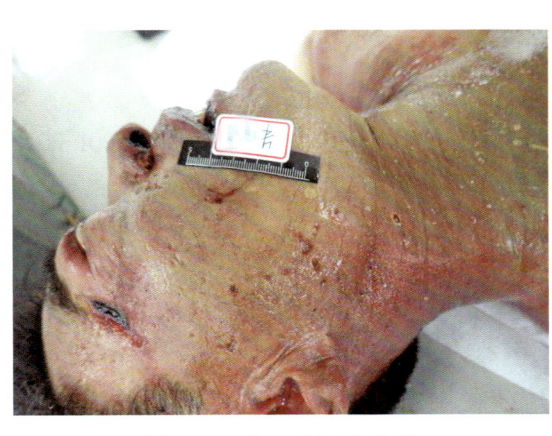

图5-83 朱× 颜面损伤照

案例解析：本案例涉及三车，首先对丙车进行了排除分析，这样就对甲车的事故形态分析方面排除了一个多车多次碰撞的干扰。当然并不是每一起事故都是这样的幸运，笔者所要表明的观点，还是要对甲车与其他车辆之间的事故形态作为第一要解决的关键问题。

235

案例分析（五）

简要案情：20××年××月××日××时××分许，蒙M-×××××东风雪铁龙小型轿车在×××境内×757线61 km加556 m处路段发生道路交通事故。

委托事项：根据事故调查需要，对蒙M-×××××东风雪铁龙小型轿车发生事故时，车内乘员付××、刘×两人的驾乘关系进行重新鉴定。

鉴定材料：1. 被鉴定车辆；2. 道路交通事故现场图、现场照片等事故卷宗图文材料（复制件）；3. 付××事发时所着衣物碎片（三块）；4. 付××尸体检验鉴定意见书——（××）公法鉴尸字［20××］第××号（复制件）；5. 法庭科学DNA检验鉴定书——×公物证鉴字［20××］××××号（复制件）。

资料摘要：1. 付××尸体检验鉴定意见书——（××）公法鉴尸字［20××］第××号。上身：紫红色长袖衫，粉色胸罩。下身：深棕色连裤袜，浅雪青色内裤。脚：黑色袜子，左脚穿黑皮皮鞋。头面部沾染血迹，左额顶部有一10 cm×3 cm头皮挫裂创口，颅骨未触及骨折，前额部至右面颊部有一17 cm×6.0 cm皮下淤血，右眼上睑内侧淤血，双眼球结膜出血，下颌部左侧有一处1.5 cm×1.5 cm皮肤挫伤。右上腹部有二处条形3.0 cm×0.2 cm、1.5 cm×0.2 cm皮肤擦伤；右腰背部从上向下依次可见四处3.0 cm×2.0 cm、4.0 cm×3.0 cm、3.0 cm×3.0 cm、7.0 cm×6.0 cm皮肤挫伤。左腰部在25 cm×15 cm范围内可见散在点片状表皮挫伤。左肘关节下10 cm处有一3.0 cm×2.5 cm骨折端刺创口，左前臂尺桡骨畸形骨折。右上肢后侧可见35 cm×7.0 cm皮下淤血区，其内可见多处片状皮肤挫伤，右脚踝关节外侧有一3.0 cm×3.0 cm皮肤挫伤；右脚踝关节骨折。2. 法庭科学DNA检验鉴定书——×公物证鉴字［20××］××××号。蒙M-×××××小轿车车厢内驾驶人上方车顶内侧距左上沿38 cm距前挡风35 cm处红色斑迹、蒙M-×××××小轿车车厢内驾驶人左侧车门内侧车顶距前挡风18 cm处红色斑迹均检见人血，上述血迹系刘方所留的可能性均大于99.999 999%。

参照GA41-2014《道路交通事故痕迹物证勘验》、GA/T1087-2013《道路交通事故痕迹鉴定》、GA/T944-2011《道路交通事故机动车驾驶人识别调查取证规范》、SF/Z JD0101001-2016《道路交通事故涉案者交通行为方式鉴定》的有关条款及检验方法，对提供材料进行检验、并作出鉴定意见。

检验所见：1. 被鉴定车辆。车辆识别代号为×××××××××××××××××。前风窗玻璃塌陷破裂，其内侧中部距其右边沿12 cm～30 cm范围见黏附疑似血痕，提取该处疑似血痕备检。车顶多处不规则变形，呈两侧向中部拱起状，其上侧多处见黏附泥土。发动机舱盖局部凹陷变形。左后视镜壳体破损，其前外侧黏附泥土；右后视镜断落呈悬吊状。前保险杠脱落，其左部破损。左前轮定位异常，轮胎失压，其悬架上端脱开。左前翼子板缺失。后挡风玻璃、左前车门窗玻璃及右侧前、后车门窗玻璃均碎落，右前车门窗框密封条向外脱位。车辆各车门均不同程度凹陷变形，其中以左前车门为著，左前门外侧把手缺失。左侧前、后车门可正常开启，右侧前、后车门不能正常打开。左侧前、后车门下侧饰条均缺失。左后灯具壳体破损。左后轮轮胎失压，其轮辋外沿局部破损。右侧前、后车轮轮胎均失压。后备箱盖变形，呈开启状态。后保险杠缺失，右后灯具缺失。右侧后部车体向左侧凹陷、挤压变形，局部黏附泥土。右前翼子板破裂。前排座椅位置未见异常，驾驶座椅坐垫缺失。未见安全气囊弹出，左、右前排安全带可自由拉伸。方向盘下侧饰罩局部见碰擦痕迹，提取方向盘下侧饰罩备检。副驾驶座椅前侧储物箱下沿见 6 cm×5 cm 片状由下向上碰擦痕迹，并黏附黑色物质；储物箱右部见条状擦痕，黏附黑色物质，提取储物箱盖备检。右前车门内侧饰板检见多处碰擦痕迹，并黏附黑色物质，提取部分右前车门内侧饰板备检。车顶内侧前部多处见黏附泥土，其中以驾驶座椅上方区域为著。车顶内侧驾驶座椅上方靠近遮阳板左后角部位见黏附流落状血迹。2. 付××事发时所着衣物碎片。付××事发时所穿上衣碎片两块：两块均为细条形玫红色织物碎片。付××事发时所穿外裤碎片一块：该织物碎片呈圆形片状，外层为黑色织物，内层为肉色织物。3. 刘×体表损伤检验照片。右手掌指关节背侧见皮肤擦伤；左腰部见横向条状皮下淤血；臀部见多条斜向线状皮肤划伤；骶部皮肤破溃，局部黏附血痂。(刘×衣物已被其处理，无法提供) 4. 道路交通事故现场图及现场照片。现场道路呈东西走向。被鉴定车辆头东偏北尾西偏南倾翻于道路北侧一处沙丘的北侧，该车左侧前、后车轮分别距道路北侧边沿 34.6 m、34.9 m。被鉴定车辆东南侧地面 41.5 m 范围内散在大量相关散落物（车体碎片、车内物品及女士鞋子等）；其中可辨认被鉴定车辆部分车体碎片的散落物位置（左前门外把手、左侧车门下侧饰条等）；红色方向盘套位于被鉴定车辆南侧的沙丘南斜坡处。5. 显微镜下检查。经显微镜检查，方向盘下侧饰罩擦痕部位未检见黏附的织物纤维类物质。副驾驶座椅前侧储物箱所检见的痕迹部位附着物均为黑色堆积物，未检见织物纤维类物质。右前车门内侧饰板擦痕部位附着物均为黑色堆积物，亦未检见织物纤维类物质。

法医物证鉴定：前风窗玻璃内侧右部破损处疑似血痕中未检见人血，进一步 PCR 检验未检出人源性 DNA。

分析说明：1. 根据被鉴定车辆所检见的痕迹，结合道路交通事故现场图及现场照片分析，该车系在由东向西行驶过程中因故向北驶出道路，并冲下路基发生翻滚，在翻滚过程中其左侧前部、车顶、右侧后部等多处与现场地面发生过碰撞，但由于现场地理环境复杂，现场痕迹不具备重新勘验条件，依据现有条件，不能对其翻滚及碰撞过程进行准确还原。2. 根据付××、刘×损伤情况分析，刘×除骶部皮肤破溃外，其他各部未见明显出血迹象，而付××创伤性出血部位较多，结合被鉴定车辆车内仅在驾驶人上方车顶处检见刘方血迹的情况分析，符合付××于事故中随车辆翻滚甩出车外的事故特征。3. 根据被鉴定车辆车内所检见的痕迹，结合付××、刘×损伤情况分析，两人在事故过程中均与车内部件发生过不同程度的碰撞，根据右前车门窗框、右前门窗框密封条向外脱位形态分析，不排除付××从右侧车窗摔出车外的可能性，但现有鉴定材料不具备唯一性比对条件，不能对被鉴定车辆事发时，车内乘员付××、刘×两人的驾乘关系作出明确的鉴定意见。

鉴定意见：根据现有材料，不能对蒙M-×××××东风雪铁龙小型轿车事发时，车内乘员付××、刘×两人的驾乘关系作出明确的鉴定意见。

附图：

图5-84 现场照片

图5-85 被鉴定车辆外观痕迹照

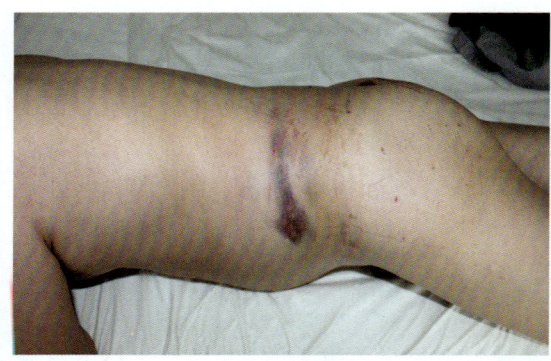

图5-86 刘×左季肋部损伤

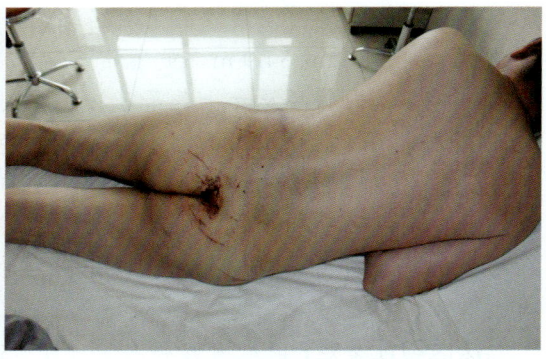

图5-87 刘×骶尾部损伤

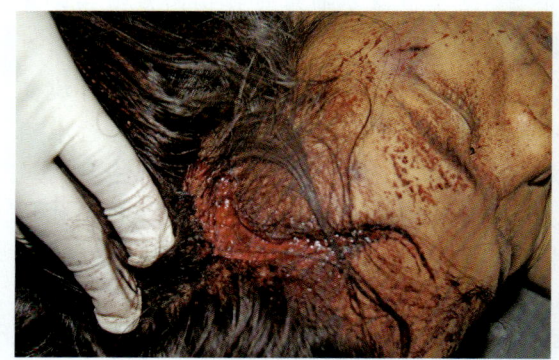

图5-88 付××头面部损伤

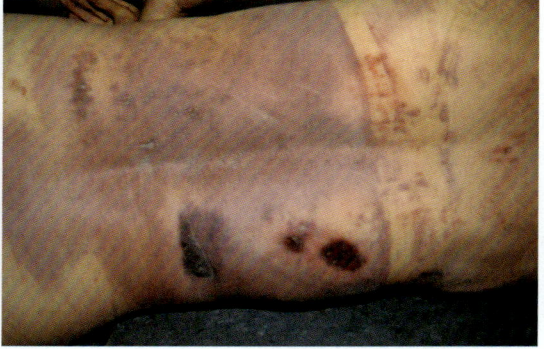

图5-89 付××腰背部损伤

案例解析：本案例的难点在于事故形态并不是最清晰和准确，那么在基础上存在一定的不可靠性。所以对与被鉴定车辆的两名乘员的损伤分析就是关键要素，在驾乘关系鉴定中，要得出明确可靠的鉴定意见，事故形态清晰准确是第一位的。

案例分析（六）

简要案情：20××年××月××日××时××分许，甲车：津M-×××××大众牌小型轿车在××区××公路307.1 km以南处与乙车：津Q-×××××夏利牌小型轿车发生道路交通事故，造成乙车当事人田××、郭××当场死亡，李××受伤。

委托事项：根据事故调查需要，对甲乙两车发生事故时，乙车车内乘员田××、郭××、李××三人的驾乘关系进行重新鉴定。

鉴定材料：1. 被鉴定的甲乙两车；2. 道路交通事故现场图、现场照片等事故卷宗图文材料（复制件）；3. 田××、郭××（尸体）；4. 田××、郭××事发时所着衣物。

资料摘要：李××住院病案——×××××第×××医院的住院病历（住院号：236566）。入院情况：患者于入院前4小时因车祸致伤，急诊完善相关检查后以"多发伤"收入我科继续治疗。左上肢活动异常，余肢体活动良好，颈后软组织轻度压痛，颈软无抵抗，右额部可见约5（cm）×5 cm软组织肿胀伴约4（cm）×5 cm皮肤擦伤，左侧面颊部可见约4（cm）×3 cm皮肤擦伤，左耳廓下方可见约1 cm软组织裂伤，可见耳软骨骨折，上唇右侧可见约2（cm）×1 cm青紫肿胀，触痛明显；双侧鼻腔可见少量干血痂，左侧胸廓塌陷，无反常呼吸，左侧肋弓处可见约4（cm）×4 cm皮肤擦伤，轻度污染，左侧胸锁关节轻度肿胀，可触及胸锁关节脱位，左侧胸部压痛明显，可触及骨擦感，未触及明显皮下气肿，右肺叩清音，左肺叩鼓音，右侧呼吸音清晰，左肺呼吸音消失，未闻及干、湿啰音。左上臂肿胀畸形，左上臂中远1/3处可见约6 cm伤口，伤口污染、挫伤严重，骨折断端外露，可见泥沙及油污附着，触痛明显，可触及反常活动及骨擦感，左侧肱动脉及桡动脉波动良好，左手垂腕，左手拇指可背伸，左前臂及左手桡侧感觉减退，左手末梢血运可。诊疗经过：患者给予生命体征监测，持续吸氧，胸带外固定，于急症在局麻下行左侧胸腔闭式引流+左耳廓裂伤清创缝合术，骨科医师会诊后再次于急症在颈丛麻醉下行清创、左肱骨骨折切开复位外固定架固定术，术后给予抗炎、止血、抑酸、脱水、营养神经及抗破伤风等对症治疗。出院诊断：双肺挫伤；左侧血气胸伴胸壁积气，右侧液气胸伴胸壁积气，左侧第2~7肋骨骨折；左肱骨开放性粉碎性骨折伴桡神经损伤；脑挫裂伤；额部软组织挫伤伴皮肤擦伤；鼻出血；上唇软组织挫伤；左侧面颊部皮肤擦伤；左耳廓裂伤伴耳软骨骨折；胸部皮肤擦伤；颈部外伤；轻度贫血；肝功能异常。

参照GA41-2014《道路交通事故痕迹物证勘验》、GA/T1087-2013《道路交通事故痕迹鉴定》、GA/T944-2011《道路交通事故机动车驾驶人识别调查取证规范》、SF/Z JD0101001-2016《道路交通事故涉案者交通行为方式鉴定》的有关条款及检验方法，对提供材料进行检验，并作出鉴定意见。

检验所见：1. 甲车。车辆识别代号为×××××××。前风窗玻璃以距其下沿20 cm、距其左边沿7 cm为中心呈放射状碎裂。发动机舱盖皱褶变形，前保险杠缺失，车辆正面左部向后挤压变形。左后视镜缺失。左侧前、后门外侧凹陷变形。2. 乙车。车辆识别代号为×××××××。前风窗玻璃碎裂。前保险杠脱落，右部见刮擦痕迹，局部黏附蓝色物质。车辆右侧前部向左挤压变形，右前轮异常定位。离合器踏板、制动踏板、油门踏板向右移位。变速器操纵杆略见向右偏折移位，其球形握把左侧见擦痕，局部黏附浅黄色织物纤维，提取该握把作为检材1备检。中央操控台左侧饰板前部破损伴擦痕,局部黏附浅黄色织物纤维,提取该处饰板作为检材2备检。右前门窗玻璃碎落,右前门扭曲变形,后框沿扭曲变形,内侧饰板后部见擦痕,局部黏附蓝色织物纤维。右前座位前部空间压缩,地板前部向后弯折变形,右前座位前方工具箱等部件缺失,右前座位右上方扶手断损。右后门窗玻璃碎落,右后门扭曲变形,其内侧饰板见擦痕,局部黏附蓝色织物纤维。3. 田××尸表损伤检验。尸长169 cm,头顶发长3 cm,发色黑。口、鼻腔及右侧外耳道见血迹。右额顶部见2 cm×1 cm皮肤擦挫伤,右颞部见8 cm×6 cm皮肤擦挫伤,右耳廓撕裂。右眉弓见5 cm×1 cm皮肤裂创,左颧部、鼻背、上唇、颏部至右颧部在20 cm×10 cm范围内见散在皮下出血伴皮肤擦挫伤,左颊部至颔下见13 cm×2 cm条状皮肤擦挫伤。颈部偏左见5 cm×3 cm片状皮肤擦挫伤。左肩峰后侧见6 cm×4 cm皮肤擦挫伤,左锁骨下见8 cm×6 cm皮肤青紫伴4 cm×2 cm皮肤擦挫伤。右肩峰见8 cm×6 cm皮肤擦挫伤伴皮肤青紫,左上臂中下段外侧见16 cm×6 cm皮肤青紫,右手背8 cm×7 cm范围内见散在片状皮肤擦挫伤,右大腿中段外侧见5 cm×4 cm皮肤擦挫伤,右膝前6 cm×5 cm范围内多处片状皮肤擦挫伤,右小腿中上段前外侧18 cm×14 cm范围内多处皮肤擦挫伤,右足背见4 cm×2 cm皮肤擦挫。左上臂中下段外侧见12 cm×6 cm皮肤青紫,左前臂中上段背侧见17 cm×9 cm纵向皮肤擦挫伤,左腕背见4 cm×0.5 cm皮肤裂创,左手背见散在皮肤擦挫伤,左膝前5 cm×4 cm范围内见散在皮肤擦挫伤,左小腿下段内侧见长5 cm皮肤裂创,左足背见多处散在皮肤擦挫伤。4. 田××事发时所着衣物检查。上身为白灰相间细横条T恤,有泥土、血迹附着。下身为浅黄色长裤,有泥土、血迹附着;右裤管前侧距其下沿19 cm~91 cm范围内见广泛刮擦痕迹,多处挫破;左裤管前侧距其下沿40 cm~61 cm范围内见刮擦痕迹伴局部挫破;提取该裤布料少许作为样本备检。5. 郭××尸表损伤检验。尸长176 cm,头顶发长6 cm,发色黑。口、鼻腔见血迹。右颞部见6 cm×5 cm头皮擦挫伤,左颧部见8 cm×7 cm皮肤擦挫伤,右颧部至鼻部大范围皮肤青紫伴8 cm×2 cm条状皮肤擦挫伤,颊部见3 cm×2 cm皮肤擦挫伤,颊下见7 cm×2 cm条状皮肤擦挫伤。右胸部见13 cm×2 cm横向条状皮肤擦挫伤。右上臂后侧至右腕背侧大范围皮肤擦挫伤。右膝外侧见两处片状皮肤擦挫伤,右膝内侧至右腘窝见9 cm×6 cm皮肤擦挫伤,右小腿中段胫前见皮肤青紫,右小腿中下段内侧至右足背内侧见多处条片状皮肤擦挫伤,右足跟内侧见弧形皮肤裂创。左上臂外侧见广泛皮肤擦挫伤,左肘屈侧至左前臂上段背侧见22 cm×16 cm皮肤擦挫伤,左手背见5 cm×4 cm皮肤擦挫伤,左膝内侧见8 cm×6 cm皮肤擦挫伤。6. 郭××事发时所着衣物检查。上身为蓝白相间T恤。下身为蓝色牛仔短裤,右裤管前外侧见血迹、泥灰附着。7. 道路交通事故现场图及照片。事故现场道路为干燥沥青路面,天气晴。甲车头东南尾西北停在事故现场,左前轮位于道路中央绿化隔离带内,右前轮及左、右后轮位于由北向南方向的路面上。乙车头东北尾西南停在甲车北侧,其左后轮距甲车左后轮10.90 m,乙车左、右前轮及右后轮位于道路中央绿化隔离带内。郭××头东脚西侧俯卧于乙车西南侧由北向南方向东起第一条车道内,其头部距乙车左后轮2.70 m。田红红头西脚东俯卧在郭××南方,其头部距离郭××头部4.80 m。乙车东南侧由南向北方向的路面上见两条分别长为46.80m、42.70 m的弧状轮胎印痕,该印痕起始于由南向北方向西起第二条车道内,止于道路中央绿化隔离带东侧路沿石,该轮胎印痕终点附近中央绿化隔离带内的植被不同程度弯折、倒伏。8. 微量物证鉴定:将痕迹检验中提取的检材及样本送××中心刑事科学技术研究室进行微量物证鉴定，形成××××[20××]微鉴字第××号鉴定意见书，摘录如下：经在显微镜下检验发现，检材1纤维为浅黄色；检材2纤维为浅黄色。田红红黄色长裤（样本）织物表面印有花纹，纱线退捻后发现纤维为浅黄色。经相互比较检验发现，检材1纤维、检材2纤维与样本1织物纤维的外观特征一致。经Nicolet 6700傅里叶变换红外光谱仪检验，检材1纤维、检材2纤维与样本织物纤维的红外光谱一致；经inVia激光显微拉曼光谱仪检验，检材1纤维、检材2纤维与样本织物纤维的拉曼光谱一致。

分析说明： 1. 甲乙两车所检见的痕迹，在部位、附着物等方面均可以互相印证，符合甲车正面左部与乙车右侧前部碰撞形成的特征。结合基本案情、道路交通事故现场图及照片分析，乙车在由南向北行驶的过程中向西北方向偏转，并在驶入由北向南方向的车道内后，该车右侧前部与由北向南方向行驶的甲车正面左部发生碰撞，碰撞后两车均逆时针旋转移位直至事故最终位置。2. 根据甲乙两车的碰撞形态分析，乙车车内人员在碰撞力的作用下，会与其右侧车内相应部件发生碰撞，造成相应人体损伤及车内部件破损及物质转移。3. 结合乙车所检见的痕迹分析，该车离合器踏板、制动踏板、油门踏板、右前座地板等部件均有变形、移位，前排人员在事故过程中其下肢可因此形成相应损伤，而后排座乘员则不易形成下肢严重损伤。比较田××、郭××、李××三人下肢损伤情况，李××下肢无明显损伤，符合事发时就座于后排座的特征。4. 乙车右前门内侧检见附着蓝色织物纤维，结合郭××尸表及事发时所着衣物检查，存在郭××事发时就座于乙车右前座的可能性。5. 微量物证鉴定意见支持变速器操纵杆球形握把左侧及中央操控台左侧饰板前部布纹样擦痕附着的织物纤维均为田××长裤所留，该两处部位痕迹及附着物非驾驶人在本次事故过程中不能与之接触形成，车辆正常使用过程中亦不能形成上述痕迹；结合田××尸表及事发时所着衣物检查，田××右下肢损伤及右裤管破损符合其就座于乙车驾驶位，事发时与变速器操纵杆球形握把、中央操控台等部件碰撞形成的痕迹及损伤特征。

鉴定意见： 田××是津Q-××××夏利牌小型轿车事发时的驾驶人，郭××、李××是津Q-××××夏利牌小型轿车事发时的乘坐人可以成立。

附图：

图5-90 现场照片

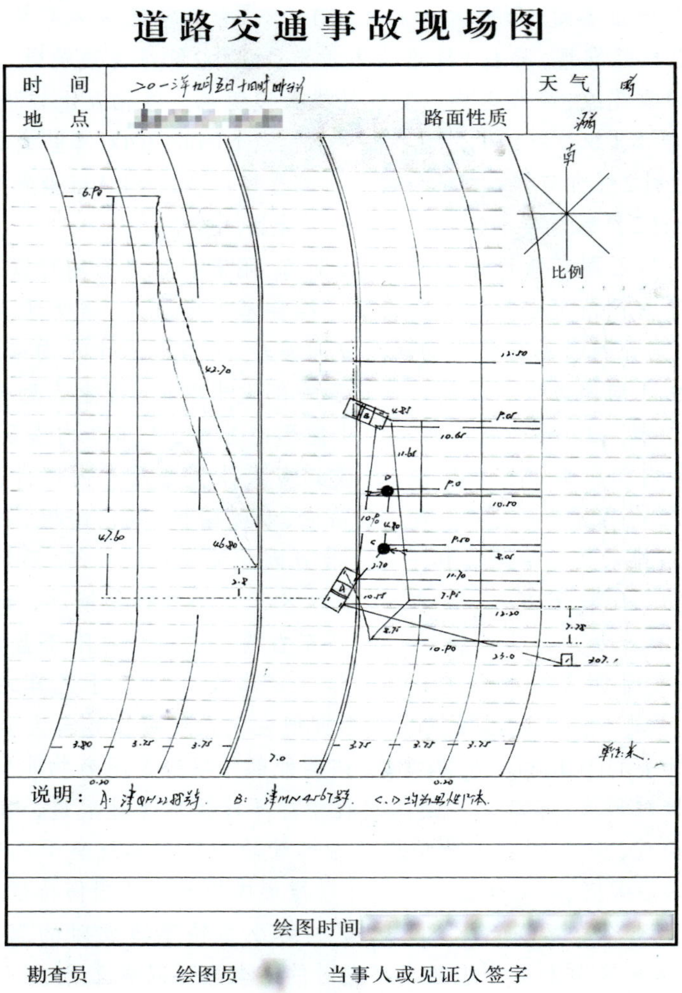

道路交通事故涉案者交通行为方式鉴定

道路交通事故现场图

图 5-91 现场图

图 5-92 甲车痕迹照（现场拍摄）

图 5-93 乙车痕迹照（现场拍摄）

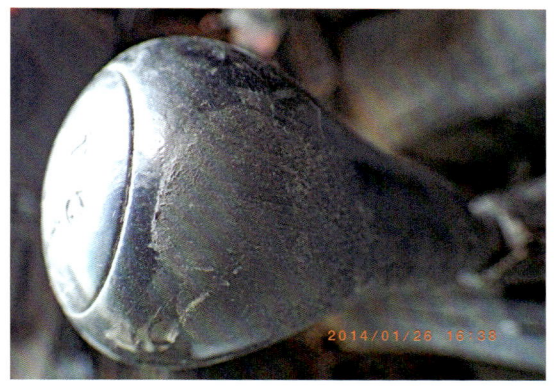
图5-94　乙车变速器操纵杆球形握把左侧布纹样擦痕

图5-95　乙车中央操控台左侧饰板前部布纹样擦痕

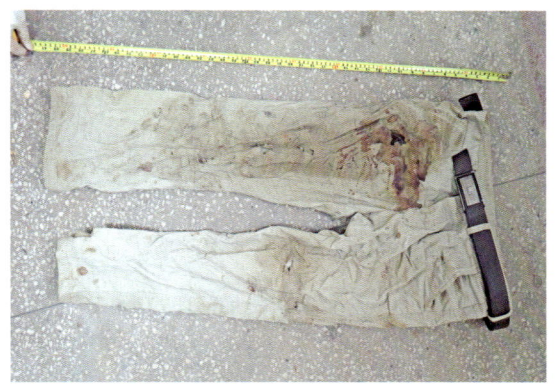
图5-96　田××事发时所穿外裤

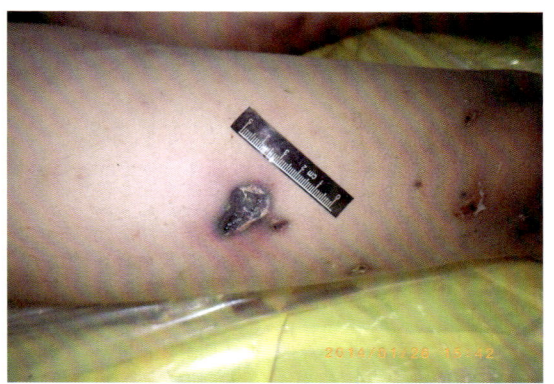
图5-97　田××右大腿外侧损伤

图5-98　郭××事发时所穿短裤

案例解析：本案例对碰撞形态的描述是"乙车在由南向北行驶的过程中向西北方向偏转，并在驶入由北向南方向的车道内后，该车右侧前部与由北向南方向行驶的甲车正面左部发生碰撞，碰撞后两车均逆时针旋转移位直至事故最终位置。乙车车内人员在碰撞力的作用下,会与其右侧车内相应部件发生碰撞,造成相应人体损伤及车内部件破损及物质转移。",而分析的关键是利用了驾驶人和乘坐人不同位置关系对车体痕迹和人体损伤所造成的影响。

案例分析(七)

简要案情: 20××年××月××日××时××分许,持有浙A-×××××临时号牌宝马320I小型轿车在××市××西路068号路灯杆附近发生事故,造成车内当事人胡××、桂××死亡,金×、张×祖××、唐××受伤。

委托事项: 根据事故调查需要,对持有浙A-×××××临时号牌宝马320I小型轿车事发时,车内乘员金×、张×、祖××、唐××、胡××、桂××六人的驾乘关系进行鉴定。

鉴定材料: 1. 被鉴定车辆;2. 道路交通事故现场图、现场照片等事故卷宗图文材料(复制件);3. 当事人金×;4. 金×、张×事发时所着衣物;5. 金×家属提供的照片及说明翻拍件。

资料摘要: 1. 金×诊断证明单-××省××市人民医院。(1) 外伤性蛛网膜下腔出血;(2) 颅底骨折;(3) 右侧上额窦壁多发骨折;(4) 右侧眼眶外侧壁骨折;(5) 右侧颧弓骨折;(6) 下颌体及右侧下颌支骨折。2. 张×诊断证明单-××省××市人民医院。(1) 颈6椎体骨折伴颈椎不稳;(2) 头皮裂伤;(3) 左膝部、左前臂软组织损伤。3. 法医物证鉴定书-×公司鉴物字[20××]×号。(1) 在排除同卵多细胞和其他外源性干扰前提下,送检的正驾驶气囊上、方向盘正中间、方向盘外沿、倒车镜背面及右前门内侧手把处人血支持为金×所留,不支持为其他随机个体所留。(2) 在排除同卵多细胞和其他外源性干扰前提下,送检的副驾驶气囊上、前储物箱与工作台接缝处、副驾驶座椅靠背、右侧A柱上方中间、右前车门内侧上方、右前车门内侧杂物箱口处人血迹以及右侧门帘接缝处、前储物箱右侧、副驾驶座位三处毛发支持为张×所留,不支持为其他随机个体所留。(3) 送检的变速杆擦拭物(8号)未检出人基因型。4. 金×人体损伤检验记录表。检验时间:20××年1月13日16时30分许。双膝关节片状青紫,右大腿外侧块状青紫,右大腿内侧块状青紫,右下颌肿胀,右眼眶淤血。5. 张×人体损伤检验记录表。检验时间:20××年1月13日16时许。左额顶部见9 cm创口,已缝合,颈托固定,第六颈椎骨折,左膝关节内侧见片状青紫,左肘关节内侧2×2青紫。主诉:左肩部疼痛。

参照GA41-2014《道路交通事故痕迹物证勘验》、GA/T1087-2013《道路交通事故痕迹鉴定》、GA/T944-2011《道路交通事故机动车驾驶人识别调查取证规范》、SF/Z JD0101001-2016《道路交通事故涉案者交通行为方式鉴定》的有关条款及检验方法,对提供材料进行检验,并作出鉴定意见。

检验所见: 1. 被鉴定车辆。车辆识别代号为××××××××××。车辆右侧向左挤压变形。前风窗玻璃碎裂;右前翼子板变形,右后视镜损毁;右侧车身见大面积散在的蓝色物质附着;右侧前门中部和右侧后门前、后部分别见一条纵向的撞击痕,两车门及B柱向内凹陷变形,最大深度约为52 cm,窗玻璃缺失,门把手损毁,两车门后部均见工具撬损痕迹；车顶横向压缩变形，顶窗损坏；右后组合灯灯罩缺损；右后翼子板变形；后保险杠右部缺损；后挡风玻璃碎落；左后翼子板上黏附流注状血迹；左后门后部略见脱位、变形；前风窗玻璃内侧右上角见擦痕，局部黏附黑色毛发；车内后视镜脱落、呈悬吊状，镜面上局部沾有血迹；前排座前方及左右两侧气囊（气帘均已打开），前气囊被人为剪除；中控台面板脱位；驻车制动手柄略向右歪斜，其手柄外套左侧前部缝线局部被挫碎；变速器操纵杆左后侧见布纹样擦拭印；右前座椅靠背右部向左前方拗折变形；右前门可以在内部向外打开，其内侧饰板后下部见擦痕，局部黏附蓝色织物纤维，提取该处蓝色织物纤维作为检材备检；右后座椅右部向左前方挤压变形；左后车门内部把手动作异常，车门不能在内部向外开启（在外部可以打开）。2. 事故现场图及现场照片。事发路段为东西走向；天气：阴雨，路面性质：沥青；被鉴定车辆头西尾东停在道路北侧人行道上一工地大门口，其右侧有一砌块门柱向北倒塌。3. 事故现场施救录像视频。视频分49段，文件名从M2U00839～M2U00888，格式为MPG。根据时间顺序分别反映以下情景。文件名M2U00841第3秒图像可见左前门已打开，身着棕色上衣、深色裤子的金×上身向右倾倒在右前座前方，左小腿仍位于驾驶座前方，裆部下方是驻车制动手柄；文件名M2U00845第7秒图像可见左后门已打开，门外地上见一滩血迹；文件名M2U00848～文件名M2U00849图像可见一身着棕色上衣、蓝底白花内衣、系棕红色腰带的金×被抬上担架救走；文件名M2U0085第7秒图像可见后排座上坐着一名身着米黄色带帽外套的女子和一名向左躺着、留有长发的女子；文件名M2U00871第8秒图像可见后排右座坐着一名身着深色上衣、内着灰底白条衬衫的男子。4. 张×早期拍摄的体表损伤照片。卧床，颈托在位，额顶部见缝合创一处，左前臂上段尺侧见皮肤黄绿色变，左膝前侧见线状皮肤擦伤（已结痂）伴皮肤黄绿色变，左小腿中上段前内侧见多处片状皮肤黄绿色变。5. 张×事发时所着长裤。蓝色牛仔裤，规格为30 170/80A，提取该长裤裤管处纤维备检。6. 金×早期拍摄的体表损伤照片。卧床，右眼睑青紫、肿胀，右颊部皮肤黄绿色变，左颊部皮肤黄绿色变，颈部右侧皮肤擦伤，右大腿后外侧见两处片状皮肤黄绿色变，右膝前见多处皮肤黄绿色变。7. 金×事发时所着长裤。黑色长裤，规格为31 180/81A，提取该长裤裤管处纤维备检。8. 金×家属提供的照片及说明翻拍件。照片共十五张及其说明，没有能直接反映金×和张×就座位置的照片。

微量物证鉴定：经在显微镜下检验发现，检材纤维为蓝色。张×长裤样本由蓝色纱线、白色纱线交织而成，蓝色纱线退捻后发现部分纤维为蓝色，部分纤维为白色。经相互比较检验发现，检材纤维与张×长裤样本织物蓝色纱线中的蓝色纤维外观特征一致。经Nicolet 6700傅里叶变换红外光谱仪检验，检材纤维与张×长裤样本织物蓝色纱线中的蓝色纤维红外光谱一致。经inVia激光显微拉曼光谱仪检验，检材纤维与张×长裤样本织物蓝色纱线中的蓝色纤维拉曼光谱一致。经综合评断认为，检材纤维与张×长裤样本织物蓝色纱线中的蓝色纤维外观特征一致，红外光谱一致，拉曼光谱一致，是颜色相同的同种类纤维。

分析说明：1. 根据被鉴定车辆所检见的损坏情况，结合事故现场情况分析，被鉴定车辆在由东向西的行驶过程中，驶出道路北侧，其右侧与路外工地大门发生碰撞可以成立。2. 根据事故现场施救时的录像视频，可以清楚地反映桂××和两名女青年坐在车内后排座，祖××符合在车辆碰撞时左后门被打开摔出车外，张×信息不明；金×上身向右倾倒在右前座前方、左小腿仍位于驾驶座前方、裆部下方是驻车制动手柄，其体位符合事发时坐在驾驶座向右运动形成的特征。3. 根据被鉴定车辆事故中的形态分析，车内人员会因车辆右侧与障碍物碰撞而不同程度向右前方运动造成不同的损伤，并在车体内部局部形成碰撞痕迹及附着物，金×的损伤主要表现在身体右前部，符合事发时坐在驾驶座向右前方运动形成的损伤特征。××市××司法鉴定中心的法医物证鉴定书的鉴定意见，也可以反映金×事发时坐在驾驶室向右前方运动的轨迹。4. 被鉴定车辆右前座靠背变形移位，可以造成乘坐人相应损伤，张×脊椎损伤符合事发时就座于右前座的损伤特征。5. 微量物证鉴定的结果支持右前门后下部附着织物纤维为张×事发时所着长裤所留，该部位非右前座人不易接触；结合前风窗玻璃右上角痕迹、张×额顶部损伤情况分析，张×事发时位于该车右前座可以成立。

鉴定意见：综上所述，金×是持有浙A-×××××临时号牌宝马320I小型轿车事发时的驾驶人，张×、祖××、唐××、胡××、桂××是持有浙A-×××××临时号牌宝马320I小型轿车事发时的乘坐人可以成立。

附图：

图5-99　现场照片

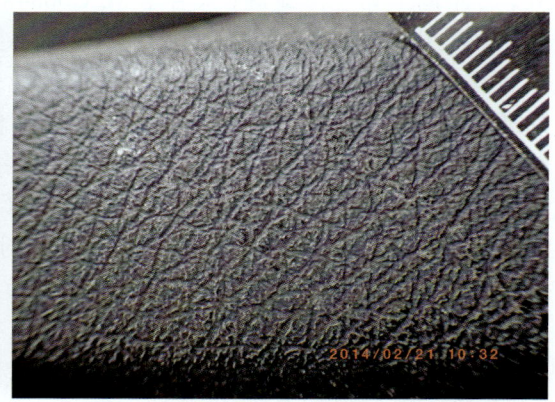

图5-100　右前门后下部附着织物纤维

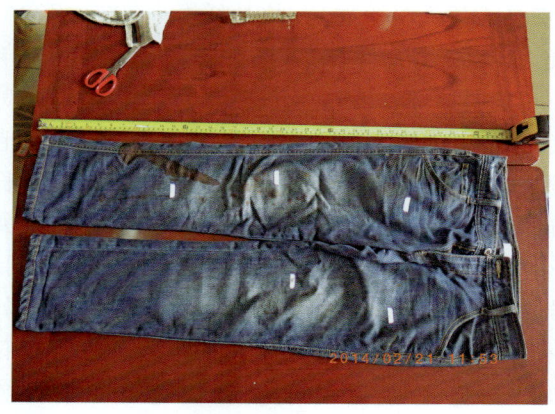

图5-101　张×事发时所穿外裤

案例解析：本案例初看见被鉴定车辆车内有六名乘员且为单车事故时，感觉这种案件非常疑难和复杂，但通过一步一步地分析发现，只有遵循驾乘关系的基本方法进行，还是没有什么难度的。首先要明确被鉴定车辆运动轨迹，再结合损伤情况分析，通过乘坐人与前座座椅的碰撞接触并结合微量物证鉴定意见分析，从而明确被鉴定车辆事发时的驾驶人和乘坐人。

案例分析（八）

简要案情：20××年××月××日××时××分许，甲车：辽K-×××××奇瑞SQR6360K007小型普通客车与乙车：辽K-×××××北京现代BH7167AY小型轿车在××市××路、××大街路口处发生道路交通事故。

委托事项：根据事故调查需要，对乙车当事人李××、张××事发时的驾乘关系进行鉴定。

鉴定材料：1. 被鉴定的甲乙两车；2. 道路交通事故现场图、现场照片等事故卷宗图文材料（复制件）；3. 乙车当事人李××、张××及就医病历（复制件）；4. 李××事发时所着衣物。

资料摘要：1. 李××住院病案，病案号：128536。入院记录，专科情况：右髌骨外（内）侧沿一纵行创口，长约7 cm，流血。手术记录，手术名称：股四头肌断裂修补术，膝关节囊破裂修补术，清创缝合术。术中发现：右膝部外侧（内）一纵行创口，长约7 cm，探查见股四头肌断裂，关节囊破裂。2. 张××住院病案，病案号：128537。入院记录，专科情况：左肘部肿胀，压痛阳性，肘关节活动受限。左髋部肿胀，见皮肤擦伤。左下肢纵轴叩击痛阳性，髋关节活动受限。骨盆分离挤压试验阳性。左前臂中段尺侧一创口，流血，左手各指活动良好。

参照GA41-2014《道路交通事故痕迹物证勘验》、GA/T1087-2013《道路交通事故痕迹鉴定》、GA/T944-2011《道路交通事故机动车驾驶人识别调查取证规范》、SF/Z JD0101001-2016《道路交通事故涉案者交通行为方式鉴定》的有关条款及检验方法，对提供材料进行检验、并作出鉴定意见。

检验所见：1. 甲车。车辆识别代号为××××××××××××××××××。前风窗玻璃碎裂，左右两侧窗玻璃均碎落；右前组合灯脱落，呈悬吊状；车辆右侧大面积向内挤压变形，伴刮擦痕迹；其中右前车门距地高38 cm～46 cm、距车前端70 cm～105 cm见刮擦痕迹，表层银色涂层呈减层，局部黏附蓝色物质；右中车门扭曲变形，其外侧距地高20 cm～52 cm、距车前端108 cm～210 cm见擦痕，局部黏附黑色橡胶类物质。车辆左侧另见大面积凹形变形。2. 乙车。车辆识别代号为××××××××××××××××××。车辆正面向后挤压变形；前保险杠碎裂、并向后上方扭曲变形；前号牌脱位，表层蓝色物质呈减层，局部黏附银色物质；左前轮外侧胎壁见刮擦痕迹，表层黑色物质呈减层；发动机舱盖向右移位。左前车门扭曲变形，车门窗玻璃碎落，车门内侧饰板距其下端60 cm～61 cm、距其后端59 cm～63 cm见刮擦痕迹，局部黏附蓝色织物纤维，提取该处蓝色织物纤维作为"微量检材"备检；左A柱内侧见擦痕，局部黏附黑色短发，发干较粗直；前风窗玻璃内侧距其上沿13 cm～35 cm、距其左边沿47 cm～60 cm见由右上向左下的刮擦痕迹，局部黏附棕染毛发、疑似皮屑等物质，该处下方仪表台见流柱状血迹；提取该处疑似皮屑作为"生物检材一"备检；驾驶室气囊（主、副）充分打开，并分别黏附血迹；前风窗玻璃刮水器操纵杆自根部断裂、脱落，呈悬吊状；方向盘下饰罩右部距地板高33 cm～34 cm范围内见撞击、刮擦痕迹，局部黏附疑似生物组织物，提取该处疑似生物组织物作为"生物检材二"备检；变速箱饰罩向左移位，其右部破损伴擦痕，局部黏附疑似血迹；右座前工具箱箱盖破损、呈打开状。3. 道路交通事故现场图及照片。甲车头东南尾西北停于路口东北侧，乙车头东北尾西南停于甲车西南，乙车南侧地面见多条轮胎印痕及散落物。4. 李××体表损伤检验。身份证号为×××××××690××20×9×。神清，对答切题。头部留短发，发色黑，发干粗直。左膝前见2.5 cm×1.2 cm皮肤瘢痕伴色素沉着；右膝内侧见8 cm×0.6 cm纵向皮肤瘢痕，周围见缝线针眼。抽取李××血样备检。5. 张××体表损伤检验。身份证号为×××××××701××20×2×。神清，卧床，对答切题。头部留长发，发色黑，发梢棕染。额部、左眉弓内侧及鼻背上段见8 cm×10 cm散在点、条状皮肤瘢痕，左肘至左前臂上段尺侧见长8 cm手术瘢痕，左肘下段尺侧见长4 cm手术瘢痕；左臀骶部至左大腿外后转子区见两段分别长28 cm、3 cm手术瘢痕；左小腿上段胫前见2.5 cm×2 cm散在点、片状皮肤瘢痕伴色素沉着；右小腿中段胫前见8 cm×1.5 cm散在条、片状皮肤瘢痕伴色素沉着。抽取张××血样备检。6. 张××影像材料检查。20××年××月××日左肘部数字X摄线一张（片号：DR00031835）阅片示：左尺骨上段斜行粉碎性骨折，尺骨鹰嘴分离，周围软组织肿胀。20××年××月××日骨盆数字X摄线一张（片号：DR00031826）阅片示：左耻骨上支骨折，耻骨梳自弓状线外沿分离，左髋臼破裂，左股骨头半脱位；左股骨粗隆间骨折，断端自大、小转子间分离。20××年××月××日头部CT片1张（片号：0000167028）阅片示：诸层面脑实质未见明显异常密度影，脑室系位正常，左额顶部头皮肿胀。7. 李××影像材料检查。20××年××月××日右膝部数字X摄线1张（片号：DR00031827）阅片示：右膝关节骨皮质尚连续，膝周软组织肿胀。

生物检材检验鉴定：经DNA检测，李××血样、张××血样、"生物检材一"、"生物检材二"的基因型见下表。经比对，张××的基因型与"生物检材一"的基因型一致，似然率为2.72×10^{25}；李××的基因型与"生物检材二"的基因型一致，似然率为2.05×10^{25}。

基因座	李××	张××	"生物检材一"	"生物检材二"
D19S433	13.2,15	13,14	13,14	13.2,15
D5S818	11,13	11,13	11,13	11,13
D21S11	29,32.2	30,31	30,31	29,32.2

(续表)

基因座	李××	张××	"生物检材一"	"生物检材二"
D18S51	13,16	14,15	14,15	13,16
D6S1043	13,14	17,20	17,20	13,14
D3S1358	16,16	17,17	17,17	16,16
D13S317	9,10	9,10	9,10	9,10
D7S820	8,13	11,13	11,13	8,13
D16S539	10,12	11,12	11,12	10,12
CSF1PO	11,11	11,12	11,12	11,11
Penta D	9,12	8,8	8,8	9,12
vWA	18,18	17,19	17,19	18,18
D8S1179	12,14	10,13	10,13	12,14
TPOX	8,8	8,8	8,8	8,8
Penta E	15,18	12,13	12,13	15,18
TH01	7,9	6,7	6,7	7,9
D12S391	18,19	18,21	18,21	18,19
D2S1338	18,23	20,23	20,23	18,23
FGA	20,25	22,23	22,23	20,25
Amelogenin	X,Y	X,X	X,X	X,Y

微量物证鉴定：李××事发时所着衣物：佰驰莱雅2XL-175蓝色短袖T恤。经显微镜下检验发现：微量检材纤维为蓝色；样本（李××事发时所着衣物）纤维为蓝色。经相互比较检验，两种纤维的外观形态、颜色一致。经Nicolet 6700傅里叶变换红外光谱仪检验，检材蓝色纤维与样本蓝色纤维的红外光谱一致。经inVia激光拉曼光谱仪检验，检材蓝色纤维与样本蓝色纤维的拉曼光谱一致。

分析说明：1. 根据甲乙两车所检见的痕迹，结合道路交通事故现场图及照片分析，乙车在由南向北的行驶过程中，其正面与由西向东的甲车右侧发生碰撞可以成立。在惯性和碰撞力的共同作用下，乙车向东北方向运动，同时绕自身质心发生顺时针旋动，最终停于现场。2. 根据乙车的运动形态，在该车碰撞、旋转的过程中，车内前排人员由于惯性作用，可分别与其左前方向的车内相应部件发生二次碰撞，造成车内部分部件破损，两名当事人不同程度损伤。3. DNA检验的结果支持方向盘下饰罩右部附着人体组织物为李××所留，该部位非驾驶人不能接触；比较李××、张××两人右膝部损伤情况，张××右膝部未见损伤，李××右膝内侧裂创、膝关节囊破裂，符合其就座于驾驶座在事故过程中与方向盘下饰罩碰撞形成的损伤特征。4. 左前门内侧饰板附着纤维与李××事发时所着衣物的纤维外观形态、颜色一致，红外光谱一致，拉曼光谱一致，二者是同种类纤维，支持李××事发时位于驾驶座，并与左前门内侧碰擦遗留痕迹的可能性。5. 张××头面部散在多处较细裂创，具有与前风窗玻璃碰撞、割划形成的特征，结合前风窗玻璃内侧由右上向左下的刮擦痕迹、DNA检验结果分析，事发时张××由于惯性，向车内左前方运动，其头面部可与前风窗玻璃碰撞形成相应损伤。6. 张××左股骨粗隆间骨折、左耻骨上支骨折，具有遭受钝性物体直接暴力作用形成的特征，结合变速箱饰罩损坏情况，该处损伤符合张××事发时位于右前座与变速箱饰罩碰撞形成的特征。

鉴定意见：综上所述，李××是辽K-×××××北京现代BH7167AY小型轿车事发时的驾驶人，张××是辽K-×××××北京现代BH7167AY小型轿车事发时的乘坐人可以成立。

附图：

图5-102　现场照片

图5-103　甲乙两车碰撞痕迹（现场拍摄）

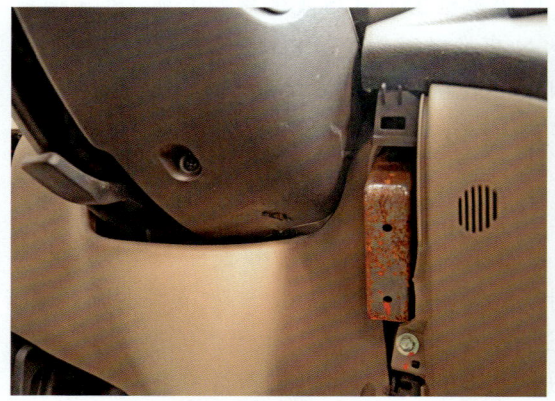

图5-104　乙车方向盘下饰罩右部附着人体组织物

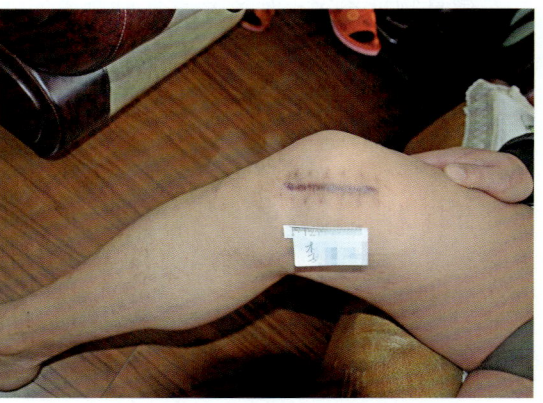

图5-105　李××右膝关节内侧损伤

第五章 道路交通事故中轿车当事人交通行为方式鉴定

图5-106 乙车前风窗玻璃内侧刮擦痕迹

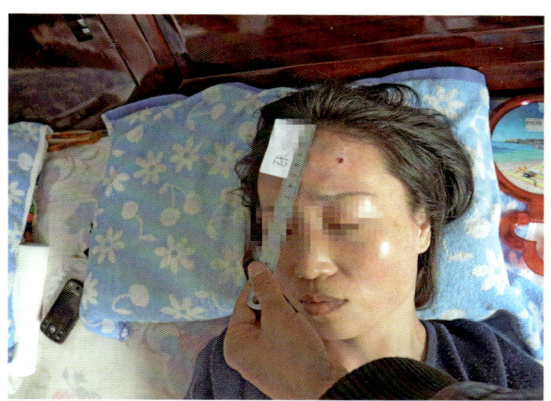

图5-107 张××头面部损伤

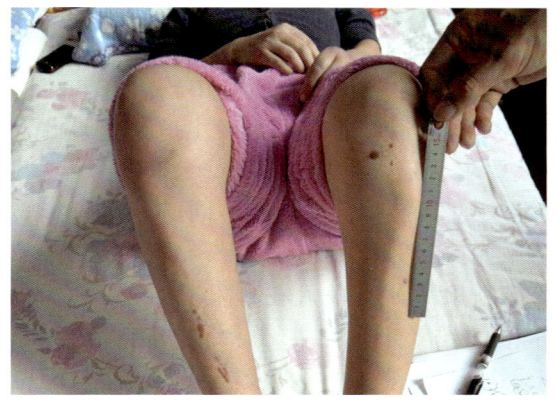

图5-108 张××双下肢损伤

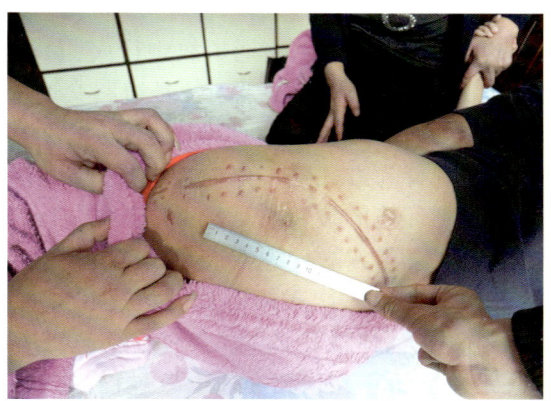

图5-109 张××左股骨粗隆间骨折、左耻骨上支骨折（术后）

案例解析：本案例是利用甲乙两车碰撞形态、车内人员遗留微量和生物物证、车内乘员损伤情况综合分析的较为经典的案例，首先对形态及产生的影响进行分析，随后发挥物证的作用，再对车内乘员的损伤特征进行分析，最后，得出驾乘关系。这里对张××损伤的分析很有特点，与前风窗玻璃发生碰撞接触形成较细裂创，且还对受力方向进行了分析；对于张××左股骨粗隆间骨折、左耻骨上支骨折，具有遭受钝性物体直接暴力作用的分析，恐怕也只有拥有专业知识的法医才能给予判断了。所以此类鉴定类型，一定要是痕迹鉴定人和法医鉴定人的共同完成。

小结：通过以上案例分析，轿车车内人员驾乘关系鉴定，是基于驾驶人和乘坐人判断的基础上的，从分类描述的角度来讲，也存在很大的联系，是从车身结构特征、车体痕迹、路面痕迹等痕迹勘验，人体损伤比对、碰撞形态分析等角度进行综合分析判断的，而这其中少不了微量物证和生物物证的提取和检测分析，这些物证鉴定意见为轿车车内乘员驾乘关系鉴定提供了量化指标的辅助支撑作用。

第六章
道路交通事故中其他车辆当事人交通行为方式鉴定

前面介绍了道路交通事故中行人、自行车和电动自行车当事人、摩托车当事人以及轿车当事人交通行为方式鉴定,是道路交通事故涉案者行为方式鉴定实务中较为常见的类型,根据肇事车辆的类别不同,还有货车、中大型客车、特种车辆等车型发生道路交通事故中涉案者行为方式鉴定事项被委托方提出,这就要求鉴定人要根据事故所涉及人、车、道路及周围环境的痕迹物证勘验,客观分析出道路交通事故形态及处在不同道路交通事故形态中涉案各方的行为方式。根据分析得出的碰撞形态及车的运动过程,结合有关信息,查找人与车的二次碰撞形成的痕迹和附着物,推断事故所涉及人在事发时所处的位置。根据人体(活体或尸体)体表痕迹及损伤形态特征,结合有关信息,分析致伤物和致伤方式,汇总分析重建道路交通事故过程,推断处于不同事故现象中所涉及当事人的交通行为方式。

一、道路交通事故中其他车辆类型

货车,是一种主要为载运货物而设计和装备的商用车辆,它能否牵引一挂车均可。载货汽车一般称作货车,又称作卡车,指主要用于运送货物的汽车,有时也指可以牵引其他车辆的汽车,属于商用车辆类别。一般可依照车的重量分为重型和轻型两种。绝大部分货车都以柴油引擎作为动力来源,但有部分轻型货车使用汽油、石油气或者天然气。卡车的正式名称为载货汽车,是运载货物和商品用的一种汽车形式,包括自卸卡车、牵引卡车、非公路和无路地区的越野卡车和各种专为特殊需要制造的车辆(如机场摆渡车、消防车和救护车、油罐车、集装箱牵引卡车等)。参见英汉卡车字典和卡车图鉴。新的国家标准《汽车和挂车类型术语及定义》将货车归入商用车大类,并将货车细分为:普通货车、多用途货车、全挂牵引车、越野货车、专用作业车、专用货车。车辆通常由发动机、底盘、车身、电器设备四个部分组成。

货车可概略分为三大类,其中:一般货车是指引擎操作室与车体本身固定联结一体打造之车辆,大致分为两类:框式、倾卸式,这两类车体又包含了全密式、半密式、开放式三种,例:一般军用卡车,或一般家庭垃圾收集车辆。

(1) 半拖车：是指引擎操作室与车体本身可分离亦可透过工具联结之车辆，其加挂部分一般统称为板架、拖架或半拖车架。

(2) 全拖车：即为一般货车或半拖车加挂后，再加挂板架、拖架或半拖车架，加挂后之车辆因其回转半径加大，驾驶后视死角亦加大，所以有部分地区会把之列入特殊车辆。

(3) 沙石车：又称泥头车，俗语称土方车，是一类开斗货车的通称，它们主要用来运送泥头和建筑废料，也有用来运送煤、矿石等。

(4) 搅拌车：是一种用来运送混凝土的货车。

(5) 密斗货车：与货柜车有所不同的是，密斗货车并没有分开为车架和拖车头。密斗组成，一辆密斗货车，有可以分为这些部分：货车的车底和车头、一个载货的货斗、一块升降板。按吨数将密斗货车可以分为：5.5吨或以下（小型货车）、7.5吨、8.0吨、8.5吨、9.0吨、9.5吨、10吨、13吨（中型货车）、16吨、24吨、30吨（重型货车）。

(6) 货柜车：也是集装箱车，也算全封闭车。货柜车可以分为三部分：车架、卡车头、集装箱。货柜车的吨数分为38吨及44吨。集装箱尺寸包括集装箱外尺寸和集装箱内尺寸。集装箱外尺寸包括集装箱永久性附件在内的集装箱外部最大的长、宽、高尺寸。它是确定集装箱能否在船舶、底盘车、货车、铁路车辆之间进行换装的主要参数。集装箱内尺寸有集装箱内部的最大长、宽、高尺寸。高度为箱底板面至箱顶板最下面的距离，宽度为两内侧衬板之间的距离，长度为箱门内侧板量至端壁内衬板之间的距离。它决定集装箱内容积和箱内货物的最大尺寸。按集装箱内尺寸可以计算出装货容积。同一规格的集装箱，由于结构和制造材料的不同，其内容积略有差异。

货车由发动机、底盘、车身和电器系统四部分组成。货车运行主要由发动机和底盘参加运动，其中底盘包括传动系、行驶系、转向系和制动系。当我们发动汽车以后，发动机会产生动力，并将动力传给变速箱，动力经过变速箱里的齿轮将高转速小力矩动力转化为低转速大力矩动力，再通过传动轴传到驱动后桥，驱动后桥带动驱动后轮转动，于是一辆车就运动起来了。各部分功能及主要部件：1. 发动机。发动机是汽车的动力来源，功能是使燃料燃烧产生动力，然后通过传动系驱动车轮带动汽车行驶。2. 底盘。底盘分传动系、行驶系、转向系、制动系来介绍。① 传动系。将发动机的动力传给驱动轮，主要包括离合器、变速箱、传动轴、驱动桥。② 行驶系。将汽车各总成及部件连成一个整体并对全车起支撑作用，保证汽车正常行驶。主要包括车架，前轴，车轮，悬架。③ 转向系。保证汽车在行驶的过程中能按照驾驶员选择的方向行驶，主要包括转向操纵机构，转向器，转向传动装置。④ 制动系。使汽车减速、停车和保证汽车可靠的停驻。主要包括制动操纵机构，制动器，传动装置。3. 车身。驾驶员工作和装载货物的场所。包括驾驶室和车厢。4. 电气设备。辅助驾驶员驾驶汽车的电器系统，包括蓄电池，起动系，照明设备，仪表等。

对于货车来说，由于驾驶室和发动机的位置不同，可以划分为四种不同的形式，主要有长头式、短头式、平头式、偏置式，我们所说的长头式的特点就是说发动机的部位在于驾驶室的前面，如果发动机的少部分在驾驶室内，那就是短头式，如果发动机的位置在驾驶室里面，我们可以称之为平头式，然而，驾驶室偏置的位置来看，发动机旁边的货车就可以称之为偏置式。我们就以平头式的货车为例来进行一下说明,主要的优点就是汽车的总长与轴距的尺寸的长短有一定的比例,其中的最小的转弯直径会很小,机动车的性能很好,在驾驶室内没有发动机的罩子和翼子板,如果总长经过缩短,并以此因素的影响来看,这个车辆的整备质量都比较小,驾驶员的视野会有了明显的改观。大多是采用的是翻转的方式来进行驾驶,我们在驾驶室内可以改善发动机以及相关的附件,从这些附件的接近性来说,车辆的空间利用率就会有所提高。然而,这种平头式的货车也有很多的缺点,前轴的负荷会比较大,汽车由于通过性变得不是很好,所以驾驶室在翻转的结构或是在一定的锁住的结构比较复杂,进出时很不方便,从离合器以及变速器的角度来说,操作的结构也很复杂,受热和振动也很大,比较容易发生正面的碰撞。

根据《机动车结构术语》货车归类为汽车并且分为八类。

(1) 普通货车:载货部位的结构为栏板的载货汽车,不包括具有自动倾卸装置的载货汽车。

(2) 厢式货车:载货部位的结构为封闭厢体且与驾驶室各自独立的载货汽车。

(3) 封闭货车:载货部位的结构为封闭厢体且与驾驶室联成一体,车身结构为一厢式载货汽车。

(4) 罐式货车:载货部位的结构为封闭罐体的载货汽车。

(5) 平板货车:载货部位的地板为平板结构且无拦板的载货汽车。

(6) 集装箱车:载货部位为框架结构且无地板,专门运输集装箱的载货汽车。

(7) 自卸货车:载货部位具有自动倾卸装置的载货汽车。

(8) 特殊结构货车:载货部位为特殊结构,专门运输特定物品的载货汽车。如:运输小轿车的双层结构载货汽车,运输活禽畜的多层结构载货汽车。

重型卡车中牵引车和自动卸货车将是主力车型,载货车和厢式车市场占有率将逐步缩小。国外企业产品结构,以及中国重汽、陕汽、重庆重汽、北汽福田等国内主要重型卡车企业产品结构都以牵引车和自卸车为主;高速公路的快速发展也为牵引车提供了发挥运输作用和效率优势的空间;同时,出于对运输效益的考虑,用户需求也会逐步转向牵引车和自卸车。低吨位中型卡车将主导中卡市场。低吨位中型卡车可以匹配四缸柴油发动机,价格优势明显,性价比显然优于高吨位的中型卡车,其车型的灵活性、便捷性以及经济的载货量和载货空间非常适合城市物流。从未来的发展来看,低吨位中型卡车还会在合适的时机取得城市运营的通行证,而高吨位的中型卡车预计将会被排除在外。高吨位的中型卡车和低吨位的重型卡车将处于尴尬境地。这种倾向已经开始显现,主要原因就是这些类别的卡车运输效率比较低。这些车型的未来出路将转向专用车领域,但配置会发生重大变化,如发动机的功率水平将提升、车桥和变速箱也将做出相应的变化和调整。随着用户需求的多样化,重卡产品将向多档次方向发展,这直接导致了整车零部件种类和数量的增加,整车的自重将随之增长;而国家出于一定目的(如减轻车辆对道路的损害、提高重型卡车的技术含量等)将制订重型卡车标准,使得整车的车轴数量增加,新技术或者零部件得以应用,这也增加了整车的自重。

客车乘坐9人以上(包括驾驶员座位在内),一般具有方形车厢,用于载运乘客及其随身行李的商用车,这类车型主要用于公共交通和团体运输使用。客车按总体结构可分为单车和列车。单车是基本车型,按客车总重或设置座位数常分为大、中、小型。中国规定单体客车的长度一般不超过12 m。客车列车的车厢和车架分为前后两节。两节车架用铰接盘连接,两节车厢用活动褶篷连接,使车厢前后相通,故又称为铰接式或通道式客车。中国规定客车列车的长度一般不超过18 m。客车按用途可分为旅行客车、城市客车、公路客车和游览客车。旅行客车:一种小型客车,座位数不超过17个。根据其外观形状,中国俗称"面包车"。旅行客车机动灵活,有较高的乘坐舒适性。城市客车:行驶于城市和城郊的大型客车,常见的一种为城市公共汽车。装有箱式车身,设有9个以上座位,运载较多乘客的汽车,又称大客车。车厢中除设有座位外,还有供乘客站立和走动的较宽通道。有的城市公共汽车的车厢分上、下两层,上层全部设座位,下层有座位和站位。双层客车较单层客车的载客数多,但重心较高,行驶稳定性较差。公路客车:行驶于城市间或乡镇间公路线上的大型客车。可分为长途客车和短途客车。长途客车的运距达数百公里,车厢内全部设座位,并有存放乘客随身行李的行李架或行李仓。短途客车的运距仅数十公里,车厢内除设有座位外,还有站位。专门存放行李的仓架一般很小,甚至没有。游览客车:供游览、观光乘坐。座位间距较大,乘坐舒适,视野广阔,一般都有通风、取暖和制冷设备。高级的长途游览客车还有卧铺、卫生间、厨房和文娱室等。

客车载运较多乘客这一特点,决定了它具有不同于其他汽车的结构。车厢结构和设备客车的车厢有三种结构形式:① 非承载式车厢,即车厢安装在汽车底盘车架上,与车架为多点挠性连接,绝大部分载荷由车架承担。② 半承载式车厢,即将车架横梁加宽到与车厢等宽并与车厢骨架刚性连接。这种结构使车厢与车架组合成一体,车厢骨架也承受一部分负荷。③ 承载式车厢,无车架,车厢由骨架和蒙皮组成一个整体,承受全部负荷。这种结构可以合理利用材料,减轻汽车自重,但制造工艺比较复杂。

车厢的主要设备有座椅、车门和侧窗。座椅尺寸一般根据人体工程学的要求确定。座椅前后间距一般为680~720 mm,高级游览客车可达750 mm以上,座椅有高靠背和靠枕,并能调节靠背倾角。车厢的乘客门是按载客量设置的,小型的大客车一般只设一扇乘客门,且多采用外挂移门。中、大型公路客运汽车设1~2个乘客门或设一个乘客门和一个安全门。城市公共汽车和短途客运汽车设前后两个乘客门,铰接式客车一般设前、中、后三个乘客门,多为双折或四折门,气动或电动启闭,由驾驶员或乘务员控制。车厢的前窗多采用全景挡风玻璃以扩大驾驶员视野,减少盲区。侧窗有提窗、摇窗、移窗和固定式车窗多种。为了改善乘客视野,侧窗不断扩大,并向大面积固定式侧窗发展。

发动机及其布置形式客车的发动机可用汽油机也可用柴油机。由于柴油机热效率高,燃料经济性好,使用寿命较长,有把汽油机改用柴油机的趋势。客车装用的柴油机功率较大,并广泛采用开式燃烧室、涡轮增压器及排气净化和消除噪声装置。

发动机的布置形式主要有三种:① 发动机前置,即置于前桥上方。② 发动机中置,即卧置于地板下,位于前、后桥之间。③ 发动机后置,即发动机置于车辆尾部。这种布置又可分为三种形式,即立式发动机横向布置,立式发动机纵向布置和卧式发动机置于地板下。发动机后置可使废气和噪声不易传入乘客区。同时,这种布置可使前、后桥负荷分配合理。由于前、后桥间无纵向传动装置,车厢地板下面可设置容积较大的行李仓,故世界各国采用者多。

悬挂装置、转向装置和制动系统客车的悬挂装置对乘坐舒适性影响较大。小型客车多以钢板弹簧为主,辅之以减震器,大型客车有用钢板弹簧的,也有采用空气悬挂装置或钢板弹簧和空气元件的混合悬挂装置。空气悬挂装置的减震性能好,乘坐舒适。一般还装有车身高度调节阀,使地板高度能随载荷变化自动调节,乘客上下车比较方便。

客车的前桥负荷一般较高,转向装置多加装气压或液压的动力转向器。装有动力转向器不仅使转向操纵轻便,还可减小反向冲击。为了保证行车安全和制动可靠,客车普遍采用双管路制动系统,有的还加装辅助制动器,如排气制动器和电涡轮减速器等。20世纪70年代以来,电子控制防车轮抱死装置已开始在客车上应用。

许多国家为了解决轿车过多造成的交通拥挤、污染严重、能源消耗多的问题,积极鼓励用客车代替轿车。为此,客车不仅要提高动力性、安全性、燃料经济性等性能(见汽车使用性能),更要着重提高乘坐舒适性,使它达到或超过一般轿车的水平。

特种车是指用于各类专用罐车、各种专用机动车、厢式机动车;或车内装有固定专用仪器设备,从事专业工作的监测、消防、运钞、医疗、电视转播、雷达、X光检查等机动车。

特种汽车是从汽车自身结构特点出发,相对于普通载货汽车底盘的传统结构形式而言,其底盘及整车的结构都相当特殊,为专门设计,很少使用通用型总成部件的车型。

特种车分类:特种车按其用途共分成4类,不同类型机动车采用不同收费标准。特种车(一):油罐车、汽罐车、液罐车;特种车(二):专用净水车、特种车一以外的罐式货车,以及用于清障、清扫、清洁、起重、装卸(不含自卸车)、升降、搅拌、挖掘、推土、冷藏、保温等的各种专用机动车;特种车(三):装有固定专用仪器设备从事专业工作的监测、消防、运钞、医疗、电视转播等的各种专用机动车;特种车(四):集装箱拖头。

特种车安全性方面主要体现在:特种车安全相对于普通车辆更为重要,在欧洲,市政府会为清洁车、油罐车、液罐车配备雷达防撞系统、视频系统,矿业公司会愿意降低人员事故伤亡、车辆事故损坏配置汽车驾驶辅助雷达系统;在中国,随着特种车安全事故牵扯到的财力、人力,以及企业形象受损,越来越多企业主意识到汽车安全雷达在特种车安全方面提供的保障重要性。

二、其他车辆交通事故涉案者交通行为方式实证分析

案例分析(一)

简要案情: 20××年×月××日××时××分许,甲车:辽A-×××××金杯牌轻型厢式货车与乙车:辽E-×××××北京现代牌小型轿车在××线8 km+580 m路段发生

道路交通事故。经调查核实，事故发生时樊佳×、樊树×坐在甲车前排位置。

委托事项：根据事故调查需要，对甲车：辽A-×××××金杯牌轻型厢式货车与乙车：辽E-×××××北京现代牌小型轿车的碰撞形态及甲车当事人中樊佳×、樊树×谁是驾驶人进行鉴定。

鉴定材料：1. 被鉴定的甲乙两车；2. 樊佳×及其住院病历、影像资料（复制件）；3. 询问笔录等案卷材料（复制件）。

资料摘要：1. 樊佳×某县第一人民医院住院病案——病案号：0023××××。专科检查：头面部肿胀，口唇部有小挫裂伤，渗血，左小腿，左足，左踝部肿胀，有触痛，活动受限，双手肿胀，有擦皮伤，末梢血运及感觉良好，生理反射存在，病理反射未引出。确定诊断：（1）左小腿，左踝部，左足部软组织挫伤。左腓骨中下段骨折。（2）双手软组织挫伤，擦皮伤。（3）头面部软组织挫伤，口唇挫裂伤。CT诊断报告单（CT号：1329959）影像诊断：左足跟骨前内沿异常小骨片。2. 樊佳×左小腿及左足X线片（编号：132×××）。可见左足跟骨前内沿异常小骨片、左腓骨中下段骨折。3. 樊树×第3次询问笔录。问：肇事时，你是否受伤？答：当时小腿被撞了一下，身体其他部位没有受伤。问：你右小腿伤在什么位置？伤到什么程度？答：伤在右小腿前侧距膝关节约10 cm左右，能有我小拇指指甲大小那么大一块皮肤淤青。

参照GA41-2014《道路交通事故痕迹物证勘验》、GA/T1087-2013《道路交通事故痕迹鉴定》、GA/T944-2011《道路交通事故机动车驾驶人识别调查取证规范》及SF/Z JD0101001-2016《道路交通事故涉案者交通行为方式鉴定》有关条款及检验方法，对甲乙两车的痕迹进行检验，并结合樊佳×体表检验、委托方提供的樊佳×住院病历及影像资料等其他相关材料，作出鉴定意见。

检验所见：1. 甲车。车架钢印号为××××××××××××××××。前保险杠及前围距地高30 cm～106 cm、距车辆左端0 cm～154 cm范围内见碰撞痕迹，表面白色涂层呈减层，局部黏附灰色物质及黑色物质，左侧显著溃缩变形伴局部破损，其中前号牌碎落缺失，前保险杠碎落缺失。前围板凹陷变形伴局部破损，发动机舱内部件向右后挤压移位，前梁及左侧纵梁向右后弯折变形。驾驶室向右后挤压严重变形，前风窗玻璃碎落；左右两侧前车门挤压变形，车门窗玻璃碎落，左侧尤为显著；左后视镜及左A柱弯折变形。驾驶室内仪表台向右后移位，方向盘及转向柱向上拱起并略向左前方弯折变形。离合器踏板、制动踏板及油门踏板连接杆向右后上方挤压拱起移位，离合器踏板抵于驾驶座前沿且踏板表面见斜形擦痕，变速杆与前仪表台挤压紧贴，前仪表台与前排座椅间隙由左至右为紧贴至逐渐变宽，约为0 cm～10 cm～20 cm。前仪表台饰板大部分破损碎裂，转向柱后侧饰罩缺失。2. 乙车。车辆识别代号为×××××××××××××××××。前保险杠及前围饰罩碎落缺失。车体左侧前部及左前车门距地高16 cm～100 cm、距车体前端0 cm～210 cm范围内见碰撞痕迹并向右后严重溃缩变形，其中左前轮下托架撕裂，左前轮减震器断裂，减震器包向右后压缩变形；平衡杆小拉杆脱出；左前轮轮毂大部分断裂缺失，仅残存轴心部分，轮胎脱落。左前翼子板、左前车门向右后凹陷变形，表面灰色涂层呈减层，局部黏附白色物质。左前翼子板与左前车门衔接处距地高约45 cm～52 cm黏附蓝色物质。发动机舱盖左侧凹陷变形并向右后移位。前风窗碎裂，左侧显著。左A柱及左前部车顶向右后弯折变形。左前车门玻璃碎落。右前轮碎落。右侧前、后车门距地高50 cm～75 cm见近横行擦痕，表面灰色涂层呈减层。前仪表盘向右后溃缩，饰板大部分碎裂，方向盘碎落。3. 樊佳×体表检验：身高178 cm，体态较胖。上唇近鼻唇沟处见1.2 cm×1.0 cm陈旧性瘢痕伴色素沉着。两鼻孔下方见散在陈旧性瘢痕伴色素沉着。右手小指掌指关节背侧见0.9 cm×0.7 cm陈旧性瘢痕。左外踝向上8 cm区间压痛（+），左足底足跟压痛（—）。

分析说明：1. 根据甲乙两车所检见痕迹，从部位、形态、类型、附着物、受力方向及痕迹形成机理等方面比对、分析，两者上述局部可以形成互为承痕体与造痕体之间的关系，符合甲车正面左部与乙车左前部发生碰撞所形成的特征。2. 甲乙两车发生碰撞后，甲车驾驶室左部变形严重，导致甲车前仪表台、方向盘和转向柱、离合器踏板、制动踏板及油门踏板连接杆等部件向右后上方挤压拱起移位，前仪表台与前排座椅间隙由左至右为紧贴挤压至逐渐变宽。碰撞过程中，位于前排的驾乘人员因惯性身体（尤其是下肢）会与向右后溃缩的上述部件发生挤压、碰撞。比较位于前排的樊佳×、樊树×二人损伤，樊佳×的损伤大部分布于肢体左侧且比樊树×的损伤（仅右小腿前侧小块皮肤淤青）严重，客观地反映了事发时樊佳×位于因驾驶室向右后挤压变形而导致空间狭窄的驾驶座位置。3. 查阅樊佳×住院病案见CT诊断：左足跟骨前内沿异常小骨片，结合甲车离合器踏板向右后上方挤压拱起移位及甲乙两车碰撞形态，樊佳×左足跟骨前内沿骨折这一特征性损伤为甲车向右后上挤压拱起移位的离合器踏板所致，只有事发时位于驾驶座位的驾驶人（左足底部）才能够形成，而位于前排副驾驶位置的乘坐人（足底部）因驾驶室地板平整且无拱起变形，不可能形成上述损伤。

鉴定意见：辽A-×××××金杯牌轻型厢式货车正面左部与辽E-×××××北京现代牌小型轿车的左前部发生过碰撞可以成立；事发时，樊佳×为该轻型厢式货车的驾驶人。

附图：

图6-1 甲车正面左部痕迹部位照

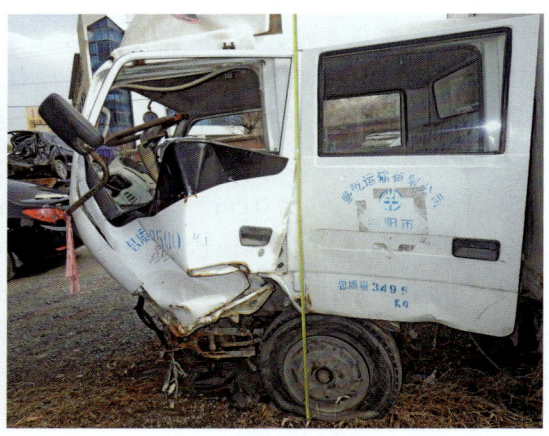

图6-2 甲车正面左部痕迹照（左侧拍摄）

图6-3 甲车仪表台向后挤压变形

图6-4 甲车仪表台向后挤压变形(右侧拍摄)

图6-5 甲车离合器踏板向右后上挤压拱起移位

图6-6 甲车离合器踏板表面斜形擦痕

图6-7 乙车左前部痕迹部位照

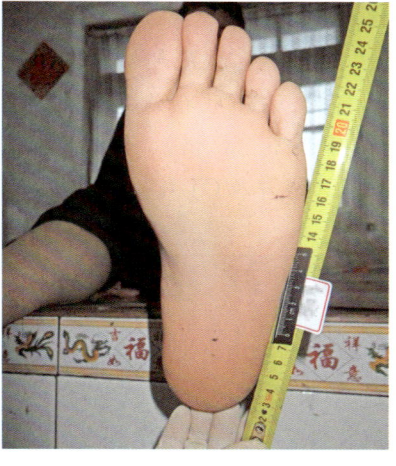
图6-8 樊佳×体表检查(左足底照)

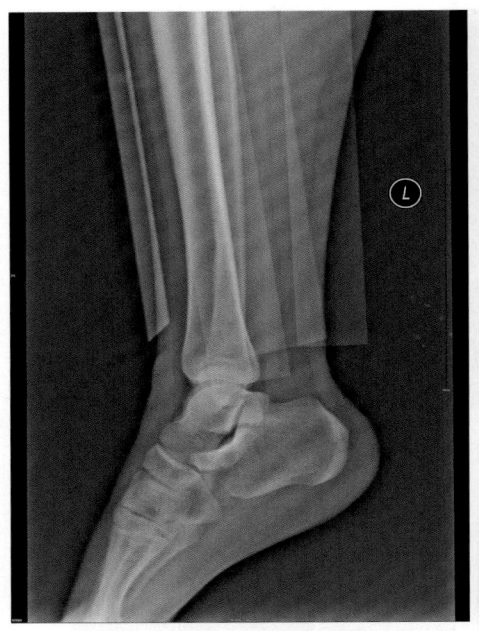 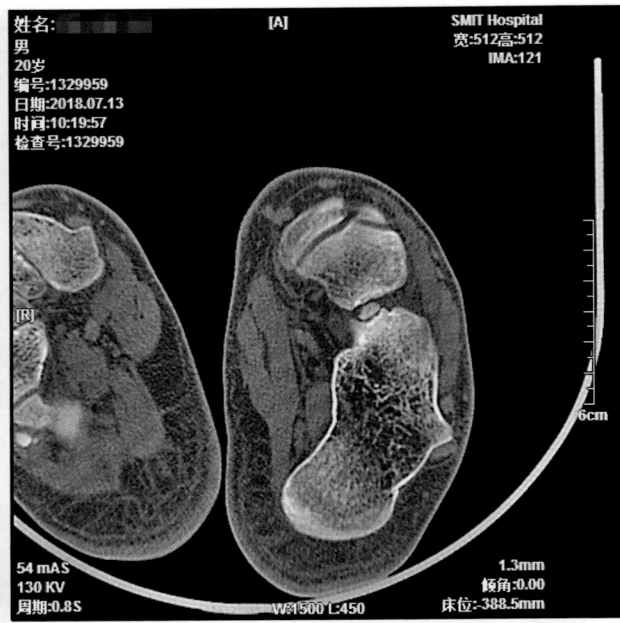

图6-9 樊佳×左足跟骨前沿骨折(×线片)　　图6-10 樊佳×左足跟骨前沿骨折(CT线片)

案例解析：本案例中基于货车的"平头"结构有别于轿车，当事故中发生碰撞时，由于货车底盘较高，驾驶室相对处于较高位置，碰撞部位造成车辆正面左部向后挤压溃缩变形，并且集中反映在驾驶室左下部离合器踏板、制动及油门踏板所对应的区域，客观地反映了事发时驾驶座位置因驾驶室向右后挤压变形而导致空间狭窄，明确受力方向以及当事人因惯性作用的反作用力方向。"哪碰撞哪受力，顺着受力找证据"，再结合被鉴定车辆两名当事人的损伤比较，找出其中一人左足跟对应车体变形的特征性损伤，明确认定驾车人。另外，在实践检案中，要注意鉴定材料的搜集，当事人往往会隐匿或拒绝提供对自己不利的材料，鉴定人要通过委托方提供的鉴定材料，深入了解事故发生的经过、现场勘验情况、当事人的原始损伤以及救治和诊疗过程。本例案例就是鉴定人通过查阅病历，发现樊佳×病历记载其"左小腿，左踝部，左足部软组织挫伤"，而委托方没提供相应的影像诊断依据；验伤时樊佳×行动自如，左下肢损伤完全恢复，当鉴定人向当事人家属索要时，当事人家属也说没有"片子"(家属不愿提供)。但最终鉴定人坚持自己的判断，从医院查询调取了樊佳×的左小腿及左足X线片及CT片，使鉴定得以作出明确判断。

案例分析（二）

简要案情：20××年×月××日××时××分许，甲车：鲁Q-×××××黄海牌轻型普通货车沿某城市高新技术区××路由西向东行驶至××路路口处时，与乙车：鲁P-×××××宇通牌大型普通客车由南向北行驶发生碰撞，致甲车中贺××、李××、丁××抢救无效死亡，姚××受伤。

委托事项：对甲乙两车的碰撞形态及甲车四人中谁是驾驶人进行鉴定。

鉴定材料：1. 被鉴定的甲乙两车；2. 道路交通事故现场图（复制件）；3. 道路交通事故案卷其他材料（复制件）。

资料摘录：1. 贺××法医学尸体检验意见书——（×）×（刑）鉴（尸）字[20××]××××号。衣着检查：死者上穿白蓝色方格短袖T恤，腰扎黑色皮腰带，下身灰色长裤，双足赤足。尸表检验：死者系中年男性，发育正常，营养中等，尸长163 cm，头发长8.0 cm，色黑。尸斑位于身体背部未受压处，呈暗红色，指压不褪色，尸僵中等强度。头颅无畸形，口、鼻、右外耳道有血迹，口唇苍白，左颧颊处广泛皮肤擦伤伴细小条状划伤，左额部3.0 cm×1.0 cm皮挫裂创，右眉弓处纵斜行皮挫裂伤长10 cm，右额部3.0 cm长皮挫裂创，额部正中5.0 cm×2.5 cm皮肤擦伤，右前胸上端与胸骨柄处5.0 cm×4.0 cm皮肤擦伤，胸骨柄上方1.5 cm×0.8 cm皮肤擦伤，右锁骨中段处2.0 cm×2.0 cm皮肤擦伤，左胸前乳头内8.0 cm×5.0 cm范围内点状皮下出血，右腹部外侧10.0 cm×1.0 cm皮肤擦伤，右肩关节前散在多处条状皮肤擦伤4.0 cm×0.5 cm、1.0 cm×0.2 cm大小不等，右肘关节2.0 cm×2.0 cm皮肤擦伤，左肩关节前1.0 cm×0.3 cm皮肤擦伤，左前臂中段内侧10.0 cm×1.0 cm两处皮擦伤，右小腿前中段8.0 cm×0.2 cm皮肤擦伤，右小腿上段外侧4.0 cm×2.0 cm皮肤擦伤，左足第一跖趾关节处9.0 cm×5.0 cm皮下出血。余未见明显损伤。尸体解剖：切开头皮，见右额部7.0 cm×2.0 cm头皮下血肿，锯开颅骨，左额叶2.0 cm×1.0 cm蛛网膜下腔出血，左颞枕部8.0 cm×8.0 cm蛛网膜下腔出血，颅底部未见异常。切开胸腹部皮肤及皮下组织，胸骨柄处8.0 cm×4.0 cm肌肉内出血，左侧第2至6肋骨骨折，右侧第3至10肋骨骨折，左肺挫伤，双侧胸腔积血2 000 ml，脾蒂处挫碎，范围4.0 cm×3.0 cm，脾脏膈面一长3 cm裂创，腹腔积血1 000 ml。余未见明显异常。提取颅腔血6 ml备检。分析论证：根据尸体检验情况结合交通事故案情，死者尸体上的损伤均系由钝性外力作用所致，损伤的部位和性质符合交通事故损伤特点，交通事故可以形成。根据尸体检验情况及案情分析，较大的钝性外力作用于头胸腹部，造成多发肋骨骨折，脾脏严重破裂，大量胸腹腔积血，致创伤性、失血性休克死亡。鉴定意见：贺××系因交通事故致创伤性、失血性休克死亡。2. 李××法医学尸体检验意见书——（×）×（刑）鉴（尸）字[20××]××××号。衣着检查：死者衣物已更换，身穿寿衣。尸表检验：死者系老年男性，发育正常，营养中等，尸长174 cm，头发长6 cm，色黑。尸斑位于身体背部未受压处，呈暗红色，指压不褪色，尸僵中等强度。头颅无畸形，右面部敷料包扎，右眼上下睑肿胀淤血，右额部至右眉弓外侧纵行6.0 cm×1.5 cm皮肤裂创，右眉弓外侧至右唇外侧斜行15.0 cm×3.0 cm皮肤擦划伤，右唇外侧10.0 cm×9.0 cm皮肤擦划伤，右颈部横行11.0 cm×2.0 cm皮肤擦伤伴3.0 cm×1.5 cm皮肤裂伤，右腹外侧17.0 cm×2.0 cm皮肤擦伤，右肩关节前至右肩胛骨处30.0 cm×6.0 cm皮肤挫擦伤，右上臂上段外侧15.0 cm×4.0 cm皮肤挫裂伤，右上臂中段外侧5.0 cm×2.0 cm皮肤挫裂伤，皮瓣形成，右前臂、右肘、右上臂下段外侧广泛散在条状皮肤擦划伤及擦挫伤，右前臂中段外侧5.0 cm×0.6 cm、4.0 cm×0.4 cm皮肤挫裂伤，右腕关节骨折，右手背横行3.0 cm×0.5 cm皮肤裂伤，左肩关节骨折，左前臂远段外侧散在多处条状皮肤擦伤，右膝部散在多处条状4.0 cm×0.2 cm、0.5 cm×0.1 cm大小不等皮肤擦伤，右小腿下段散在皮肤擦伤，左膝部7.0 cm×4.0 cm皮肤擦伤，左小腿前上段4.0 cm×0.6 cm皮肤擦伤。余未见明显损伤。尸体解剖：切开头皮，可见右额部6.0 cm×4.0 cm头皮下血肿，锯开颅骨,可见左右额顶叶、左颞枕部及颅底部广泛性硬膜下出血及蛛网膜下腔出血。余未见明显异常。提取颅腔血6 ml,心脏血10 ml备检。分析论证:根据尸体检验情况结合交通事故案情,死者尸体上的损伤均系由钝性外力作用所致,损伤的部位和性质符合交通事故损伤特点,交通事故可以形成。根据尸体检验情况及案情分析,较大的钝性外力作用于头部,造成广泛性硬膜下出血及蛛网膜下腔出血,致严重颅脑损伤死亡。透胸腹部,造成多发肋骨骨折,脾脏严重破裂,大量胸腹腔积血,致创伤性、失血性休克死亡。鉴定意见:李××系因交通事故致严重颅脑损伤死亡。3. 丁××法医学尸体检验意见书——(×)×(刑)鉴(尸)字[20××]××××号。衣着检查:死者衣物已更换,裸体。尸表检验:死者系中年男性,发育正常,营养中等,尸长164 cm,头发长3 cm,色黑。尸斑位于身体背部未受压处,呈暗红色,指压不褪色,尸僵中等强度。头颅无畸形额部敷料包扎,额部正中6.0 cm×6.0 cm皮肤擦伤,右眉弓处一长6.5 cm缝合创,右上睑一长5 cm皮肤裂伤并3.0 cm×1.0 cm皮肤缺失,左上睑至鼻根部一长7 cm横行缝合创,颈部可触及皮下气肿,左锁骨中部偏内斜向内下方可见11.0 cm×4.0 cm皮肤压痕,色苍白,右肩关节处7.0 cm×3.0 cm、4.0 cm×3.0 cm皮肤擦伤,右前臂中上段外侧两处3.0 cm×1.0 cm皮肤擦伤,右股骨下段骨折,左腕关节处3.0 cm×1.0 cm、1.0 cm×0.6 cm皮肤擦伤。余未见明显异常。尸体解剖:切开头皮,可见额顶部广泛性头皮下血肿,右颞肌内出血,范围8.0 cm×1.5 cm,锯开颅骨,可见左右顶部硬膜下出血,各6.0 cm×5.0 cm,颅底部及小脑部广泛硬膜下及蛛网膜下腔出血,颅底部未见异常。切开胸部皮肤及皮下组织,右第3肋骨近胸骨处2.0 cm×1.0 cm肌肉内出血,左第1、2肋间肌锁骨中线处2.0 cm×2.0 cm肌肉间出血,左第3、4肋间锁骨中线处2.0 cm×2.0 cm肌肉间出血,第6、7肋间锁骨中线处2.0 cm×2.0 cm肌肉间出血,胸骨体平第3、4肋间隙处横行骨折,双侧胸腔积血2 000 ml,双肺被压缩至1/2,左侧第1至6肋骨肋弓处骨折,右侧第1、2肋弓处骨折,左侧肺门处挫裂伤,双侧纵隔广泛性挫伤及血肿。余未见明显异常。提取颅腔血10 ml,胸腔血10 ml备检。资料摘要:据××市脑科医院第××××××号住院病历记载:患者丁××因外伤后意识不清面部流血50余分钟于2015年08月11日23时27分入院。查体示:昏迷状态,双眼睑、鼻根及额部见大小约10.0 cm×8.0 cm皮肤撕脱伤,颈前见约3 cm皮肤裂伤,右肩部及右上臂可见数十处大小不等皮肤裂伤,刺痛无睁眼,双侧瞳孔圆形等大,直径约2.5 cm,光反射消失,前胸可及握雪感,颈软,无抵抗,左手腕部畸形,右大腿成角畸形,右膝关节反常活动,双侧巴氏征(—)。头胸腹部CT示:蛛网膜下腔出血、脑挫裂伤、多发肋骨骨折、气胸、胸腔积液、肺挫伤、肺不张、皮下气肿。入院诊断:头部外伤、蛛网膜下腔出血、脑挫裂伤、多发肋骨骨折、气胸、胸腔积液、肺挫伤、肺不张、皮下气肿。入院后于20××年××月××日××时××分至××时××分行双眼及头面部清创缝合术,患者于20××年××月××日××时××分突然出现心跳停止,自主呼吸停止,立即予以胸外心脏按压,呼吸机辅助呼吸,同时给予呼吸兴奋剂、肾上腺素、循环三联反复静推,电除颤两次,积极抢救57分钟,患者于20××年××月××日××时××分宣布临床死亡。分析论证:根据尸体检验情况结合交通事故案情,死者尸体上的损伤均系由钝性外力作用所致,损伤的部位和性质符合交通事故损伤特点,交通事故可以形成。根据尸体检验情况并结合住院病历及案情分析,较大的钝性外力作用于头胸部及四肢,造成广泛性硬膜下及蛛网膜下腔出血,多发肋骨骨折,大量胸腔积血,致严重颅脑损伤,创伤性失血性休克死亡。鉴定意见:丁××系因交通事故致严重颅脑损伤、创伤性失血性休克死亡。4. 姚××的××市脑科医院住院病历——住院号：120178。专科情况：患者神志欠清，精神差，双侧瞳孔等大等圆，直径3mm，对光反射灵敏，左眼周软组织伤口长约6cm，边沿不规则并流血，双侧鼻腔有血性分泌物，双耳无分泌物，胸腹部一长约60cm斜行皮肤挫伤并有渗液，双侧胸部压痛明显，未及骨擦音，双肺呼吸音粗，腹膨软，上腹部稍压痛，无腹肌紧张及反射痛，肝脾肋下未及，腹部叩诊鼓音，肠鸣音稍弱，四肢可见广泛软组织挫伤。颅脑CT及肋骨三维CT：右额叶脑挫伤，左眶内壁骨折并鼻旁窦积液，胸骨骨折，双肺渗出性病变，双侧胸腔积液，双下叶肺不张，左侧第2、3肋骨骨折，右侧第6、7、8肋骨骨折。

参照GA41-2014《道路交通事故痕迹物证勘验》、GA/T1087-2013《道路交通事故痕迹鉴定》、GA/T944-2011《道路交通事故机动车驾驶人识别调查取证规范》、SF/Z JD0101001-2016《道路交通事故涉案者交通行为方式鉴定》有关条款及检验方法，对提供材料进行检验、并作出鉴定意见。

检验所见：1. 甲车。车辆识别代号为××××××××××××××××。车辆前部向左歪斜，其正面见破损，向后挤压变形，以右部为甚，右前轮向后移位。发动机舱盖、前保险杠脱落，其内部部件变形外露。前风窗玻璃大面积碎裂并向外脱落，其距左端66cm、距下沿46cm为中心放射性碎裂，其内侧面右下部见一小撮黑色毛发，长约7cm～9cm。仪表盘破裂变形，大部分碎裂、脱落。方向盘向右前倾斜变形。驾驶座位向前移位明显，靠背向后倾斜；中央文件箱破碎、向右移位；副驾驶座靠背左部向前扭曲凹变，头枕脱落。右侧A柱向外弯折变形，前后车门均受力变形，右前门显著，其中右前门内饰板前部向外凹陷变形。驾驶座安全带处于拉伸松弛状态，近安全带插片处的安全带过度拉伸形成褶皱，磨损显著，其他安全带未见异常。后排座位脱失，车顶内侧距前沿23cm～68cm、距其右沿25cm～32cm见由后向前的条带形软性擦印。2. 乙车。车辆识别代号为×××××××××××××××。车身左侧距左后轮轮心向前25cm～237cm、距地高155cm以下范围内见大面积刮擦痕迹并向内凹陷变形，表层银色涂层呈减层，局部黏附黑色、橙色物质，凹陷变形处前沿见灯框形印痕，其后沿变形显著并伴有局部破损。左后外侧轮胎外侧胎侧局部见撞击刮擦痕迹。3. 道路交通事故现场图及现场照片。事故现场位于十字路口，甲车头东偏北尾西偏南停于交叉路口内，其前方见车辆散落物，其南侧地面见刮擦痕迹。乙车头北尾南位于甲车西南侧北侧路口。4. 贺××尸表检验。尸体未完全解冻，已更换寿衣。发黑，长约8cm。右侧面颊部在19cm×11cm范围内见大面积皮肤擦伤，中间伴有细小、浅表创口；其间右眉弓上方、有下颌角见已缝合挫裂创口。右侧锁骨上下在11cm×9cm范围内见多处条片状擦伤，胸骨上窝及左侧心前区见片状皮下出血伴部分表皮剥脱，大小3cm×2.5cm。双手背散在多处条片状皮肤擦伤。5. 李××尸表检验。尸体未完全解冻，已更换寿衣。发黑，细卷，长约6cm。右额顶部、右侧颜面部在33cm×10cm范围内见条片状擦伤，其间伴有纵行划伤及挫裂创口。颈部右侧见13cm×1.2cm挫裂创口。右侧季肋部见17cm×7cm条片状皮肤擦伤，沿肋弓走行。右上肢见多处大面积擦挫伤。6. 丁××尸表检验。尸体未完全解冻，已更换寿衣。发黑，稀疏，长约3cm。前额向上至顶部在18.5cm×5.5cm范围内见多处片状擦挫伤。双眼上下眼睑及鼻根部有多处挫裂创口，已被黑色丝线缝合。右侧锁骨上方见散在条片状皮肤擦伤，左手腕部曲侧见片状擦挫伤。右股骨下段骨折畸形。7. 姚××体表检验。左侧上下眼睑见6

处缝合创口，左颧弓一处缝合创口。前胸壁见左上右下斜行带状擦挫伤，表面结痂并部分脱落，左上起自左肩峰内侧，右下止于右侧季肋部近右侧腰部，长度58 cm，带状损伤最宽处位于左肩峰内侧，皮肤颜色改变区宽度约4.5 cm～5.0 cm，余处宽度2.0 cm～3.5 cm不等，痂皮较厚尚未脱落的部分位于左锁骨下第2、3肋骨处及右乳头内下侧第5～8肋骨处。胸骨柄中下段胸部正中见大片状皮下出血恢复期颜色改变，呈浅黄褐色，大小约7.5 cm×7.0 cm。右侧髂前上棘处见10 cm×5 cm挫伤。右手背在8.5 cm×6.5 cm范围内见多处条片状擦划伤，表面结痂，部分脱落。右前臂背外侧10 cm×4 cm擦挫伤，表面结痂，部分脱落。左膝关节周围见多处小片状擦伤及皮下青紫，左小腿内侧中上段见片状皮下青紫。四肢长骨无骨折。

分析说明：1. 经过对车辆检验，符合甲车正面与乙车左侧后部发生碰撞所形成的特征，甲车正面右部受力显著。2. 根据甲乙两车的碰撞形态及甲车正面、车内部件损坏的受力方向和毁损程度分析，甲车撞击乙车时力量巨大、速度骤减、毁损变形严重；根据碰撞运动力学原理，发生碰撞时车内驾乘人员由于惯性会向右前方与车内物体发生二次碰撞，造成车内部件毁损和驾乘人员不同特征的损伤。检验见驾驶座安全带处于过度拉伸状态，安全带插片两侧形成褶皱，磨损显著，驾驶座位向前移位明显以及方向盘向右前倾斜变形等，结合对甲车当事人贺××、李××、丁××三具尸体的尸表检验、姚××体表损伤检验及其住院病例中记载的专科情况，四人中只有姚××前胸壁见有左上右下斜行带状损伤、胸骨柄中下段胸部正中见大片状皮下出血恢复期颜色改变等情况分析，其胸部损伤符合典型的安全带（驾驶员侧）损伤及方向盘损伤的特征。另检见甲车中央扶手箱破碎并向右移位，结合姚某右侧髂前上棘处挫伤，亦符合姚××与中央扶手箱左侧发生撞击所形成，而车内其他乘员损伤不具有位于驾驶员座位形成的损伤特征，因此，姚××为事故发生时驾驶人可以成立。

附图：

图6-11　甲车安全带（驾驶员侧）拉伸磨损

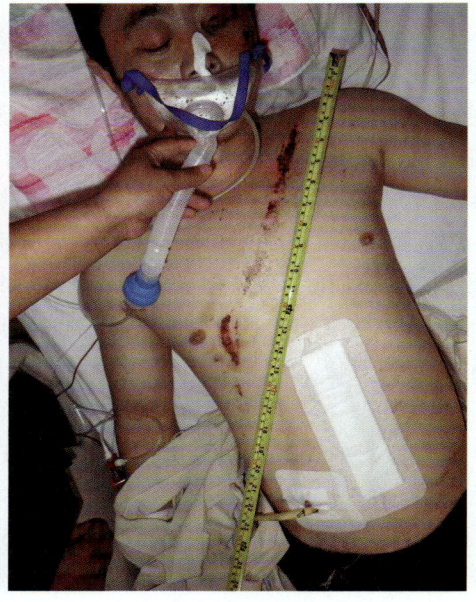

图6-12　姚××典型安全带损伤

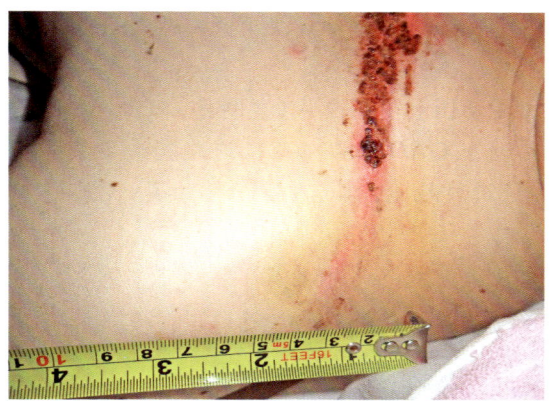
图6-13 姚×× 典型安全带损伤(上段)

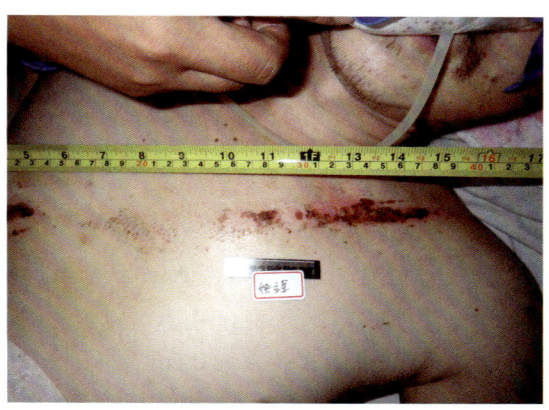
图6-14 姚×× 典型安全带损伤(中段)

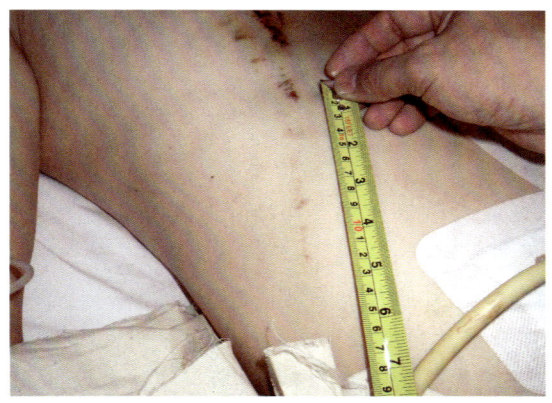
图6-15 姚×× 典型安全带损伤(下段)

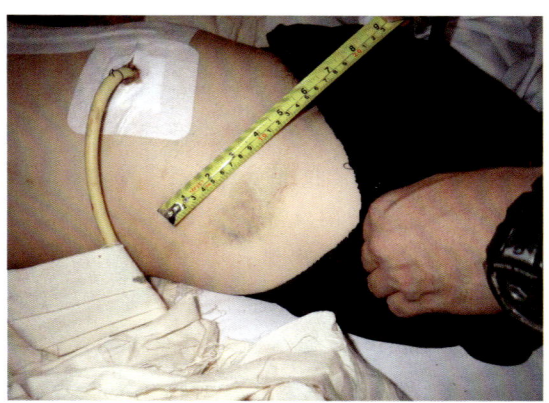
图6-16 姚×× 右侧髂前上棘处挫伤

案例解析：该案例中鉴定人在收集痕迹物证及验尸、验伤过程中，及时发现、固定姚××胸部典型的安全带(驾驶员侧)损伤及方向盘损伤并与车辆检验中发现的安全带拉伸磨损、方向盘弯折变形等痕迹有机结合并相互印证，得到这一关键证据结合碰撞形态综合判断，使案件鉴定事项迎刃而解。

交通行为方式鉴定依据最有典型特征的证据即关键证据为判断支撑点，有时以损伤典型特征推断，有时以碰撞后运动轨迹典型特征推断，有时运用生物检材、指纹进行个体识别。交通行为方式鉴定还可以运用计算机仿真事故再现等技术进行辅助分析。SF/Z JD0101001-2016《道路交通事故涉案者交通行为方式鉴定》中对关键证据优先原则有详尽的阐述。

案例分析(三)

简要案情：20××年×月××日××时××分许，被鉴定车辆：沪D-×××××解放牌重型半挂牵引车及其拖挂的沪E-××××挂速通牌重型集装箱半挂车在××绕城高速内侧49km约200m处发生道路交通事故，驾驶员张××位于现场道路上被该车碾压死亡。

委托事项：根据事故调查需要，对被鉴定车辆事发时是否与其他车辆发生过碰撞及驾驶员行为方式进行鉴定。

鉴定材料：1. 被鉴定车辆；2. 道路交通事故现场图及现场照片（复制件）。

参照 GA41-2014《道路交通事故痕迹物证勘验》、GA/T1087-2013《道路交通事故痕迹鉴定》有关条款及检验方法，对被鉴定车辆的痕迹进行检验，结合现场照片所见，对委托事项作出鉴定意见。

检验所见：1. 被鉴定车辆。牵引车车辆识别代号为××××××××××××××××，半挂车车辆识别代号为×××××××××××××××××。前保险杠距地高 45 cm～78 cm、距车辆左端 0 cm～113 cm 见碰撞刮擦痕迹伴局部缺失，其后侧固定架向后弯折变形，表面红色涂层呈减层，局部黏附灰色物质；左前照灯缺失。左侧车门下方踏板破损伴向后弯折变形并与左前轮卡滞。前保险杠右前转角距地高 49 cm～70 cm 见碰撞刮擦痕迹，局部破损缺失。左前轮轮胎外侧胎侧局部见擦痕。油箱位于左侧，其外侧前端距地高 59 cm～66 cm 见擦痕，方向由前向后，表面油污呈减层。驾驶室前挡风玻璃及左右车门窗玻璃完整并呈关闭状态。驾驶座侧安全带处于拉出状态，锁舌未插入锁扣内，另一端用自制夹子夹持在换向环处，其拉出长度基本符合正常扎系长度，可拉伸但因自制夹子夹持不能回缩，肩带未见异常拉伸痕迹，腰带局部见拉伸皱缩改变。其他各部位未见异常痕迹。2. 道路交通事故现场图及现场照片。事故地点位于××绕城高速内侧 49 km 约 200 m。左侧隔离护栏向左弯折变形伴大面积擦痕，其支架多根向左倒伏；被鉴定车辆紧贴其前方右侧护栏停于现场，被鉴定车辆前保险杠右前转角与右侧护栏对应部位见刮擦痕迹。

分析说明：1. 被鉴定车辆左前部及前保险杠右前转角所检见的碰撞刮擦痕迹局部破损及弯折变形，符合其与其他硬质客体发生碰撞刮擦所形成的特征，结合道路交通事故现场图及现场照片所示两侧护栏碰撞刮擦痕迹，破损及弯折变形等，两者在部位、方向及形成机理等方面均可以互相印证，符合被鉴定车辆左前部及前保险杠右前转角与道路两侧护栏发生碰撞刮擦所形成的特征。其他各部位未检见异常痕迹。不能认定被鉴定车辆事发时与其他车辆类客体物发生过碰撞。2. 经对被鉴定车辆检验，驾驶室前挡风玻璃及左右车门窗玻璃完整并呈关闭状态，说明驾驶员在事发时并不是从上述位置离开案事实。检验见驾驶座侧安全带处于拉出状态，锁舌未插入锁扣内，另一端用自制夹子夹持在换向环处，其拉出长度基本符合正常扎系长度，可拉伸但因自制夹子夹持不能回缩，肩带未见异常拉伸痕迹，腰带局部见拉伸皱缩改变，结合被鉴定车辆左前部与道路左侧护栏发生碰撞的破损情况分析，驾驶员驾车行驶时将安全带"虚套"在胸腹部，锁舌并未插入锁扣内（许多驾驶员为了减轻安全带的束缚且应付交警检查，经常采取这种方式）。当发生碰撞时，车辆左前部变形使驾驶侧车门打开，驾驶员因惯性作用被甩出驾驶室的过程中，但因胸腹部"虚套"着安全带，其身体没有被抛摔至车辆左前方，反而又将其"拉回"靠近车体左侧并摔跌到路面上，随后被车辆后侧轮胎碾压致死。

鉴定意见：不能认定沪 D-×××××解放牌重型半挂牵引车及其拖挂的沪 E-××××挂速通牌重型集装箱半挂车事发时与其他车辆类客体物发生过碰撞。事发时，张××被甩出驾驶室的过程中，因胸腹部"虚套"的安全带拉扯致其摔跌到路面上，被该车后侧轮胎碾压致死。

附图：

图6-17 被鉴定车辆右前部痕迹部位照

图6-18 被鉴定车辆油箱痕迹照

图6-19 被鉴定车辆驾驶座侧安全带照

图6-20 被鉴定车辆驾驶座侧安全带上自制夹子

图6-21 现场照片示左侧护栏痕迹

案例分析（四）

简要案情：20××年×月××日×时××分左右，甲车：沪A-×××××江铃牌轻型普通货车、乙车：悬挂上海×××××××两轮电动自行车号牌杰宝大王牌电驱动两轮车在××镇临仓街312号南侧路段处发生道路交通事故。

委托事项：根据事故调查需要，对甲乙两车的碰撞形态进行鉴定。

鉴定材料：1. 甲乙两车；2. 道路交通事故现场图（复制件）。

参照GA41-2014《道路交通事故痕迹物证勘验》、GA/T1087-2013《道路交通事故痕迹鉴定》有关条款及检验方法，对甲乙两车的痕迹进行检验，对委托事项作出鉴定意见。

检验所见：1. 甲车。车架钢印号为××××××××××××××××××。车辆后厢板左端棱边距地高119 cm～120 cm、距车左端2.5 cm～5 cm见碰撞刮擦痕迹，表面蓝色涂层呈减层，方向由右向左，提取该处痕迹下方表层蓝色油漆作为样本备检。车厢平板后端距地高91 cm～97 cm、距车左端3 cm～21 cm见擦痕，表面蓝色涂层呈减层，方向由右向左。2. 乙车。车架钢印号锈蚀，电机号为××。随车见事发时乙车披挂的蓝色雨披，将其复位。检见雨披右侧后视镜套罩根部撕裂，其前外侧距地高约118 cm～124 cm见擦痕，方向由左前向右后，局部表面黏附蓝色物质，提取表面蓝色附着物作为检材备检。雨披右侧前部距地高约95 cm～98 cm见刮擦痕迹伴撕裂口，局部表面黏附其他蓝色物质。3. 微量物证鉴定。将提取的微量物证检材与样本送××刑事技术研究室进行微量物证检验、鉴定，微量物证鉴定意见书（××××[20××]微鉴字第××号）摘录如下：本鉴定依据SF/Z JD0203001-2010规范进行。经在EZ4D体视显微镜下检验：检材附着物为蓝色，质韧。样本油漆为蓝色，质韧。经比较检验，检材蓝色附着物与样本蓝色油漆的外观特征一致。经iN10显微红光谱仪检验：检材蓝色附着物与样本蓝色油漆的红外光谱一致。经Quanta 650-Apollo X扫描电镜/X射线能谱仪检验：检材蓝色附着物与样本蓝色油漆中均检出碳、氧、铝、硅、钙和钛等主要元素。根据上述检验结果，经综合分析认为：检材蓝色附着物与样本蓝色油漆的外观特征一致，红外光谱一致，检出的主要元素一致，二者是同种类油漆。鉴定意见：检材蓝色附着物与样本蓝色油漆是同种类油漆。

分析说明：甲乙两车所检见的痕迹，在部位、方向、附着物及形成机理等方面均可以互相印证，结合微量物证鉴定意见综合分析，符合甲车后侧左部与乙车事发时披挂的雨披右前部发生碰撞所形成的特征。

鉴定意见：沪A-×××××江铃牌轻型普通货车后侧左部与悬挂上海×××××××两轮电动自行车号牌杰宝大王牌电驱动两轮车事发时披挂的雨披右前部发生过碰撞可以成立。

附图：

图6-22　甲车后部照

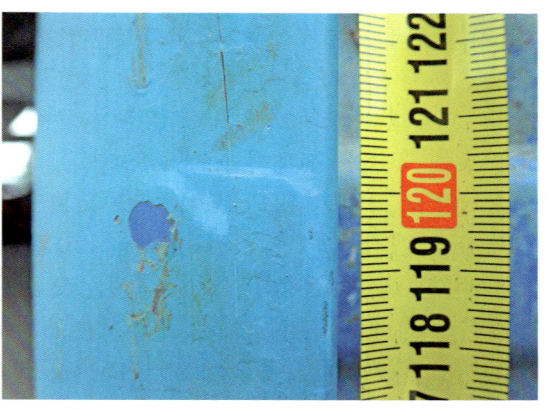

图6-23　现场照片示左侧护栏痕迹甲车后箱板左侧刮擦痕迹

图6-24　现场照片示左侧护栏痕迹乙车前观照（雨披复位后）

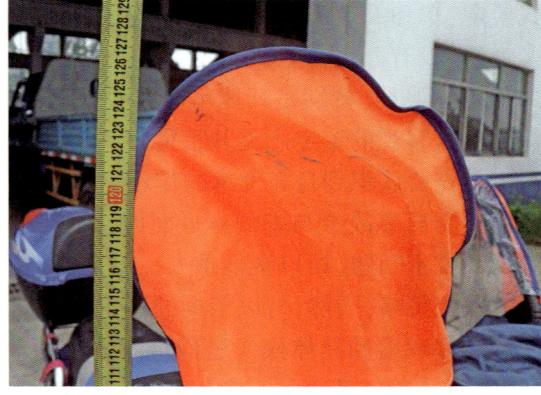

图6-25　现场照片示左侧护栏痕迹乙车雨披右后视镜套罩前外侧痕迹照

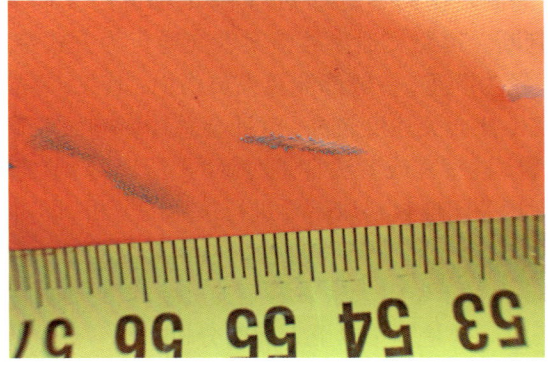

图6-26　现场照片示左侧护栏痕迹乙车雨披右后视镜套罩前外侧痕迹细目照

案例解析：货车由于车身结构较长，出厂时少有配置倒车雷达及倒车影像装置，故倒车时常发生事故。本案例就是一起雨天中货车倒车时与电动自行车发生的事故。检验时发现，货车由于经常装卸货物，货箱后部新旧痕迹较多；而电动自行车未发现新近形成的异常痕迹。当将乙车随车的雨披复位后，发现雨披右侧前部有刮擦痕迹并伴有微量的油漆样附着物，测量其距地高度范围，再到货车货箱后部相对应高度部位寻找痕迹，很快就排除其他干扰痕迹，找到与雨披对应的接触部位。本案例中，由于两车接触部位面积较小并有其他陈旧痕迹干扰，相互作用所形成的物质交换不显著且易遗失，因此有必要及时提取微量物证进行检验鉴定，使本例案例中微量物证佐证痕迹对应。

小结：通过以上案例分析，在道路交通事故涉案者交通行为方式鉴定这种鉴定类型中，存在广义的理解，是对与涉案者相关的所有客体事发时的交通行为方式或者说与涉案者相关的所有客体之间关系进行的分析判断；同时，也存在狭义的理解，就是特指涉案者身体所处于的姿态或者状态，当然也包括涉案者身体可以相关或者操作的相关客体，如车辆或者车辆的某一个部件。所以，在研究过程中，涉及的面非常广，特别是在中国现今的实际交通环境下，并不能完全穷尽所有的方式，特别是不能穷尽所有涉及的车辆类型，对于交通行为方式鉴定，车和人是最重要的两个因素，其次是交通环境，而以上的因素对于鉴定人来讲，都是客观的，没有办法自主介入或者参与的，所以道路交通事故涉案者交通行为方式鉴定的鉴定过程异常艰难，特别是其他车辆类型的交通事故，能提供给鉴定人的客观条件并不多，却要得出科学客观的鉴定意见并且最好是满足交通事故处理或者诉讼需求的。鉴定人在这个过程中首先要认识到自身发挥的作用是非常重要的，要把每一项鉴定当作事业来做，鉴定意见关系到交通事故参与方的方方面面，而鉴定人由于掌握了专门的鉴定技术而能解决相应的专门性技术问题，所以责任重大；其次，要制订周密的鉴定计划，针对不同的车辆类型，有不同的鉴定策略，当然，可以依据的鉴定标准，或者鉴定依据是从相关规定的，但鉴定人对于案件的把握程度和具体操作过程是需要鉴定人丰富的鉴定经验和对案件的把控能力决定的，任何一个鉴定，都必须先进行计划安排，而不是直接嫁接或者不经过思考而直接实施鉴定，这都会导致鉴定失败或者留下瑕疵，失败的结果是没有任何鉴定意见可以得出，而对于诉讼起不到重要作用，发挥不了司法鉴定在维护人民群众对公平正义的美好向往方面的作用；留下瑕疵的结果是一个漏洞百出的鉴定意见，势必增加诉讼成本，甚至产生冤假错案。最后，要进行全面的分析判断。道路交通事故涉案者交通行为方式鉴定有以下几方面的特殊性：其一，事故后果往往较为严重，一般都涉及人员伤亡；其二，事故涉及的参与者较多，对家庭的影响力较大；其三，社会关注度较高，对社会总体影响面较宽。鉴于这些，鉴定人所承受的压力和办案的民警、检察官或者法官是对等的，所以，对鉴定人的期望值较高。在这种情况下，鉴定人在采集相关印证材料以后要进行最后的分析，即对材料的在鉴定意见中的可靠性、重要性和适用性进行分析，并能将这些材料相互之间的关系理清楚，而将这些材料之间的联系凸显出来的能力对于鉴定人来讲是至关重要的，这种联系就是综合评判。

对于其他车辆来讲，也同样是基于以下方面的分析：

（一）车体勘验分析关注点基于道路交通事故参与车辆的车身结构来分析，对于车辆分析的依据，主要是鉴定实践中得出的，基于交通事故涉案者事发时是否位于驾驶人座位实行

操作行为和勘验车辆内部关键部件等客观事实,主要体现在:

1. 封闭式驾驶室车辆　　根据遭受外力方向的不同:① 当正面遭受外力时,按照从前向后、从下向上、从左向右的顺序,关注的重点是因车辆前部部件后移、运动而对车内人体产生移动与车辆内部部件发生接触产生的特征性痕迹,这里还要关注被鉴定车辆遭受外力的方向,是正面右部还是正面左部或者右前部还是左前部,这对于位于驾驶人位置的车内人员所产生的影响从大的运动趋势上是一致的,但从细节上存在差异,并且与轿车驾驶室也存在一定差异,主要需要考虑的是空间的大小,还有驾驶操作杆件的高低和分布特点等要素,体现在与驾驶人周围操作部件和车内相邻部件之间发生接触的差异。如方向盘位于驾驶人正前方,与驾驶人的胸部基本处于同一平面,易于发生接触;如驾驶人左右两侧的部件,中控台和左前门内侧,则根据正面遭受外力方向的差异而产生不同轻重的痕迹,注意这些产生的痕迹的总体方向是从前向后的,驾驶人与车内部件之间发生接触产生的痕迹大多数是擦拭或者印压痕迹,驾驶人如果穿着较为粗纤维的衣服,就容易在车内部件留下纤维;皮肤出现破口,则可能会留下血迹等生物检材,在遭受外力较重的情况下,驾驶人与前方风窗玻璃发生的机会也是有的,这时玻璃破裂的受力方向是从内向外的,且在受力点易于遗留头发、皮屑等生物物证;这里要特别关注一下驾驶人下肢与车内部件发生碰撞接触所产生的痕迹,地板上的足迹痕迹,如鞋印等在需要时要进行采集比对;当出现鞋袜遗留卡滞时要拍照固定并进行提取分析。如果车辆发生翻转的情况,或者驾驶人位于车外时,或者车辆翻滚至悬崖下时,或者车辆驶入水中等特别情况,还是要把握正面受力的特点,对第一次碰撞接触对驾驶人与车内部件的相互关系,特别是车内运动轨迹的勘验要尤为关注。② 当侧面遭受外力作用时,按照从受力侧向非受力侧、从前向后、从下向上的顺序,这里不同于轿车的是驾驶室的位置一般较高,对于碰撞发生后产生的损坏或者人体损伤有所不同,但关注的重点还是因车身侧面部件向两侧方向变形及对车内驾驶人与车内部件发生碰撞接触所产生的对应性痕迹、损伤,这里尤其关注车身左侧即驾驶人一侧遭受碰撞时产生的痕迹,一方面可能造成驾驶人无法脱离驾驶人座位,其身体左侧的损伤相较于身体右侧的损伤往往较重,且大范围分布,而身体右侧的损伤往往集中在腰部以下部位,基本是以中控台的高度为上限。头顶部易于与车顶产生从左向右的擦拭痕迹,遗留下生物检材的可能性较大。这里要提到一个现场勘验证据固定的问题,因为一旦发生事故以后,警方和救护车,甚至消防车或者其他单位、人员会到现场实施救援,而交通事故的现场与刑事案件的现场存在较大的区别,其私密性很弱,基本是露天和公开的,现场不易被很好地保护,并且由于勘验、施救等需要,往往不重视车内人员事发后所处于位置的记录,本来很容易解决的驾驶人判断的问题,要花费大量的人力、物力等去重新寻找证据来证明事发时被鉴定车辆的当事人位于驾驶座,是被鉴定车辆的驾驶人。而且干扰痕迹产生较多,生物检材的相互覆盖也时有发生,无形中增加了鉴定人工作的难度,而最重要的是很难保证能得出一个明确的鉴定意见来还原事故的真相。③ 当后侧遭受外力作用时,这里与轿车不同的地方在于后部的可以阻挡的部件长度较长、宽度较宽,对前部驾驶人产生的影响与此相关,但检验的方法不变,仍然按照从后向前、从下向上、从左向右的顺序,关注的重点是因车身后侧部件从后向前变形趋势及产生的痕迹特征,这里特别关注的部件是驾驶人座位的靠背产生的相应变化、前风窗玻璃内侧、方向盘后上平面等部件的痕迹发生和变形，以及货箱内货物前移后进入驾驶室对驾驶人产生的影响。这种情况下的受力，驾驶人是很难预测和有所防备的，所以遭受巨大外力时，基本只有被动接受造成直接碰撞接触形成的损伤，特别是胸部的损伤一般较重，还有挥鞭伤在这种碰撞形态下也易于形成，但挥鞭伤对于车内人员都会造成一定的伤害，不具有驾驶人的典型性。④ 当上侧受力时，按照从前向后、从上向下、从左向右的顺序，关注的重点是车身部件上侧及人体因遭受从上向下的外力作用时所产生的痕迹、损伤，这种形态并不多见，但一旦发生产生的后果都是相当严重的，车内人员基本处于从上向下的压缩状态，生存空间极小，损伤程度相当严重，对于这种形态的碰撞，一般是难以预见的，所以驾驶人基本没有变换位置的可能，所以一定会给予鉴定人充分勘验痕迹证据的机会，所以此类案件鉴定不复杂。⑤ 多种方向受力时，按照第一次受力的面的顺序进行，一般发生在与多车发生碰撞的事故中，关键的是分辨发生的过程和顺序。这类鉴定案件相当复杂，对事故形态的总体分析把握是分析判断被鉴定车辆事发时驾驶人的基础性前提条件，事故形态的分析判断又是基于对车体痕迹、路面痕迹等痕迹的勘验及综合分析。在这个过程中，鉴定人一定要先从车体痕迹入手，先发现所有的车体痕迹，然后再归类、最后再结合现场痕迹进行对应分析判断，分析出被鉴定车辆的运动轨迹，这个运动轨迹对车内驾驶人产生的影响，造成其与车内那些部件发生接触留下痕迹。

  2. 开放式驾驶室车辆 在鉴定实践中，这类车辆较少，多出现在农村道路，如手扶拖拉机或者农用运输车等。根据遭受外力方向的不同：① 当正面遭受外力时，按照从前向后、从下向上、从左向右的顺序，关注的重点与封闭式驾驶室车辆基本相同，不同的地方是驾驶人与车顶之间的碰撞接触，而这类车辆没有车顶，但这里对于手扶拖拉机这种车型来讲，他的车头部分较长，正面遭受外力的时候，驾驶人正面的驾驶操作部件也不是方向盘，所以要关注不同杆件对于驾驶人相对应部位所产生的损伤影响。② 当侧面遭受外力作用时，按照从受力侧向非受力侧、从前向后、从下向上的顺序，关注的重点是与封闭式驾驶室车辆差别不大。③ 当后侧遭受外力作用时，按照从后向前、从下向上、从左向右的顺序，关注的重点与封闭式驾驶室差别不大。④ 当上侧受力时，按照从前向后、从上向下、从左向右的顺序。⑤ 多种方向受力时，按照第一次受力的面的顺序进行，一般发生在与多车发生碰撞的事故中，关键的是分辨发生的过程和顺序。这与封闭式驾驶室车辆没有太大区别，主要是车内人员易于脱离车辆，造成了此类车辆驾驶人分析判断的难度指数较高。

  （二）人体检验分析关注点基于车身结构与受力方向或者总体来讲是碰撞形态的不同来进行分析的。而对于人体自身而言，和人体结构特征是形成损伤的客观依据，而所穿着的衣物、鞋袜、帽子等，佩戴的首饰物品，携带的物品等则是形成痕迹的客观依据，两者的结合是对应车体痕迹的造痕客体，同时受反作用力影响，也同时是承痕客体。在轿车驾驶人的分析判断时，人体主要关注的特征性损伤集中在头面部、手腕部、胸腹部、腰胯部、双下肢等部位，对于头面部损伤常常体现为与前风窗玻璃或者车内差不多高度位于前方位置的部件发生碰撞接触而形成的特征性损伤；手腕部因抓握方向盘在遭受各方向受力时产生的特征性损伤；胸腹部因遭受前、后受力的情况下与方向盘或者方向操作部件发生碰撞接触产生的特征性损伤，这一损伤被认为是最为关键的判断依据；腰胯部主要是与身体右侧的中控台和身体左侧的左前门内侧发生碰撞接触形成的特征性损伤;双下肢主要是与驾驶座下方部件和操作踏板发生碰撞接触产生的特征性损伤。在驾驶人损伤分析中,对于其他车辆在车体结构构件上的影响常常比较大,根据不同车辆驾驶室操作杆件的不同进行勘验和分析,所以这种勘验是可以重复性的,是科学的。其他车辆的驾驶座及附件部件的配备虽然存在不同,但是位于驾驶座的驾驶人在交通事故发生中产生的运动轨迹和运动过程中所产生的特征性损伤具有一致性。在勘验车体的过程中,应仔细寻找造痕客体特征,尤其是血迹等生物检材、衣物等织物纤维、油漆和油渍等有机物及无机物检材产生的相互作用和物质交换。致伤物的判断尤其重要,所以道路交通事故涉案者交通行为方式的鉴定,在某种程度上与致伤方式鉴定密不可分。

(三)碰撞形态关注点基于事故形态的不同进行分析。道路交通事故从碰撞形态的角度进行分析,一般来讲可以分为正面碰撞、侧面碰撞、追尾碰撞或者尾随碰撞等,多车碰撞和多次碰撞的情况较为复杂,而形态的分析又是基于车身构件发生的变化,即产生的痕迹来综合分析得出的结果,所以上述(一)(二)既是开展这一研究讨论的基础,又是形态重建的延伸。因为单一考虑(一)(二)是不全面的,因为在道路交通事故中,还有其他参与对象,这种对象可以是行人,可以是自行车和电动自行车、轿车、货车或者特种车辆等不同类型的车辆,也可以是路面、灯杆、交通设施等固定物或可移动式客体,而这些参与对象可以是静态的、也可以是动态的,他们的活动将影响对碰撞形态的最终判断,而没有碰撞形态的确定,等于道路交通事故涉案者交通行为方式鉴定的基础的缺失,单纯地依靠人体损伤或者车体痕迹进行的分析判断,都存在片面的甚至错误的风险。分析的重点体现在:1.碰撞的具体部位,这是反映造痕客体和承痕客体特征的直观反映,如其他车辆的正面遭受来自从右前向左后方向力的作用时,则位于驾驶座的驾驶人也势必有一个从右前向左后方的运动过程,在此过程中,其身体左侧易于与车体左前门相应的部位发生接触而产生一定的痕迹,那么在这个运动过程中,驾驶人还有一个归位的过程,则身体的其他部位也可能产生相应的损伤,在相应的车内部件上留下痕迹。2.车辆相对运动过程,这是反映第一次碰撞后车辆发生偏转、移位,甚至再次、多次发生碰撞的过程,这时最重要的是找到第一次碰撞接触点,随后要通过痕迹来分出多次碰撞的过程,这个过程分析比较复杂,要结合人体、车体、地面、相关物体的痕迹综合分析,在痕迹没有相互关联和覆盖的情况下,比较难以分辨,但这时往往可以从不同痕迹之间的相互关系寻找突破口,例如事故车辆制动拖印起点之间、事故车辆散落物与事故车辆最后停止位置之间、事故车辆内人员落地位置与最终位置之间等等的相对位置关系。3.特殊情形,例如被鉴定车辆发生事故以后,驾驶人离开了现场、现场只有车辆没有人员,或者车内人员全部不在现场,或者车内人员全部死亡,或者车内人员全部位于车外等等,在没有视频记录这些的情况下,或者没有可靠证人证言的情况下,鉴定人进行分析判断的任务非常艰巨,要更加具有证据链线性思维的考虑和分析。这种情况下,车体痕迹和现场痕迹同样重要,从而得出科学客观的鉴定意见。当然,这里是说没有视频记录的情况。对于其他车辆来讲,还面临一个现实问题,车身上一般都比较脏、痕迹多样、痕迹相互交错覆盖等,在逃逸案件中,此类车辆的痕迹勘验就更为复杂和疑难了,要分析痕迹产生的时间相当困难,只能借助于多种痕迹之间的相互比较来进行分析和甄别,借助于与其他发生关系的车辆之间痕迹的比对分析，借助于鉴定人对车体痕迹特征的熟悉程度和分析判断能力。

（四）综合评判重点与自行车或者电动车等车型相同。

在鉴定实践中，常常没有理想化的鉴定条件可以提供给鉴定人，也没有足够充裕的时间就某一个具体的鉴定事项进行详细的现场试验或者充分地科学研究和论证，更没有事故当事人及其相关人员、事故处理人员、检察官、法官或者其他可能关注案件的人员给予技术方面的关键性支撑，在鉴定的整个过程中，都是鉴定人在外部条件有限的情况下，用严谨求是的工作态度、用精益求精的工作作风、用不断攀高的工作技能来进行鉴定。

所以，道路交通事故涉案者交通行为方式鉴定这个疑难鉴定类型，是对鉴定人的考验，更是一种鞭策，永攀高峰、奋斗不止。希望在不久的将来，可以有高校开设相关专业对有志于此类研究的年轻人进行系统的教育和培养，从而走出一条更加专业化、职业化、正规化的发展道路。

主要参考文献

卞建林.证据法学[M].北京:中国政法大学出版社,2007.

陈爱娥译.法学方法论[M].北京:商务印书馆,2003.

陈刚.刑事勘验、检查笔录的科学定义及分类[J].中国人民公安大学学报,2016,22(1):72-76.

陈光中.刑事诉讼法学(新编)[M].北京:中国政法大学出版社,1996.

陈敏,刘鑫.我国司法鉴定标准体系研究[J].昆明理工大学学报,2013,13(3):47-54.

陈瑞华.从"证据学"走向"证据法学"[J].法商研究,2006,23(3):83-93.

陈瑞华.论证人证言规则[J].苏州大学学报,2012,33(2):1-10.

陈瑞华.刑事证据法[M].北京:北京大学出版社,2018.

陈卫东,谢佑平.证据法学[M].上海:复旦大学出版社,2005.

陈晓铭.证据保全理论与实务[M].北京:中国检察出版社,2005.

陈一云.证据学[M].北京:中国人民大学出版社,2001.

陈忆九,陈建国.交通事故中非机动车驾驶者交通行为方式鉴定[J].法医学杂志,2004,20(1):29-30.

丛斌.法医病理学[M].北京:人民卫生出版社,2016.

杜志淳,霍先丹,等.中国司法鉴定制度研究[S].北京:中国法制出版社,2002.

段里仁.交通事故概论[M].北京:中国人民公安大学出版社,2003.

樊崇义.刑事诉讼法学研究综述与评价[M].北京:中国政法大学出版社,1991.

樊崇义.证据法学[M].北京:法律出版社,2001.

冯浩,陈建国,张志勇,等.道路交通事故技术鉴定发展概述[J].中国司法鉴定,2015,82(5):71-73.

高家伟.证据法基本范畴研究[M].北京:中国人民公安大学出版社、群众出版社,2018.

何家弘,刘品新.证据法学[M].北京:法律出版社,2019.

何家弘,姚永吉.两大法系证据制度比较论[J].比较法研究,2003,(4):55-68.

何家弘.新编证据法学[M].北京:法律出版社,2000.

何家弘.证据调查[M].北京:法律出版社,1997.

何家弘,张卫平.简明证据法学[M].北京:中国人民大学出版社,2011.

何家弘译.刑事证据[M].北京:中国人民公安大学出版社,1993.

洪浩.证据法学[M].北京:北京大学出版社,2005.

黄凤.意大利刑事诉讼法典[M].北京:中国政法大学出版社,1994.

江国华.中国监察法学[M].北京:中国政法大学出版社,2018.

江伟.证据法学[M].北京:法律出版社,1999.

来剑戈,梅冰松,张弢,等.交通事故机动车驾驶人鉴定特点研究[J].证据科学,2010,18(1):111.

李江.交通事故力学[M].北京:机械工业出版社,2000.

李军译.漂移的证据法[M].北京:中国政法大学出版社,2003.

李丽莉,王建军.关于车辆碾压人体的鉴定[J].中国司法鉴定,2012,65(6):82-87.

李丽莉.道路交通事故车体痕迹鉴定[M].北京:科学出版社,2017.

李玉华.证据法学专题研究[M].北京:中国政法大学出版社,2017.

林洋.实用汽车事故鉴定学[M].北京:人民交通出版社,2000:10-11.

刘刚.交通事故中行人损伤分析[J].中国法医学杂志,2012,27(S):120-121.

刘广三.刑事证据法学[M].北京:中国人民大学出版社,2014.

刘金友.证据法学[M].北京:中国政法大学出版社,2001.

刘品新.中国电子证据立法研究[D],2003.

刘瑞珏,程亦斌,范利华.法医临床学三期鉴定中的若干问题思考[J].中国司法鉴定,2007,(4):39-41,43.

刘晓丹.美国证据规则[M].北京:中国检察出版社,2003.

刘振田.应用生物力学[M].南京:东南大学出版社,1992.

鲁植雄,杨瑞.汽车事故鉴定学[M].北京:机械工业出版社,2013.

闵建雄.法医损伤学[M].北京:中国人民公安大学出版社,2010.

闵建雄.命案现场重建概论[M].北京:中国人民公安大学出版社,2006.

缪伟君.证据法原理与实务[M].北京:中国政法大学出版社,2017.

欧元捷.民事诉讼证明责任研究——以中德机动车交通事故损害赔偿案为分析对象[D],2017.

齐树洁,王振志.证据法案例精解[M].厦门:厦门大学出版社,2004.

汤维建.美国联邦民事诉讼规则[M].北京:中国检察出版社,2003.

王元凤译.证据解释-庭审过程中科学证据的评价[M].北京:中国政法大学出版社,2015.

吴宏耀.侦查讯问制度研究[J].中国刑事法杂志,2001,(5):61-74.

(瑞士)施密特(Schmitt,K.)等著;曹立波等译.汽车与运动损伤生物力学[M].北京:机械工业出版社,2012.

谢润红.自行车交通事故损伤特征的法医学分析[J].中国法医学杂志,2002,(17)(增刊):32-33.

许洪国.道路交通事故分析与处理(第二版)[M].北京:人民交通出版社,2004:98-102.

许洪国.汽车事故工程[M].北京:人民交通出版社,2014:23-25.

闫明秀.司法认知研究[M].北京:中国检察出版社,2008.

姚恒江,张龙.车轮碾压胸部致主动脉断裂1例[J].刑事技术,2013,(4):69.

叶青.诉讼证据法学[M].北京:北京大学出版社,2013.

易延友.证据法的体系与精神-以英美法为特别参照[M].北京:北京大学出版社,2010.

易延友.证据法学[M].北京:法律出版社,2017.

余叔通,谢朝华.法国刑事诉讼法典[M].北京:中国政法大学出版社,1997.

云山城.完善补充侦查若干问题的思考[J].中国人民公安大学学报(社会科学版),2006,22(6):75-83.

詹建红.理论共识与规则细化:技术侦查措施的司法适用[J].法商研究,2013,30(3):40-47.

张保生.证据法学[M].北京:中国政法大学出版社,2009.

张斌.论我国刑事鉴定意见的科学性保证[J].南京大学法律评论,2015秋季卷,2015,(2):323-342.

张弢等.自行车道路交通事故损伤特征研究与应用[J].中国法医学杂志,2003(18):21-22.

张雁深译.论法的精神[M].北京:商务印书馆,1961.

赵剑海.试论司法鉴定人签名备案制度的构建[J].中国司法鉴定,2014(2).

赵子琴.法医病理学[M].北京:人民卫生出版社,2009:228.

周荣.证据法要论[M].北京:商务印书馆,1936.

[2018-03-01].https//hao.360.com/?a1004.

[2019-01-01].https://baike.so.com/doc/3951470-4177552.html.

[2019-01-20].https://baike.baidu.com/item/qiche/152503?Fr=aladdin.

[2019-02-19].https://baike.so.com/doc/6775723-6991204.html.

[2019-02-20].https://baike.so.com/doc/5365046-5600677.html.

[2019-03-10].https://baike.so.com/doc/2367861-2503743.html.

[2019-03-15].https://baike.baidu.com/item/huoche/16942243.

Anthikkat A P, Page A, Barker R. Low-speed vehicle run over fatalities in Australian children aged 0-5 years[J]. Journal of Paediatrics & Child Health, 2013, 49(5):388-393.

Margareta Nordin, Victor H.Frankel.肌肉骨骼系统基础生物力学[M].邝适存,郭霞主译.北京:人民卫生出版社,2008.11.

Mizuno Y. Summary of IHRA pedestrian working group activities-proposed test methods to evaluate pedestrian protection offered by passenger cars[J]. Paper number 05-0138-0, 19th ESV, 2005.

Pircher R, Epting T, Schmidt U, et al. Skin blister formation together with patterned intradermal hematoma: a special type of tire mark injury in victims run over by a wheel[J]. Forensic Science International, 2015, 249:42-46.

SF/Z JD0101001-2016,道路交通事故涉案者交通行为方式鉴定[S].

SF/Z JD0103003-2011,法医临床检验规范[S].2011.

附录1
道路交通事故涉案者交通行为方式鉴定
（SF/Z JD0101001-2016）

引言

我国目前对于道路交通事故现场、车辆勘验和伤亡人员检验等方面已有一系列较为完备的标准，在道路交通事故技术鉴定方面发挥着很大的作用。为满足道路交通事故处理中对涉案者交通行为方式鉴定的需求，本技术规范在已有道路交通事故相关标准的基础上，规定了对道路交通事故涉案者交通行为方式鉴定的原则、方法和内容。

本技术规范规定了如何利用各方面信息进行交通行为方式鉴定的原则、方法和内容。

1 范围

1.1 本技术规范规定了道路交通事故涉案者交通行为方式鉴定中的综合判断方法。

1.2 本技术规范适用于在有关鉴定机构中具有相应执业资格的鉴定人推断或认定道路交通事故涉案者的交通行为方式。

1.3 技术规范中的注是对正文的说明、举例，它们既不包含要求，也不构成技术规范的主体部分。

2 规范性引用文件

下列文件对于本技术规范的应用是必不可少的。凡是注日期的引用文件，仅注日期的版本适用于本技术规范。凡是不注日期的引用文件，其最新版本（包括所有的修改单）适用于本技术规范。

GA/41　道路交通事故痕迹物证勘验

GA/50　道路交通事故勘验照相

GA/268　道路交通事故尸体检验

GA/T147　法医学尸体解剖

GA/T148　法医病理学检材的提取、固定、包装及送检方法

GA/T149　法医学尸表检验

GA/T150　机械性窒息尸体检验
GA/T168　机械性损伤尸体检验
GA/T169　法医学物证检材的提取、保存与送检
GA/T944　道路交通事故机动车驾驶人识别调查取证规范
GA/T1087　道路交通事故痕迹鉴定

3　术语和定义

本规范采用下列术语和定义：

3.1

道路交通事故　road traffic accidents

是指单方、双方或多方当事人利用交通工具（机动车或非机动车）在道路行驶过程中发生的人员伤亡或者财产损失的事件。

3.2

交通行为方式　manner of action in road traffic accidents

是指道路交通事故发生时道路交通事故涉案者所处的行为状态。

注：涉案者所处的行为状态，如驾驶、乘坐、骑行、推行车辆或在道路上直立、蹲踞、倒卧等。

3.3

驾驶状态　driving state

是指涉及各类车辆的道路交通事故发生时，处于车辆驾驶座位置的人员正在驾驶车辆的状态。

3.4

乘坐状态　state as a passenger

是指涉及各类车辆的道路交通事故发生时，处于车辆驾驶座以外的其他位置的人员正在乘坐车辆的状态。

3.5

推行状态　state of pushing a bicycle

是指道路交通事故发生时，持有自行车、机动两轮车等车辆的涉案者正在推车行进的状态。

3.6

直立状态　state as a pedestrian

是指道路交通事故发生时，涉案者正处在道路上直立行走或站立的状态。

3.7

蹲踞状态　squat state

是指道路交通事故发生时，涉案者正处在蹲或坐于地面上的非直立状态。

3.8

倒卧状态　lying state

是指道路交通事故发生时，涉案者正处在倒卧于地面的状态。

4 道路交通行为方式判断的原则与依据

4.1 总则

4.1.1 交通行为方式鉴定是根据案情,对与事故相关的现场、车辆、伤亡人员进行勘验后,依据勘查结果进行综合分析,并做出涉案者在事故发生时所处行为状态书面意见的过程。

4.1.2 交通行为方式鉴定是对道路交通事故涉案者在事故发生时的状态进行分析判断的技术行为,如对车辆驾驶人或乘坐人的判断,对非机动车持有人骑行或推行的判断,对行人直立、蹲踞或倒卧状态的判断等。

4.1.3 交通行为方式鉴定的全过程应符合相关法律、法规。

4.1.4 从事交通行为方式鉴定的人员,应具有相应鉴定人资格,并能掌握和运用交通工程学、车辆工程学、法医学、痕迹物证学等相关专业知识。

4.2 行为方式的分析判断原则

4.2.1 成立原则

有关证据可以互相印证,能确立存在逻辑链关系的原则。

4.2.2 排除原则

有关证据不能互相印证,不能确立存在关系的原则。

4.2.3 对比原则

通过对涉案者之间交通行为方式的诸多认定依据,进行能不能确立关系的比较,得出更具倾向性的意见。

4.2.4 典型证据优先原则

交通行为方式鉴定依据最有典型特征的证据为判断支撑点,可以根据损伤典型特征推断,可以根据碰撞后运动轨迹典型特征推断,也可以利用生物检材、织物纤维等物质交换进行个体识别。交通行为方式鉴定还可运用计算机仿真事故再现等技术进行辅助分析。

4.3 交通行为方式判断的依据

4.3.1 根据事故所涉人、车、道路及周围环境等的痕迹物证勘验,客观分析出道路交通事故形态及处在不同道路交通事故形态中涉案各方的行为状态。

4.3.2 根据分析得出的碰撞形态及车的运动过程,结合有关信息,查找人与车的二次碰撞形成的痕迹和附着物,推断事故所涉人在事发时所处的位置。

4.3.3 根据人体(活体或尸体)体表痕迹及损伤形态特征,结合有关信息,分析致伤物和致伤方式,汇总分析重建道路交通事故过程,推断处于不同事故现象中所涉当事人的交通行为方式。

5 典型道路交通事故的交通行为方式判断

5.1 汽车驾驶人/乘坐人的判断

5.1.1 根据不同事故的碰撞形态,车内人员会形成不同的碰撞结果,其在车内驾驶座位置或驾驶座以外位置所形成的碰撞现象因周边环境不同而形成的损伤及体表痕迹也会有所不同。

5.1.2 根据车辆前后风窗玻璃及左右车门玻璃的损坏情况,分析是与硬物碰撞形成还是与软性客体(如人体)碰撞形成,并结合人员体表痕迹及损伤进行判断。

5.1.3 根据各座位上安全带痕迹及锁止情况,分析各座位上的当事人是否使用了安全带,气囊是否起爆,并结合车内人员的不同体表痕迹及损伤进行判断。

5.1.4 根据驾驶座周边部件(如方向盘等)及其他座位周边部件是否异常损坏和留有撞击印痕及附着物,结合车内人员的不同衣着及损伤进行比对判断,必要时对微量物证进行比对。

5.1.5 根据勘验到的各座位周边附着的血迹、毛发和人体组织物,结合车内人员不同部位的痕迹及损伤形态特征进行判断,必要时与当事人进行DNA检验比对。

5.1.6 根据在第一现场查找到的各座位周边的遗留物(手机、鞋等个人用品),确认其所有人。

5.1.7 根据各车门、车窗的变形、锁闭情况,分析车内人员的撤离、抛甩条件。

5.1.8 对于已经被抛甩出车外的人员,应再结合原始现场人、车的相对位置进行判断。

5.2 摩托车驾驶人/乘坐人的判断

5.2.1 根据摩托车正面碰撞事故的碰撞对象及碰撞形态,分析碰撞时的减速度或加速度,会造成摩托车车上人员不同的运动轨迹;依据被碰撞车、物上的痕迹和各人不同的着地位置,结合人体体表痕迹及损伤判断其事发时在车上所处的位置。

5.2.2 摩托车正面碰撞事故中,应根据碰撞对其前后座人员所形成的不同损伤进行分析。前座人员除头面部(或头盔)直接在碰撞中形成损伤外,其胸腹部和顶枕部、腰背部往往又会与所驾车辆的驾驶操纵部件以及和后座人员身体碰撞形成特征性损伤;此时后座人员的损伤程度则一般较轻。

5.2.3 对于摩托车侧面被其他车辆碰撞的事故,应在确认两车具体碰撞部位的基础上,区分摩托车车上人员是否应受到直接碰撞和可能形成的不同受伤情况。对于摩托车前后座踏脚高度不同的情况,可根据受伤人员下肢损伤位置距地高来判断。

5.2.4 对于踏板式摩托车,可根据前后座人员下肢、会阴区所处的位置及其接触物的不同,分析不同的损伤机理。其前座驾驶人两腿间无异物,且处于相对隐蔽位置;后座骑跨式座位的乘座人的腿部则比较暴露,碰撞或倒地时下肢和会阴部的内外侧往往都会形成骑跨式损伤痕迹。

5.2.5 应注意摩托车驾驶人在事故碰撞、倒地中,其上肢和手容易受到的特征性损伤(如大鱼际擦挫伤、腕关节脱位或尺、桡骨下段骨折等)。

5.2.6 应注意摩托车车上人员衣裤的损坏和车辆表面附着物特征来区分事发时摩托车上人员所处的位置。

5.3 自行车驾驶/乘坐人员的判定

5.3.1 根据自行车正面碰撞事故的碰撞对象及碰撞形态,分析方法类似于5.2.1,但自行车由于缺乏动力,所发生的交通事故现象与摩托车亦有所区别,进行分析时应充分考虑到车速、动力、自身重量等因素。

5.3.2 自行车正面碰撞事故中,应根据其前后座人员的不同损伤进行分析。前座人员的损伤特征以正面直接撞击伤,特别是头面部及四肢前侧为主,后座乘坐人员的损伤则以随自行车倒地摔跌形成的损伤为主。

5.3.3 对于自行车侧面被其他车辆碰撞的事故,应在确认两车具体碰撞部位的基础上,区分自行车车上人员是否应受到直接碰撞和可能形成的不同受伤情况。对于自行车前后座踏脚高度不同的情况,可根据受伤人员下肢损伤位置距地高来判断。

5.3.4 应注意自行车驾驶人在事故碰撞、倒地中,其上肢和手容易受到的特征性损伤(如大鱼际擦挫伤、腕关节脱位或尺、桡骨下段骨折等)。

5.4 自行车骑行/推行状态的判定

5.4.1 当事人是否具有骑跨伤的特征:双下肢内外侧均有损伤或体表痕迹,其中外侧呈现一侧为直接撞击伤、另一侧为摔跌伤,而内侧通常为在摔跌中与自行车部件接触形成的擦、挫伤。

5.4.2 可根据绝大多数自行车当事人的推车习惯位于自行车的左侧的情况(特殊情况除外)及与其他车辆的碰撞形态,分析两车间是否存在直立的当事人,如自行车同侧前后部均有碰擦痕迹,则说明当事人呈骑跨状态的可能性比较大。

5.4.3 当事人下肢直接撞击形成的损伤位置偏低,与造成其损伤的汽车保险杠距地高度有偏差,可以考虑碰撞时其脚位于自行车踏板上的可能性。

5.4.4 当事人处于推行状态时可与推行的车辆相碰撞产生相应的损伤、痕迹。

5.5 行人的直立、蹲踞、倒卧状态的判定

5.5.1 根据肇事车辆的痕迹高度来判断被撞人体的高度,以判定其是直立、蹲踞还是倒卧。

5.5.2 根据当事人的损伤结合碰撞或摔跌来判定其是直立、蹲踞还是倒卧。

5.5.3 根据事故现场人、血迹和车的相对位置来判定其是直立、蹲踞还是倒卧。

6 附则

6.1 非道路交通事故涉案者交通行为方式鉴定参照本规范执行。

6.2 本规范未规定的道路交通事故涉案者交通行为方式,可根据案情、依照法律、法规,应用现代科学手段,做出科学合理的鉴定。

6.3 对于农用运输车、叉车等带有驾驶舱类其他机动车和电动自行车、人力三轮车、电动轮椅车及机动轮椅车等非机动车的当事人交通行为方式鉴定可以参照本规范执行。

附录2
道路交通事故机动车驾驶人识别调查取证规范
（GA/T944—2011）

1 范围

本标准规定了识别道路交通事故机动车驾驶人的调查取证内容、方法和分析步骤。
本标准适用于道路交通事故中机动车驾驶人的识别。

2 术语和定义

下列术语和定义适用于本文件。

2.1
道路交通事故机动车驾驶人 motor-vehicle driver in the road traffic accident
机动车发生道路交通事故时驾驶该机动车的人员（以下简称驾驶人）。

2.2
撞击痕迹 impact marks
在道路交通事故中，机动车与其他车辆、人体或物体发生碰撞接触，在车体上形成的凹陷、褶皱、破损等痕迹。

2.3
擦划痕迹 scrape marks
在道路交通事故中，车辆、人体、路面或其他物体相互接触，沿接触面切线方向相对运动而在作用部位形成的片状、线状、带状等痕迹。

2.4
附着物质 adherent
在道路交通事故中，车辆、人体、路面及其他物体因发生物质转移而附着于其表面的油漆、塑料、纤维、血迹、毛发等物质。

2.5
驾驶人特征损伤 driver characteristic injuries
在道路交通事故中，驾驶人与其座位周边的部件相互作用形成的人体损伤。

2.6
同一认定　identification
对道路交通事故中形成的一对或一对以上痕迹的形态学特征和附着物质的物理学、化学或生物学特性的一致性比对和分析。

3　调查取证

3.1　一般要求

3.1.1　到达道路交通事故现场(以下简称现场)时,应通过照相或录像固定车内人员的位置。因抢救等原因车内人员的位置发生变动,或人车分离的,应及时询问救援人员或当事人、证人,为确认驾驶人收集证据。证据应通过笔录、录音、录像等方式固定。

3.1.2　驾驶人不在现场的,应及时查询车辆信息、查找车内证件、物品,获取驾驶人信息。及时询问其他当事人以及目击证人,了解驾驶人体貌特征、衣着特征、口音等情况,并固定证据。

3.1.3　条件允许的情况下,应在现场及时对人体损伤进行检验并照相固定。

3.1.4　及时收集、保全衣着和鞋等容易遗失且对驾驶人识别有价值的物品。能够在现场提取、固定、初检痕迹物证的,应在现场完成。不能在现场完成的,应妥善保全。

3.1.5　在撤除或清理现场时,不得驾驶肇事车辆,不得触摸需要重点勘查的部位。因客观原因必须触摸时,应避免对潜在痕迹、物证的破坏。

3.1.6　肇事车辆应封存在指定的停车场并妥善保管,防止因自然或人为因素而导致痕迹、物证的灭失或破坏。

3.1.7　应及时提取和保全有助于确认驾驶人和能够反映车辆发生事故时的运行轨迹的视频监控资料。

3.2　汽车驾驶人识别调查取证要点

3.2.1　现场勘查

现场勘查应包括以下要点:

a)伤亡人员在现场的位置、姿势;

b)鞋、帽等随身物品在现场的位置;

c)血迹、人体组织、毛发等在现场的位置、分布及形态;

d)散落物在现场的位置、分布及形态;

e)地面轮胎痕迹;

f)车辆部件、人体或其他物体在地面遗留的痕迹;

g)车辆及脱落部件、人体及人体组织等作用于电杆、路树、隔离带等物体上而遗留的痕迹;

h)以上内容与车辆及相互之间的位置关系。

3.2.2　车辆勘验

车辆勘验应包括以下要点:

a)撞击痕迹、擦划痕迹等;

b)风窗玻璃损坏情况,有无血迹、毛发、纤维等附着物质;

c）方向盘有无变形；
d）安全带及其附件有无损坏；
e）驾驶人座位及其周边有无车辆部件损坏；
f）气囊上有无擦划痕迹、附着物质；
g）驾驶人座位及其周边有无擦划痕迹及附着物质；
h）乘员座位及其周边有无擦划痕迹及附着物质；
i）油门、制动、离合器等踏板周边有无脱落的鞋等物品；
j）油门、制动、离合器等踏板上有无鞋印或附着物质；
k）方向盘、车门、仪表盘、转向灯开关、大灯开关、变速杆、车内后视镜、车钥匙、驻车制动手柄、驾驶人座椅调节装置等部位是否留有手印；
l）行驶记录仪或卫星定位装置；
m）档位状态。

3.2.3 衣着勘验

衣着勘验应包括以下要点：
a）衣着颜色、款式、质地、花纹、饰物等；
b）衣着破损情况，有无擦划痕迹、附着物质；
c）衣着上有无安全带印痕；
d）鞋、袜破损情况，有无擦划痕迹、附着物质；
e）鞋底有无油门、制动、离合器等踏板印痕。

3.2.4 人体检查

3.2.4.1 体貌特征检查

检查体貌特征应包括以下要点：
a）性别、身高、体重、体型、肤色；
b）发型、发色、发长；
c）面部特征；
d）纹身、瘢痕、饰物；
e）指纹、掌纹；
f）生理缺陷。

3.2.4.2 驾驶人特征损伤检查

检查人体是否具有以下特征损伤：
a）头面部有无风窗玻璃作用形成的损伤；
b）面部、颈部有无气囊作用形成的损伤；
c）肩部、胸腹部有无使用安全带形成的损伤；
d）胸腹部有无方向盘作用形成的损伤；
e）手、前臂有无握持方向盘形成的损伤；
f）膝部、腿部有无与仪表台等车辆部件作用形成的损伤；
g）踝部及足部有无与油门、制动、离合器等踏板作用形成的损伤。

3.3 摩托车驾驶人识别调查取证要点

3.3.1 现场勘查

现场勘查应包括以下要点：

a）伤亡人员在现场的位置、姿势及变动情况；
b）车辆在现场的位置、状态及变动情况；
c）头盔、护手套等物品在现场的位置；
d）同 3.2.1 c)～h)。

3.3.2 车辆勘验

车辆勘验应包括以下要点：

a）区分车辆采用骑式车架或坐式车架；
b）撞击痕迹、擦划痕迹；
c）护杠或护板有无擦划痕迹、附着物质；
d）仪表盘、反光镜、车把、风挡等部位的损坏情况，有无擦划痕迹、附着物质；
e）油箱损坏变形情况，有无擦划痕迹、附着物质；
f）护手套有无痕迹、血迹。

3.3.3 衣着勘验

衣着勘验应包括以下要点：

a）衣着颜色、款式、质地、花纹、饰物等；
b）衣着裆部有无与油箱擦划的痕迹、附着物质；
c）鞋有无与车辆部件作用形成的印压痕迹、擦划痕迹、附着物质；
d）头盔规格、损坏情况；
e）头盔内、外有无血迹、人体组织、毛发等；
f）手套上有无擦划、撕裂等痕迹。

3.3.4 人体检查

3.3.4.1 体貌特征检查

a）头围尺寸；
b）其他同 3.2.4.1。

3.3.4.2 驾驶人特征损伤检查

检查人体是否具有以下特征损伤：

a）面部、颈部有无与摩托车仪表盘、风挡等作用形成的损伤；
b）头面部有无与头盔作用形成的损伤；
c）胸部、腹部有无与摩托车车把、后视镜、仪表盘作用形成的损伤；
d）前臂有无因摩托车车把突然扭转而形成的间接损伤；
e）手部有无握持摩托车车把形成的损伤；
f）腹部、会阴部、大腿内侧有无与摩托车油箱等部位作用形成的损伤；
g）小腿、足有无与摩托车前护杠、护板、档杆等车辆部件作用形成的损伤。

3.4 其他机动车驾驶人识别调查取证要点

其他机动车驾驶人识别调查取证要点参照3.2执行。

3.5 模拟实验

痕迹、物证固定、提取后进行模拟实验时,应选取相似的时间、地点、环境等现场条件,选取原车或相同型号的车辆、与嫌疑驾驶人身高体型相仿的人员、与发生事故时嫌疑驾驶人所穿相同式样的衣着,验证以下内容:

a)嫌疑驾驶人身高、体型与驾驶空间是否相符;
b)嫌疑驾驶人的体貌特征、衣着特征与视频监控资料中驾驶人的特征是否相符;
c)嫌疑驾驶人衣着、鞋上的痕迹、附着物质与车内相应部位痕迹、附着物质是否具有对应关系;
d)嫌疑驾驶人的损伤与车内相应部件是否具有对应关系。

3.6 心理测试

如需对嫌疑驾驶人进行心理测试,测试内容应包括以下要点:

a)出发地、途经地、目的地;
b)事故发生前经历的特定事件;
c)事故发生时采取的具体措施;
d)陈述中与已经查实的证据不相符的内容;
e)对事故的总体态度;
f)对事故应承担的责任。

4 驾驶人识别综合分析

结合具体案情,根据需要选择下述步骤,综合分析,认定驾驶人:

a)全面勘查现场,根据地面轮胎痕迹、挫划痕迹、散落物分布、车辆、人体、血迹位置关系等情况分析车辆运行轨迹;
b)勘验车辆,根据车辆撞击痕迹,结合车辆运行轨迹分析车辆碰撞类型、次数;
c)对事故进行运动学和力学分析;
d)对痕迹、附着物质进行同一认定;
e)分析人体特征性损伤形成原因;
f)模拟实验;
g)心理测试;
h)组织辨认;
i)各种证据相互印证,排除矛盾点;
j)排除嫌疑人位于其他位置的假设;
k)排除冒名顶替嫌疑人。